KB015536

법,
모더니즘과
포스트모더니즘 너머에

法 文 社

Law Beyond Modernism and Postmodernism

2022
Bobmunsa
Pajubookcity, Korea

머 리 말

‘학문세계’에 들어가 살거나 죽거나, 그렇게 하기로 결심했던 1980년, 대학교 1학년 시절, 그때로부터 42년이 흘렀다. 회갑回甲이라는 전통적 인지의 무게가 매우 가벼워지긴 했으나 새털만큼은 아닌가 보다. 나의 학문세계를 구성하고 함께 살아온 제자들이 그냥 지나치기엔 뭔가 불편함을 느꼈기 때문이다. 그래서 우리는 나와 나의 이론을 중심으로 학문적 소통을 하는 작은 마당을 열어보기로 했다. 제자들이 나의 저작과 이론, 사상을 간략하게 리뷰하는 학문파티이다. 나도 내가 쓴 글들을 다시 읽으면 감회가 새롭고, 당시의 열정이 느껴지며, 오늘의 인식을 재구성하는 경험을 하기도 한다. 마치 거울에 비친 자기 모습을 보며 작은 나르시시즘에 빠지는 듯하다. 그러나 이 학문파티에서 제자들의 리뷰는 내 이론의 모습을 그들의 고유한 시선에서 주체적으로 묘사한다. 거울에 비친 과장된 모습이 아니라 마치 인상주의 화가들이 그린 그림과도 같다. 나 또한 제자들의 그 그림을 보고 읽는 사람들에게 이해와 감상을 돕는 큐레이팅(qurating)의 글을 덧붙였다. 이 학문파티를 가능하게 만든 법문사에 깊은 감사의 마음을 전하고 싶다. 아울러 성실하게 교정작업을 해준 고려대학교 대학원생 임지영, 한민지, 윤상희 양에게도 고마움을 전한다.

고려대학교 연구실에서

2022. 7.

이 상 돈

차 례

제 2 부 법의 포스트모더니즘과 미학적 반성

제 3 부 전문법-이성과 심미의 지역화된 실천

도입글

법, 모더니즘과 포스트모더니즘 너머에

이 상 돈*

Ⅰ. 법의 인식, 진리성, (탈)근대성

나의 박사학위논문 『Wortlautgrenze, Intersubjektivität und Kontexteinbettung(문언의 한계, 상호주관성, 맥락에 함입)』(1991)은 실증주의적 법인식론을 비판하고 성장한 A. Kaufmann과 W. Hassemer의 법해석학에다 Habermas의 의사소통적 이성과 대화이론을 접목시킨 작업이었다. 이 작업의 통찰들을 한국의 법문화와 법현실에 관철하는 현지화 작업이 바로 『법이론』(1996)이다. 법률해석은 사유적 주체의 인식(Erkenntnis)이 아니라 전통, 문화, 언어, 선이해가 작동하는 해석학적 이해(Verstehen)이며, 사실판단은 '마당적 이해'임을 밝혔다. 그리고 그런 이해의 궁극적인 진리성은 합리적 논거와 관점교환을 통해 달성하는 완전한 상호이해, 즉 합의(Konsens)에 있다는 믿음을 펼쳤다. 대화이론에서 말하는 이 합의는 법철학의 정의론에서 옳음과 좋음(윤리적 선)의 궁극적 기반으로 자리잡는다. 대화이론적인 법이론의 기반 위에

* 고려대학교 법학전문대학원 교수, Dr. jur.

서 『법학입문』(1997), 『법사회학』(2000, 홍성수 공저), 『인권법』(2005), 『시민운동론』(2007) 등의 저작물이 세워졌다.

양천수 교수의 리뷰(01.)는 그의 풍부한 철학적 지식을 넓게 펼치면서 나의 '마당적 이해' 개념의 발전과정을 매우 정확하게 세 단계로 파악하였다. 양 교수는 내가 변증을 도모해온 모더니즘과 포스트모더니즘의 이론적 지도에서 마당적 이해 개념의 자리를 정확하게 위치시키고 있다. **박미랑** 교수의 리뷰(11.)는 나의 선이해 개념의 세 가지 유형(개인적, 사회역사적, 그리고 전문직업적 의미기대)을 초점적 관심이론과 연결짓고 법관의 양형심증에 응용함으로써 그 개념의 생동감 있는 실천성을 증명해보여준다. 선이해(정확히는 선先지식)는 드러내고, 비판하고, 성찰하여 변화시켜가야지만, 선이해(정확히는 이해의 가능조건)로부터 빠져나오는 인식은 없다는 점에서 선이해는 순환하지만 앞으로 나아가는 나사의 선, 즉 나선형의 순환을 띤다. 선이해의 비판과 성찰을 통한 양형 '심증'의 합리화는 필요하지만, 양형 '기준'의 도식화는 개별사안에 고유한 정의요소나 사안의 질감미(texture)를 외면할 수 있다. 전자가 형법의 모더니티를 완성해가는 것이라면 후자는 형법의 포스트모던적 정의를 되돌아 보는 것이기도 하다.

그리고 2000년대 중반부터는 포스트모던 법학에 연구중심을 확장했다. 나의 포스트모던 법연구에서 『법이론』에 상응하는 작품이 『법미학』(2008)이다. 이 책은 사유(thinking)와 감각(sensing)으로 형성하는 이성법과 대비하여 감정(feeling)과 직관(intuition)으로 형성하는 감성법의 개념을 제시하며, 법의 해석에 대비하여 '비평'을 법형성의 정신작용으로 제시한다. 예술법이나 저작권법뿐만 아니라 이성법인 법전법에서도 해석의 기능이 한계를 다한 곳에서는 비평이 법발견이나 법창조의 기능을 한다. 『법의 춤』(2012), 『미술비평과 법』(2013), 『예술형법』(2014), 『법의 예술』(2020) 등의 작품들은 이와 같은 법미학과 미학적 정의, 비평이론 등의 기반 위에서 세워진 포스트모던 법학이며, 『법정신분석학입문』(2010)은 그런 기반보다 더 깊은 심연인 무의식을 다룬다. 이러한 포스트모던 법학작업들은 J. Derrida, M. Foucault, S. Freud, J. Lacan 등 많은 포스트모던 철학, 사회학, 정신분석학, 미학자들과 이들에 대한 제자들의 연구・지도에 크게 힘입었다. 법적 정의로서 아름다움으로 나는 서양의 기하학적 조형미와 우리나라의 질감미를 제시한 바 있다.

김문정 박사의 리뷰(18.), "해석에서 비평으로"는 비평이 사유적 인식을 대신함을 잘 보여준다. 비평이 수행하는 미추판단은 법적 정의의 새로운 차원, 미학적 정의의 기반이 된다. 이런 차원을 다룬 법미학의 개략적인 내용과 의의는 **김지원** 박사의 리뷰(19.)가 잘 보여주고 있다.

그런데 나의 포스트모던 법학연구들은 법의 모더니티와 절연하는 작업이 아니라 오히려 안으로 내밀화하고 밖으로 더욱 확장하는 작업이다. 즉, 모더니즘과 포스트모더니즘은 언제나 열린 국경을 공유하는데, 그곳에서 각자는 성찰과 반성을 통해 스스로를 국경 너머로 확장하면서 동시에 국경 안으로는 더욱 정합적인 이론과 실천을 만들 수 있기 때문이다. 가령 이성적 법원칙들, 헌법재판에서 가장 중요한 합헌과 위헌 판단의 근거인 비례성(과잉금지)원칙의 적용은 단지 이성의 작용만으로 완벽하기 어렵다. 이성에 내재된 반이성의 요소가 언제나 이성의 작용을 불완전하게 만들기 때문이다. 그렇기에 비례성 판단은 이성뿐만 아니라 감성으로 기하학적 조형미로서 비율이나 균형과 같은 미적 판단이 함께 할 때 더 완전해진다. 가령 이성법원칙인 비례성과 보충성이 있어도 형법전상 범죄적인 불법유형에 도달하지 않은 구애와 범죄 사이의 경계영역에 있는 지속적 괴롭힘이 여론과 정치의 논리에 의해 중대한 범죄(스토킹죄)로 입법되는 것을 막지 못한다. 그런 범죄화는 시네마토그래피(cenematography)의 방법에 의해 분석될 때 저지되기가 더 쉽다.

『헌법재판과 형법정책』(2005)에 대한 **김대근** 박사의 리뷰(07.)는 시민법으로서 형법의 생활세계적 정당성과 국가법으로서 형법의 민주적 정당성이라는 나의 구분을 전제로, 최근 17년간의 형사법에 대한 헌법재판을 살펴본다. 그리고는 '시민법으로서의 형법'이 헌법재판소에게 규범형성의 실질을 제공하고, '국가법으로서의 형법'에 대한 헌법재판을 통해 정치체계를 민주적 법치국가로 조직화함으로써 헌법과 형법이 수직적 상하관계가 아닌 수평적 협동관계로 나아가고 있으며, 이런 방향이야말로 "근대의 인식론적 오류를 넘어서 탈근대적 이론을 통해서 근대의 정치적 기획을 추구하는" 급진적 모더니스트의 길이라고 말한다. 우리의 생활세계가 포스트모던적 문화로 변화하는 한 시민법으로서 형법규범을 매개로 한 헌법재판은 비례성원칙이라는 근대적 형법원칙의 옷을 입은 채 국가법으로서 실정형법을 변화시켜 갈 것이기에 탈근대성과 근대성은 상호침투적인 관계에 놓일 수 있다.

Ⅱ. 법의 모더니티, 위축과 확장

이제 법의 모더니티를 기획하고 추진한 나의 작품들에 대한 리뷰들을 소개해본다.

1. 법의 근대성 기획

나는 일찍이 법의 근대성(modernity)을 두고 법이 "사람들로 하여금 자신의 삶을 이성적으로 형성할 수 있도록 하는데 유용한 도구" (Habermas)가 되는 것이며, 여기서 이성적이란 개인이 자유롭게 자신의 행복한 삶을 실현해가되, 다른 사람의 같은 자유와 공존할 수 있게 하는 것(보편화가능성)을 의미한다고 보았다. 이런 법의 근대성기획(das Projekt der Moderne)에서는 법이 개인을 지배하는 것이 아니라, 개인이 법의 힘을 빌려 자기 삶의 주인이 된다.

안성조 교수의 리뷰(**04.**)는 이러한 법의 근대성을 롤즈(Rawls)의 공정성 이론을 원용하여 의무론적 자유주의 원칙으로 재해석함으로써 근대성에 대한 이해의 수월성은 높이면서, 내가 형법의 근대성을 구축하는 것으로 본 여러 형법원칙들(예: 법익보호원칙, 보충성과 적격성의 원칙, 책임원칙, 시민자유우선원칙 등)을 어떻게 하버마스의 대화이론과 내적으로 연결하는지를, 경영상 모럴헤저드의 배임범죄화나 소송상 사건 개념의 예시와 함께, 매우 간명하고 정확하게 소묘하고 있다.

그런데 나의 구상은 하버마스나 롤즈와 같은 절차적 이성의 사회철학적·법철학적 전통에만 머무르지 않는다. 나는 근대성은 탈근대성에 지평을 열어놓을 때 더 완성적으로 되어 간다고 본다. 이는 내가 2000년대 중반 이후 포스트모던 법이론 연구를 진행하기 전부터 변증적 사고에 의해 이미 통찰했던 부분이다. 가령 행복은 욕망의 포기(무소유)가 아니라 욕망의 주인이 되는 것이지만, 욕망은 끝없이 욕망을 향해 있기에 자신을 소외시키고 불행을 가져다준다. 그렇기에 주체는 욕망하면서도 욕망을 지속적으로 해체하는 성찰과 반성을 해야만 한다. **정구태** 교수가 리뷰(**14.**)를 한 나의 모더니즘 행복론, 『욕망은 행복을 낯설게 한다』(2003)는 욕망의 문화적 양식에 대한 모더니즘적 단상들을 보여주고, 『법정신분석학입문』(2010, 민윤영 공저)이나 **민윤영** 교수가 리뷰(**17.**)를 한 "나르시시즘의 법"(법철학연구, 2019)은 욕망을 해체하는 주체의 가능성을 보여준다. 두 주체는 분리된 주체가 아니라, 하나의 주체 안에서 추구하는 주체성(subjectivity)의 양면이다. 이런 주체의 모습은 모더니즘을 성찰하고 포스트모더니즘을 반성함으로써 지속적으로 그 둘 사이의 국경을 열어가는 법의 인간상이 된다.

이러한 법의 근대성기획을 실정법 차원에서 구체화한 나의 첫 작품은 고려대학교 법과대학에 교수로 임용된 직후 출간한 『형법의 근대성과 대화이론』(1994)이다. 이 책은 역사학에서는 식민사관으로 낙인찍힐 각오를 하지 않고는 근대화를 말하기 어려운 일제강점기시대에 한국의 근대형법은 시작되었지만, 그 시작이 식민지배의 정치적 프로젝트 일환인 일본형법의 타율적 계수로 왜곡되었고, 민주체제가 확립된 이후에도 여전히 한국사회의 전근대적 문화가 형법의 파편처럼 남아 있으며, 형법이 (후기)산업사회의 현실 속에서 분화되는 사회체계들의 기능을 위한 정책도구로 사용됨으로써, 법의 근대성기획(개인의 자유와 시민사회의 자율성)이 계속 추진되기 어렵다는 점을 비판적으로 분석하였다. 나의 비판을 한국사회와 한국형법체계에 대한 '경고'로 표현한 **주승희** 교수의 리뷰(01.)는 그런 상황을 "전근대적 탈근대형법"으로 개념화하고, 같은 문제의식에서 바라본 2022년의 한국사회는 그 상황이 더욱 악화되었다고 진단한다. 강간피해자의 외상후스트레스장애가 그 원인이 밝혀지지 않았는데도 '일반적 인과성'의 소명만으로 강간치상죄로 처벌하는 판례에 대한 **홍가혜** 박사의 비판적인 리뷰(13.)도 오늘날 형법의 근대성(특히 책임주의)이 페미니즘적 정책으로 물든 전근대적 탈근대형법의 물결 앞에 얼마나 무력해지고 있는지를 잘 보여준다.

홍승희 교수도 근대형법의 세 원칙 가운데 형법의 명확성에 대한 나의 이론을 정확하게 그리고 상세하게 정리하는 리뷰(02.)를 한다. 국가의 후견주의와 권위주의가 오늘날 위험형법을 더욱 증강시키고 심지어 '안전형법'으로까지 나아가는 흐름을 비판하면서 내가 기획한 형법의 근대성을 그러한 흐름을 반성하는 거울로 삼는다. 그렇기에 홍 교수는 형법의 형성과 운영에 대한 시민들의 주체적 지위와 활동 필요성을 강조한다. 법률의 명확성 개념이 법언어의 '일반적 이해가능성'(Allegemeinverständlichkeit)으로부터 동적인 개념, 즉 시민이 참여하는 형법적 담론과 공론 속에서 형성된 형법규범의 정보화와 소통으로 이해되는 변화가 최근 대법원 판례와 헌법재판소 결정에서도 감지된다. 하지만 이것은 근대성의 미미한 발자취에 불과할 뿐이며 홍 교수가 지적한대로 현대형법의 위험한 흐름은 근대성에서 더욱 멀어져가고 있다.

그와 같은 현대형법의 또 다른 위험한 흐름으로 피해자형법의 강화를 들 수 있다. 근대형법과 감옥(교도소)의 규범적 의미는 피해자를 가해자로부터 떨어뜨리고, 피해자를 법익 개념 안으로 중성화시킨 데에도 있다. 그러나 오늘날 피해자는 점점 더 형사사법체계의 중심부로 그 지위를 이전시키고 있다. 성인지감수성이라는 페미니즘적 개념은 그 중심부에서도 핵의 위치에 있다. 무죄추정원칙이라는 근대적 인권과 법치를 희생시키기 때문이다. 이런 현상은 형사소송법의 근대성에 대한 커다란 위협이다. 『형사소송원론』(1998)은 형사소송의 근대성을 기획한 나의 이론들이다. 가령 소송에서 사실인정은 실체적 진실의 인식이 아니라 정보(증거)를 통해 과거의 범행을 합리적으로 재구성하는 이해, 즉 마당적 이해이며, 소송은 대화적 구조를 띠어야 한다는 것이다.

이 책에 대한 **권순민** 교수의 리뷰(**08.**)에 의하면 형사소송의 마당성 또는 대화성이 지난 20여년 동안 공판중심주의의 확대와 전문심리위원, 전문증인의 제도 도입 등으로 개선된 측면이 있지만, 이 책이 형사소송의 근대성을 위태롭게 하는 요인들로 지목한 과도한 '소송경제'의 법정책과 — 피고인의 방어권과 제로섬게임에 들어가는 — 피해자의 참여권 확대에 지향한 소송법정책은 오히려 강화되었다. 이는 형사소송의 근대성을 퇴보시키고, 공정한 재판의 가능성을 약화시킨다. 권 교수의 그와 같은 비판 속에서 내가 기획한 형사소송의 근대성은 현실에서 일그러지고 이념에서 더 크게 일어날 것이다. 또한 **박민정** 박사는 형사소송에서 나의 근대성기획을 정신분석학적 인식관심에서 독특하게 읽어내는 흥미로운 리뷰(**09.**)를 하고 있다. 쉽지 않은 글이지만 행간에서 정신분석학적 통찰이 읽혀지기도 한다.

형사소송의 탈근대적 현상들 가운데 가장 주목되는 피해자의 지위 강화도 무조건 형사소송의 근대성과 공정성을 해치는 것은 아니다. 근대형사소송법의 규범성을 파괴하지 않으면서 근대성을 확장하는 기획으로 재해석할 수 있는 차원이 남아 있다. 회복적 사법과 치료적 사법의 컨셉이 바로 그것이다. "형사사법의 세 가지 지층과 피해자의 지위"(피해자학연구, 2009)라는 논문에 대한 **하민경** 교수의 리뷰(**24.**)는 서로 충돌하지만 같은 땅의 여러 지층을 형성할 수 있는 근대형사사법과 회복적 사법 그리고 치료적 사법의 정합적 통합 가능성에 관한 나의 기획을 정확히 재현해주고 있다. 법무부 자문의 일환으로 펼쳤던 나의 이 기획은 2010년 범죄피해자보호법에 신설된 형사조정제도로 결실을 맺었다. 하 교수는 이를 두고 “법의 근대성을 근간으로 두면서도 근대법의 한계를 직시함으로써 이성중심적 사고를 해체하고 포스토모던적 사유를 받아들여 변증적으로 해결책을 제시하는 이상돈의 이론들 중 대표적인 예시”라고 말한다.

2. 절차주의적 법모델

홍성수 교수가 리뷰(**04.**)한 『법학입문』(1997)이 제시하는 ‘절차주의 법모델’은 현대사회의 복잡성, 다원성, 탈중심성으로 인해 법과 도덕의 기반이 되어 온 개인의 실천이성이 근대시민사회의 기획을 계속 추진하고 완성하기 위해 변증된 대화적 이성의 법모델이다. 나의 절차주의 법모델은 1980년대 말에서 1990년 전후 하버마스의 법이론 세미나에 참여한 젊은 학자들과 교류하면서 기획한 것인데, 그 실천을 당시 한국사회에서 빠르게 확장되고 있던 조정제도에서 시작하자는 생각을 했다. 조정제도는 한국사회의 전통문화와도 친화적이면서 절차주의적 법모델의 현실태로서도 매우 완성적인 형상이기 때문이었다. 홍성수교수의 비평처럼 법의 진화론으로도 이해될 수 있고, (역사의) 진보관으로도 이해될 수 있다.[1] 사회체계의 분화에 관한 루만의 이론도 많은 영향을 받았는데, 법체계의 분화가 21세기의 한국사회에서는 ‘전문법’이라는 현상으로 전개된다는 점에 주목했다. 한국사회는 독일과 같은 대륙법계의 법전법과 그 해석학이 1세기 동안 확립되었고, 20세기 후반 이후 미국법

1 그런데 진화는 기본적으로 다윈에게서 유래하는 생물학적 개념이고, 오늘날 진화를 말한다면 진화생물학이 주목되며, 이에 영향을 받은 진화심리학은 법에게 새로운 발전을 가져다 줄 수도 있다고 본다. 그러자면 이성법학적 담론보다는 법정신분석학이 그런 의미의 진화를 법에서 추진하기에 더 적합한 것이 아닌가 싶다.

의 사안중심적 법제(예: act)가 강한 영향력을 미침으로써 그 두 법제형태가 공동작용하는 환경이 다른 사회보다 두드러졌기 때문이다. 그렇기에 전문법의 구상은 내게는 절차주의 법모델의 한국적 실현이면서도 동시에 유럽과 영미의 법제를 포괄하고 넘어서는 보편적 실천이다. 다만 개인의 삶과 에너지가 유한한지라 나는 사적 삶에서 인연이 깊었던 의료·생명, 경영·경제·금융, 문학·예술 분야에서 해당 전문법(이 책의 제3부)을 일구는 많은 연구와 글들을 써왔다.

절차주의적 법모델은 대화적 소통과정과 민주적 입법절차가 법의 정의를 형성한다고 본다. 이런 사고에 의하면 인권과 같은 실체적 정의의 권리도 절차적으로 형성될 수 있으며, 형사책임의 핵심요건으로서 고의나 중지미수의 자의성(Freiwilligkeit)도 그 의미론적 실체보다 그 개념을 사용하는 화용론적 차원에서 더 효과적으로 기능할 수 있다. **권지혜** 교수의 리뷰(**10.**)는 형사책임의 실체적인 요건인 이 두 개념에 대해 내가 행한 화용론적 구상을 설득력 있게 재현해주고 있다. 이 개념들의 의미론적 세분화는 일찍 한계에 도달하며, 그 개념들의 책임제한 기능은 소송절차에서 수집되는 간접증거의 양과 질, 그것들의 서로 충돌하는 의미에 대한 형량적·정합적인 고려를 통해 그 개념들을 사용하는 방식에 좌우된다. 법관이 그 개념들을 말하는 방식은 그 개념의 의미를 형성한다. 이처럼 절차주의적 법모델은 단지 거시적으로 법체계의 새로운 패러다임을 뜻하는 것이 아니라 (실체적인) 법적 요건의 의미를 미시적으로 구성하는 방법으로 작동하기도 하는 것이다.

3. 성찰적인 자유민주적 법치국가

내가 법의 모더니티를 기획·추진한 또 다른 법이론은 민주적 법치국가의 대화이론적 해석이다. 의사소통적 이성과 대화이론의 관점에서 보면 모든 실정법은 소통적 행위와 공론경쟁이라는 대화적 과정을 통해 정당성을 창출하면서 동시에 그 대화적 과정의 시·공간적 한계로 인한 정당성의 부족에도 불구하고 현실을 규율하는 힘, 즉 실증성을 획득한 규범이다. 나는 이러한 정당성과 실증성의 종합을 합법성(legality)이라는 개념으로 정립했다. 합법성은 완결된 것이 아니라 언제나 지속되는 소통과 대화를 통해 끊임없이 변화해간다. 민주적 법치국가는 바로 이러한 변화에 열린 법공동체이다. 이 법공동체에서 인권을 보장하는 법치주의와 주권을 실현하는 민주주의는 서로 분리되어 있지 않고, 서로를 전제하면서 동시에 서로를 보완하는 선순환의 관계에 놓인다. 인권과 주권, 법치주의와 민주주의는 대화적 과정 속에서 끊임없이 변증적으로 종합되어가는 것이다. 이러한 이론 속에서 『인권법』(2005)은 부르주아의 '자산', '교양', '신앙'을 권리화한 근대적 인권의 목록을 확장하고, 그 내용을 절차적 인권 개념으로 재구성하였고, 『시민운동론』(2005)은 인권운동, 시민불복종운동, 공익소송운동을 공론경쟁을 펼치는 소통적 행위로서 합법성의 내용을 변화시켜가는 민주적 법치국가의 성찰적 기제로 구성하였다.

정채연 교수의 리뷰(**05.**)는 이러한 나의 작업들을 정교하고 간명한 모습으로 그려내고 있다. 이 리뷰에서 정채연 교수는 자신이 학부시절 참여했던 장애인이동권 문제를 예시로 개인의 인권주장, 시민사회에서 인권생성, 공론영역에서 보편적 인권 승인, 그리고 국가영역에서 마침내 실정법적 권리가 되는 인권이론을 설명하고 있다. 관변화되고 금전화되어 시민성이 희박한 시민단체들의 도덕적 엘리트주의와 국가의 권위적 합법주의가 실증주의적 인식패러다임에서 잉태된 쌍생아라는 인식도 정 교수는 나와 철저하게 공유하고 있음을 알 수 있다.

다만 자유민주적 기본질서(헌법 전문 및 제4조)의 '자유' 문언을 삭제하려는 개헌론이 등장한 오늘의 시대는 어쩌면 사회주의적 역사인식으로 한국사회를 이해하는 사회구성체 이론이 무성했던 1980년대 말과 비슷하게 사회주의에 대한 에토스가 커져있는 것으로 보인다. 이런 상황에서 민주적 법치국가는 인민민주주의를 향한 사회변혁의 이데올로기와 뚜렷히 구별될 필요가 있고, 그렇기에 그것이 지향하는 근본가치인 개인의 '자유'를 접두사처럼 덧붙일 필요가 생겼다. 그래서 나는 "화해와 평화의 법"(인간연구, 2021)이라는 논문에서 '성찰적인 자유민주적 법치국가'라는 용어를 사용하기 시작했다. 여기서 나의 『법학입문』이 공산당 지배의 국가에서는 어떻게 읽힐지가 매우 흥미롭다. 중국인 제자 **오가소** 교수의 법학입문 리뷰(**06.**)는 법학입문의 핵심을 간결한 언어로 정확하게 요약해준다. 중국사회가 무엇을 배워야 하는지는 말하지 않고, 한국사회의 민주적 법치국가와 법이 무엇인지만을 말하는 정치적 지혜를 보여준다. 그렇기에 중국사회에서 법학입문의 내용은 시민교양의 하나로 이해될 수 있을 듯하다.

2005년에 쓴 『인권법』은 절차주의적 인권개념을 확립한 것이지만, 포스트모던사회의 성장과 함께 성찰적으로 다시 한번 그 지평을 확대한다. 대화적 이성의 기반을 벗어나 무의식과 감성의 기반 위에서 '자기자신이 될 권리'(becoming self)와 같은 정신분석학적 인권(법정신분석학, 2010)과 인간중심적 차원을 넘어선 탈인권(Posthuman Rights)이 바로 그것이다. 『법의 깊이』(2018)는 이 두 인권의 지평을 아우러 '인권의 탈이성화'라는 표제 아래서 다루고 있다.

Ⅲ. 법의 포스트모더니즘, 구성적 해체와 비평

2005년경 이후 나의 연구가 법의 포스트모더니즘 현상에 양적으로 집중된 것은 개인주의적 이성에서 대화적 이성으로 재구성된 이성법의 발전도 포스트모던적 사회문화의 성장을 마주하면서 근본적이며 내재적인 한계에 봉착하고 있다고 보았기 때문이다.

1. 법의 해체적 성찰과 차이의 법

그 가운데 데리다(Derrida)의 해체주의에 대한 나의 연구는 이성법을 성찰적 모더니즘으로 발전시키는 계기를 가져다 주었다. 데리다 하면 해체주의로 대변되고, 흔히 이는 이성과 이성법의 해체로 읽기 쉽다. 그러나 **최샘** 박사의 리뷰(**15.**)가 잘 보여주듯이, 데리다의 해체 개념은 '구성적' 해체(deconstruction)이지, 결코 파괴적인 해체(destruction)가 아니다. 정의가 법의 해체를 통해 생성된다면, 해체할 법이 없으면 정의도 없게 된다. 그렇기에 데리다의 해체는 언제나 새로운 법의 구성이 뒤따르는 '구성적 해체'이다.

그런데 이성법도 자신이 구축한 욕망충족기회의 대칭적 분배체계가 왜곡된 한에서는 스스로를 비판하고 변혁하며, 심지어 욕망 자체의 이데올로기성까지도 성찰한다. 그렇기에 소통과 대화를 통해 법이 지속적으로 변화하는 모습은 실정법의 부분적 해체를 통해 새로운 법이 구성되어 가는 과정, 즉 '해체적 구성'으로 개념화할 수 있다.

해체적 구성과 구성적 해체는 접점을 넘어 애당초 서로에게 내재된 것이기도 하다. 다만 그 둘은 구성과 해체에서 인식관심의 중점에서 차이가 있다. 이성주의가 새로운 법의 미래적 구성을 '예료'(antizipation)한다면, 해체주의는 기존 법의 해체를 통해 '전미래시제'(future antétieur)의 정의가 지속적으로 '차연'되게 하는 것이다.

내가 『법미학』(2008)에서 전개한 미학적 정의론도 옳음과 좋음을 중심으로 논의되어 온 법의 정의론을 부분적으로 해체하면서, 동시에 정의론을 확장하는 것으로 볼 수 있다. 미추판단이 법을 형성하는 모든 현상들은 이성법의 구성적 해체이면서 동시에 이성법의 해체적 구성이 된다. 이로써 이성법은 감성법으로 확장되고, 은밀하게 법을 형성했던 감성적 작용들은 이성법의 체계 속에 들어오게 된다. **김지원** 박사의 리뷰, 질감미(**19.**)는 감성법을 생성시키는 가장 중요한 인식매체이다. "당사자들이 전개하는 내러티브가 주름지고 거칠어서 판단이 덜컥덜컥 막힌다면, 바로 그 때가 사안에 대한 미추판단이 개입할 타이밍이다"라는 김 박사의 표현은 매우 미학적이면서도 정확하다. 나와 같이 법감정을 미추 판단의 이원적 코드로 해석하는 것을 두고 "절차주의와 상호주관성이 포스트모더니티와 조우해 이루어낸 기념비적인 전환이다"고 지적하는 것 역시 예리한 통찰이다.

다만 데리다의 해체주의 철학에는 자연스레 움터오르는 법의 새로운 성찰의 지평이 있지만, 성찰적 모더니즘이 정신분석학적 깊이를 갖지 않는 한 들어가기 어려운 지평이 있는데, 그것은 최샘 박사가 정확하게 바라보았듯이 '차이의 법'(이론)이다. 차이(difference)의 법에 관해서는 **오민용** 박사의 리뷰(**16.**)가 주목할만하다. 나의 차이의 법리를 오 박사는 '평등과 차이의 상호주관성 테제'라고 요약한다. 합리적 차별과 불합리한 차별이라는 평등 개념의 이분법적 도식은 차이를 통해서 간격이 생기고, 차이존중과 차이무시의 이분법적 도식은 평등(합리적 차별의 요청과 불합리한 차별의 금지)을 통해서 간격이 생기며, 이를 통해 불평등과 차이무시라는 나와 너, 친구와 적의 이분법적 사고도 해체된다고 본다. 오 박사는 여기서 더 나아가 법신학적 관점에서 차별금지와 차이존중의 적극적인 발현으로 '우정'과 '용서'의 법리를 전개하기도 한다.

차이의 법은 여성주의문제에서도 유효하다. **함현지** 판사의 리뷰(**23.**)는 자유주의적 페미니즘과 급진적 페미니즘을 넘어서며 포스트페미니즘을 아우르는 나의 성찰적 법여성주의를 이론적으로 정확하게 파악하고 간명하게 소개하고 있다. 성찰적 법여성주의가 나아가는 방향은 남성/여성의 경직된 이분법, 합리적 인간(여성)과 비합리적 인간(여성)의 이분법을 해체하면서도 무성無性적인(a-sexual) 것이 아니라 '성적으로 표시된 목소리의 (무한)복수성'을 바라보고, '셀 수 없는 춤 추기'로 환유되는 성차이의 법이다. 이상적인 여성대법관의 수數에 대한 질문에 '9명 중 9명'이라고 한 긴즈버그 미국 연방대법관의 대답을 두고 함 판사는 "성차를 둘러싼 편견과 선입관과 잠정적 우대조치의 필요성까지 모두 사라진 자유"를 말한 것으로 보았다. 다만 함 판사가 말한 이런 상태의 자유는 유토피아적 이상에 남겨진 것이 아니라 지금 여기에서 성의 불합리적 차별을 배제하고 합리적 차별을 포용하면서도 동시에 셀 수 없이 다양한 성차이를 존중하는 성찰능력을 가리킨다고 보아야 한다. 그런 성찰능력을 갖는 대법관은 경험이 많은 법관이 아니라 경험에 열린 법관이며, 이는 대법관의 조건이 되어야 한다.[2]

다른 한편 성찰적 모더니즘도 정신분석학적 깊이를 갖게 되면, 포스트모더니즘과의 작은 간격은 더욱 더 작아진다. 의식의 이성이 무의식을 마주하면 이성은 스스로를 (부분적으로) 해체할 수 있을 정도의 성찰로 나아가기 때문이다. 『법정신분석학입문』(2010)은 그런 성찰의 시작을 알린 작품이다. 이 작품을 함께 펴냈던 **민윤영** 교수는 나의 '나르시시즘의 법'을 리뷰(17.)한다. 민 교수는 근대성의 기반인 '사유하는 자아'로서 주체를 대화이론적으로 재구성한 상호주관성(intersubjectivity)이 나의 이론적 지향점임을 잘 알기에 포스트프로이트 법윤리 등과 같은 나의 많은 논지들을 정확하게 파악한다. 그러면서도 민 교수는 나의 법정신분석학적 사고에서 법과의 접촉지점을 이룬 프로이트 이론의 자리에 현대정신분석학, 특히 코헛(Kohut)의 자기심리학을 대입하는 실험적 비평을 한다. 이 실험을 통해 가령 법은 이드의 욕망을 분출하는 조절밸브의 역할을 넘어 고통받는 수범자의 곁으로 다가가 자기대상으로 기능하고 자기응집을 돕는 역할을 하여야 함을 주장한다. 그러나 내가 바라본 법의 조절밸브 역할은 초자아의 지위에서 정신을 직접적으로, 그것도 도덕적 언어로 규율하는 것을 의미하지 않으며 코헛의 자기심리학적 치유방식이 작동할 공간을 남겨두지 않는 것도 아니다. 그렇기에 법은 반려동물과 투사적 동일시를 하는 나르시시즘의 인간상을 경계하면서 아울러 반려동물과의 상호주관적인 (무한)사랑이 펼쳐질 자유의 공간을 인정한다.

2 이상돈, "민주적 법치국가와 대법관 인사의 원칙", 고려법학, 제45호, 2005, 53~74쪽.

2. 비평과 감성의 법

사유, 소통과 대화의 이성에 의한 법해석은 (해석학적 · 마당적) 이해와 합리적 논거에 의한 근거지음으로 그 타당성을 확보하는 것이지만, 예술작품의 법적 문제들, 저작권, 상표권, 예술작품거래의 사기죄나 관세법 위반 등에서 법률의 해석과 적용은 흔히 이성의 판단작용이 한계를 벗어난 곳에서 이루어진다. 이성적인 해석의 자리에 미학적 비평(또는 예술비평)이 들어선다. 이 점을 미술작품을 대상으로 자세히 논의한 『미술비평과 법』(2013)에 대한 **김문정** 박사의 리뷰(**18.**)는 이성과 합리적 논거에 의한 해석으로 도달할 수 없는 '법'(의 아포리아)이 있음에 주목한다. 그리고 그런 법을 르장드르(Legendre)의 이론에 힘입어 '이미지(image)로서 법'으로 바라보며, 법텍스트도 일종의 이미지라고 본다. 이런 관점에 의하면 비평은 이제 예술법문제에 국한된 근거지음의 다른 방법이 아니다. 정도의 차이는 있지만 통상의 법률해석에서도 드러나지 않은 채 작동하는 해석의 기제가 된다. 시네마토그래피(cinematography)의 방법은 그 대표적인 현상이다. 그렇기에 '비평, 법이 되다'(Critique becomes Law)라는 명제가 가능해진다. 사유와 감각뿐만 아니라 감정과 직관을 사용하는 비평으로 형성하는 법을 나는 감성법이라고 이름지었지만, 김 박사는 감성법이란 이성법을 대체하는 것이 아니라 법의 성찰적 자기변화를 가져오는 이성적인 힘의 성장으로 이어진다는 점을 놓치지 않는다. 미술비평과 법의 표지는 "회화의 본질인 색과 형태를 통한 법과 예술 간의 입체적이고 역동적인 놀이를 이미지화한 것"이며, 법예술비평의 위치지움이라는 김 박사의 비평은 공감을 불러온다. 공감(empathy)은 일종의 주관적 보편성(subjective universality)으로서 비평의 진리성이며, 이성법의 합의에 대응된다. 『예술형법』(2014)은 시대마다 핫 이슈가 되었던 예술작품 관련 재판들에 대한 법예술비평을 통해 구체적인 법을 형성해가는 길을 잘 보여준다.

3. 법의 예술

나의 포스트모던 법학은 데리다의 해체주의를 수용하고, 비평의 이론을 거쳐서 다양한 예술분야의 작품들에 대한 비평('법예술비평')을 수행하는 작업으로 나아간다. 현실의 법문제를 새롭게 해석하고, 예술과 법의 상호내재성을 이론적으로 규명하고, 중요 예술사조와 법의 발전 사이의 내적 연관을 기호학적으로 분석하는 나의 작업으로 『법문학』(2005, 이소영 공저), 『법의 춤』(2012), 『미술비평과 법』(2013) 등이 있으며, 이런 작업들을 결집해놓은 것이 『법의 예술』(2021)이다. 이에 대한 **이소영** 교수의 리뷰(**20.**)는 "예술비평을 통해 법은 예술을 과도하게 규제하지 않는 규범의 내용을 구성하는 한편, 예술 또한 법을 통해 자신의 자유를 실현"한다는 점, 그래서 나의 예술법학은 "오랫동안 천착해 온 대화이론과 상호텍스트성이 반영된" 것이면서 법의 예술 개념이 데리다의 "차연되는 구조"를 띠고 있음을 잘 보여준다. 또한 이 교수는 내가 모던예술과 포스트모던예술을 통해 법의 진보역사와 중층적 연속성을 읽어내고 근대법과 탈근대법의 특성을 설명해내고 있음도 직시한다. 하지만 이 교수가 가장 큰 공감을 보이는 나의 이론은 "질감미의 체험을 통해 사안의 의미를 해석하고 법률텍스트와의 상호적 수렴을 도모하는 법률적용 과정"과 등치시킨 즉흥접촉춤의 미학적 체험인 듯하다. 이는 이 교수가 — 라끌라우(Laclau)와 무페(Mouffe)의 상이한 사회적 적대들의 등가성연쇄를 통한 연대, 버틀러(Butler)의 '상처 입을 가능성(vulnerability)을 통한 새로운 연대'의 창출처럼 — 이성법의 합리적 언어에 담기지 않는 상처들의 접촉점을 만들어 이를 인권법 담론 안으로 밀어넣는 것을 소망하고 있기 때문이겠다. 그 점에서 법의 예술에서 펼쳐 보인 나의 인식관심과 법문학적·법사학적 연구에서 펼쳐보인 이소영 교수의 인식관심이 맞닿아 있다고 할 수 있다.

이 예술법학의 작품들 중 『법의 춤』의 상세한 내용은 **한민정** 박사의 리뷰(**20.**)가 충실하게 재현하여 보여준다. 특히 근대 이성법의 인간상인 사유적 자아의 자리에 들어선 포스트모던 법의 인간상, '춤추는 자아'의 개념, '법이 춤추다'의 의미, 직물짜기로서 새로운 인권의 생성, 상호문화성(interculturality)과 상호합법성(interlegality)의 관계 등을 잘 설명하고 있다. 한 박사는 이 리뷰를 통해 한때 무용을 부전공으로 삼아 가졌던 자신의 체험을 재구성하기도 한다. 즉, 춤 익히기는 규범의 내면화가 되고, 법의 준수는 자유화가 되는 교차의 전복이 있었다는 체험이다. 한민정 박사는 그렇게 법이 계속 춤출 것을 바라본다. 같은 책에 대한 **손보미** 박사의 리뷰(**21.**)는 '법이여 춤추라'라는 기호가 나의 포스트모던 법연구의 함축된 기호임을 잘 설명해준다. 특히 "법정신분석학 연구가 '법은 규범, 윤리체계의 정점인 초자아의 위치에서 걸어나와 본성과 충동의 영역인 무의식적 차원을 돌보아야 한다'고 말한다면, 법춤학은 무의식의 콤플렉스를 해소하고 해방의 아름다움을 창출하는 춤을 통해 정신영역에서 신체 영역으로 논의를 확장한다"는 것이다. "형법의 힙합문화적 이해"라는 박사학위논문을 썼던 손 박사도 나와 마찬가지로 우리 모두를 경직된 법사고에서 탈피시켜 자유롭게 춤추게 만들고 싶어 한다. 그래서 손 박사의 리뷰 제목도 (그대들이여) "법과 함께 춤을"이 되었을 것이다.

Ⅳ. 전문법-이성과 심미의 지역화된 실천 전문

사회체계의 분화로 절차주의적 법모델은 전문법으로 발전한다. 의료와 경영 분야의 중요사건에 대한 자문과 판례분석, 그리고 연구를 통해 대화적 이성과 소통적 합리성 위에서 전문법을 구축하는 작업이 25년을 넘었다. 그 역사가 의료법분야에 『의료형법』(1998), 『의료체계와 법』(2000), 『치료중단과 법』(2002), 『생명공학과 법』(2003), 『수가계약제의 이론과 현실』(2009), 『의약품공급계약과 사적 자치』(2014), 『원내조제분업의 법리』(2015)로 그리고 경영법분야에는 『윤리경영과 형법』(2005), 『부실감사법』(2007), 『기업윤리와 법』(2008, 3인 공저), 『조세형법론』(2009), 『공정거래형법』(2010), 『증권형법』(2009), 『경영과 형법』(2011), 『경영판단원칙과 형법』(2015) 등으로 기록되었다. 이들은 이성의 지역화된 실천이면서, 하위문화, 업무관행, 작은 공동체의 관습 등을 미학적 정의의 형태로 수용함으로써 '심미'의 지역화된 실천이라고 부를 수 있다. 이 작업들 중 제자들의 몇몇 리뷰를 살펴본다.

1. 생명 · 의료(형)법 분야

『생명공학과 법』(2003)은 생명공학규제에 관해 대화적 이성법의 비전을 가장 구체화적으로 펼친 작품이다. **최민영** 박사의 리뷰(**25.**)는 생명의료 · 기술에 대한 윤리주의, 규범주의, 공리주의, 과학주의의 입장들을 정교하게 구분하고, 이론적으로 세밀하게 분석한 후 대안으로 제시하는 나의 절차적 정당화 모델을 간결하고 유려하게 소개한다. 리뷰의 제목처럼 이 대화적 생명공학법이 보여주는 이념적 고려의 정교함과 (가령 인공적 생식을 18가지 경우로 나누고 목적과 수단 가치의 계량적 형량을 그래프화하는 등의) 이론적 분석의 세밀함 그리고 절차적 정당화의 성찰적 평형은 그 자체로서 아름다움을 생성시킨다. 대화적 생명공학법이 뿜어내는 아름다움은 그 내용의 타당성과 분리되기 어렵다. 가령 과학적 죽음인 뇌사를 법적 죽음으로 승격시키려는 의료전문가들의 담론에 맞서 뇌사와 장기이식의 인권침해적 측면을 경고하면서도, 다른 한편 존엄사에 대한 절차주의적 법모델의 해결을 주장하고, 위원으로 있었던 국가생명윤리심의위원회의 연명의료결정법안에 기여했던 나의 작은 실천들은 모순적인 것이 아니다. 전자가 인권에 지향한 법의 모더니티를 수호하고 확장하는 것인 반면 후자는 포스트모던적 미학적 성찰('자율의 미학')을 실천하는 것이지만, 그 둘은 모두 대화적 이성의 생명공학법 기획에 합류하기 때문이다. 최민영 박사의 말처럼 이 기획이

"지금도 발전하고 있는 생명공학기술에서, 그리고 앞으로 발전할 과학기술에서 법적 규율의 구체적 준거점"이 되고, 후학들이 "이를 법의 제·개정과 적용에 반영"하는 실천이 이어지기를 기대해본다.

기독교 신앙이 깊은 **신효성** 박사의 리뷰(**26.**)도 『생명공학과 법』(2003)에 대한 것이다. 이 리뷰는 그 내용이 최민영 박사와 부분 겹치는데, 내게 더 돋보이는 점은 생활세계적 정당성과 의료(생명공학)체계적 효율성 사이에서 펼쳐지는 대화적 생명공학법의 기획이 기독교적 신앙이 깊은 신 박사에게 수용될 수 있다는 점이다. 대화적 이성으로 구성되는 생명공학법의 기획이 신 박사처럼 (종교)윤리주의의 에토스가 강한 사람들에게도 수용되는 것은 대화적 소통과 공론경쟁의 과정 속에서 하나님의 말씀을 최대한 실천하는 것이 가능하기 때문일지도 모른다. 이 점만으로도 대화적 생명공학법은 정당성과 실천성이 있다는 점이 분명해진다.

주현경 교수가 리뷰(**27.**)를 한 『치료중단과 형사책임』(2002)은 의학적 조언에 반한 퇴원(D.A.M.A. Discharge Against Medical Advice)을 허락한 의사를 살인(방조)죄로 처벌한 스캔들적인 사건을 (형)법이론적으로 분석하고 대화적 이성법의 구상을 관철한 작품이다. 1990년대에 그와 같은 치료중단은 연 10여만 건씩 일어났었다. 이 작품에서 펼친 치료중단의 절차적 정당화는 법모델의 발전에 관한 나의 이론이나 뇌사, 안락사의 절차적 정당화 모델과 일관된 연장선에 있으면서 후속된 연구인 『생명공학과 법』에서 더욱 발전된 대화적 생명공학법의 기초가 되기도 하였다. 하지만 주 교수의 리뷰에서 명확하게 알 수 있듯이, 작위와 부작위가 불분명할 경우에는 부작위범으로 보자는 이른바 '의심스러울 때는 부작위범으로'(in dubio pro omissio) 원칙이라든가 고의의 의적 요소로서 '용인'과 '체념'을 분화시킨 것 등은 내가 이 사건을 계기로 새롭게 창안한 형법도그마틱 이론이었다. 그렇기에 나의 치료중단 법리는 독일 학술지에도 소개되었고, 당시 독일 유학 중이던 주 교수가 그 번역과정에 절대적인 기여를 해주었다. 그러나 주 교수의 비평이 빛나는 지점은 역시 법률가들만의 미시적 법패러다임인 형법도그마틱과 법정책을 분리하지 않고 연결하고 통합하는 나의 작업방식, 철학적 용어로 말한다면 이론과 실천의 변증을 정확하게 이해하고, 재현한 데에 있다.

나의 의료형사책임이론에 대한 중국학자 **이영봉** 교수의 리뷰(**28.**)도 흥미롭다. 이 교수에 의하면 중국에는 의료사고죄가 별도로 신설되어 있지만, 적용이 거의 없다고 한다. 그래서 이 교수는 나의 의료형법이론이 기획하는 '절제된 형법'의 수준으로 중국의 의료형사책임이 강화되어야 한다는 비교법적인 전망을 내놓는다. 그 과정에서 이 교수는 한국사회에서 내가 행한 법사회학적 통찰과 서양사회의 모더니티 기획을 실현하는 형법이론들에 대해서도 깊은 이해와 공감을 보여준다. 형법상 의료과실을 중과실로 구성하는 점도 중국 의료사고죄의 '중대한 무책임'과 비교 속에서 적정한 의료형법의 기준으로 바라본다. 이 교수는 의료의 재량성 문제에서 민사책임에서는 최선의 조치를 선택하거나 그렇지 않을 경우에 그 이유를 설명할 의무를 부과하는 반면, 형사책임에서는 재량범위를 현저히 일탈하지 않는 한 형사과실을 부정함으로써 형법의 근대성을 구축하는 법원칙으로서 보충성원칙을 실현하고 있다.

2. 경영(형)법분야

이정민 교수의 리뷰(**29.**)는 경영판단원칙을 형사법분야에 도입하자는 제안을 최초로 한 나의 논문, "경영실패와 경영진의 형사책임"(법조, 2003)이 지닌 의미를 꼼꼼하고 정확하게 설명하고 있다. 이론적 분석과 경영현실을 고려하는 정책, 그리고 대화적 이성(형)법, 즉 경영과 소통하는 형법의 관점으로 대안을 제시하는 나의 연구방법을 이 교수의 리뷰는 형식적인 면의 접근방식과 내용적인 면의 접근방식으로 나누어 더욱 알기 쉽고 흥미롭게 설명해준다. 이 교수의 리뷰는 내가 경영판단원칙을 체계간 원칙으로 재해석한 점도 놓치지 않고 있다. 이 교수의 리뷰는 매우 난해한 나의 후속연구, 『경영판단원칙과 형법. 체계간 원칙(intersystemic principle)으로서 경영판단원칙의 기능과 형사법에서의 적용문제들』(2015)에도 독자들이 관심을 갖게 하고, 또한 독해할 수 있는 지적 훈련을 훌륭하게 시켜준 것 같아서 더욱 기쁘다.

이상현 교수의 리뷰(**30.**)는 『공정거래형법』(2009)에 대한 보완적 논의를 한다. 공정거래위원회의 고발조치가 이 책이 출간한 이후 대폭 증가했다는 점에서 공정거래형법의 '집행흠결'이라는 나의 진단이 바뀔 필요를 보여준다. 이 교수는 고발의 증가를 이 책의 외부적 효과로 바라보기도 하지만 그 보다는 2010년대 시장을 도덕화하라는 시민들의 여론과 그것에 반응하는 정치체계 그리고 이를 의식한 공정위의 정책적 변화의 결과일 것이다. 카르텔에 관해서도 이상현 교수는 공정위의 규제와 고발이 증가해가는 통계를 제시하고 소비자후생의 손실이라는 단일한 기준의 적극적인 활용으로 통제를 강화하는 것이 바람직하다고 본다. 그러나 고발의 증가가 무조건 바람직한 현상은 아니다. 시장지배지위남용죄나 카르텔죄의 과도한 집행결손은 물론 지양되어야 한다. 그러나, 경영효율성의 강화가 중·단기적으로 소비자편익을 감소시키더라도, 장기적으로는 오히려 소비자후생을 증가시키는 관계 그리고 그 역의 관계도 성립할 수 있다는 점을 공정거래형법의 해석과 운영에 고려하여야 한다. 그렇게 한다면 시장지배지위남용죄와 카르텔죄는 전면적인 집행결손에서는 벗어나겠지만, 전문형법 가운데 아마도 가장 작은 형법으로 남을 것이다. 이는 경제의 자율을 위한 것이기도 하다.

조영석 박사의 리뷰(**31.**)는 자본시장법상 내부자거래죄에 대한 나의 비판적인 관점과 비범죄화 방향의 해석을 간결하게 요약하고 있다. 내부자거래죄의 비범죄화는 상식에 어긋나게 들린다. 하지만 지금은 EU의 법동화로 인해 범죄화하고 있는 독일 증권법도 그 전에는 내부자거래를 범죄로 처벌하지 않았었다. 독일 증권시장이 내부자거래죄 없이도 기능할 수 있었던 역사를 되돌아 보면 내부자거래죄는 증권시장의 기능 유지에 불가결한 요소가 아님을 알 수 있다. 이 주제에 관한 나의 첫번째 논문, "내부자거래의 시장유해성과 시장의 형법비친화성"(형사정책연구, 1999)에서 보듯 형법이 설정한 목표를 달성하기에 적합하지 않은 자본시장의 속성이 내부자거래의 범죄화에 대해 회의를 품게 만든다. 내부자거래죄는 미공개정보의 획득과 사용을 원하는 모든 시장참여자들의 태도를 외면한 채, '자본시장은 공정하다'라는 도덕적 상징의 창출에 이바지할 뿐이다.

마지막으로 **박혜림** 박사의 리뷰(**32.**)는 납세의식과 탈세의식이 교차하는 시민들의 법의식, 시민법과 국가법의 정당성 구분, 국고주의와 책임주의의 대립과 책임주의 강화, 조세체계와 법체계의 갈등조율을 위한 전속고발권의 의미, 결과반가치만으로 가중처벌하는 특정범죄가중법의 제한해석 필요성, 조세범처벌절차법에서 이중위험금지원칙의 확장(특히 범칙조사전환 불승인결정을 받은 자에 대한 기소금지), 세무조사, 범칙조사 및 수사의 비례성 등을 기획한 나의 조세형법론을 정확히 요약하고 있다. 세테크가 일상화된 시대에 이러한 조세형법의 법리는 시민들의 자유에 대한 방호벽이 되어 줄 것이다.

제 1 부

법의 모더니티와 대화이론적 성찰

01 마당적 이해

양 천 수*

비평하는 저작 이상돈, 법이론: 법인식의 사회적 지평과 근대성, 박영사, 1996.
이상돈, 새로 쓴 법이론, 세창출판사, 2005.
이상돈, 법의 깊이, 법문사, 2018.

Ⅰ. 헌 사

이상돈 교수는 우리 법학에서 아주 중요한 지위를 차지한다. 오랫동안 교과서 법학과 수입법학에 머물러 있던 초라한 우리 법학의 현실에서 이상돈 교수는 독창적인 사유와 논증을 구사하여 어떻게 우리의 독자적인 법학이 가능한지를 보여주었다. 외국, 특히 독일 법학을 정확하게 이해하고 소개하는 것을 가장 높은 수준의 법학으로 여기던 풍조에서 이상돈 교수는 자신만의 독창적인 법학을 구축하였다. 그중 몇 가지를 언급하면 다음과 같다. 우선 이상돈 교수는 기초법학, 무엇보다도 법철학의 방향과 문제제기를 새롭게 설정하였다. 외국 법철학자들의 이론이나 역사를 소개하는 것을 법철학으로 여기던 상황에서 이상돈 교수는 우리의 사회적 상황, 우리의 실정법체계에 적합한 법철학이 무엇인지 모색하였다. 이에 자연스럽게 법철학과 실정법학을 통합하는 이론적 작업을 수행하였다. 물론 그렇다고 해서 이상돈 교수가 기초법학의

* 영남대학교 법학전문대학원 교수, Dr. jur.

이론적·추상적 차원에 소홀한 것은 아니었다. 이상돈 교수는 가다머(Hans-Georg Gadamer)의 해석학과 하버마스(Jürgen Habermas)의 대화이론이라는 모던적 사유에서 출발하여 법문학, 법미학, 법정신분석학 등과 같은 포스트모던적 사유를 자신의 기초법학에서 포섭하였다. 이를 통해 모던적 사유와 포스트모던적 사유를 체계적으로 통합하였다. 뿐만 아니라 이상돈 교수는 기초법학에서 획득한 통찰 등을 활용하여 '전문법학'이라는 새로운 법학의 패러다임을 구축하였다. 이렇게 이상돈 교수가 우리 법학에 안겨준 학문적 성과를 섬세하게 분석하려면 어쩌면 한 권의 책으로는 불가능할 것이다.

필자는 그 많은 학문적 성과 중에서 '마당적 이해'를 다루고자 한다. 마당적 이해는 사실인정에 관한 독창적인 이론이다(2018, 189). 사실인정에 관한 연구가 제대로 수행되지 않던 시절에 이상돈 교수는 여러 이론을 포섭하고 통합하여 독창적이고 설득력이 높은 마당적 이해를 정립하였다. 마당적 이해는 우리 형사소송법학 및 형사소송법이, 달리 말해 학문체계와 법체계가 발전하는 데 중대한 기여를 하였다. 아래에서는 마당적 이해를 간략하게 소개하면서 마당적 이해가 어떤 이론적 사유를 담고 있는지를 논의의 초점으로 삼고자 한다.

필자가 부족하지만 한 학자로 살아갈 수 있도록 많은 학은을 베풀어 주신 이상돈 선생님께서 올해 화갑을 맞으셨다. 여러모로 부족한 이 글로 선생님의 화갑을 축하드리는 데 부끄러움을 느끼면서 선생님의 변함없는 건강과 행복을 기원 드린다.

Ⅱ. 마당적 이해

1. 사실인정의 중요성

법적 분쟁을 해결하기 위해서는 이러한 법적 분쟁의 전제가 되는 사실관계를 확정해야 한다. 형사소송법은 이를 사실인정이라 말한다. 사실인정이 제대로 이루어져야만 이에 관련되는 법규범 역시 성공적으로 탐색 및 해석할 수 있고 이를 통해 법적 분쟁을 적절하게 해결할 수 있다. 특히 형사재판에서는 사실인정이 그 무엇보다 중요하다. 형사재판에서는 많은 경우 대상 범죄가 형법 도그마틱의 측면에서 어떤 문제가 있는지 보다는 대상 범죄에서 쟁점이 되는 사건이 실제로 발생한 것인지가 문제로 부각되기 때문이다. 이로 인해 형사 실무에서는 어떻게 하면 사실인정을 성공적으로 수행할 것인지가 더욱 중요한 의미를 가진다.

2. 사실인정에 관한 문제

하지만 실제 형사재판에서 사실인정을 성공적으로 구현하는 것은 쉽지 않다. 형사소송법학은 실체적 진실발견을 형사재판이 추구해야 하는 이념으로 강조하지만, 어찌 보면 이는 역설적으로 사실인정이 매우 어렵다는 점을 은폐하는 이론적 장치일 수 있다. 사실인정이 어려운 근본적인 이유는 인식론의 견지에서 볼 때 이미 과거의 지평으로 휘발되어 버린 범죄 사건을 형사재판이 진행되는 지금 여기서 실체적 진실에 맞게 복원하는 것이 여러 근거에서 거의 불가능하기 때문이다. 이러한 근거로 해석학적 근거, 심리학적 근거, 언어철학적 근거 등을 들 수 있다.[1]

이상돈 교수는 일찍부터 사실인정 과정이 처할 수밖에 없는 인식론적 한계를 인식하고 있었다. 이를테면 이상돈 교수는 현대 언어철학의 성과를 원용하여 사실인정 과정이 어떤 점에서 한계에 부딪힐 수밖에 없는지를 설득력 있게 논증한다. 이상돈에 의하면 형사재판에서 진행되는 사실인정은 '언어'로 표현되고 논증되어야 한다. 형사법관이 사실이라고 판단한 '장면'을 언어로 전환해야 하는 것이다. 그런데 언어철학의

1 이에 관해서는 양천수, 삼단논법과 법학방법, 박영사, 2021, 191쪽 아래 참고.

견지에서 볼 때 등장하는 문제는, 형사법관이 아무리 엄밀하게 언어를 선택해 사용한다 하더라도 형사법관이 사실이라고 판단한 장면을 정확하게 언어로 대응시키는 데는 한계가 있다는 것이다. 언어기호 자체가 가진 의미론적·구문론적·화용론적 한계 때문에 언어기호는 지시대상, 즉 범죄가 발생한 장면을 완벽하게 재현할 수 없다. 이로 인해 형사법관은 자신이 사실이라고 판단한 장면을 형사판결서에 언어적으로 재현할 때는 '언어적 결단'을 할 수밖에 없다. 이러한 근거에서 이상돈 교수는 사실인정 행위를 '언어귀속'(Sprachzuschreibung) 행위라고 말한다. 그 때문에 이상돈에 따르면 실제 사건을 언어적으로 전환하는 과정은 '언어적 발견'이 아니라 '언어적 결단'일 수밖에 없다(2005, 251).

3. 마당적 이해

이처럼 여러 제약으로 사실인정 과정에서 실체적 진실을 추구하는 것이 어렵다면 우리는 어떻게 사실인정을 구상하고 실행해야 할까? 이에 관한 설득력 있는 해법으로 이상돈 교수가 제시한 것이 바로 마당적 이해다. 마당적 이해는 독일의 형사법학자이자 전 연방헌법재판소 부소장을 역임한 하쎄머(Winfried Hassemer)가 제안한 '장면적 이해'(szenisches Verstehen) 구상을 기초로 하여 독창적으로 발전시킨 것이다.[2] 특히 동양철학자 김용옥의 마당극 이론이 중요한 역할을 한다.[3]

마당적 이해는 이상돈의 초기 역작 『법이론: 법인식의 사회적 지평과 근대성』(1996)을 통해 본격적으로 세상에 데뷔한다. 사실인정에 관한 연구가 법학에서 전무하던 당시 마당적 이해라는 빼어난 사실인정 이론이 출현한 것은 놀라운 사건이라 말할 수 있다. 그러나 마당적 이해는 초기 모습에만 안착하지 않는다. 이상돈의 법학이 끊임없이 발전을

2 W. Hassemer, Einführung in die Grundlagen des Strafrechts, 2. Auflage, München, 1990, 123~124쪽.

3 '마당극 이론'에 관해서는 김용옥, 아름다움과 추함, 통나무, 1990 참고.

거듭해온 것처럼 마당적 이해는 복합적·중층적인 모습으로 성장한다. 이를테면 좀더 발전한 모습의 마당적 이해가 2006년에 출판된 『사실인정 방법론의 정립』에 게재된다.[4] 이후 이상돈의 법학이 포스트모더니즘 사유를 수용하면서 마당적 이해는 더욱 진화한다. 모던적 사유뿐만 아니라 포스트모던적 사유를 포섭하게 된 것이다. 이에 따라 마당적 이해는 '무정형성' 및 '스토리텔링'을 사실인정이 가진 특성으로 추가한다. 이를 통해 오늘날 우리가 아는 마당적 이해의 모습이 완성된다(2018, 189).

마당적 이해는 사실인정의 특성을 다음과 같이 제시한다. 첫째는 "이해대상의 유동성과 휘발성"이다. 둘째는 "정보의 선별적 지각과 선이해의 개입"이다. 셋째는 "상호작용의존성"이다. 넷째는 "상호작용의 무정형성"이다. 다섯째는 "스토리텔링"이다. 여섯째는 "성공의 불확실성"이다. 이러한 특성은 각기 마당적 이해의 해석학적·구성주의적 사유, 마당적·대화이론적 사유, 정신분석학적 사유, 포스트모던적 사유, 작동주의적 사유를 대변한다.

Ⅲ. 마당적 이해의 사유 방식 분석

1. 장면적 이해와 마당극 이론의 결합

일단 간략하게 말하면 마당적 이해는 하쎄머의 장면적 이해와 동양철학자 김용옥의 '마당극 이론'을 결합하여 발전시킨 이론이라 말할 수 있다. 장면적 이해와 마당극 이론은 유사하면서도 차이점을 가진다. 양자 사이에서 가장 차이가 나는 부분은 마당극 이론에서는 관객 역시

4 대법원 법원도서관, 사실인정 방법론의 정립: 형사재판편, 재판자료 제110집, 법원도서관, 2006, 5~26쪽 참고. 이는 2004년경에 진행된 사실인정에 관한 법관세미나의 성과를 모아 놓은 것이다. 그때 이상돈 교수는 "마당적 이해"를 주제로 기조강연을 하였는데 여기에 게재된 글은 기조강연을 논문화한 것이다. 이상돈의 마당적 이해 구상은 2007년에 이루어진 형사소송법 개정에 중대한 영향을 미쳤다.

마당극에 참여하는 참여자가 된다는 것이다. 공연자와 관객이 모두 참여자로 마당극이라는 놀이에 참여함으로써 비로소 마당극이 완성된다는 것이다. 이 점에서 마당극 이론에서는 상호주관적 요소가 장면적 이해의 경우보다 더욱 발전되어 나타난다. 이상돈 교수는 이러한 마당극 이론을 독창적으로 받아들여 사실인정이 진행되는 형사재판을 마당극으로 재구성한 것이다.

그러나 좀더 섬세하게 분석하면 마당적 이해는 여러 다양한 사유 방식들이 복합적·중층적으로 결합되어 탄생한 이론으로 볼 수 있다. 마당적 이해를 구성하는 사유 방식으로는 크게 다섯 가지를 언급할 수 있다. 해석학적·구성주의적 사유, 마당적·대화이론적 사유, 정신분석학적 사유, 포스트모던적 사유 및 작동주의적 사유가 그것이다. 이렇게 보면 마당적 이해에서는 모던적 사유와 포스트모던적 사유가 통합적으로 응축되어 있다고 말할 수 있다.

2. 해석학적·구성주의적 사유

우선 마당적 이해는 해석학적·구성주의적 사유를 수용한다. 마당적 이해는 해석학의 성과를 수용하여 사실을 인정하는 과정은 형사재판을 주관하는 법관이 지닌 선이해의 영향을 받는다는 점을 인정한다. 더불어 형사재판에서 진행되는 사실인정이 추구하는 진실을 실체적 진실이 아닌 절차적 진실로, 그것은 발견되는 것이 아니라 재판을 통해 구성되는 것으로 파악한다.

3. 마당적·대화이론적 사유

다음으로 마당적 이해는 마당적·대화이론적 사유를 받아들인다. 이는 마당적 이해가 해석학적·구성주의적 사유를 수용한 논리 필연적 결과라 할 수 있다. 마치 하버마스가 비판적 해석학에서 대화이론으로 나아간 것처럼, 마당적 이해는 소송상 진실을 발견되는 것이 아닌 구성되는 것으로 파악함으로써 이러한 진실을 가능한 한 올바르게 구성하기 위해 마당극 이론과 합리적 대화이론을 수용한다. 마당적 이해에 따르면 형사재판에서 검사와 피고인 및 변호인 그리고 법관은 모두 평등한 참여자로서 형사재판이라는 마당에 자유롭고 평등하게 참여한다. 합리적 대화에 최대한 가깝게 구현된 마당적 이해 과정을 통해 형사재판의 참여자는 자신들이 받아들일 수 있는 절차적 진실을 구성하는 것이다.[5]

4. 정신분석학적 사유

나아가 마당적 이해는 정신분석학적 사유를 포섭한다. 이는 마당적 이해의 출발점이 되는 장면적 이해에서 근거를 발견할 수 있다. 하쎄머가 제시한 장면적 이해에 따르면, 사실을 인정하는 과정은 검사·피고인의 정형화된 언어적 진술뿐만 아니라 전체 상황, 달리 말해 범죄가 자행된 '장면'(Szene)을 총체적으로 이해함으로써만 구현될 수 있다. 이 같은 근거에서 장면적 이해 구상은 정형화된 언어적 정보뿐만 아니라 정형화되지 않은 비언어적 데이터 역시 사실을 인정하는 데 적극 활용한다. 이때 주목해야 할 점은 장면적 이해에서 강조하는 장면 이해는 정신분석학에서 중시하는 치료 방법과 통한다는 점이다.

프로이트(Sigmund Freud)가 제시한 정신분석은 정신병을 치료하기 위해 억압의 원천으로 환자의 무의식에 숨어 자리한 장면에 환자가 대면할 것을 강조한다. 환자는 정신분석 치료로 자신을 억압하는 장면과 정면에서 마주함으로써 정신병에서 해방될 수 있다는 것이다. 그 점에서 정신분석은 환자의 '적극적 반성을 통한 해방'을 강조한다. 이러한 정신분석의 해방적 측면은 하버마스의 비판적 해석학에서 해방적 인식관심으로 수용되기도 한다. 하쎄머의 장면적 이해 역시 이를 받아들인

5 이 점에서 마당적 이해는 하버마스의 대화이론과 김용옥의 마당극 이론을 독창적으로 결합하는 이론으로 볼 수 있다.

다고 말할 수 있다. 마치 환자의 무의식에 숨어든 억압의 원천을 찾아 나서는 것처럼 범죄가 자행된 장면을 총체적으로 이해함으로써 최대한 진실에 맞게 사실인정을 구현하는 것이다. 이상돈의 마당적 이해 역시 이 점을 적극 수용한다. 이는 '스토리텔링'을 강조하는 부분에서 확인할 수 있다. 의식적인 언어적 정보뿐만 아니라 무의식적으로 드러나는 비언어적 데이터를 적절하게 고려함으로써 범죄가 자행된 진정한 스토리를 추적하는 것이다.

5. 포스트모던적 사유

마당적 이해는 포스트모던적 사유도 담는다. 이는 마당적 이해가 정신분석학적 사유를 받아들인다는 점에서 이미 포착된다. 물론 이상돈 교수가 처음 마당적 이해를 제시했을 때는 이 점이 뚜렷하게 드러나지는 않았다. 오히려 초기에는 근대성을 복원하고자 한 하버마스의 기획이 진하게 배어 있었다.[6] 그러나 2000년대 중반 이후 이상돈의 학문적 관심과 초점이 법의 근대성에서 포스트모던적 사유로 옮겨 가면서 마당적 이해의 포스트모던적 성격이 짙어진다. 이는 다음과 같은 근거에서 확인된다. 이상돈의 법학이 더욱 입체적으로 발전하면서 '무정형성'과 '스토리텔링'이 마당적 이해에 추가되었다는 점이다. 이는 이성중심적 사고의 해체와 자신만의 고유한 스토리텔링을 강조하는 포스트모던 법학의 사유를 받아들인 것이다. 이를 통해 마당적 이해는 모던적 사유와 포스트모던적 사유를 체계적으로 통합하는 입체적이고 복잡성이 증폭된 이론으로 자리매김한다.

6 물론 위에서 언급한 것처럼 마당적 이해의 계기가 되는 장면적 이해는 포스트모던 이론의 출발점이 되는 정신분석학적 사유를 내포한다. 그 점에서 마당적 이해는 이미 초기부터 포스트모던적 사유를 배태하고 있었다고 평가할 수 있다.

6. 작동주의적 사유

마지막으로 필자는 마당적 이해가 작동주의적 사유도 받아들인다고 해석한다. 이때 작동주의적 사유란 루만(Niklas Luhmann)이 체계이론에서 강조하는 사유방식을 말한다. 근거는 마당적 이해의 '무정형성'에서 찾을 수 있다. 무정형성은 포스트모던 법학, 특히 데리다(Jacques Derrida)의 해체 개념을 수용한 것이다. 이때 해체 또는 무정형성을 어떻게 이해할 것인지에는 다양한 독법이 있을 수 있다. 그중 필자는 '작동주의적 구별이론'을 원용하여 이를 파악할 수 있다고 생각한다. 수학자 스펜서-브라운(George Spencer-Brown)에서 연원하는 구별이론에 따르면 모든 개념화·정형화는 특정한 구별에 의존한다. 이러한 견지에서 해체를 파악하면 이는 "체계의 작동을 통해 끊임없이 새로운 구별을 하라"는 명제로 재해석할 수 있다. 이러한 이해 방식을 마당적 이해에 적용하면 사실인정을 할 때 고정관념이나 편견 또는 과거의 경험에 집착하지 말고 새로운 구별을 사용하여 범죄가 발생한 사실 또는 장면을 이해하라는 명제로 재해석할 수 있다.[7]

---

7 이외에도 스토리텔링을 강조하는 마당적 이해의 주장에서 범죄사실을 독자적인 소통체계로 파악할 수 있다는 체계이론적 사유의 흔적을 발견할 수 있다.

02 형법의 근대성과 대화이론의 경고, 한국 법문화의 특수성과 그 위험

주 승 희*

비평하는 저작 이상돈, 형법의 근대성과 대화이론, 홍문사, 1994.

Ⅰ. 1994년 즈음 대한민국

"요즘처럼 범죄가 많은 사회에서 국가형법을 더 많이 만들고 더 가혹하게 만드는 것은 마치 메마른 땅은 그대로 두고 담장만 더 두텁고 높게 쌓은 것과 같다. 담장은 아무리 두텁고 높게 쌓더라도 메마른 땅 위에 열매를 다시 맺게 하고 꽃들을 피게 할 수 없다. 오히려 그럴수록 담장 속에 있는 나무와 꽃들은 더 시들어 버리고 말 것이다. 높고 두터운 담장 때문에 햇볕과 맑은 공기마저 자유롭게 드나들지 못할테니까."

1994년 출간된 이상돈 교수의 『형법의 근대성과 대화이론』 머리말 일부이다. 당시 대한민국은 문민정부가 출범(1993년)하고, 해방 당시 45달러에 불과했던 1인당 국민소득이 1만 달러를 달성(1994년)하는 등, 정치적 민주화와 경제발전이라는 수레바퀴의 두 축이 튼튼하게 굴러가

* 덕성여자대학교 법학과 교수, Dr. jur., 미국변호사(District of Columbia).

리라는 국민적 기대가 컸던 시기로 기억한다. 더불어 88올림픽이 개최되었던 해에 문을 연 헌법재판소가 부지런히 위헌법률심판을 하고, 불평등한 친족상속법이 개정되고, 성폭력 피해자, 가정폭력피해자, 장애인, 한부모가족 등등 사회적 약자 보호를 위한 다수의 법률들이 차례로 제정되는 등, 국민의 권익신장을 위한 입법활동도 활발했다.

바로 그 시점에 이상돈 교수는 자신의 저서, 『형법의 근대성과 대화이론』에서 한국사회 법문화의 특수성과 이를 자양분으로 삼아 과잉성장한 국가(형법)권력이 마치 정원의 높고 두터운 담장처럼 오히려 국민의 권리(나무와 꽃)를 부당하게 침해하는 역설을 섬세하고 냉철한 분석을 통해 경고하였다. 그 경고와 극복 방안을 간략히 요약하면 아래와 같다.

Ⅱ. 형법의 근대성과 대화이론의 경고와 대안

한국 형법은 일제식민지시대 근대화된 일본 형법을 계수한 후 그 체계와 내용에 큰 변화 없이 오늘에 이르고 있어 본질적으로 근대형법(Strafrecht der Moderne)이다. 국가(형법)는 모든 개인들이 자유를 공평하게 누릴 수 있도록 지켜야 하는 자유로운 행동의 울타리이며, 근대형법의 근대성은 법익보호원칙과 명확성원칙(죄형법정주의), 비례성원칙이라는 3가지 도덕원칙에서 구현된다.

그런데 한국형법은 전통사회의 사회윤리규범을 부분적으로 수용하고 있으며, 이를 형법의 '전근대성(die Vormoderne)'으로 말할 수 있다. 윤리와 법을 구분하지 않는 전근대적 형법문화는 권리침해 없는 윤리위반행위도 형법으로 규제함으로써 사회통제의 명확성을 크게 훼손하고, 특정 윤리내용의 진리성에 대한 비타협적 확신으로 인해 국가권력의 과잉행사가 계속되고 있다.

더불어 한국형법에는 사회체계의 기능유지와 효율성 향상을 위한

다수의 특별형법들이 병존하고 있는데, 이러한 현상을 형법의 '탈근대성(die Postmoderne)'으로 명명할 수 있다. 우리나라 역시 서구 국가들과 마찬가지로 급속한 산업화와 더불어 '위험사회'로 불리는 후기산업사회로 진입하였다. 거의 모든 생활영역에서 잠재적 위험원의 위협에 노출된 가운데 매스컴은 사회적 하부체계(예: 환경관리체계, 보건체계, 경제체계 등)의 기능을 위태롭게 하는 일탈행위의 위험성에 대해서 자극적으로 보도함으로써 국민들의 불안감을 높인다. 불안감 없는 사회를 위해 형법의 임무가 법익보호에서 사회적 하부체계의 기능 보호로 전환되었다.

한편, 계몽주의 사상을 토대로 개인의 자유영역과 시민사회의 자율성을 극대화하기 위해 확립된 근대형법이 후기산업사회에서 사회적 하부체계의 기능보호를 위해 탈근대형법으로 변모한 것은 호르크하이머와 아도르노의 산업사회비판의 핵심 개념인 '계몽의 변증'으로 말할 수 있다. 한국 형법은 윤리와 법을 구분하지 않는 전근대적 형법문화로 인해 권리침해 없는 윤리위반행위를 처벌함에 거리낌이 적고, 직관적이고 모호한 윤리위반판단으로 인해 명확성원칙이 쉽게 포기된다. 결과적으로 한국 사회 형법의 변증적 자기발전의 결과는 탈근대형법일 수도 있고 전근대형법일 수도 있는 이중성을 갖는다.

근대형법은 개인의 이익/권리를 침해하거나 현실적으로 위태롭게 하는 '사회적 유해성'을 범죄의 실질로 삼았다. 그런데 위험사회의 탈근대형법은 그 기능을 확대하여 구체적인 법익의 침해는 확인되지 않는 '사회적 위험성'을 제거·예방하기 위해 일반조항과 백지형법의 홍수를 초래한다. 형법규범의 불명확성과 그로 인한 책임 귀속의 불명확성은 형사제재를 받는 시민으로 하여금 자신의 행위에 대한 마땅히 받아야 할 대가를 치룬 것이 아니라 '우연히' 또는 '재수가 없어서' 당했다는 억울한 감정을 갖게 하고, 이로 인해 법규범에 대한 신뢰와 준수의식의 약화를 가져온다. 사회통제수단으로서의 형법의 기능이 약화됨을 뜻한다. 더구나 한국사회는 전통규범과 윤리가 강하게 지배·통제하는 윤리적 후견주의가 후기산업사회 각종 위험원으로부터 국가의 개입과 돌봄을 요구하는 국가적 후견주의와 맞물려 작동함으로써 국가형법이 더 이상 사회문제해결의 '최후수단'(근대형법)이 아니라 '최고수단'이자 '유일한 수단'이 되어 과잉범죄화현상을 야기한다. 탈근대형법이 갖는 위험성을 더욱 강화시키는 것이다. 결과적으로 '전근대적 탈근대형법'[1]은 법익보호원칙과 명확성원칙, 비례성원칙 등 근대형법이 추진한 죄형법정주의를 크게 훼손함으로써 개인의 자유와 권리가 오히려 축소되는 위험을 노출하고 있다.

위와 같은 '전근대적 탈근대형법'이 초래하는 위기상황을 극복하기 위해서는 개인의 인격적 자율성(자유)과 시민사회의 자율성이 더 많이 실현될 수 있게 하는 '더 나은 형법문화'를 이루어야 한다. 더 나은 형법문화에서 형법의 임무는 공적 대화마당의 형성과 유지 또는 상호주관적 권리의 보장이 되어야 하며(상호주관적 법익이론), 법익보호원칙과 명확성원칙이 새롭게 이해될 필요가 있다. 시민의 자율성을 보장하기 위해서는 시민들이 자율적으로 갈등을 해소할 수 있는 대상에 대해서는 법익의 존재를 부인하고(보충성 원칙/법익보호원칙), 일정한 법익에 대한 형법통제가 긍정적 결과보다 부정적 결과를 더 많이 초래할 경우 시민의 자유이익을 보호하기 위해 물러서야 한다(의심스러울 때는 시민의 자유의 이익으로(in dubio pro libertate)-원칙). 형사입법에서부터 해석, 적용의 전과정에 법률전문가뿐만 아니라 시민들도 그 타당성에 대한 합리적 대화에의 참여가 가능해야 한다. 형법적 대화마당에 참여할 수 있기 위해서는 시민들이 형법의 내용을 정확히 인지할 수 있도록 입법자는 법률언어를 명확하게 입법해야 하고, 법관은 법률의 해석 및 적용과정(유사성 판단)에서 시민들이 이해가능한 언어로 논증하여야 한

1 '전근대적 탈근대형법'은 이상돈 교수가 주목한 한국사회에서의 전근대형법과 탈근대형법의 상호작용 현상을 요약하는 표현으로 필자가 임의로 명명한 것임을 밝힌다.

다(명확성 원칙).

Ⅲ. 2022년 한국 형법문화의 현주소

이상돈 교수가 『형법의 근대성과 대화이론』에서 한국의 전근대적 탈근대형법의 위험성을 경고하고 그 극복방안을 제시한 후 30여 년의 세월이 흘렀다. 이 저서가 출간된 1994년부터 2022년 현재까지 한국 형법전은 총 20회 개정되었고, 그 기간 특별형법의 제·개정 횟수는 셈하기를 포기할 정도로 매우 많다. 그간의 형법의 변화를 되돌아볼 때, 한국형법에 대한 이상돈 교수의 진단은 지극히 옳았으며, 전근대적 탈근대형법의 위험성에 대한 경고 및 극복방안에 대해 경청하지 않고 외면한 댓가를 시민들이 고스란히 치루고 있다는 인상을 지우기 어렵다.

과학기술발전으로 인한 신종범죄의 신설을 논외로 하더라도 전반적으로 형사처벌 대상 및 처벌 가능성이 더욱 확대되었다. 유기징역(금고)의 상한을 15년에서 30년으로, 사형에 대한 감경을 10년 이상에서 20년 이상 50년 이하로 변경하는 등 법관이 선고할 수 있는 형량이 대폭 상향되었고, 사형에 해당하는 범죄의 공소시효기간이 15년에서 25년으로 연장되는 등 공소시효도 연장되었다. 특히 여성이나 아동, 근로자 등 사회적 약자의 권익 보호를 위한 형사규제가 확대되는 추세에 있다. 범죄피해자 대다수가 여성인 성폭력범죄를 들여다보면, 형법전의 경우, 상습범 가중처벌 규정과 유사강간죄 신설, 친고죄규정 삭제, 업무상 위력등에 의한 간음죄 형량 상향, 미성년자의제강간죄 연령 상향, 강간등 예비·음모죄 신설의 변화가 있었다. 형사특별법상으로는 스토킹범죄의 형량이 강화되었고, 'N번방 사건'이 대대적으로 언론에 보도된 이후 디지털성범죄 처벌이 강화되었다. 재범방지 차원에서는 성범죄예방을 위한 전자발찌제도와 약물치료제도가 도입되었다. 사회적 약자인 여성의 특별한 보호 정책은 성희롱뿐만 아니라 성범죄 성립 여부의 판단에 있어서 '성인지 감수성'을 고려해야 한다는 법원의 입장에서 더욱 두드러진다. 무죄추정원칙 및 증거재판주의를 훼손할 위험에도 불구하고 피해 여성의 진술의 증명력을 높여줌으로써 사회적 약자인 여성을 적극 배려해주는 것이다. 근래들어 화간인지 강간인지 객관적 입증이 어려운 사안에서 여성의 주관적 진술에 의존하여 처벌할 위험이 있는 '비동의 간음죄'를 신설해야 한다는 주장이 지속적으로 제시되는 등 성범죄에 대해서는 엄벌주의가 대세이다. 중대재해로부터 근로자의 생명·신체를 보호하기 위해 제정된 중대재해처벌법이나 스쿨존에서의 교통사고 피해를 줄이기 위해 입법된 소위 '민식이법' 모두 명확성원칙과 책임주의 원칙, 과잉금지원칙 위반의 논란이 컸음에도 사회적 약자들의 법익을 두텁게 보호하기 위한 대표적 입법례이다.

물론 혼인빙자간음죄와 간통죄가 차례로 폐지되고, 성범죄를 규정한 제32장의 제목이 '정조에 관한 죄'에서 '강간과 추행의 죄'로, 그 보호법익도 '정조'에서 '성적자기결정권'으로 바뀌는 등 전통적인 가부장적 유교윤리가 반영된 범죄가 줄어들었다는 점에서 형법이 전근대성을 일정 정도는 극복했다고 평할 수 있지만, 형사법 변화의 전반적 흐름은 규제 확대와 엄벌주의임을 누구도 부인하기 어려울 것이다. 그리고 그 배경에는 사회내 여러 문제와 갈등상황을 '약자 대 강자'의 대립으로 치환시킨 후 약자 보호를 위해 국가의 강력한 개입을 요청한 시민단체들의 활동도 한몫을 하고 있다. 표를 구하는 직업정치인들과 존립을 위해 돈을 구하는 다수의 (시민단체의 외양을 띤) 사업단체의 공생관계, 자율적 해결보다는 국가의 강력한 개입을 선호하는 전근대적 탈근대적 형법문화, 신속한 문제해결을 당연시하는 '빨리빨리' 문화가 어우러져, 결과적으로 국가(형법)의 기능은 커지고 시민이 자율적으로 문제를 해결할 수 있는 영역은 상대적으로 줄어드는 추세에 있는 것이다.

Ⅳ. 바 람

국가는 자기 스스로를 보호하기 어려운 사회적 약자를 보호해야 할 임무가 있다. 그리고 그 임무는 약자의 권익을 침해하는 현장의 문제점을 면밀히 분석하고, 시간과 비용이 들더라도 그 근본적 문제점을 해결하는 방법으로 이루어져야 한다. 특정 사건에 대한 언론의 자극적 보도가 있을 때마다 마치 모든 문제의 원흉이 대립되는 이해당사자(사회적 강자)인 것처럼 몰고 그를 엄벌하면 문제가 해결되는 것마냥 상징입법이 거듭될수록, 사회적 약자의 권익 보호에 별다른 도움이 되지 않으면서도, 불명확한 과잉규제로 인해 억울하게 처벌받는 시민들의 숫자만 늘어날 수 있다. 배고픈 자녀를 위해 부모가 전보다 더 자주, 더 많은 빵을 만들어 건네주지만, 영양가 적고 때로는 복통을 일으키는 빵때문에 자식들의 삶이 고달픈 모양새이다. 그늘지고 메마른 정원에 자율성의 힘으로 담장을 낮추고, 합리적 대화로 빛을 비추고, 근대성의 비를 내려 시민의 자유와 권리의 꽃이 활짝 피는 날이 속히 오기만을 바랄 뿐이다.

03 불확실성시대에서 형법적 사회통제의 명확성 자리매김

홍 승 희*

비평하는 저작 이상돈, 형법의 근대성과 대화이론, 홍문사, 1994.

Ⅰ. 들어가며

사회는 늘 현대화로 진행 중이다. 이때 현대화는 진화된 발전을 의미하는 것이 아닌, 통시적인 관점에서 오늘을 일컫는 의미이다. 또한 시대를 구분하는 문명사적인 개념인 '전근대', '근대', '탈근대'도 일반적으로는 역사적 흐름을 의미하는 개념으로 사용되기도 하지만, 이러한 개념이 수식어로 사용되는 경우, 반드시 통시적인 개념이 아닌, 수식하는 대상의 어떤 특성을 표현하는 개념으로 사용되기도 한다.

근 30여년 전인 1994년에 출간된 『형법의 근대성과 대화이론』에서도 바로 그 대표적으로 '근대성' 개념이 형법을 둘러싸고 쓰임이 있었다. 즉 위의 책에서는 형법 패러다임을 '전근대형법', '근대형법', '탈근대형법'으로 분류하고, 이러한 분류는 시간적인 흐름이 아닌, '형법정당성의 기초' 또는 '책임귀속의 메커니즘' 그리고 '형사정책의 방향' 등을

* 원광대학교 법학전문대학원 교수, Dr. jur.

기준으로 하여, 형법의 현재를 보여주는 범주로 상정하였다(1994, 14).[1] 이러한 형법의 패러다임에서 이상돈 교수는 30여년 전 당시 '형법의 근대성 프로젝트'를 추진하면서, 형법에서 '법익보호원칙', '명확성원칙', 그리고 '비례성원칙'이라는 세 원칙으로 그 실현방안을 세분화하였다. 그리고 위의 저서에서 1부(형법의 임무)와 2부(형법의 명확성)로 나누어, 1부에서는 법익보호원칙을, 그리고 2부에서는 형법적 사회통제의 명확성을 구체적으로 우리사회에서 어떻게 구현해낼 것인지 그 방안을 세부적으로 설명하였다.[2] 이 중에서도 특히 '형법의 명확성'은 '4차 산업혁명시대', '정보화시대' 등으로 일컬어지는 오늘날에서 다시금 빛을 발할 수 있는데, 이는 첫째, 어느 때보다 오늘의 시대가 '불명확한' 사회인자들이 많기 때문이고, 둘째, 민주화를 부르짖던 시대를 한참 벗어났으나 오히려 당시보다 오늘날 일반시민의 목소리는 잠재워지고 전문가라는 권력자들에 의한 하향식 법률정책이 즐비하기 때문이다. 이때 이상돈 교수가 구현하고자 했던 '근대성' 프로젝트는 과거의 불연속적인 단절에 머무르는 시대적 유물이 아닌 시대를 막론하고 형법이 지향해야 하는 에토스였다.

덧붙여 이 저서가 우리 한국사회에 던지는 메시지는 매우 크다. 비단 형법이론 뿐만 아니라, 서양의 많은 이론들이 한국에 계수될 때 서양문화를 토대로 발전한 이론들을 한국사회에 그대로 계수하거나 소개하는 경우가 다반사인데, 이상돈 교수는 서양을 토대로 발전한 형법의 명확성원칙을 한국만의 독특한 문화적 배경에서 어떻게 뿌리내리고 발전해야 하는지를 뼈아픈 성찰로부터 매우 실천적인 방법으로 구현해내고 있기 때문이다.

---

1 이처럼 이상돈 교수에게 '형법의 근대성'이란 통시적인 개념인, 현대화된 오늘날의 시점에서 단절된 과거의 시대상을 의미하는 것이 아닌 형법 정당성 내지 형법역할의 지향점(/방향성)으로서의 의미로 형법의 추구해야 하는 이상향의 실천적인 모습으로 담아내고 있다.

2 근대성을 구현하는 또 다른 도덕원칙으로 설정한 이상돈 교수의 비례성원칙은 당시에는 이 '형법의 근대성' 저서에 담아내지 못하였다.

Ⅱ. 한국형법에서 근대성프로젝트와 현재

이 책은 발간된 당시의 한국의 시대적 상황을 '후기산업사회'로 상정하였다. 그러나 우리의 '후기산업사회'의 모습은 전근대성과 탈근대성이 혼재된 형태로서, 이를 이상돈 교수는 "아직 계몽화되지 못했으면서도 벌써 계몽을 벗어나려는" 상태로 파악하였다.[3] 이러한 시대상황과 맞물려 당시 한국형법에 대해서도 이상돈 교수는 기본적으로 근대형법(Strafrecht der Moderne)이기는 하나, 혼재된 시대상황과 마찬가지로 전근대형법과 근대형법, 탈근대형법이 교차되는 형태로 파악하였다. 이러한 한국형법의 혼종된 근대화의 형태는 어쩌면 이상돈 교수가 상정한 당시 한국형법의 근대성이, 아직은 제대로 근대형법으로 완성되지 못하였다는 방증일지도 모른다. 이러한 실정에서 법에서의 '근대성'개념이란 — 통시적인 관점이 아닌 — 시대정신으로서 법이 "사람들로 하여금 자신의 삶을 이성적으로 형성할 수 있도록 하는데 유용한 도구"가 되는 것이라는 하버마스(Habermas)의 말을 인용하여, 이상돈 교수가 추구하는 이러한 근대성 프로젝트를 통해 법이란 "개인을 지배하는 것이 아니라, 모든 개인이 법의 힘을 빌어 자기 삶의 주인이 되"도록 하는 것이라고 설명하고 있다(1994, 16).[4]

---

3 덧붙여 근 30여년이 지난 오늘에 이르기까지, 여전히 우리사회는 한번도 계몽된 적이 없으면서 계몽되었다고 착각하면서 그 많은 괴물같은 자유를 옥죄는 형법정책들을 쏟아내고 있는 것은 아닌지 모르겠다.

4 이러한 이상돈 교수의 '근대성'에 대한 이해는, 또한 푸코의 후기저서 『말과 사물』, 『지식의 고고학』에서 보여지는 에피스테메로서의 '근대성' 개념과 유사한 것으로 보인다. 푸코는 자신의 저서들 전반기에 사용해온 관습적인 '근대'개념과 구분하여, 후기저서들에서는 다른 의미의 '근대성' 개념을 사용하고 있는데, 후자인 '근대성'은 푸코 자신이 19세기라는 근대에서의 지식 키워드를 '주체성'으로 삼고 있는 것과 매우 관련있어 보인다. [플라톤에서의 '에피스테메'는 절대적이고 보편적인 지식을 의미하는 반면에, 푸코의 '에피스테메'는 특정 지역과 시대적인 상대적인 무의식적 인식체계로 이해하고 있다.] 특히 푸코가 생애 말년에 자기 저작들의 의미를 재정립하고자 했던 시기인 1984년에 발표한 논문의 제목이 '계몽이란 무엇인가?('Qu'estce que

이상돈 교수는 형법의 이러한 '근대성프로젝트'를 구현하는 도구로 다음을 상정하였다. 즉 법익보호원칙(자유·권리침해 없이는 범죄도 형벌도 없다), 명확성원칙(실천이성만으로는 자유의 경계를 모두가 똑같은 내용으로 인식할 수 없기 때문에 자유·권리침해의 내용과 그 효과는 법률에 미리 명확하게 정해져 있어야 한다), 목적과 수단의 비례성원칙(국가는 개인의 자유·권리를 보호(목적)하는 데 '꼭 필요한 만큼만' 형법권력을 행사(수단)할 수 있다)이 그것이다. 그러나 1980년대 이후 서양사회와 마찬가지로 한국사회도 위험사회로 접어들면서 형법의 성격도 '위험형법'이 자리잡게 되고, 사회 곳곳에 퍼진 다양한 위험요소들을 규범내용으로 포착하기 위해 '형법의 명확성'은 희생되었다고 분석하였다(1994, 17).

그렇다면 2000년을 훌쩍 지난 오늘날은 어떠한가? 오늘날의 시대적 상황에서 형법은 어떤 모습을 하고 있는가? 1980년대부터 '위험사회'가 본격적으로 논의되어 왔으며, 그로부터 40여년이 흐른 지금 2020년대에서도 사회 곳곳에서는 '위험'을 외치고 있다. 그런데 한 가지 눈여겨볼 점은, 이러한 '위험'에 대한 외침은 정작 시민에 의한 목소리보다는 국가로부터 널리 퍼지고 있다는 점이다. 즉, 이러한 '위험사회'에 대한 인식은, 시민의 주체적인 이성으로부터 통찰되는 것이 아니라, 국가의 정치적인 논리에서 '위험사회'를 시민에 표방하면서 국가의 강력한 개입이 필요하다라는, 국가의 후견주의적 사상을 심어주고 있다. 이러한 국가후견주의는 시민의 권리를 보호한다는 미명아래 오히려 시민의 자유를 잠식하게 되는데, 이러한 강력한 국가가 자리잡게 되는 현상은, 이상돈 교수가 1990년대 이 책을 발간하면서부터 지적했던 (형)법의 근대성, 즉 '작은 형법'이 여전히 2020년대를 살아가는 오늘날에도 자리잡지 못했음을 보여준다. 따라서 이 교수가 제안하였던 형법의 '근대성

---

les Lumières?)인것을 보면 이상돈 교수가 추구했던 '근대성'과 푸코가 말년에 집중했던 '근대성'은 일맥상통하는 개념이 아닌가 싶다. 이러한 푸코의 근대성에 대한 자세한 소개로는 허경, 미셸 푸코의 '근대'와 '계몽', 근대철학, 제5권, 서양근대철학회, 2010, 5~35쪽.

프로젝트', 특히 형법적 사회통제의 명확성을 구현하고자 했던 그의 노력은 30여년이 지난 오늘날에도 여전히 중요하고 여전히 (형)법의 지향점으로 더욱 요청된다고 하겠다.

Ⅲ. 형법의 명확성

형법에서 명확성원칙은 일반적으로 형법의 보장적 과제를 실현하는 죄형법정주의를 이루는 여러 원칙(법률주의, 소급효금지원칙, 유추금지원칙, 적정성원칙) 중의 하나로 설명되고 있다. 이러한 죄형법정주의를 포함한 형법에서의 다양한 규범원칙은 각 원칙들의 완성이 최종목적이 아닌데, 이는 법률의 내재적인 한계성에서 그러하다. 따라서 명확성원칙을 비롯한 형법의 각 규범원칙들은 완성이 아닌 향해가는 지향성에 그 의미가 있다고 할 수 있다. 문제는 단순히 지향하는 표상으로만 머물러 있어서는 안 되는데, 바로 규범원칙의 구체적인 실천방안이 '형법의 근대성과 대화이론' 제2부에서 모색되고 있다.

1. 서양의 근대성 프로젝트

먼저 이상돈 교수는 한국사회에서 근대성프로젝트를 구축하기 위해, 형법의 근대성이 서양에서 어떻게 구획되었는지부터 소개하고 있다(1994, 88). 즉, 당시 형이상학적·종교적이던 세계상이 무너지고 사회가 자유자본주의 시민사회로 발전하면서, 국가권력은 이제 개인의 주관적 권리를 보장하는 방향으로 목적을 변경하게 되었으며, 이로부터 모든 시민이 공평하게 자유를 누리도록 하기 위해 형법은 모든 개인이 지켜야 하는 자유로운 행동의 규범적 울타리만 설정할 뿐, 자유를 향유하는 실질적 조건을 어떻게 창출할지에 대해서는 관여하지 않는 형식적 역할만 담당할 뿐이었다고 한다(1994, 90).

이로부터 죄형법정주의가 추진한 근대성프로젝트는 첫째, 법률을 입법화하는 과정에서 사람들의 다양한 의견과 비판을 수용하여(대화마당 창출), 시민들이 준수해야 하는 자유이익의 한계를 명확히 설정한 후 법령공포를 통해 시민들이 이러한 자유로운 행동의 울타리를 명확히 인식할 수 있도록 하여야 한다(형법적 사회통제의 명확성의 제도화). 그리고 둘째, 이러한 사회적 통제의 명확성을 통해 시민은 국가통제가 자의적이지 않음을 인식하게 됨으로써 사회적 행동의 안정성이 마련되고(법적 안정성), 이로부터 시민은 자유이익을 최대로 공평하게 향유하게 되며, 국가권력은 개인의 자유이익을 공평하게 보장하는 임무에서 벗어나지 못하게 된다(국가권력 제한). 이처럼 형법적 사회통제의 명확성은 시민의 자유이익(주관적 권리, 법익)을 공평하게 보장하기 위한 근대형법의 임무를 위한 수단이 된다(1994, 94). 나아가 셋째, 명확성원칙은 책임원칙을 실현하도록 하는 죄형법정주의의 실천적 방법이 되는데(1994, 96), 하나는 범죄와 형벌을 정하는 법률은 명확한 언어로 제정되어야 함과 동시에 소급효를 인정하여서는 안 된다는 점, 다른 하나는 법관을 실정형법에 구속시키며(관습형법금지), 유추 적용을 금지시키는 실천적인 기준을 명확성원칙이 제시하고 있다고 설명하고 있다(죄형법정주의의 명확성원칙 실현방법).

2. 죄형법정주의의 몰락

그러나 이러한 명확성원칙에 기반한 죄형법정주의의 근대성프로젝트는 아쉽게도 사회국가적 법체계가 성장하면서 오히려 몰락하여 위기를 맞이하게 되었고, 그리고 우리 사회도 마찬가지로 죄형법정주의가 성장하지 못하였다고 이상돈 교수는 상황을 조망하였다(1994, 102). 기대했던 근대성프로젝트와 달리 19세기 자본주의체계가 진행될수록 오히려 사회적 불평등이 초래되었으며, 이에 따라 근대법체계는 기대했던 '작은형법'이 아닌, 오히려 법과 국가에 자유의 '실질적 조건'을 창출·보장하는 적극적 기능을 요구하게 되었다고 설명하고 있다. 이러한 19

세기 중후반의 산업자본주의로부터 사법이 실질법화(소유권제한, 계약자유제한, 노동법, 임대차보호법, 독점금지법, 공정거래법 등의 등장) 되면서, 형법도 또한 실질법화 및 위험예방형법으로 변모하게 되었는데, 형법은 근대법에서 요구되던 최후수단성의 역할에서 이제는 위험원을 예방하고 차단하는 도구로의 임무를 요구받아, 제1의 유일수단(sola ratio)으로 변화되었다고 한다. 따라서 형법은 사회적 위험이 감지되는 곳이면 교통, 보건, 환경, 경제, 마약, 교육 등 어느 곳에서나 융단폭격식으로 투하하게 되었다고 이상돈 교수는 분석하고 있다.

이렇게 형법의 위험예방법화라는 기현상을 가져왔던 위험사회는 30여년이 지난 오늘날에는 더 심화되었다. 자본주의체제는 더욱 진행되고, 과학기술은 더욱 발전했으며, 이에 따라 위험원은 과거의 위험에 더하여 새로운 위험출현이 일상이 되어버린 지 오래다. 이로부터 형법은 이제 사회정책을 수행하는 사회국가적 형법으로 요청받아, 각종 위험원을 관리하는 사회적 하부체계(환경관리, 교통, 보건체계 등)의 기능을 위태롭게 하는 행위를 범죄로 간주하게 되었다. 나아가 끊임없이 변화하는 사회현실의 구체적 상황요소를 탄력적으로 고려하기 위해 입법자는 범죄구성요건에 일반조항과 백지형법을 과잉적으로 사용하게 되었다(1994, 106). 이에 따라 이제 형법규범의 생산은 입법자가 아닌, 현실적인 사안을 앞에 두고 구체적인 형법규범을 형성하는 행정부(행정관료)와 사법부(법관)에게로 옮겨지게 되었다고 이상돈 교수는 날카롭게 지적하고 있다. 이러한 행정관료 및 법관 모두 충분한 경험과학지식이 부족할 수밖에 없다는 점에서 결국 형법규범의 내용을 구체적으로 완성할 수 없기 때문에 형법은 구조적인 불확실성에 직면할 수밖에 없고, 이로부터 일반 시민 또한 형법규범의 의미를 정확하게 인지하지 못함으로써, 결국 국가권력(형법)에 대한 시민의 통제력은 약화될 수밖에 없는 구조적 한계에 직면했음을 언급하였다.

이러한 형법의 의미론적 불확실성과 그리고 일반시민들의 형법인지

능력이 약화되는 것을 해결하기 위해 19세기 후반부터는 '형법도그마틱(법률텍스트의 사용규칙의 도식화)이 성장하게 되었고, 이로부터 형법적 사회통제의 명확성이 어느 정도 실현되기는 하였으나, 문제는 또 다른 사회현실에 적용시 사람들의 광범위한 동의를 얻기 힘들어 결국 형법은 정당성을 상실하기 십상인 지경에 이르게 되었으며, 이러한 시민들의 동의를 얻지 못한 '정당성 없는 형법의 명확성'을 이상돈 교수는 '무의미'한 것으로 평가하고 있다(1994, 112). 그 원인으로 이상돈 교수는 독단적이며 권위적인 형법도그마틱의 전문가문화를 꼽고 있는데, 사회맥락(생활세계와 시민문화)과는 동떨어지고 정치적·이데올로기로부터 형법을 도구화하다 보니 비판적 기능을 상실한 데에서 그 원인을 찾고 있다.

3. 한국에서의 형법적 명확성 한계

야심차게 추진되던 명확성원칙을 포함한 19세기 근대성프로젝트가 산업자본주의체계의 영향으로 오히려 몰락하면서 그 변형으로 형법도그마틱을 성장시켰으나 이 역시 새로운 현실에 면밀히 대응하지 못함으로써 사람들로부터 외면받는 한계에 봉착하게 되었음을 설명하였다.

이처럼 이상돈 교수는 형법의 근대성 그리고 이를 실현하는 사회통제의 명확성원칙이 갖고 있는 의미와 그 한계를 서양의 자유자본주의에서 살펴본 후, 이제는 한국사회에서 형법의 현실을 분석하였다(1994, 116). 앞서 형법의 근대성이 실패할 수밖에 없었던 시대적 상황에 더하여 한국사회에서는 첫째, 서양사회에서 근대화를 가져왔던 '의사소통구조의 분화'가 제대로 이뤄지지 못하였으며, 둘째, 서양형법전을 계수(번역)하는 하는 과정에서 권위주의적 사고가 덧입혀져 한국형법의 사회적 통제는 '극도로 불명확한' 것이라고 이 교수는 평가하였다. 따라서 한국사회에서 명확성원칙이 실현되기 위해서는 첫째, 사회의 의사소통구조가 분화되어 기술, 윤리, 형법 등 각각의 문제가 각자 별도로 전문화되어 논의되는 문화성장이 있어야 하며, 둘째, 형법에 의해 모든 것을 해결하려는 방법을 지양해야 한다고 해결책을 설명하고 있다. 이상돈 교수는 '형법을 통한 시민사회문화의 변화란 극도로 위험'한 것으로 평가하면서(1994, 127) 개인의 인격적 자율성과 시민사회의 자율성이 더 많이 실현되는 작은 형법이 바람직한 명확성실현이라고 재차 주장하고 있다.

이러한 이상돈 교수의 한국형법에 대한 이해는, 한국사회에 계수된 서양의 근대형법이 한국사회에서 제대로 뿌리를 내리기 위해서는 한국의 고유한 역사·윤리·정서 등에 기반한 우리의 근대성을 추진해야 함을 의미한다. 지금까지 한국형법에 대한 이해는 단순히 서양으로부터 계수되어 온 학문으로서, 막연히 법치국가형법을 이루어야 하고 죄형법정주의를 실천해야 한다는 추상적인 모토만 남아 기껏해야 판례에서 이러한 죄형법정주의가 개별사안에서 실현되었는지를 판단하는 데에만 그치고 있었다.

지금에서 다시 이상돈 교수가 분석했던 '형법적 사회통제의 명확성'을 조명해야 하는 것은, 이 교수가 그토록 열망하던 한국사회에서의 형법의 근대화는 여전히 제대로 실천되지 못했으며, 더욱이 현 시점에서 한국사회는 그 어느 때보다 강화된 국가후견주의 아래, 형법은 위험관리를 위한 안전형법이라는 더욱 위험한 길로 가고 있는 위기적 상황이라는 점에 있다. 특히 이 교수가 우려했던, 분화되지 못했던 의사소통구조에서 비판의식의 미성장은 국가후견주의 속에 개인의 자율성이 더욱 억압받고 있음에도 이에 대한 비판적 목소리는 안전을 위해 더욱 묻혀버리고 있는 실정이라는 점이다. 이러한 오늘날의 한국사회에서 당시 한국사회에서 요청되는 명확성원칙에 대한 이상돈 교수의 구상은 다시 되새겨볼 필요가 있다.

4. 명확성원칙의 실천방안: 대화이론

한국사회에서 명확성원칙이 구현되기 위한 방안으로서 이상돈 교수는 개인들 모두가 동의할 수 있는, 즉 모든 사람이 욕구충족의 기회를 공평하게 누릴 수 있게 하는 규범들로 형법질서의 정당성을 세우고(보편화가능성원칙), 이를 위해 형법은 모든 사람들이 자유롭고, 기회균등하게 비판과 토론을 전개하여 잘못된 규범을 고치거나 새로운 규범을 창설하도록 의사소통조건을 보호하는 임무를 하는 것이 필요하다고 주장하였다(1994, 131).

그리고 이에 대한 실천적인 방안으로 첫째, 형법은 다른 수단으로는 보호할 수 없는 의사소통(합리적 대화)의 기초조건에 대한 중대한 침해를 막는 데에만 동원되어야 하고, 합리적 대화의 기초조건에 해당하지 않는 전통적인 사회윤리와 사회적 하부체계의 기능 자체는 형법의 보호법익이 될 수 없으며(법익보호원칙), 나아가 설령 합리적 대화의 기초조건에 대한 침해행위라도 중대한 침해가 아닌 경우에는 형법의 보호법익으로 삼아서는 안 되는(비례성원칙) 형법의 자기제한을 실현하여야 할 것을 주장하였다(1994, 133). 이러한 법익보호원칙과 비례성원칙으로부터 형법의 자기제한을 실현하면 할수록, 형법적 사회통제의 명확성은 비례적으로 실현되어 종국적으로는 실질적인 죄형법정주의가 실현될 수 있음을 강조하고 있다.

물론 이처럼 개인의 주관적 권리에 집중하여 형법적 보호법익을 제한한다고 하더라도 후기산업사회에서는 고도의 "불확실성"이 등장하므로 형사입법은 시민의 의사소통에만 온전히 맡겨두어서는 안 된다. 이에 따라 이상돈 교수는 이러한 대화마당이 단순히 시민들만이 아닌, 형법전문가들이 함께 참여하는 '공적 대화마당'에서 비판과 토론을 통해 꾸준히 실질적 죄형법정주의(비례성원칙 및 법익보호원칙)가 준수되었는지를 검토하여야 한다고 설명하고 있다.

시민들이 형법전문가들과 함께 소통의 장(대화마당)에 주체적으로 참여하여 형법규범을 제정함으로써 형법규범에 대한 정당성이 확보되고, 그 규범이 수범자들에게 내면화됨으로써 (적극적 일반예방) 달성될 것이다. 이를 통해 의회입법자와 법관에게 시민들이 형법의 내용을 보다 확실히 인지할 수 있는 형태로 생산되도록 요청할 수 있게 된다. 그리고 이러한 실천은 명확성원칙이 절차법에서도 준수되어야 하는, 죄형법정주의가 형사절차법으로도 그 지평이 확대되는 것을 의미한다(1994, 139). 그동안 후기산업사회의 사회국가적 형법체계에서 명확성원칙은 단지 '언어적 이해가능성'에만 국한되어 있었으나, 시민들이 참여하는 절차법적 명확성원칙의 실천은 이제 명확성원칙이 '상황변화와 함께 전개되는 형법의 끊임없는 변화내용에 대한 물샐틈없는 정보망의 실현'이라는 '통시적 지평'이 요청됨과 함께, 나아가 기술적 메커니즘을 통해 시민들에게 형법규범에 대한 정보화가 이뤄지도록 요청되게 된다. 이러한 분석을 통해 이상돈 교수는 명확성원칙이 법익보호원칙이나 비례성원칙의 실현과 무관한 독립된 원칙이 아니며, 그가 구현하고자 하는 근대성프로젝트의 구상인 세 원칙(법익보호원칙, 명확성원칙, 비례성원칙)이 서로 긴밀하게, 서로의 실현을 촉진하는데 있어 상호 영향을 주고받는 관계임을 잘 보여주고 있다.

5. 죄형법정주의의 대화이론적 재구성

마지막으로 이상돈 교수는 죄형법정주의를 대화이론적으로 재구성하면서 명확성원칙을, 추상적이고 이상적인 모토로만 머물지 않도록 보다 구체적으로 실현할 수 있는 방안을 제시하고 있다(1994, 143). 특히 명확성원칙의 실천을 의회입법자에게만 요구되는 것이 아니라, 법률해석자(법관)와 의회입법자에게 각각 요청되는 실천적 방법으로 인식하여 구체적인 방안을 설명하고 있다.[5]

이처럼 이상돈 교수는 끊임없이 시민의, 국가권력(법률전문가)에 대

5 이러한 실현방안은 비단 이론서인 『형법의 근대성과 대화이론』에만 머무르지 않고, 형법도그마틱을 구체화한 『형법강론』, 박영사, 제3판, 2020에서도 형법의 방향성을 실천적으로 적용하여 설명하고 있다.

한 수평적 지위를 도모하기 위해 부단한 노력을 기울여왔다. 과거에도 그러했으며 현재에도 변함없이 법률전문가들은 법률의 생성과 적용을 그들만의 리그에서 더욱 공고히 자리잡고 있을 뿐, 정작 법률의 수범자인 시민은 항상 변두리로 밀려나 법률전문가들의 결정을 하향식으로 전달받아 그냥 순순히 준수할 것만을 종용당해오고 있다. 그러나 이상돈 교수의 지평은 실제 법률의 주인인 시민들이 법률생성과 법률적용에서 보다 주체적인 지위를 획득해야 하는 당연함을 주장해왔던 것이며, 이는 오늘날 더욱 요청되는 명확성원칙의 실천적 방법이라고 할 수 있다. 왜냐하면 시민의 참여를 배제하는 형법생산 및 적용의 '독점'은 바로 명확성원칙을 거스르는 일이며(1994, 157), 형법의 정당성을 확보할 수 없으므로, 결국 형법을 통한 국가정책은 자가당착에 빠질 수밖에 없기 때문이다.

(1) 의회입법자에 대한 명확성원칙의 실천 먼저 형사법률을 제정하는 의회입법자가 실천해야 하는 명확성원칙으로는 첫째, 일상언어의 특수화(전문언어화)를 설명하고 있다. 즉, 형사법률 제정시 입법자는, 시민의 법적 참여를 도모할 수 있도록, 가급적 시민이 사회생활에서 사용하는 일상언어를 기초로 특수화(전문화)하여 일상화된 법적 전문언어를 생산하여야 하도록 요청하고 있다. 그런데 이러한 시민참여의 형사법률 제정에만 입법자의 실천적 요청이 가둬져있다면 이는 상징에 그칠 뿐 실질적인 실천이라고 할 수 없다고 한다. 따라서 이러한 요청에서 더 나아가 둘째, 의회입법자에게 법률적용자의 결정방향을 제시해주는 '결정프로그램'을 구체화할 것으로 요청하고 있다. 이러한 결정프로그램으로부터 일반시민들은 법률적용자인 법관이 형법을 올바르게 적용했는지 심사할 수 있게 됨으로써 의회입법시 시민들이 참여했던 실천이 보다 현실화되는 것을 확인할 수 있게 되어 형법생산권력의 독점이 해체되는 결과를 가져올 수 있음을 설명하고 있다. 이는 19세기의 근대성프로젝트가 몰락한 원인이었던 독단적인 형법도그마틱의 전문가문화를

오늘날에서는 극복하는 방안이 되는 셈이다.

(2) 법률적용자에 대한 명확성원칙의 실천 법률적용자에 대한 명확성원칙의 실천은 보다 더 구체적이다(1994, 157).[6] 우리에게 익숙한 죄형법정주의 사상들을 실현하는 과정이 법률적용자인 법관을 통해 시민들의 목소리가 실제로 구현되는지 확인될 수 있기 때문이다. 먼저 법률적용자(법관)에게 요청되는 명확성원칙의 실천을 위해 이상돈 교수는 비트겐슈타인(Wittgenstein)의 '사용이론'을 차용하여 그 설명을 시작하고 있다. 명확성원칙은 법률언어가 갖는 시간적인 내재적 한계로부터 모호할 수밖에는 없는데(통시적 모호성), 이러한 모호성의 한계를 가진 법률언어는 사용(판결)을 통해서 비로소 형성되는 측면이 강하다는 것이다. 따라서 이러한 사용이 반복될수록, — 즉 사용규칙이 축적될수록 — 법률언어는 명확해져가는 것이라고 설명하고 있다. 그리고 법률적용자(법관)가 만든 이러한 법률단어의 사용규칙은 그 법률의 수범자들이 동의할 수 있는 경우에만 올바른 것이 되면서 이로부터 사회적 힘을 얻을 수 있게 된다고 설명하고 있다(1994, 149). 결국 그동안 법률적용자가 해온 법률해석이란, 이미 정해진 법률텍스트를 언어논리적으로 법관이 홀로 해석하는 과정이었는데, 이는 법관이 혼자 법률텍스트를 정확하게 인식할 수 있다는 '독단적 인식론'의 또 다른 표현이라고 이상돈 교수는 비판하고 있다(1994, 158).

따라서 법률적용자에게 요청되는 명확성원칙의 구체화인 유추금지는 단순히 법문(법률텍스트 Gesetzestext, 문언 Wortlaut)에 대한 언어논리적인 외재적(extern) 해석을 통해서가 아닌, 내재적(intern)[7] 해석인

---

6 그리고 이러한 실천은 이론서인 『형법의 근대성과 대화이론』에서 뿐만 아니라, 많은 그의 저서에서 반복으로 설명되고 있다. 이는 이상돈 교수의 보다 분명한 확신이라고 할 수 있으며, 여전히 구현되지 못한 안타까운 현실을 그대로 보여주는 일이기도 하다.

7 여기서 '내재적(intern)'인 의미에 대해서는 "법률해석은 자기 스스로를 한계지워야 한다"는 의미라고 한다. 이에 대한 보다 상세한 설명으로는 이상돈, 『형법학』, [8] 형법해석의 한계, 법문사, 1999, 279쪽 이하.

근거지음을 통해서만 정당화될 수 있는 것으로 설명하고 있다. 그리고 “이러한 근거지음(Begründung)이 더 이상 가능하지 않은 곳에서 법률해석의 한계인 유추가 비로소 시작된다(Eeine verbotene Analogie erst nimmt an, wenn eine Begründung der Auslegung nicht mehr möglich ist)”[8]고 이상돈 교수는 자신의 박사학위논문에서 처음 제시한 명제를 통해 유추해석금지를 재해석하고 있다. 이상돈 교수의 이러한 법관에게 요청되는 명확성원칙으로서 해석의 근거지음은 언어의 불가피한 한계성에서 출발하고 있다. 즉 법률적용자 앞에 새로 등장한 현실사안에 적용해야 하는 법률언어는 항상 과거를 시점으로 생성된 언어이므로, 적용해야 하는 법률언어의 기존의미와 새로운 현실사안 사이에는 항상 간극과 모순이 존재할 수밖에 없다(현실과 언어의 긴장관계). 이때 법률해석이란 이러한 긴장관계를 지양하는 의사소통적 행위라고 이상돈 교수는 설명하는데, 이로부터 법률적용자는 대화지향적 방법으로 형사법률을 해석해야 하며, 해석이후의 결과에 대해서도 비판과 토론의 합리적 대화를 지속함으로써 명확성원칙을 실천해야 한다고 주장하고 있다(1994, 160). 나아가 법률적용자는 또한 입법자의 결정프로그램을 구체화하는 노력을 기울여야 하는데, 이는 입법자가 법률제정시 의도한 목적을 재구성하는 일이다. 만약 법률적용자가 형사법률을 해석할 때, 입법자의 규범프로그램과는 전혀 관계없이 산출지향적인 결과만을 고려하게 된다면, 이는 곧 의회입법자와 같은 지위에 서게 되는 것이고, 결국 시민들의 참여를 배제한 셈이 되어 이 교수는 이러한 법률적용자의 산출지향적 결과고려는 민주적 정당성을 상실한 것이라고 한다(1994, 167). 따라서 형사법관은 형사법률을 해석할 때, 산출지향적인 결과고려보다는, 구체적인 이해가 가능한 논증언어를 사용하여 법률해석의 근거, 과

8 이러한 이 교수의 명제는 실제로 독일의 저명한 형법학자인 록신(Roxin)교수의 형법교과서의 V. 허용된 해석과 금지된 유추(V. Auslegung und Analogieverbot)를 설명하고 종합하는 지점(Roxin, Strafrecht AT. Band I. 3.Aufl., 1997, §5/38, 주 63)에서 소개된 바 있다.

정 및 결과를 표현하여야 한다. 그리고 이러한 논증언어로부터 실제결과가 형법이 보호할 가치 있는 법익을 구체화하였는지(법익보호원칙), 그리고 그러한 법익이 형법의 사회통제에 의해 보호받기 적합한 것인지(비례성원칙), 나아가 통제받는 시민에게 그 법익침해의 책임을 귀속시킬 일반적 가능성이 있는지(책임원칙)를 고려하여 판단할 것을 요청하고 있다. 법관에 대한 이러한 근거지음의 요청은 죄형법정주의의 현대적 의미로 일컫는 '적정성원칙'의 내용을 이루는 것으로 이상돈 교수는 자신의 형법기본서인 『형법강론』의 죄형법정주의에서 확장하여 설명하고 있다.[9]

(3) 명확성원칙 실현을 위한 일반시민의 실천적 과제 한편 앞서 살펴보았듯이 이상돈 교수가 추진하는 '형법(적 사회통제)의 명확성원칙' 구상에서는, 그동안 주변부에 머물러 있던 수범자인 일반시민이 보다 적극적으로 형법규범을 형성하고 적용하는 마당[10](場)에 전면적으로 등장할 것이 요청된다. 그리고 이러한 시민의 참여는 형법규범(의회입법자) 및 적용(법률적용자)에 있어서 민주적 정당성을 확보함으로써 명확성원칙의 실천에 한층 더 가깝게 됨을 의미한다. 그러나 법률전문가가 아닌 일반시민은 후기산업사회에서 무수히 쏟아지고 변화하는 형법규

9 법관에 대한 명확성원칙 준수인 '형법해석의 근거지음'에 대한 설명으로는 이상돈, 형법강의, 법문사, 2010, 31쪽에서 다시 간결하게 설명되고 있다. 즉 첫째, 법률입법자에게 앞서 요청된 (시민과 함께 마련한) 명확성원칙의 실천인 입법자의 '결정프로그램'을 존중하여 해석하여야 하며(법관의 결정프로그램에의 구속), 둘째, 법관은 자신이 한 입법자의 결정프로그램을 해석한 결과와 그 근거를 (판결이유에서) 논증(Argumentation)하여야 하고(논증의무), 셋째, 이러한 논증은 법률해석의 합리적 논거를 제시함으로써 모든 사람들에게 그 타당성을 설득시키는 과정으로서, 법관 스스로 '더 나은 논거'가 있는지 자율적으로 자신의 견해를 수정해나가는 의무를 부과하는 것이고(성찰의무), 나아가 넷째, 법관은 자신의 형법해석이 법익보호원칙이나 비례성원칙에 부합하는지, 즉 적정성원칙을 실현하는지를 부단히 심사숙고해야 하는 것으로 실천적 방향성을 제시한다(적정성 성찰).

10 이상돈 교수는 대화마당 등, 함께 논의하는 하나의 장(場)을 그간 줄곧 '마당'에 비유하여 설명해오고 있다. 법학에서 다소 생소한 개념인 '마당'은, 그러나 장소를 의미하는 장(場)의 순수한 우리말로서, 그동안 폐쇄적인 법률전문가집단에서 벗어나 일반시민이 참여하는 소통의 열린 공적공간을 의미한다.

범에 대해 의회입법자나 법률적용가처럼 형법정보를 향유할 수는 없다. 이러한 한계를 인정하며 이상돈 교수는 이러한 형법정보의 불균형이 시민에게 불리하게 작용할 수 없도록 의회입법자와 법률적용자에게 다음과 같은 행동방식을 추가로 요청하고 있다. 첫째, 시간의 흐름에서 형법변화에 대해 충분한 정보를 가질 수 없었던 시민에게는 형법의 적용을 배제할 것(소급효금지)과, 그리고 둘째, 형법정보화실패의 책임이 시민에게 없는 경우 그 위험부담은 시민이 아닌 국가가 부담하여야 한다고 덧붙여 실천적 방안을 요청하고 있다(1994, 172). 좀 더 자세히 살펴보면, 소급효금지는 비단 형법(범죄요건과 효과)뿐만 아니라, 형사소송법에서도 준수되어야 하고(1994, 174),[11] 나아가 형사법률뿐만 아니라 법률적용자의 판례변경에 있어서도 원칙적으로 소급효가 준수될 것을 요청하고 있다. 그리고 형법정보화 실패에 있어서는 원칙적으로 국가가 책임을 부담하되, 예외적인 경우에 한해서만 개인이 그 책임을 부담하도록 구체화하였다.

Ⅳ. 나가며

그동안 법(률)은 권위적인 법률전문가들의 전유물로 인식되어왔다. 계몽시대도 지나고 민주화시대도 거쳐 오늘에 이르기까지 법문화는 다양한 변화를 모색하였으나 여전히 정보화사회인 오늘에서도 법의 생성과 적용은 법률전문가들의 몫이었고, 일반시민들에게 있어 법정보화는, 제·개정된 법률(입법)이나 해석·적용된 법률(판례)에 대한 소개 정도에 그칠 뿐이었다. 이러한 현상은 법률언어에 대한 이해가 고정된 평면적 인식에서 비롯된 것인데, 이상돈 교수의 근대성프로젝트에서 전제하

11 다만, 이러한 소급효금지는 원칙적인 것으로서, 만일 변경되는 형소법규정이 기술적 성격을 띠는 경우에는 소급입법이 허용될 수 있으나, 변경되는 형소법규정이 피고인의 방어적 참여를 보장하는 성격이거나 가벌성을 좌우하는 경우처럼 시민의 이익에 직접적인 영향이 있는 경우에는 소급적용이 제한되어야 함을 주장하고 있다.

는 법률언어는 살아있으며 꿈틀대는 생물적인 것으로 바라보는 새로운 인식에서 출발하고 있다. 그리고 이러한 꿈틀대는 법률언어에서 수범자인 일반시민은 더 이상 주변부에 머무르는 소극적인 지위에 위치해서는 안 되는데 일반시민이 바로 법률의 주체적 대상이기 때문이다. 이상돈 교수는 자신의 저서 『형법의 근대성과 대화이론』에서 '형법의 근대성'과 '대화이론'을 병렬적으로 세우고 있다. 즉 형법의 근대화를 실현하는 과정이란, 바로 시민과 법률전문가가 함께 참여하는 '대화(소통)'를 통해서만 달성될 수 있다는 강한 신념을 보여주는 것으로 풀이된다. 형법이 최초로 세워졌던 그날부터 형법은 언제나 족쇄와 같은 '정당성'이라는 과제를 짊어지고 있다. 그리고 이상돈 교수는 그 정당성의 숙제를 시민들과 함께하는 '대화'로부터 풀어가야 함을 자신의 여러 저서에서 구체적이며 실천적으로 잘 보여줘왔다. 형법은 시민의 자유와 반비례적 관계이다. 즉 시민의 자유를 확대하기 위해서, 작은 형법을 지향해야 함은 형법의 필연적 사명이다. 이를 위해 근대형법의 명확성원칙은 전근대화시대를 지나 탈근대화시대에서도 형법이 존재하는 한 끊임없이 요청되는 프로젝트이다. 위험사회를 지나 안전형법이 요청되는 오늘날에는 형법의 사회적 통제기능의 명확성은 더욱 더 상실했다고 해도 과언이 아닌듯하다(국가후견주의 강화). 이상돈 교수가 그토록 바라마지않던 형법의 근대성프로젝트는 현재에 더 요청되는 숙명적 프로그램이 아닐까 싶다.

04 형법해석의 아방가르드: 형법의 근대성과 대화이론

안 성 조*

비평하는 저작 이상돈, 형법의 근대성과 대화이론, 홍문사, 1994.

Ⅰ. 의무론적 자유주의 정의원칙: 법익보호원칙과 죄형법정주의

형사법을 연구하는 법학자와 실무가 모두에게 형법은 과연 무엇을 지향해야 하며, '마땅히 있어야 할 형법'의 모습은 무엇인가라는 질문은 끊임없이 제기되지만 대부분 조감적鳥瞰的인 수준의 만족스러운 그림은 그려보지 못한 채 이리저리 고투하다가 나름의 정당하다고 믿는 제한된 관점의 수준에서 매듭짓곤 한다. 이러한 '아쉬움'은 특히 해결하기 어려운 hard case를 맞닥뜨리게 되면 더욱 커진다. 형사법 전문가들의 이러한 직업윤리적 고뇌에 대해 이상돈 교수의 저서 '형법의 근대성과 대화이론'은 매우 잘 짜여진 하나의 이상적인 조감도를 펼쳐 보여준다. 이 책으로부터 얻게 되는 성찰의 결과물들은 이론적으로 정합적일 뿐 아니라 실제의 구체적인 문제해결에 있어서도 대단히 일관되고 실천적

* 제주대학교 법학전문대학원 교수, 법학박사.

인 힘을 발휘할 수 있다. 이하에서는 과연 이 조감도가 보여주는 비전이 무엇인지, 책의 핵심적인 논지들을 중심으로, 그에 대한 필자의 관점과 해석을 덧붙여 살펴보고자 한다.

이 책은 무엇보다 이성에 대한 굳건한 신념을 바탕으로 칸트의 인간관과 사회계약설을 수용한다. 즉 인간은 실천이성에 의해 정언명령[1]을 따라 도덕법칙을 자율적으로 정립하고 지킬 수 있는 존재이다. 그런데 한 개인의 자연적 자유(사적 자유)는 타인의 자유와 권리를 침해할 수 있으므로 시민들은 상호 지켜야 할 자유의 한계를 설정해 놓고(수평적 합의) 그 자유의 한계가 침해되지 않도록 감시하고 제재를 가할 주체로 국가를 창설하기로 합의한다(수직적 합의). 이것이 바로 근대 계몽사상과 사회계약설의 요체이고,[2] 여기서 자유의 한계(금지목록)는 바로 형법이다. 그렇다면 여기서 좀 더 나아가 시민들(의 대표들)이 공정한 조건 하에서 형법의 임무와 한계에 대한 원칙에 합의한다고 가정해 보자. 롤즈의 구상을 원용[3]하여 시민들이 자유롭고 평등한 상태인 원초적 입장(original position)에서[4] 국가권력의 가장 강력한 행사도구인 형법

1 칸트의 정언명령은 다음과 같은 두 가지 정식(定式)으로 제시된다. (1) 네 의지의 준칙이 항상 동시에 보편적인 법칙 수립의 원리로서 타당할 수 있도록 그렇게 행위하라. (2) 너 자신의 인격에서나 다른 모든 사람의 인격에서나 인간(성)을 언제나 동시에 목적으로 대하고 한낱 수단으로 사용하지 않도록 그렇게 행위하라.

2 칸트는 시민들 스스로 국가를 구성하는 행위자체를 '원초적 계약(der ursprüngliche Kontrakt)'이라고 칭한다.

3 롤즈의 기획의 핵심적 특징은, 칸트적 전통에 서서 정의의 원칙을 정당화하는 기초로서 형이상학적 토대를 포기하고, 그 대신 도덕적 자율성과 이성의 공적 사용에 관한 상호주관적·절차적 해석에 의지하는 정의관을 제시한다는 점이다 이는 아래에서 논급하는 하버마스의 대화이론도 공통된 특징이다. 이 점에 대해서는 Rainer Forst, Das Recht auf Rechtfertigung(Suhrkamp, 2007), 128쪽과 133쪽. 잘 알려진 바와 같이 롤즈의 원초적 입장은 칸트의 자율성에 대한 절차적 해석으로 이해되기도 한다(Der Urzustand wird als verfahrensmäßige Deutung von Kants Begriff der Autonomie verstanden). 칸트에 따르면 도덕법칙이 자연의 우연성(경향성)으로부터 독립된 자율성을 입증해 주는 것과 마찬가지로 롤즈의 원초적 입장에 선 자유롭고 평등하며 합당한 존재들은 자율적으로 정당화된 정의의 원칙들에 따라 행위함으로써 자연적 우연성 및 사회적 우연성으로부터 자신의 독립성을 입증하기 때문이다.

4 원초적 입장(original position: OP)이란 사회의 기본구조가 준거로 삼아야 할 원칙을 합의하는 사회계약을 위한 롤즈식 장치이다. 롤즈에 의하면 평등한 원초적 입장

에 대해 기대하는 제도적 설계안을 합의해 낸다고 하면, 그 모습은 어떠한 것일까? 우선 시민들이 형법을 포함해 모든 사회제도가 추구해야 할 이념으로서 원초적 입장에서 다음과 같은 원칙을 받아들일 것이라는 점에 대해서 별 이견이 없을 것이다. “우리는 행복한 삶을 자율적으로 추구할 자유를 가지며, 그러한 자유를 최대한 공평하게 누릴 권리가 있다(최대의 평등한 자유의 원칙).” 이를 누구나 일반원칙으로 받아들인다면 개인의 자유가 타인의 자유와 양립가능할 수 있도록 하기 위해 형법에 요청되는 정의원칙[5]으로서 다음과 같은 두 개의 원칙에 합의할 수 있을 것이다.

제1원칙: “형법은 시민들로 하여금 자신의 삶을 자유롭게 자율적으로 형성할 수 있게 하는데 기여하는 유용한 도구가 되어야 한다(형법이 국가

은 전통적인 사회계약이론의 자연상태에 부합된다. John Rawls, A Theory of Justice, Harvard Univ. Press, 2011, 11쪽. 원초적 입장은 하나의 사고실험으로 고안된 것이며 실제 존재하지 않는 가설적 성격을 띤다. 이러한 논증전략은 근대적 사회계약설이 자연상태에서의 합의를 주장함으로써 역사적 사실이 아니라는 비판을 받아온 것에 대한 대응이기도 하다. 원초적 입장에서의 합의는 추론에 의해 연역적으로 도달되는, 비역사적이며(nonhistorical) 분석적인 것이다. John Rawls, Justice as Fairness: A Restatement, The Belknap Press, 2001, 16~17쪽. 하지만 실제의 시민들은 언제라도 원초적 입장에 들어가서 반성적 평형에 의해 선택될 정의의 원칙에 대해서 숙고해 볼 수 있다. 하지만 이러한 원초적 입장에서의 가상의 합의가 과연 구속력을 지닐 수 있는가에 대해 의문이 제기될 수 있고, 무지의 베일을 벗어던진 현실에서의 합의가 어떻게 가능한가에 대해 롤즈는 ‘중첩적 합의(overlapping consensus)’란 개념을 도입한다. 중첩적 합의는 공통의 기반, 즉 ‘공적 이성(public reason)’을 기반으로 다원적 가치관의 배경의 시민들이 현실에서도 합의하는 것을 말한다. 따라서 원초적 입장에서 시민의 대표들이 도달한 합의(1단계 합의)는 실제 현실에서도 시민들에 의해 중첩적 합의를 통해(2단계 합의) 타당한 것으로 수용될 수 있다. 여기서 ‘공적 이성’은 공적 심의라는 언어적 의사소통 과정에서 사용되는 이성이라는 점에서 보면 이는 곧 후술하는 하버마스의 대화이론에서의 ‘의사소통적 이성’을 전제하고 있다고 말할 수 있을 것이다. 롤즈의 이론과 하버마스의 대화이론은 각기 다른 배경과 전통에서 형성되었음에도 불구하고 중요한 이론적 접합점을 갖는다. 이러한 생각의 단초로는 Kenneth Baynes, The Normative Grounds of Social Criticism: Kant, Rawls, and Habermas(State Univ. of New York Press, 1992), 76쪽과 Charles Lamore, Patterns of Moral Complexity, Cambridge Univ. Press, 1987, 55쪽 이하 참조.

5 형법에 요청되는 정의원칙이란 실정법의 측면에서 보면 형법을 규율하는 헌법상의 원칙이라고 말할 수 있을 것이다.

나 사회의 이익 또는 특정 사회윤리나 정치・경제 체계의 논리를 위해서 개인을 예속하는 것이 아니라 모든 시민들이 형법의 힘을 빌어[6] 자기 삶의 진정한 주인이 되는 것이다)."

이것이 왜 형법에 요청되는 제1원칙이 되는가?[7] 그 이유는 그러한 기대가 "특정한 역사의 전유물이 아닌, 인간이라는 존재에 내재하는 보편적인 갈망"[8]이기 때문이다. 또한 이것이야말로 '형법의 근대성'이라는 시대정신이 갖는 핵심적 의미이기도 하다. 그렇다면 제1원칙에 따라 "행복한 삶을 자율적으로 꾸려 나아갈 수 있는 안정적 지위"가 보장된다면, 그 다음에는 어떠한 원칙이 요청될까? 여기서 원초적 입장에서 마주하게 되는 딜레마를 살펴볼 필요가 있다. 우리는 자유를 공평하게 누릴 수 있기 위해 개인의 행동의 한계로서 형법을 필요로 하게 되었지만, 문제는 그 어느 개인보다 강력하고 거대한 힘을 지닌 국가로부터의 '자의적 형법권력 행사'에 의해 개인의 자유가 침해될 위험에 직면하게 되었다는 딜레마이다. 따라서 '무지의 베일(veil of ignorance)'[9] 하

6 동서고금의 그 어떤 사회에서도 시민들의 정의감 내지 개인적 도덕원칙만으로는 공존의 조건 및 사회질서(사회적 협력의 조건들)가 유지되지는 않는다는 점은 명백하다. 그렇다고 해서 원초적 입장에서 시민들이 반드시 형벌을 그 보장수단으로 선택하리라는 필연성은 없다. 이 점에 대한 인상적인 통찰로는 Emmanuel Melissaris, Toward a political theory of criminal law: a critical Rawlsian account, 15 New Crim.L.Rev.122, 2012. 동 문헌은 롤즈적 정의론에 입각한 형벌론에서 형벌은 필연적이지 않다는 점을 근거로 형법의 보충성 원칙을 입론해 내고 있다. 이외에도 롤즈의 구상으로부터 형벌론을 재해석 해내며 범법자는 정의에 대한 감각(a sense of justice)이 부족하여 그로부터 향유할 수 있는 것들을 누리지 못하는 사회적 최소수혜자(the least well-off)로 볼 수 있다는 견해로는 Chad Flanders, Criminals behind the veil: political philosophy and punishment, 31 BYU J.Pub.L.83, 2016, 105쪽 이하. 여기서는 형벌을 그 수단으로 채택한 것으로 전제하고 사회제도로서 형법에 요청되는 정의원칙에 합의하는 상황을 가정하기로 한다.

7 이것은 롤즈가 정치적 구성주의에 의해 우리의 공적인 정치적 문화에 내재해 있는 인간관 및 사회관으로부터 우리가 모두 공유할 수 있는 정의의 제1원칙을 구성해 내는 방식과 유사하다.

8 심재우, "불란서인권선언에 규정된 형사법의 원칙규범", 현대형사법론, 1980, 28~29쪽 참조. "자유시민사회의 질서원리는 시민의 자유를 최대한 보장하는 데 있다. (중략) 시민사회의 질서원리는 최소한의 자유의 제약을 통하여 최대한의 자유를 보장하는 데 있으므로 형법도 최소한의 필요불가결한(유해한) 자유만을 금지시킬 수 있는 것이다."

에서 자신이 가장 불리한 처지(형사소추를 당할 처지)에 있을 지도 모르는 시민이라면 이를 미연에 방지해 제거하기 위해서는 국가의 형법권력을 필요최소한도로 축소시켜야 한다는 정의원칙에 합의할 것이다(합리적 선택). 그 축소범위의 균형점은 개인의 자유의 최대한 확장이라는 근대성프로젝트와 관점교류의 가능성을 전제하는 책임개념에 비추어 보면, 타인의 자유이익을 침해하는 행위만을 형사처벌의 대상으로 삼는 데서 찾을 수 있다. 형법의 규율대상이 되는 범죄를 법익침해행위[10]로 국한시키는 것이다. 따라서 원초적 입장의 시민들은 다음과 같은 제2원칙에 합의할 것이다.

> 제2원칙: 다른 사람의 주관적 권리(법익)와 그 영역안에서 그가 누리는 자율성을 침해하지 않는 한 어느 누구도 국가로부터 형벌을 받지 않아야 한다(법익보호원칙).

형법 전문가들은 자유나 권리침해 없이는 범죄도 형벌도 없다는 제2원칙으로부터 다음과 같은 병렬적·파생적 원칙을 도출해 낸다.

- 각 개인이 실천이성만으로는 자유의 한계를 모두 똑같은 내용으로 인식할 수 없기 때문에 자유·권리침해의 내용과 그 효과를 법률에 미리 명확하게 규정해두어야 한다(죄형법정주의).
- 국가는 개인의 자유·권리를 보호하는 데 꼭 필요한 만큼만 형법권력을 행사할 수 있다(목적과 수단의 비례성 원칙[11]).

이상 전술한 원칙들은 공정성을 담보해줄 수 있는 절차적 조건 하

9 '무지의 베일'은 사회적 우연성과 자연적 우연성을 배제함으로써(계약당사자들이 지닐 수 있는 모든 불평등한 요소의 제거) 계약(합의)의 초기조건과 그 절차를 공정하게 만드는 장치로서 롤즈의 표현을 빌리면 '순수한 절차적 정의' 관념을 나타낸다.

10 형법상 법익이란 국가가 모든 개인들에게 공평하게 보장해 주어야 하는 자유이익을 말하며, 자유이익은 개인이 자신의 생명, 신체, 명예, 재산 등의 실존조건(헌법상의 기본권 목록)을 국가나 타인으로부터 부당하게 간섭받지 않고 자유롭게 향유할 권리(주관적 권리)를 의미한다.

11 다양한 층위의 비례성의 의미와 그 심사방법에 대해서는 김일수·배종대 편, 법치국가와 형법, 세창출판사, 1998, 71쪽 이하 참조.

에서 시민들 간의 자율적 합의에 따른 정의원칙의 일부로서 국가는 이를 입법, 행정, 사법의 각 단계에서 실현시켜야 할 의무를 부담한다는 점에서, 이는 곧 국가에 대한 정언명령이 된다고 말할 수 있을 것이다.[12] 따라서 이 원칙들은 형법의 제정 및 운용에 있어서 국가에게 요청되는 '의무론적 정의원칙(도덕철학적 성격)'인 동시에 그 지향점은 국가권력의 제한에 놓여 있다는 점에서 '자유주의적 정의원칙(정치철학적 성격)'이라고 볼 수 있다. 이러한 맥락에서 상기 원칙(의무론적 자유주의 정의원칙)들은 형법의 도덕성을 지켜내려는 프로젝트로 자리매김할 수 있을 것이다.[13]

요컨대, 형법의 근대성이란 봉건주의시대의 유물로부터 벗어나 형법이 시민의 인격적 자율성을 증진시킬 수 있게 도와주는 울타리 역할에 머물러야 한다는 형법의 이성적 자기제한을 의미한다. 계몽주의와 사회계약설을 사상적 배경으로 하는 '법전화된 실천이성'으로서의 형법관은 철저히 절제된 형법을 요구하였고, '법익보호원칙'으로 대변될 수 있는 이러한 근대형법의 핵심적 가치는 죄형법정주의와 함께 형법의 보장적 성격으로도 이어진다.

Ⅱ. 대화이론과 형법

하버마스의 대화이론은 사회통합의 동력인 생활세계의 의사소통적

12 롤즈 역시 정의의 원칙을 정언명령(kategorische Imperative)으로 묘사한다. 비슷한 맥락에서 국가의 형벌권(Strafanspruch) 행사는 국가 자신을 수범자로 하는 정언명령으로 보아야 한다는 견해로는, 홍영기, "국가권력의 한계, 어디에서 비롯되는가?", 법철학연구 제8권 제1호, 2005, 201쪽 참조.

13 이러한 유형의 정의관을 '의무론적 자유주의(deontological liberalism)'로 평가할 수 있다는 점에 대해서는 박정순, 존 롤즈의 정의론—전개와 변천—(철학과 현실사, 2019), 120쪽 이하 참조. 물론 롤즈는 후기에 이르러 자신의 정의론이 특정한 도덕론에 의존하지 않는 '정치적 정의관(a political conception of justice)'이라고 새롭게 해석하는 입장을 밝히고 있다. 박정순, 앞의 책, 120쪽 이하와 John Rawls 저·장동진 역, 정치적 자유주의, 동명사, 2016, 서문 참조.

합의가 정치나 경제체계의 영향으로 왜곡되는 것(생활세계의 식민지화)을 법을 매개로 하여 지켜냄과 동시에 롤즈의 정치적 자유주의(political liberalism)와 마찬가지로 심의민주주의(deliberative democracy)의 성숙·발전에 기여할 수 있는 대표적 이론이라고 말할 수 있다. 그러면 대화이론은 이 책에서 어떠한 의미를 갖는가? 이상돈 교수는 이 책의 목표를 다음과 같이 밝히고 있다.

> "이 연구서는 이와 같은 근대형법의 위기상황을 진단하고 그 극복방안을 모색하고 있다. 이 연구에서 필자가 인식론적, 사회이론적 기초로 삼고 있는 것은 해석학(Hermeneutik)과 대화이론(Diskurstheorie)이다. 그런 방법론적 토대 위에서 형법의 근대성은 새롭게 해석되고 법치국가형법은 도덕성을 되찾을 수 있다."

그렇다면 '근대형법의 위기상황'이란 무엇일까? 이 교수에 의하면 전통적 사회윤리가 지배력을 발휘해 권리침해 없는 윤리위반도 처벌하게 만들어 형법적 사회통제의 명확성을 훼손하고 형법권력의 과잉행사로 이어지고 있는 현상(전근대형법화)과 함께 후기산업사회에 접어들며 형법이 '위험예방법'의 성격을 띠게 되면서 권리침해를 확인할 수 없고 단지 추상적 위험만이 불확실하게 추정되는 곳에서도 보호법익을 인정하려는 현상(탈근대형법화)을 지칭한다. 이러한 현상은 한국사회에서 법익개념의 변증적 자기발전의 필연적 결과라고 볼 수 있지만(계몽의 변증), 형법의 이성법으로서의 성격을 지켜내려면 근대형법의 법익보호원칙을 포기해서는 안 되며, 따라서 대화이론이 필요하다고 역설한다. 그렇다면 대화이론은 근대형법의 위기에 대해 어떠한 점에서 구원의 메시지를 가져다 줄 수 있을까?

이상돈 교수는 전통적 '사회'윤리나 후기산업'사회'의 사회적 위험성에서 전제하는 '사회'를 개인과 대립하거나 독립하여 존재하며 심지어 개인보다 위에 서 있는 독립된 '실재'로 이해하는 잘못된 '사회인식'이 형법을 본래의 임무에서 벗어난 그릇된 길로 인도한다고 예리하게 분석해 낸다. 만일 숭고한 형이상학적 가치를 앞세우면 시민의 자유는 지나치게 제약될 것이고, 자본과 권력에 의해서 좌우되는 사회적 하부체계의 보호를 위해 사회적 위험을 법익개념으로 포착하면(근대적 법익개념의 증발) 형법은 시민의 자유를 보장하는 리바이어던이 되기보다는 '시민의 자유를 집어삼키는 괴물'이 될 것이기 때문이다. 따라서 형법의 전근대성과 탈근대성을 극복하기 위해서는 형법이 보호해야 하는 사회는 다음과 같이 재구성 되어야 한다고 한다.[14]

> "형법이 보호하는 사회=사람들의 상호이해(합의)가 가능한 무수한 규범들의 통일된 조직=대화원칙에 의해 짜여진 생활세계"

형법이 보호하여야 할 사회를 개인과 절연된 형이상학적 윤리질서나 규범진공상태의 사회적 실재가 아니라 오직 개인들 사이의 정당한 질서, 즉 '정당한 규범체계'라고 보아야만 근대형법의 위기를 극복할 수 있다는 것이다. 왜 그럴까? 정당한 규범체계를 규범의 적용을 통해 발생하는 결과가 모든 사람의 자유를 공평하게 보장해 주는(보편화가능성) 질서로 본다면, 사회는 '사람들의 상호이해(합의)가 가능한 규범들의 통일된 조직'으로 이해된다. 하버마스에 따르면 대화원칙이란 "하나의 규범은 그 적용을 받는 모든 사람들이 그 규범의 타당성에 대해 합리적 대화에 참여한 가운데 모두 동의할 수 있는 경우에만 타당할 수 있다."는 규칙을 말하고 규범의 타당성에 대한 사람들의 상호이해(합의)는 그들이 공유하는 특정한 '문화'와 '언어'의 이해지평 위에서 이루어지는데 그러한 이해지평이 형성되는 사회문화적인 맥락의 총체(일상적 삶의 장)를 '생활세계(Lebenswelt)'라고 한다.[15] 사회는 이러한 생활세계의 한 구성요소다. 이상돈 교수는 대화원칙에 의해 짜여진 의사소통과정을 통

14 이와 유사한 맥락에서 롤즈는 '공정한 협동체제로서 사회'를 바람직한 사회개념으로 제시한다. 이러한 사회관은 사회통합이라는 개인들 공통의 이해관심을 표현하며 롤즈의 정치적 자유주의의 토양이 된다.

15 하버마스의 대화이론과 법이론에 대해서는 이상돈, 법이론, 박영사, 1996, 291쪽 이하 참조.

해 각자의 자유이익을 공평하게 충족시켜주는 규범체계가 창출되는 경우에만 시민들은 바로 그 '사회'에 통합될 수 있다고 대화이론의 도입 근거를 제시한다. 그렇다면 대화이론은 후기산업사회에서도 형법이 개인의 자유를 지켜내는 임무를 수행하는 동시에 사회윤리적 가치나 사회체계의 영향으로부터 사회통합을 지켜내기 위해서 필요하다고 볼 수 있다. 한 마디로 상호이해가 가능한 합리적 대화절차(공적 의견형성, 제도화된 입법과정 등)를 거쳐서 타당한 법이 만들어 져야만 사회통합이 가능하다는 것이다.

이처럼 형법이 보호해야 할 사회가 '대화원칙에 의해 짜여진 생활세계'로 재구성 되어야 한다면 형법의 임무는 개인의 주관적 권리보호로부터 법익의 내용이 무엇인가를 결정해 주는 '합리적 대화의 절차적 조건(의사소통적 자유; 공적 자유)'의 보호로 바뀌게 된다.[16] 대화원칙에 의해 짜여진 생활세계를 형법이 보호한다는 것은 '자유롭고 기회균등한 의사소통참여권(상호주관적 권리)'[17]을 보호하는 것이 되기 때문이다. 형법이 이러한 임무를 올바르게 수행하기 위해서는 시민사회가 합리적 대화의 절차적 조건 하에 공적 대화를 통해 자율적으로 사회문제를 해결할 수 있는 제도화되지 않은 공적 대화마당을 파괴하거나 그 성장을 가로막아서는 안 되며 이를 위해서는 제도화된 형법의 법익개념은 가능한 한 축소되어야 하는바 이로부터 형법의 법익보호원칙의 지평을

---

16 법익보호원칙의 지평확대의 배경에는 '존재적 법익개념의 붕괴'현상도 있다. 후기산업사회로 접어들면서 법익의 내용은 더 이상 어느 한 개인이 홀로 자명하게 '인식'할 수 없는 문제가 되었고, 오히려 사회구성원들의 다양한 지각내용을 토대로 '의사소통적 과정'을 거쳐 사회적으로 '구성'되는 것이라는 믿음이 자리잡게 되었는데, 이처럼 법익개념의 파악에 있어서도 존재론적 의미론(ontologische Semantik)에 대한 확신이 사라지기 시작하면서 법익개념을 절차주의적 방식(대화이론)으로 재정립해야만 정당한 규범체계가 형성되어 사회통합이 가능해질 수 있게 되었다는 것이다. 그러나 이상돈 교수는 법익개념의 비판적 기능을 회복하기 위해서 '존재적 법익개념'으로 되돌아갈 수는 없다고 한다. 그것은 이미 시대착오적이기 때문이다. 이상돈, 형법의 근대성과 대화이론, 홍문사, 1994, 34쪽 이하.

17 이것은 곧 "공적 자유(정치적 자유)의 보장에 의한 사적 자유(자연적 자유)의 보호"라는 명제로 이해할 수 있을 것이다.

다음과 같이 확대할 것을 이상돈 교수는 제안한다.

- 제도화되지 않은 공적 대화마당의 확대(보충성원칙)
- 시민들 사이의 관점교류의 가능성 존중(책임원칙)[18]
- 법익보호적격성원칙
- "의심스러울 때는 시민의 자유이익으로(in dubio pro libertate)" 원칙
- 공적 대화마당에서 상기 원칙으로 무장된 형법전문가들의 비판과 통제

이상돈 교수는 이러한 사회인식이 형법전문가들 사이에 확대되어야만 법익보호원칙이 그 본래의 기능을 상실하지 않고 대화원칙을 실현하는 이성원칙으로 힘을 발휘할 수 있을 것이라고 전망한다. 그렇다면 이 책의 구상과 전망이 실제 사안에서 어떻게 해결책을 찾아내고 있는지 다음의 두 가지 사례를 통해 제시해본다.

Ⅲ. 형법해석의 아방가르드: 의무론적 정의원칙의 자유주의적 구현

법률해석이 아방가르드적일 수 있을까? 있다면 그 역사적 변화와 진보의 준거점은 무엇일까? 아니 무엇이 되어야 할까? 모름지기 법은 이성적 숙고의 결정체이다. 자의와 사적 감정을 벗어난 이성적 결정을 담고 있다. 입법이든 판례변경이든 법의 변화는 더 나은 법을 기획하는 것이며, 이 기획이 근대 이성법의 역사적 가변성을 토대로 미래를 향해 선형적으로 뻗어 나아간다는 진보성을 함축하고 있는 이상, '아방가르드적'이라고 말할 수 있다.[19] 그렇다면 법해석, 특히 형법해석의 일정한 가치지향적 일관성이 미래지향적인 역사적 선형성을 지닌 것으로 평가

18 대화이론의 관점에서 책임이란 "관점교류가 가능하여 자신의 행위의 의미를 알 수 있었음에도 그것을 행하지 않았다는 점에 대한 이해, 즉 행해지지 않은 관점교류에 대한 통찰"로 이해된다. 이상돈, 앞의 책(각주 16), 79쪽.

19 이상돈, 법의 예술, 법문사, 2020, 213쪽.

받기 위해서는 어떠한 가치 준거점이 요청될까? 전술한 바와 같이 이 책은 바로 그러한 형법해석의 가치 지향점을 모색하고 있으며, 여기에는 다음과 같은 신념이 자리잡고 있다.

> "인식문제, 도덕적실천적 문제, 사회의 구체적인 질서형성의 문제와 관련해서는 문화의 진보를 이야기할 수 있고 또 있어야 한다고 본다. 계몽주의 전통에서 보면 진보의 기준은 한마디로 개인의 인격적 자율성(자유)에서 찾을 수 있다.[20] '더 나은 형법문화'란 한 사회에서 개인의 인격적 자율성과 시민사회의 자율성이 더 많이 실현될 수 있게 하는 형법문화이다."

1. 경영실패와 경영진의 형사책임

이상돈 교수는 '경영실패와 경영진의 형사책임[21]'이라는 논문에서 다음과 같은 주장을 펼친 바 있다. 전세계적인 외환위기에서 시작된 경제위기를 경험하면서 우리나라에서 과거에는 형법의 관할영역 밖에 있었던 경영진의 경영실패가 배임죄의 포괄구성요건(Auffangstatbestand)화를 통해 범죄가 되는 경향을 보이고 있는데 그 이유는 형법이 개인의 권리(법익)를 보호하는 형법에서 '경영위험을 관리하는 형법(위험형법)'으로 기능변화의 압박을 받고 있기 때문이라고 한다. 하지만 이처럼 형법이 경영진의 개인적 불법을 넘어 고도의 모럴해저드에서 비롯된 경영판단의 실패까지 통제하는 것은 형법이 지향해야 할 근대성으로부터 그만큼 더 멀어지게 되는 것이라고 비판한다.

경영자의 모럴헤저드를 처벌하는 것은 그 자체 뚜렷한 내용을 지니고 있지 못한 '경영윤리'를 형법으로 강제하는 윤리적 책임귀속이며, 이를 위해 배임죄 구성요건을 극도로 불명확한 요소들('사실상 경영진' 인

20 "즉 한 사회문화 속에서 모든 개인이 공평하게 자기다움을 제한없이 펼치면서 자신의 삶을 자율적으로 꾸려나갈 수 있는 자유, 곧 '인격적 자율성'이 많이 확보된 문화가 더 나은 문화라고 말할 수 있다. 이를 위해서는 시민사회의 자율성도 함께 확보되어야 한다." 이상돈, 앞의 책(각주 16), 128쪽.

21 이상돈, "경영실패와 형사책임", 법조 제52권 제5호, 2003 참조.

정, '실해발생의 위험으로서의 손해' 인정, '윤리적 의무귀속으로서 고의귀속' 인정, '비윤리적 영득의사를 불법영득의사로' 인정) 등에 의해 충족될 수 있도록 배임죄를 리모델링하는 것은 그 구성요건을 극도로 불명확하게 만드는 것이며 이는 곧 근대형법의 대원칙, 즉 죄형법정주의에 위배된다는 것이다. 이러한 논증의 구조는 형법의 자기제한과 절제를 요청한 '형법의 근대성과 대화이론'에서 일관되게 주장한 입장과 정합적인 것으로 이 책의 구상과 전망이 실제적인 사안의 해결에 있어서 기존의 법리를 '비판적' 시각으로 바라볼 수 있는 어떠한 논거와 조감적 관점을 제시해 주며 그와 동시에 어떠한 성찰적 대안을 제시할 수 있는지를 잘 보여준다고 하겠다.[22]

2. 생활세계적 사건개념과 일사부재리 원칙

더 나은 형법문화를 지향하는 이상돈 교수의 성찰적 법해석은 형사소송법의 영역에서도 일관되게 이어진다. "공소사실의 동일성은 형사소송법상의 개념이므로 그 규범적 요소를 전적으로 배제한 채 순수하게 사회적, 전법률적인 관점에서만 파악할 수는 없다(대법원 1994. 3. 22. 선고 93도2080 전원합의체 판결)"는 대법원 판결에 대해서 이는 "동일한 범죄에 대하여 거듭 처벌받지 아니한다"는 헌법 제13조 제1항의 일사부재리원칙의 효력범위를 이전에 비해 좁히는 판결로 평가하며, 판례변경의 원인은 단순히 '기본적 사실동일설'의 재해석(도그마틱적 변화 필요

---

22 채무자가 채권양도담보계약에 따라 '담보목적 채권의 담보가치를 유지·보전할 의무'를 부담하는 경우, 채권자에 대한 관계에서(대법원 2021. 7. 15. 선고 2015도5184 판결) 수분양권 매도인이 매매계약에 따라 '매수인에게 수분양권을 이전할 의무'를 부담하는 경우, 매수인에 대한 관계에서(대법원 2021. 7. 8. 선고 2014도12104 판결) 채무자가 금전채무를 담보하기 위하여 '자동차 등 특정동산 저당법' 등에 따라 그 소유의 동산에 관하여 채권자에게 저당권을 설정해 주기로 약정하거나 저당권을 설정한 경우, 채권자에 대한 관계에서(대법원 2020. 10. 22. 선고 2020도6258 전원합의체 판결) 각각 배임죄의 주체인 '타인의 사무를 처리하는 자'에 해당하지 않는다고 판시한 일련의 대법원 판결은 배임죄의 성립범위를 축소시키고 있다는 점에서 상기 논문의 주장과 관련해 주목할 만하다.

성)에 있는 것이 아니라 범죄와의 전쟁이라는 적대적 형사정책(정책요소) 때문이라고 비판적으로 분석한다.[23] 이러한 대법원의 태도는 국가권력으로부터 생활세계를 보호하는 일사부재리제도의 기능을 지나치게 축소시키고 형사절차에서 '법적 안정성(Rechtssicherheit)'과 '정의(Gerechtigkeit)' 사이의 실제적 조화를 깨트린다고 비판한다. 근거는 다음과 같다.

우선 형사소송에서 사건개념이 갖는 '역동성'에 주목해야 하는데, 피의자가 저지른 것으로 의심되는 역사적 사건(형사소송의 진실)은 수사기관이나 법관이 접하게 되는 각기 다른 정보(증거)의 내용과 양에 따라서 달라지며, 아울러 각기 상이한 '인식관심(Erkenntnisinteresse)'에 의해서도 달라지므로, 범죄사실은 확정되는 것이 아니라 '구성'된다고 보는 것이 타당하고[24] 이처럼 사건개념을 하나의 '고정된 실체'가 아니라 '역동적 과정'으로 이해한다면 그 자체가 피고인에게는 명백한 부담이며 위협이 될 수 있음을 지적한다. 사건확정을 위한 형사절차에 내재한 역동성으로부터 피고인의 방어의 효율성을 위해서 하나의 형사절차가 한 피고인에게 지울 수 있는 부담의 최고상한선을 정하는 것은 국가형법권력에 대한 시민의 희생한계를 정하는 것이며, 이는 곧 '비례성원칙'을 실현하는 것이 된다. 따라서 목적, 수단, 그리고 국가에 의해 희생되는 개인의 자유의 한계 사이의 총체적 평가가 필요하며(균형성 원칙), 하나의 공판절차에서 피고인이 방어활동을 전개하지 않아도 되는 희생의 한계, 다시 말해 사건의 구체적 내용이 변화할 수 있는 한계(공소사실의 동일성)는 무엇을 기준으로 해야 하는지가 관건이 된다.

이상돈 교수는 이에 대해 '생활세계적 사건개념'을 제시한다. "국가는 오직 한 번의 형사절차를 통하여 시민 개인의 범죄여부를 판단해야

---

23 대법원은 이제까지 기본적 사실동일설이 순수한 사실과 규범의 이분을 전제로 해왔다는 반성에서 그 교정필요성에서 새로운 판결이 나왔다고 설시하지만 이는 사실/규범 이분법이라는 대법원의 인식론적 허구를 확인시켜줄 뿐이라고 한다. 이상돈, 형사소송원론, 법문사, 1998, 219쪽 이하 참조.

24 이를 형사절차에서의 '해석학적 지평'이라고 한다.

한다."는 헌법 제13조 제1항의 취지는 확정판결을 받은 과거의 사건에 대하여 그 확정판결이 진리인식이 아니었다는 이유로 또 다시 진행된다면, 그 형사절차에 휘말려드는 시민은 또 다시 가정과 일터를 잃어버릴 위기에 빠지게 되므로 이처럼 더 나은 진리의 발견을 이유로 국가가 형사절차를 반복하면 그 시민의 생활세계는 초토화된다는 점을 고려하여 형사절차에 거듭 휘말려드는 시민의 생활세계를 보호하려는 데 있는 것이므로 여기서 말하는 '범죄(사건)'의 동일성 여부는 생활세계를 구성하는 언어인 일상언어(자연언어)와 누구나 이해가능한 지식을 토대로 판단하여야 한다는 것이다.

물론 생활세계적 사건개념도 명료한 개념은 아니다. 다만 독일연방대법원의 '하나의 역사적 사건(ein historischer Vorgang)'이나 대법원의 '기본적 사실관계의 동일성'보다 상대적으로 헌법 제13조 제1항의 취지를 구현하는데, 다시 말해 형사절차의 과잉전개로 인한 생활세계의 파괴를 막는데 유용하다는 점은 명백하다고 한다. 이로부터 그러한 사건개념을 도그마틱적으로 구체화하면 다음과 같다.

- 첫째, 소송법상 하나의 사건(생활세계적 사건)과 실체법상 하나의 범죄행위 사이의 등식은 성립하지 않는다. 그 이유는 실체형법은 우리가 생활세계적 사건이라고 부르는 일정한 현실사태를 통째로 파악하지 않으며, 그보다 보호법익을 전제로 총체적인 현실사태의 특정한 단면이 해당 보호법익을 침해하는지 여부를 매우 간결하고 세밀한 인공언어(비자연언어: 기망, 재산상 이익 등)로 파악하기 때문이다.[25]
- 둘째, 그럼에도 불구하고 생활세계의 끊임없이 변하는 인지구조나 일상언어의 의미론을 고려할 때, 수 개의 범죄사실이 하나의 행위

25 예컨대, 타인의 신용카드를 부정하게 사용해 가맹점에서 물건을 구매하면 사기죄와 신용카드부정사용죄가 성립하고 양죄는 실체적 경합관계가 되지만(대법원 1996. 7. 12. 선고 96도1181 판결) 일반인의 관점에서 볼 때 '하나'의 사건으로 파악된다.

로 평가될 수 있을 때(행위단일성의 인정: 단순일죄, 과형상 일죄), 그 사실들은 소송법상 원칙적으로 하나의 사건으로 보아야 한다.
- 셋째, 수 개의 범죄사실이 각각 별개의 행위이면서(행위다수성 인정) 각각 별개의 구성요건을 충족시킬 경우(실체적 경합), 소송법상 원칙적으로 수 개의 사건으로 보아야 한다.[26]

결론적으로 대상판결처럼 장물취득죄와 강도상해죄처럼 양자택일성(Alternativität)이 인정되는 경우라 하더라도 법익이나 불법차원의 유사성(상응성)이 없을 때에는 별개의 사건이 된다는 입장(소위 수정된 기본적 사실동일설)은, 생활세계적 사건개념에 비추어 보면 이미 일상적 언어관용에서 멀어진 것이기 때문에 일사부재리의 효력범위를 정하는 기초가 될 수 없다는 것이다. 이상돈 교수는 '형법의 근대성과 대화이론'에서 주장한 바에 부합되는 일관된 관점에서 '형사소송원론'에서 대상판결에 대해 다음과 같이 비판적 평가를 내린다.

> "이러한 법정책이 치러야 할 대가는 너무나 크다. 형사절차는 법치국가적 품세를 잃어버리고, 법치국가원칙을 아랑곳하지 않고 범죄투쟁을 전개하는 국가는 범죄 그 자체에 못지않게 시민사회의 안전에 커다란 위협이 된다. '형사정의'란 죄 있는 곳이라면 적법절차를 무시하고서라도 형벌을 부과하는 것이 아니라, 헌법이 규정하는 적법절차의 이념과 그 밖의 형사절차상의 기본권을 최대한 존중하는 가운데 죄를 형벌로 제재하는 것을 말한다."[27]

Ⅳ. 맺음말

일찍이 이상돈 교수는 심재우 선생의 죄형법정주의 사상을 형법의

26 다만, 보험금을 타기 위해 건물에 방화한 경우의 사기죄와 방화죄처럼 목적과 수단의 관계에 있다면 비록 경합범(수죄)의 관계에 있지만 사건의 동일성을 인정될 수 있다고 한다. 이러한 예외 인정으로서 연결효과에 의한 상상적 경합과 포괄일죄 등을 제시하고 있다. 이상돈, 앞의 책, 231~232쪽.

27 이상돈, 앞의 책, 226쪽.

지평을 넘어서는 하나의 '국가철학'이자 '실천철학'으로 재해석한 바 있다.[28] 이 짧은 리뷰논문에서는 '형법의 근대성과 대화이론'을 '공정으로서 정의론'의 관점에서 새롭게 조명해 보고자 하였다. 법익보호원칙과 죄형법정주의의 현대적 의의가 끊임없이 재해석될 수 있는 이유는 "형벌권 정당화 문제가 법사고의 변동과 사회적 변혁의 시기마다 불가피하게 재등장할 수밖에 없고, 합리적이고 인간화된 형법의 기초를 어디에 놓아야 할 것인가에 대해 우리의 사고가 진보해 왔고, 또 계속해서 진보해야 하기 때문일 것"이다.[29]

필자가 법익보호원칙과 죄형법정주의를 '의무론적 자유주의 정의원칙'으로 재해석한 의도는 간명하다. 이 원칙들은 단지 의회나 법관이나 형법학자들이 '선언한' 원칙이 아니며 '원초적 입장'에서나 '대화이론적'으로 시민들이 이해(합의)가능한 원칙이라는 것이다. 즉 공정한 절차적 조건에 의해 정당화될 수 있는 기본적 사회제도로서 형법에 요청되는 '정의'원칙의 일부이고, 이 원칙은 '형법의 근대성'이라는 우리의 숙고된 판단(또는 배경이론)에 부합되므로 '반성적 평형(reflective equilibrium)'에 도달하고 있다고 볼 수 있으며 더 나아가 시민들의 공적 이성(public reason)에 의한 중첩적 합의를 거쳐서 대부분 핵심헌법(constitutional essentials)에 규정되어 있으므로 이 원칙에 위배되는 법률과 판결은 그것이 어떠한 정책과 목표를 지향하든 '공정으로서 정의(Justice as Fairness)'의 관점에서 평가할 때 폐지되거나 변경되어야 마땅하다는 것이다.[30]

---

28 김일수·배종대 편, 앞의 책, 143쪽.

29 김일수·배종대 편, 앞의 책, 2쪽.

30 이러한 결론은 의무론적 전통에 있는 칸트, 하버마스, 롤즈에게서 공통적으로 지지되는 "좋음(the good)에 대한 옳음(the right)의 우선성"이라는 명제의 다른 표현이기도 할 것이다.

05 절차주의적 법모델

홍 성 수*

비평하는 저작 이상돈, 법학입문: 법이론적·법사회학적 접근, 박영사, 1997.

Ⅰ. 절차주의적 법모델의 제안

'절차주의적 법모델'이라는 생소한 용어가 한국사회에 소개된 것은 1997년 이상돈 교수의 저서 『법학입문』에서이다.[1] 그의 법학입문은 그동안 법학입문, 법학개론, 또는 법학통론이라는 제목의 저작들이 다루던 주제하고는 사뭇 다른 체계와 구성을 하고 있었다. 총 6부가 각각 법의 임무, 법의 발전, 법의 기초제도, 법과 도덕/경제, 법의 적용, 법의 미래로 구성되어 있는데, 특히, '2부 법의 발전', '4부 법과 도덕/경제' '6부 법의 미래'에는 기존의 법학입문 단행본에서는 다뤄지지 않았던 흥미로운 내용들로 가득했다.[2] 그 중에서도 특히 '2부 법의 발전'은 특

* 숙명여자대학교 법과대학 교수, Ph.D.

1 이 책은 이상돈 교수가 삼성데이터시스템(SDS)의 사이버대학에서 강의했던 강좌 법과 현대생활을 바탕으로 집필한 것이므로 그 전에도 이 개념이 대중들에게 소개된 바는 있었다고 할 수 있다. 또한 그의 법사회학 강의 시간에도 다뤄진 바 있었다.

2 제1부 법의 임무와 제3부 법의 기초제도(계약법, 불법행위법, 형법, 소송법 등), 제5부 법의 적용 등도 기존 법학입문 단행본에서 다뤄지는 주제이긴 했으나 그 접근 방식은 매우 신선한 것이었다.

별한 의미를 가진다. 이것은 법의 역사에 관하여 이상돈 교수가 제시한 일종의 총론이라고 할 수 있으며, 지금까지 법의 역사가 어떻게 진행되어왔고 앞으로 어떻게 변화될 것인지를 제시한 청사진 같은 것이었기 때문이다. 실제로 그의 후속 저작들 중에는 실제 사례를 이 모델에 따라 분석하고, 개선 방향을 제시한 것이 상당수다. 그러니까 '절차주의적 법모델'은 이상돈 교수가 본인의 학문 여정을 통해 제시한 일종의 이상적 모델이고, 그의 저작 중 상당수는 이 모델을 완성하기 위한 것이라고 해도 과언이 아닐 것이다.

절차주의적 법모델은 법의 발전 과정에 대한 고찰에서 나온 이론이다. 이상돈 교수는 법 발전 단계를 세 단계로 분류하는데, 1단계는 자유주의적 법모델, 2단계는 사회국가적 법모델, 3번째 단계가 바로 절차주의적 법모델이다(아래 그림 참조).

―――――― 19세기 후반 ―――――― 20세기 후반 ――――――▶

제1단계	제2단계	제3단계
• 자유주의적 법 • 형식법 • 근대법	• 탈자유주의적 법 • 실질화된 법 • 사회화된 법 • 간섭주의적 법	• 반성적 법 • 절차주의적 법 • 탈간섭주의적 법

1단계와 2단계가 과거의 또는 현재의 법모델이라면, 3단계 절차주의적 법모델은 현재 생성 중인 또는 미래의 법모델로 제시된 것이다(1997, 31). 다만, 이것은 각 발전단계에서 일정한 요소를 발췌하여 이상적 이념을 제시한 이념적 유형인 것이지, 실제의 어떤 특정 국가의 어떤 법발전이 특정한 단계에 온전히 조응하는 것은 아니다.

이러한 연구는 법사회학의 연구분야인 '법진화론'(legal evolution)에 해당한다고 할 수도 있을 것이다.[3] 여기서 '법의 진화'란 단계적으로 법

3 법진화론에 대한 설명은 양건, 법사회학, 민음사, 1995, 182~186쪽 참조.

이 발전해 나간다는 것을 뜻한다. 이를 통해 법의 발전을 예측하기도 하고, 법의 발전 방향을 적극적으로 제안하기도 한다.[4] 뒤에서 자세히 살펴보겠지만, 실제로 이상돈 교수는 현재의 법현실을 자유주의적 법모델과 사회국가적 법모델로 분석하고, 절차주의적 법모델을 통해 대안을 제시해 왔다.

Ⅱ. 절차주의적 법모델의 개요와 이론적 배경

이상돈 교수의 3단계 법발전론을 간략히 살펴보면 다음과 같다(1997, 38~68). 먼저 자유주의적 법모델은 19세기 후반부터 발전해온 법체계로서, 국가와 법은 개인에게 자유로운 행동의 반경만을 소극적으로 통제하고, 사회를 형성해 나가는 몫은 개인에게 부여되어 있다. 이 때 법은 무엇이 옳은지에 대해 중립을 지키고, 자유의 실질적 조건을 창출하지 않는다는 점에서 형식적이며(형식법), 법은 외부적 질서에 머무르게 된다. 하지만 자유주의적 법모델은 사회적 결과에 대해 맹목적이고, 불법국가를 막는데 한계가 있다. 실제로 20세기 이후 사회적 강자와 약자의 대립이 격화되고, 나치체제 등과 같은 불법국가에 무기력하다는 점이 드러나면서 그 한계가 드러나게 되었다.

이러한 문제를 극복하고자 20세기 중반 이후부터 사회국가적 법모델이 등장하는데, 여기서는 사회적 문제의 해결을 개인의 자율에 맡기는 것이 아니라, 국가와 법이 적극적으로 개입한다. 사회적 연대성을 구현하기 위해, 또는 사회적 약자 보호를 위해 사법을 실질화한다. 노

---

4 실제로 반성적 법(reflexive law)을 대안으로 제시하는 토이브너(Gunther Teubner)는 자신의 이론을 '법에 관한 신진화주의 이론'(neo-evolutionary theories about law)이라고 부르고 있다. 자신의 법진화론모델은 어떤 경향성을 이야기한 것이며, 하나의 전략적 모델이라고 주장한다. Teubner, "Autopoiesis in Law and Society: A Rejoinder to Blankenburg", Law & Society Review 18, 1984, 294쪽; "After Legal Instrumentalism? Stratigic Models of Post-regulatory Law", in: Teubner(ed.), Dilemmas of Law in the Welfare State, 1986, 300쪽 참조.

동법이나 주택임대차보호법 같은 사회법의 등장이 대표적인 사례다. 재화의 분배 또한 개인에게 맡기는 것이 아니라 국가가 적극적으로 개입하게 된다. 조세법과 보험법제도가 대표적이다. 이 과정에서 국가는 보편적 이익을 위해 재화를 창출하고 분배하며, 사회적 하부체계의 기능보호를 위한 적극적인 개입을 시도한다. 이 때 법은 정책도구로서 적극적인 역할을 부여받는다. 하지만 사회국가적 법모델은 목표했던 결과의 조정에 실패하는 경우가 발생하면서 그 한계가 지적된다. 마약에 관한 규제가 오히려 마약복용자를 증가시키거나, 주택임대차보호법이 임대인이 집을 구하기 더 어렵게 만드는 경우 등의 문제가 대표적이다. 자유주의적 법모델과 달리, 사회국가적 법모델은 특정한 결과를 낳으려는 '목적'을 가지고 있는데, 그 목적을 달성하는게 쉽지 않은 일이기 때문이다. 그리고 그 목적 달성에 실패하게 되면, 법과 정책의 관계가 깨지고, 법적 통합과 사회적 통합이 모두 실패하는 조종의 트릴레마가 발생하게 된다.

이에 대한 대안으로 제시된 절차주의적 법모델은 사회국가적 법모델처럼 직접적인 조정을 통해 어떤 결과를 낳으려고 하는 목적을 포기하고, 대신 간접적 조종 또는 맥락조종에 머무는 방식이다. 그러니까 어떤 분쟁이 있을 때 특정한 방향으로 그 분쟁의 해결을 인위적으로 조정하는 것이 아니라, 분쟁해결의 조직, 절차, 조정권한의 분배만을 규율한다. 형식적 테두리만 규제하는 자유주의적 법모델에 비해서는 적극적이지만, 인위적으로 결과를 조정하지 않는다는 점에서는 소극적이다. 이상돈 교수는 이 지점에서 의료분쟁조정법, 노동조합법 등의 '조정법'에서 절차주의적 법모델의 맹아적 형태를 발견할 수 있다면서, 기왕에 존재하는 각종 조정법을 분쟁당사자가 상호이해를 도모할 수 있는 형태로 개편해나간다면 미래의 이상적인 법모델이 될 수 있다고 제안하고 있다.

한편, 이러한 3단계 모델은 현대사회의 법문제를 다루고 당대의 여러 이론에 기반을 두고 있다. 자유주의적 법모델과 근대 형식법의 개요, 그리고 이에 대한 대안으로 등장한 사회국가적 법모델에 대해서는 수많은 법-사회학 연구자들의 기존 연구가 있으며, 이를 이상돈 교수 본인의 방식으로 정리해 놓은 것이다. 실제로 법학개론 교과서나 수업에서 주로 소개되는 공사법 이분법의 붕괴와 사회법의 출현은 사실상 자유주의적 법모델에서 사회국가적 법모델로의 이행을 설명하는 것이나 다름 없다. 하지만 사회국가적 법모델의 한계와 절차주의적 법모델의 등장은 한국 학계나 실무에서 거의 다뤄진 바 없는 문제였으며, 바로 이 부분에서 이상돈 교수 연구의 독창성과 학문적 기여를 찾을 수 있다.[5] 사회국가적 법모델의 한계에 대해서는 '생활세계의 식민화' 테제를 통해 사회복지국가 법제화의 문제를 지적한 하버마스와 이를 법학적 관점에서 심화시킨 토이브너의 조종의 트릴레마 이론이 그 배경을 두고 있다. 하지만 이러한 이론에서 힌트를 얻었을 뿐, 사회국가적 법모델의 특징을 계획과 유도 및 조정, 협상거래의 결과, 결정의 강제, 체계의 기능보호 등으로 분석해내고 그 한계를 지적하는 부분은 해외 연구에서도 찾아보기 힘든 독창적인 접근이었다. 절차주의적 법모델은 토이브너의 '반성적 법' 제안에 영향을 받은 것으로 보이지만, '조정법'이라는 특정한 법형식에 주목하고 거기서 절차주의적 법모델의 맹아를 발견한 것은 이상돈 교수 고유의 접근이라고 할 수 있다.

Ⅲ. 절차주의적 법모델의 이론적 발전과 응용

1997년 제시된 법의 역사적 발전과 절차주의적 법모델의 기본적인 개요는 상당 기간 그대로 유지된다. 그리고 그 이후의 이론적 발전은 그의 제자인 홍성수 교수에 의해서 진행된다. 홍성수 교수는 2000년

5 이 글의 제목을 '법체계의 역사적 발전 모델' 또는 '3단계 법발전 모델'이라고 하지 않고, '절차주의적 법모델'이라고 한 것은 결국 이 부분에 이상돈 교수 연구의 핵심이 있다고 본 것이다.

"절차주의적 법모델에 대한 연구"라는 제목의 석사논문을 제출했고,[6] 몇 달 뒤에는 이상돈 교수와 『법사회학: M. Weber, J. Haberams, N. Luhmann의 사회학이론과 법패러다임』(박영사, 2000)을 공저한다. "절차주의적 법모델에 대한 연구"는 『법학입문』의 2부의 내용을 심화시킨 논문이라고 해도 무방하다. 여기서는 특히 절차주의적 법모델을 하버마스의 절차주의적 법패러다임과 루만의 체계이론을 통해 이론적으로 발전시켰으며, 하버마스와 루만의 이론을 계승하여 절차주의적 법모델을 제시하고 있는 토이브너의 반성적 법(reflexive law), 빌케의 관계적 프로그램(relational program), 비퇼터의 절차화(proceduralisation) 이론에 대해서도 상세하게 소개하고 있다. 아울러 논문 말미에는 『법학입문』에서 소개되었던 조정법 등의 개별 법률의 형태뿐만 아니라, 입법, 행정, 사법에서 절차주의적 법모델이 각각 어떻게 구현될 수 있는지를 보여주고 있다.

『법사회학』은 절차주의적 법모델 이론을 심화하기 위해 주요 법사회학자들의 이론을 다루고 있다. 이 책의 1장은 『법학입문』의 2부 내용을 재구성한 것이며, 나머지 장들은 자유주의적 법모델의 대표적인 이론가로 베버를, 사회국가적 법모델의 한계를 지적하고 절자주의적 법모델의 가능성에 대한 이론적 배경을 제시한 학자로 하버마스와 루만의 이론을 상세하게 소개하고 있다. 이러한 내용은 2013년 이상돈 교수와 홍성수 교수의 공저로 영어권에도 소개되기도 했다. 해외 독자들을 고려하여 제목을 "한국에서의 법의 발전: 법제화와 절차화"[7]로 바꿨고 내용도 3단계 발전론에 대한 기본적 설명보다는 한국에서의 법발전의 단계를 소개하는 것에 초점이 맞춰져 있었다. 그리고 홍성수 교수는 그

---

6 홍성수, 절차주의적 법모델에 대한 연구: 하버마스(J. Habermas)와 루만(N. Luhmann)의 이론을 중심으로, 고려대학교 법학석사학위논문, 2000.

7 Sangdon Yi and Sung Soo Hong, "The legal Development in Korea: juridificiation and prceduralization", in Hyunah Yang (ed.), Law and Society in Korea, Edward Elgar Publishing, 2013, 108~128쪽.

이후에도 이상돈 교수의 법모델 연구에 영향을 받은 연구업적을 지속적으로 내놓게 된다. 영국에서 받은 박사학위논문은 인권보호에 있어서의 '규제의 딜레마'를 하버마스와 루만의 이론에 기반으로 분석하고, 이에 대한 절차주의적 대안을 다룬 것이다.[8] 소송을 통한 사회변동의 한계, 성희롱의 법적 규제의 한계 등은 모두 사회국가적 법모델에 관한 논의를 기반으로 한 것이며,[9] 나중에는 사회국가적 법모델에 대한 하버마스 연구에 대한 심화된 연구 논문을 발표하기도 했다.[10]

한편, 2009년에는 기존의 『법학입문』이 『로스쿨을 위한 법학입문』으로 전면 개정되는데, 이때 법의 발전은 제5부로 이동한다. 내용은 기존의 법학입문과 대동소이하지만, 설명 방식에 다소 변화가 있고, 기존의 오래된 사례들을 새로운 사례들로 대체하게 된다. 새로운 사례들 중에는 중간법(middle law),[11] 공익소송,[12] 시민운동,[13] 방어진료[14]에 관하여 그동안 연구해온 내용들이 추가되기도 했다. 그리고 2017년 전면개정판(제5판) 『법학입문』에서는 '법의 발전' 부분이 통째로 빠지게 된다. 머리말에는 법학입문은 그 취지에 맞게 간략하게 내용을 줄이고, 그 과정에서 학문적 성격이 강한 '법의 발전'과 '법의 미래'는 『기초법학』에

8 Sung Soo Hong, "Regulatory Dilemmas in Human Rights Protection: An Analysis of a National Human Rights Institution as a Solution", The London School of Economics and Political Science, PhD Thesis (2008.10). 이를 인권분야에 적용한 심화연구로는 홍성수, "국가인권위원회 조사·구제기능에 대한 평가와 과제: 출범 이후 10년간의 통계를 중심으로", 법학연구(전북대), 34집, 2011, 79~120쪽; 홍성수, "법에 의한 인권 보호의 한계와 국가인권기구의 존립근거: '정규 국가기구'로서의 인권위의 기능과 위상", 고려법학, 58호, 2010, 151~194쪽.

9 홍성수, "소송을 통한 사회변동전략의 한계: 미국의 성희롱 소송을 중심으로", 법과 사회, 38호, 2010, 209~232쪽; 홍성수, "성희롱에 대한 법적 규제와 여성주체의 문제: 하버마스와 포스트모더니즘의 비판", 법철학연구, 12권 2호, 2009, 203~226쪽.

10 홍성수, "복지국가에서 법에 의한 자유의 보장과 박탈: 하버마스의 비판과 대안", 법철학연구, 18권 1호, 2015.4, 157~186쪽.

11 이상돈, 공정거래질서와 형법정책, 법제연구, 25호, 2003; 부실감사법, 법무사, 2004, [6], [7] 단락; 조세형법론, 세창출판사, 2009, 74쪽 아래 등 참조.

12 이상돈, 공익소송론, 세창출판사, 2006.

13 이상돈, 시민운동론, 세창출판사, 2007.

14 이상돈, 의료형법, 법문사, 1998.

서 다루는 것으로 했다고 설명되어 있다.[15] 그 와중에 이상돈 교수는 사회국가적 법모델의 한계와 절차주의적 법모델의 가능성에 대한 기본 이론을 바탕으로 여러 응용연구를 해 나간다. 『법학입문』이 그 총론을 제시한 것이라면, 각론에 해당하는 내용을 여러 분야에서 제시한다. 이러한 분석틀은 비슷한 시기에 출간된 형사법 분야의 이론서에서도 적극 활용되었으며,[16] 세부 분야 중에서는 의료 분야에서 가장 적극적으로 활용되었다. 의료체계 일반, 의료보험체계, 의약분업, 의료분쟁해결 등의 의료법 일반의 문제들은 물론이고, 환자의 진료거부와 의사의 의무, 안락사, 치료중단, 뇌사 등에 대한 법제화 등의 세부 쟁점에서 그는 자신의 법모델을 이용하여 설득력 있는 대안을 제시했다.[17] 경영-경제 분야에서는 부실감사책임,[18] 노사관계와 형법[19] 등에서도 문제를 설명하고 대안을 제시할 때도 법모델론이 활용되었다.

2008년에 출간된 『기초법학』[20]에서는 법모델 기본이론에 대한 이론적 보완이 시도된다. 1997년 『법학입문』 출간 이후 11년 만의 일이었다. 여기에서는 '법과 역사'라는 항목에 '법에서의 역사란 무엇인가', '법의 거시사와 방법', '법의 미시사와 방법' 등 법과 역사에 관한 추가적

---

15 이 부분에 대해서 필자는 다소 다른 생각을 가지고 있다. 10년 넘게 법학개론 과목을 강의해본 경험에 따르면, '법의 발전'부분이야말로 법학을 본격적으로 공부할 법학도들은 물론 법학을 교양수준에서 공부하려는 학생에게도 무척이나 필요한 부분이라고 생각하기 때문이다. 물론 기존 『법학입문』에 담긴 해당 부분이 다소 어렵고 길게 서술되어 있다는 생각은 들지만, 그것이 문제라면 축약된 형태로라도 남겨 뒀어야 한다는 생각이다. 개인적으로는 이 부분을 '법학개론' 교과목에서는 그 개요만 간략히 다루고, '법사회학'에서는 상당한 시간을 할애해서 다양한 사례들을 상세하게 다루고 있다.

16 이상돈, 형법의 근대성과 대화이론, 홍문사, 1994; 이상돈, 형사소송원론: 형사소송의 근대성과 대화이론, 법문사, 1998.

17 이상돈, 의료체계와 법, 고려대학교출판부, 2000; 이상돈, 의료형법, 법문사, 1998; 이상돈·김나경, 의료법 강의, 법문사, 2009 (제4판, 2020); 이상돈, 생명공학과 법: 생명의 공학화와 생명문화의 절차적 재생산, 아카넷, 2003 등 참조.

18 이상돈, 부실감사법, 법문사, 2004.

19 이상돈, 윤리경영과 형법, 신영사, 2005, 제III부.

20 이상돈, 기초법학, 제1판, 2008; 기초법학, 제2판, 2010; 그리고 이를 전면개정한 이상돈, 법의 깊이, 법문사, 2018 참조.

인 논의들이 담겼으며, 기존의 법모델에 대한 서술은 '법의 거시사로서 법모델의 역사'라는 항목에 담기게 되었다.

Ⅳ. 전망과 과제

이상돈 교수의 절차주의적 법모델은 법발전의 방향에 대한 이념적 모델을 제시했다는 점에서 큰 의의를 갖는다. 사실 복잡한 법현실 속에서 수많은 실정법이 존재하는 현대사회에서 법모델의 일반적인 발전 방향을 제시한다는 것은 쉽지 않은 일이지만, 이론적으로 완성도 있는 법모델을 과감히 제시한 것이다. 그리고 여기서 그치지 않고, 형사법, 의료, 경영-경제 등 구체적인 영역에서 법모델이 현실에 적용가능하다는 것을 보여주었다는 것도 인상적인 일이었다. 또한 어떤 입장이나 사상을 바탕으로 일관된 학문적 연구를 하는 경우가 많지 않은 한국의 학계, 특히 법학계에서 이렇게 일관된 입장으로 다양한 법현상을 설명하고 대안을 제시하는 것도 높게 평가될 수 있다고 생각한다.

그럼에도 불구하고 절차주의적 법모델의 이론적 완성은 여전히 현재진행형이라고 생각된다. 법학에서의 일종의 거대이론에 해당하는 작업에 해당하는 만큼, 법학뿐만 아니라 정치-사회이론의 뒷받침도 필요하고, 근대 이후의 법발전에 대한 여러 이론들, 예컨대 웅거(R. Unger), 노넷과 셀즈닉(Philippe Nonet & Philip Selznick) 등과 어떤 차별점이 있는지를 규명해가는 과정에서 근대 이후 법발전 이론으로 자리잡을 수도 있을 것이다. 또한 한국의 법발전에 대한 고유한 논의를 전개하는데 있어서도 의미있는 준거틀이 될 수 있을 것이다. 이를 위해서는 법모델과 법발전에 관해서만 단행본 수준의 연구로 확대되어야 할 것이다. 그리고 이미 여러 분야에서 적용된 바 있기는 하지만, 향후에는 더 많은 분야로 응용되어 발전해 나갈 수도 있을 것이다. 이상돈 교수 스스로는 주로 의료나 경제-경영 등의 전문법 영역에서 법모델론을 활용을 했지만, 공법이나 민사법 등 전통적인 법분야에서 법발전을 논하는 데에도 활용될 수 있을 것으로 기대된다. 물론 이는 후학들의 몫일 수도 있을 것이다.

마지막으로 이상돈 교수의 최근 저작들은 주로 법을 미학이나 예술분야에 적용하는데 집중되어 있는데, 이러한 연구와 초기의 법모델론의 관계도 흥미로운 지점이라고 생각된다. 이점에서 대해서는 『기초법학』 중 법의 미시사를 다루는 부분에서 이미 약간의 설명이 된 바 있는데 논의가 좀 더 확대발전될 여지가 있다고 생각된다. 사회국가적 법모델의 한계와 절차주의적 법모델의 가능성이 법미학, 법예술 등을 주제로 수행된 연구성과와는 어떻게 접목될 수 있을까. 언젠가는 이 많은 논의를 던져놓은 원작자의 상세한 설명을 들어볼 날이 있을 것으로 기대해 본다.

06 민주적 법치국가의 시민운동이론

정 채 연*

비평하는 저작 이상돈, 인권법, 세창출판사, 2005.
이상돈, 시민운동론, 세창출판사, 2006.
이상돈, 공익소송론, 세창출판사, 2006.

Ⅰ. 한국사회에서 시민단체의 권력화 진단

2000년대 초 노무현 대통령의 참여정부와 우리나라의 대표적인 시민단체인 참여연대의 명칭에서 알 수 있듯이 '참여'(participation)는 그 시대를 관통하는 키워드였다. 이때 법은 사회적 약자의 권리 보장 및 이익 실현을 위한 가장 중요한 도구이자 수단이 되었고, 수많은 시민단체가 주도하는 시민운동에는 관련 법의 제·개정에 대한 요청이 포함되었으며, 주변부로 비켜서 있었던 다양한 주장들이 정치공론에 등장하기 시작했다. 민주적 의사형성을 견인하는 시민운동에 대한 기대가 높아지던 2000년대 중반, 이상돈 교수는 시민운동과 그 세 가지 형태로서 인권운동, 시민불복종운동, 공익소송운동에 대한 이론적 기초와 그 전망을 제시하는 세 편의 저서를 연이어 발표한다.

이상돈 교수는 먼저 시민단체의 권력화 현상에 대한 문제제기로 논의를 시작한다. 이 교수는 우리사회에서 시민단체가 1980년대 후반부터

* 포항공대 인문사회학부 대우교수, 법학박사, 미국변호사(New York).

상당한 정치적 영향력을 행사해 왔지만, 이러한 시민운동의 영향력 확장에는 '긍정의 과정'뿐만 아니라 – 시민단체의 정당성 기반을 약화시키는 – '부정의 과정' 역시 내재해 있음을 간과해서는 안 된다고 말한다. 이러한 시민단체의 권력화는 민주주의의 더딘 성장, 자발적 참여와 같은 시민의식의 부족, 전근대 · 근대 · 탈근대적 요소의 동시적 혼재 등 '한국시민사회의 구조적 취약성'에 근거하고 있으며, 특히 권위주의적 정부의 억압에 저항해야 했던 시대상황적 맥락 속에서 이해해 볼 수 있다. 곧, 권위적인 통치지배에 저항하기 위해 시민단체는 자기 스스로를 권력화시키는 역설적인 상황에 놓이게 된 것이다.

이렇듯 시민운동의 권력화는 시민단체의 '관변화'와 '금전화'라는 형태로 구체화된다. 시민단체의 대표가 행정부의 장이 되거나, 정부 정책의 구체적인 설계에 개입하는 등 정부와 밀접한 연관을 맺는 것에서 관변화를, 시민단체가 기업의 재정적 지원을 받거나 그 대표가 기업의 경영진으로 선임되는 것에서 금전화를 설명할 수 있다. 양자 모두 정치체계 및 경제체계의 절대명령(imperative)과의 거리두기를 더 이상 유지하지 못하도록 하고, 이로 인해 정부 및 기업에 대한 시민단체의 비판적 기능을 상실하게 된다는 점에서 우리는 공통적인 비판의 지점을 발견해낼 수 있다. 이상돈 교수는 시민단체의 전략적 변모가 일련의 구조적 원인에 기인하고 있음을 밝힌다. 정치, 경제, 사회, 문화 등 전 분야를 망라하는 시민단체의 방대한 활동이 지속되면서, 효율적 운영을 위해 조직을 위계질서화 하고 의사소통체계를 관료조직화 하였으며, 늘어난 재정적 부담을 뒷받침하기 위해 본래 비판의 대상으로 삼아야 할 기업을 재정조달의 원천으로 삼을 수밖에 없게 되었다는 분석이다. 나아가 이 교수는 시민단체가 대체로 사회적 지도층 및 명망가를 중심으로 조직화되어 있으며, 이로 인해 시민운동이 자발적 참여보다는 '계몽을 통한 동원'으로서의 성격이 강하다는 점 역시 덧붙여 지적하고 있다. 이러한 시민단체 권력화로 인해 시민단체에게 요청되는 자발성과 독립성이 훼손되고 만다.

Ⅱ. 시민단체의 권력화와 인식패러다임의 내적 연관성

이상돈 교수는 시민단체들이 시민운동을 전개해 온 방식과 태도에서 이들의 정의에 대한 인식을 발견할 수 있으며, 이러한 인식은 시민단체의 권력화와 내적으로 연관되어 있음을 밝힌다. 이 교수는 시민단체의 관료주의적 의사결정방식으로부터 '엘리트주의'와 '권위주의'를 도출해낸다. 이들은 시민단체의 권력화가 가능하기 위한 인식론적 토대가 되는 셈이다. 먼저 이상돈 교수는 우리사회에서 역사적으로 전개되어 온 일련의 시민운동들에서 시민단체들이 정의를 표방하고 표제해온 방식과 이러한 권한을 독점하고자 하는 경향의 배후에 내재하는 인식엘리트주의를 지적한다. 시민단체들은 특정 실정법에 대한 거부행위를 단숨에 시민불복종운동으로 표제화 하고, 특정 인권을 보편적 인권으로 승인하며, 집단적인 사익을 공익으로 규정하고 이를 실현하기 위한 시민운동을 펼쳐 왔다. 이와 같은 정의 판단에 대한 독점적 지위는 도덕적 엘리트라는 인식 위에 가능하다. 나아가 이러한 인식은 확실한 불법, 확실한 인권, 확실한 공익을 확인할 수 있다는 믿음에 기초한다. 복잡성, 중층성, 다원성으로 특징지워지고 '자연법의 확실성'이 사라지는 현대사회에서 무엇이 보편타당하고 고정불변하는 정의인지 정의定義내리기 점점 더 불가능해짐에도 불구하고, 이를 명확하게 확인할 수 있다는 엘리트주의는 도덕적 권위주의를 의미한다. 실정법에 대한 비판적 주장이 실정법에 대해 우위에 놓인다는 전제에서 '도덕적'임을, 실정법을 넘어서는 도덕성에 대한 자연법적 확신의 완고함에서 '권위주의'를 말할 수 있다. 이상돈 교수는 시민단체의 인식엘리트주의와 결합된 권위주의가 '합법주의'가 아닌 '도덕주의'에 기초한다는 점에서 차이가 있을 뿐 법실증주의적 사고와 인식패러다임을 공유하고 있음을 밝히면서, 국가기관의 권위적 합법주의와 시민단체의 도덕적 권위주의 모두 토론과 논쟁, 반성과 성찰을 거부하고 각각 법의 권위와 정의의 권위를 강요하고 있다는 점에서 민주적 법치국가가 성장하고 발전하는 데 걸림돌로 작용한다는 점을 냉철하게 비판한다.

Ⅲ. 민주적 법치국가와 시민운동

이상의 논의는 시민단체의 권력화를 비판의 대상으로 삼고 그 배후에 내재하는 인식패러다임을 해체하며 자기변화의 과제를 진지하게 수행할 때, 시민운동의 부정의 계기를 극복하고 진정한 시민운동으로 재구성될 수 있음을 시사한다.

1. 민주적 법치국가와 민주적 법형성의 보완기제

이상돈 교수는 민주적 법치국가라는 법공동체의 틀 안에 시민운동을 위치지우면서 대화이론적으로 재구성하고자 한다. 이는 독재체제에서 민주체제로의 이행기 시점과 오늘날 민주적 법치국가의 체제가 자리매김한 시대의 시민운동이 갖는 의미는 구별되어야 하기 때문이라고 한다. 이 교수는 1990년대 말 발간한 『법학입문』(박영사, 1997)에서 민주적 법치국가에 대한 기본적인 구상을 제시한 바 있으며, 이는 이후 그가 기초법, 실정법, 전문법 등 자신의 연구분야를 확장하고 전개해오면서 가장 근간이 되는 이론적 전제라 할 수 있다.

이상돈 교수에게 있어 시민운동은 민주적 법치국가 체제의 정당성을 승인하면서도 그 체제에 내재하는 민주적 정당성의 한계를 보완하는 역할을 수행한다. 이상적으로 구현된 민주적 법치국가라면 모든 권익이 모든 구성원들이 동의할 수 있는 수준과 방식으로 실정법의 권리체계에서 정합적으로 보호될 것이다. 그러나 이는 공식적인 입법메커니즘이 대화적 의사형성에 있어 가질 수밖에 없는 – 시·공간적 제약과 대화자들의 당파성 및 전략적 행동 등 – 다양한 한계들로 인해 현실사회에서는 언제나 제한된 범위에 머무를 수밖에 없다. 다시 말해, 공식적인 입법기제로 제도화된 실정법체계는 그것의 민주적 의사형성 역량에 비례하여 정당성을 지니게 되지만 그 역량의 한계만큼 비례하여 정당성의 결핍에 놓일 수밖에 없다. 이상돈 교수는 이러한 상황을 정당성과 실정성 사이에 존재하는 합법성이라 풀어내면서, 합법성을 법제정자의 권위로도 환원되지 않고, 동시에 보편적 정의에 대한 주관적 확신으로도 대체되지 않는 개념으로 정립시킨다.

민주적 법치국가에서 이러한 민주적 정당성의 결핍 상태는 비관적이거나 회의적인 시선으로 우리사회를 바라보기보다는 이러한 결핍을 메우기 위한 지속적이고 역동적인 방향성으로 이끈다. 데리다(Derrida)가 정의실현을 목표로 삼은 법이란 이미 도래한 정의를 집행하는(exécuter) 것이 아니라 '도래할'(à venir) 정의를 기대하며 적용하는(appliquer) 것이어야 한다고 보았듯이, 정의를 실현할 수 있는 가능성에 초점을 맞추고 끊임없는 자기변화를 추구하는 것이 민주적 법치국가가 지향하는 바인 것이다. 바로 이러한 정의의 부족분, 즉 합법성에 완전히 구현되지 못한 정당성의 공백을 메우는 데 시민운동의 가치와 의의가 있다. 인권운동, 시민불복종운동, 공익소송운동은 민주적 법치국가에서 공식적인 입법메커니즘이 수행하는 민주적 의사형성의 부족분을 메우는 민주적 법치국가의 보완기제라고 할 수 있으며, 이 교수는 이들을 민주적 법형성의 삼륜마차라 지칭한다. 시민불복종운동은 현행 실정법에 대한 소극적인(negative) 거부를 통해, 인권운동은 아직 법적 권리로 포섭되지 않은 인권의 적극적인(positive) 옹호를 통해, 그리고 공익소송운동은 구체적인 권리침해에 대한 능동적인(active) 사법구제를 통해 민주적 법형성을 보완한다.

2. 시민운동의 대화이론적 재구성

이상돈 교수는 이렇듯 민주적 의사형성을 보완하는 시민운동이 절차주의적 대화이론에 의해 뒷받침되어야 한다고 주장한다. 시민운동이 쟁취하고자 하는 목표는 운동주체가 갖는 보편적 정의에 대한 주관적 확신과 이를 실현하기 위한 투쟁을 통해서 온전히 달성되는 것이 아니다. 이는 정치공론에서 주장의 타당성에 대해 논증하고 시민들의 광범위한 동의를 얻어가는 의사소통적 과정을 통해서 수행될 때 성공적일 수 있다. 곧, 시민운동의 정의실현 여부는 그 주장의 타당성이 공론영역에서 하버마스(Habermas)가 말한 '의사소통적 권력'을 얻을 수 있는 역량에 따라 결정되는 것이다. 시민운동의 정당성 위기는 바로 이러한 의사소통적 절차에 기초해야 한다는 요청을 외면한 데에서부터 비롯된 것이라고 이 교수는 분석한다.

민주적 법치국가에서 시민운동의 대화이론적 재구성은 시민운동에 대한 법실증주의적 사고와 자연법적 사고 모두를 극복의 대상으로 삼는 것에서 출발한다. 제도화된 공식적인 입법절차에 따라 유효하게 성립된 법규범에 대한 무조건적인 법준수의무를 부과하는 법실증주의적 관점은 입법자의 명령과 의지를 법규범의 내용으로 치환함으로써 규범의 정당성 기초를 약화시킨다. 다른 한편 시민운동을 자연법의 연장선에서 이해하는 관점 역시 시대착오적인 '자연법적 확실성'에 대한 주관적 확신을 전제로 합법성을 해체해버리는 오류에 빠지고 만다. 시민운동에 대한 법실증주의적 사고의 정당성 위기와 자연법적 사고의 합법성 위기를 지적하면서, 이상돈 교수는 대화이론적 법이해를 대안으로 제시한다. 이 교수는 먼저 법실증주의와 자연법이 모두 '주체-객체' 인식모델에 정초하고 있다고 설명한다. 법실증주의에서는 입법자(주체)가 실정법(객체)에 입력한 명령이 법규범이 되고, 자연법에서는 개인(주체)이 홀로 인식한 정의로운 규범적 기준(객체)이 법규범이 된다. 이상돈 교수는 모든 사람들 사이의 대화적 의사소통에 의해 상호이해가 가능한 규범을 법규범으로 승인해야 한다는 하버마스의 대화원칙에 기초해 이러한 인식론적 구조를 해체하고자 한다. 법인식의 주체를 상호이해를 추구하는 모든 사람들로 이해하는 '상호주관적 인식패러다임'에서 실정화된 입법절차와 다수결원칙은 대화원칙을 제도화하는 방편이 된다. 다만 앞서 언급한 바와 같이 이러한 제도화는 인적·물적 자원의 한계와 시·공간적 제약으로 인해 민주적 의사형성에 있어 일정한 한계를 가질 수밖에 없으며, 이는 대화적 의사형성을 왜곡시키는 역설적 상황을 초래하기도 한다. 그렇기에 민주적 의사형성은 일회적인 사건이 아닌 끊임없이 진행되어야 하는 역동적 과정인 것이며, 제도화된 법규범의 형성은 그 정당성이 검증되는 시작일 뿐 결코 끝이 될 수 없다고 이 교수는 역설한다. 그렇기에 법체계는 법규범에 대한 비판과 성찰이 이루어지는 의사소통적 흐름과 민주적 채널에 대해 열려 있어야 하고, 이를 통해 새로운 정의내용이 제도적 법형성 과정에 수용되도록 하는 개방적인 태도를 취해야 한다. 민주적 법치국가는 이러한 '민주적 의사형성의 끊임없는 동적 과정'이 이루어지기에 가장 적합한 법공동체의 조직원리이며, 법체계와 정치체계, 그리고 시민사회의 상호작용적 구조에 기초할 때 민주적 법치국가를 전제로 하는 시민운동에 대한 올바른 이해가 가능해진다. 시민운동은 이러한 역동적인 과정을 구성하는 한 요소로서 기존의 법규범에 대한 정당성을 되묻고 법규범으로 수용되지 못한 또 다른 정의내용이 논해질 수 있는 공론의 장을 열기 위한 의사소통적 행위인 것이다.

의사소통적 행위로서 시민운동은 이상돈 교수가 제시하는 '인권의 절차화'에서 보다 구체화된다. 이 교수는 근대적 인권사상의 한계를 논하면서 인권은 국가나 법에 선재하는 고정된 실체가 아니라 인권을 말하는 모든 사람들 간의 대화적 과정 속에서 비로소 형성된다고 주장한다. 인권은 법이라는 매체를 통해 논의되고 법에 의해 제도화된 주권의 일상적인 행사를 통해 생성·변화·소멸한다는 점에서 인권과 법의 내적 연관을 이해할 수 있다. 의사소통적 행위로서 인권주장은 그가 제안한 '인권이란 그것을 말함(speech act) 속에 있다'는 명제에서 잘 드러난다. 이상돈 교수는 인권을 말하는 행위가 사회적으로 존재한다는 사실에 주목한다. 인권주장은 그 내용의 타당성에 대해 언제나 다른 이들에 의해 의문이 제기될 수 있으며, 따라서 인권을 말하는 사람은 자기 주장의 타당성을 근거지어야 하고, 그 타당성이 널리 인정될 때 인권으로 승인될 수 있다. 인권주장이 인권으로 승인되는 과정은 자유롭고 기회균등한 일련의 대화적 절차를 통해 이루어진다. 개인의 인권주장은 인권에 관한 말행위일 뿐이고, 수사학적 호소를 통해 권리보장이 소외된 점에 대한 다른 이들의 관심을 이끌어내는 사회적 행위라고 할 수 있다. 이러한 주장에 공감하는 사람들이 시민사회에서 점차 늘어나면 인권주장의 내용에 대한 토론이 촉발된다. 이상돈 교수는 이를 '생성중인 인권'이라 일컫는다. 생성중인 인권은 조직화되고 공적인 토론의 장으로 옮아가게 되고, 그 승인 여부에 대해 합리적인 논증에 기반한 비판과 토론이 펼쳐진다. 이러한 과정에서 다수를 설득시킨다면 생성중인 인권은 '공론경쟁력'을 획득하게 되고, 이때 생성중이던 인권은 보편적인 인권으로 성장한다. 마지막으로 인권주장의 공론경쟁력이 정치체계에의 영향력, 즉 법제형성력으로 전환되면 보편적 인권은 마침내 실정법적 권리로 제도화된다.

우리사회에서 이러한 인권의 절차화는 구체적인 모습으로 확인된다. 예컨대 양심적 병역거부는 여호와의 증인이라는 특정 종교의 신자들이 개인적 차원에서 말하기 시작한 인권주장이었다. 2000년대 초반에서부터 양심적 병역거부자의 집총거부는 시민사회에서의 설득과 공감의 과정을 거쳐 정치공론에서 본격적인 논의 쟁점으로 다루어지기 시작했다. 다만 특정 종교집단의 예외적인 상황으로 주로 취급되었으며 국가안보와 징병제를 둘러싼 첨예한 이해관계 충돌을 넘어 설만큼 다수의 지지를 받지는 못하였다. 이후 다양한 이유로 집총거부를 선언한 이질적인 배경의 양심적 병역거부자들이 늘어나고, 그 대안으로서 대체복무제를 제시하는 등 인권주장의 타당성을 뒷받침하는 논증이 정교해지면서 점차 공론경쟁력을 확보하게 되었으며, 1심 지방법원에서 양심적 병역거부자에 대해 무죄판결이 연이어 내려지는 등 양심적 병역거부자에게 유죄를 선고하는 법관의 양심의 자유에 대한 논의에까지 연장되면서, 2004년 병역법 위반에 대한 유죄판결을 내렸던 대법원 전원합의체에서 14년 만에 무죄가 선고되는 중대한 판례 변경이 이루어졌으며, 2020년 대체역의 편입 및 복무 등에 관한 법률이 시행되기에 이른다. 장애인 이동권 역시 2001년 오이도역, 2002년 발산역에서 발생한 장애인 리프트 추락 사고라는 결정적인 계기로 인해 개인 및 시민사회를 넘어 본격적인 공론의 장에서 논의되기 시작했다. 이때부터 장애인 이동권은 생명권이자 천부인권이라는 보편적 인권화의 주장이 다양한 형태의 이동권 투쟁을 통해 주장되기 시작했다. 다만 이러한 주장은 보편적인 상식에 기초한 수사적 설득력은 있었지만, 본격적인 법제화의 논의로 이어지기 위한 공론경쟁력을 얻기에는 부족했다 평할 수 있다. 이후 장애인 이동권은 일상생활에서 이동에 불편을 느끼는 다양한 이들의 권리로 연장되면서 이러한 부족분을 메울 수 있게 된다. 장애인뿐만 아니라 고령자, 임산부, 영유아를 동반한 사람, 어린이 등을 포함하는 '교통약자'라는 개념이 정립되었고, 교통약자의 이동편의 증진법이 2005년 제정되고 2006년 시행되어 오늘에 이른다. 이렇듯 인권주장이 민주적 법치국가에서 법제화로 나아가는 성숙의 과정 속에서 인권운동이 갖는 의사소통적 기능을 확인할 수 있다.

이렇듯 대화이론적으로 재구성된 시민운동에서 시민단체의 역할 및 기능 역시 새로이 자리매김할 필요가 있다. 시민단체는 시민사회에서 자발적으로 생성되는 시민적 의사를 정치적으로 조직화해 정치공론에 영향을 미치도록 함으로써, 민주적 의사형성을 촉진하는 의사소통적 촉매기능에 초점을 맞춰야 한다. 이상돈 교수는 인권운동의 경우 인권위원회 역시 국가의 공식적인 의사형성 및 결정을 대체하거나 시민들의 인권대화를 주도적으로 계획·생산해서는 안 되며, 인권공론의 촉매제로서만 기능해야 한다는 점 역시 강조한 바 있다.

3. 시민운동의 테두리 조건

이상돈 교수는 이상의 논의를 바탕으로 민주적 법치국가에서 시민운동이 충족해야 할 테두리 조건으로서 다음과 같은 몇 가지 표지를 제시한다. 1) 먼저 '시민성'에서 말하는 이념형으로서의 시민은 다양한 이념 스펙트럼과 대중적 기반 위에서 시민사회의 보편적 요구를 중심으로 활동할 수 있는 의식을 지는 사람을 뜻한다. 이 교수는 시민단체의 시민성을 구성하는 구체적인 요소들 역시 제시한다. 곧, 시민단체의 시민운동은 다수의 개인들이 공통된 확신에 기초해 조직적으로 전개하는 행위여야 하고(조직성), 자발적인 의사에 근거해야 하며(자발성), 그 조직구성이 신분적·지역적으로 폐쇄되거나 편중되지 않아야 한다(이질적 구성). 이러한 시민성 요청의 맥락에서 이상돈 교수는 시민단체의 자기변화를 촉구한다. 그에 따르면 시민단체는 시민사회에서 자발적으로 형성되는 의견들을 조직화해야 하고, 시민들의 후원금에 재정적 기반을 두어야 하며, 시민단체의 구성원은 국가기관 및 기업에 소속되면 안 되고, 환경, 경제, 교육 등 영역별로 전문화되어 시민운동을 전개해야 한다. 2) 또한 시민운동은 대화 지향적인 자세를 지녀야 하며 이에 따라 폭력성을 배제해야 함은 물론이다(비폭력성). 다만 이때의 폭력은 형법적 폭력보다 유연한 개념이어야 한다고 지적하면서 이상돈 교수는 '생활세계적 폭력개념'을 제안한다. 3) 그리고 '공공성'은 의사소통적 행위로서 시민운동이 그 주장과 근거를 시민사회뿐만 아니라 정치공론에서 공식적으로 천명해야 한다는 점을 뜻한다. 특히 이 교수는 공공성의 관점에서 시민불복종운동에서 운동주체의 '처벌감수자세'라는 추가적인 조건을 도출한다. 곧, 시민불복종운동에 참여하는 시민은 그 주장의 타당성에 대한 근거지음이 공론에서 실패한 경우 실정법 위반으로 인한 처벌을 감수하는 자세를 갖춰야 한다. 4) 이와 더불어 시민운동은 공식적인 입법메커니즘을 통해 권익이 수용될 개연성이 없는 상황 전제를 필요로 하며(보충성), 시민운동을 통해 실현하고자 하는 이익은 이로 인해 침해되는 제3자의 이익보다 더 중대한 것이어야 한다(비례성). 5) 나아가 시민운동이 표방하는 정의내용은 다른 정의관점들과 함께 공론영역에서 정당성을 향한 경쟁을 펼칠 수 있는 자격을 갖는 것으로 해석되어야 한다(공론경쟁력). 6) 마지막으로 시민운동은 시민사회 내에서 다른 이들과의 연대를 형성하며 상호 협력과 부조를 모색해야 한다(연대성).

Ⅳ. 시민운동의 반성과 과제, 그리고 전망

이상돈 교수의 시민운동론은 우리사회에서 시민운동이 본격적으로 펼쳐진 지 20여 년이 지난 지금, 시민운동과 시민단체가 충분히 성숙한 모습을 보여주고 있는지 진지하게 성찰하도록 돕는다. 특히 시민운동의 도덕적 엘리트주의에 대한 비판적 고찰은 위 저서가 발간된 지 십수 년이 흐른 지금 시점에서도 여전히 유효하다. 시민운동을 통해 전달하고자 하는 주장은 점점 더 도덕적 선善의 형태를 띨 때가 많으며, 이에 따라 합리적 논증에 기초한 비판의 공간은 축소되고 있다. 반성적 성찰을 거부하도록 하는 인식패러다임에서 시민운동의 민주적 의사형성은 대화적이기보다는 독백적인 것이 된다. 오늘날 정치공론에서 소수자 정치가 점차 성역화되고, 이에 대한 비판은 금기시되며, 이러한 비판을 쉽게 혐오로 단정 짓는 프레임 역시 이와 유사한 맥락에서 이해해볼 수 있을 것이다. 특히 정치적 주장이 옳고 그름보다는 선과 악으로 구획되고, 절대적 선의 관점에서 정의를 논하게 될 때 시민단체의 자기검

열의 역량은 점차 상실되고 만다.

시민운동은 시민사회에서 지속적으로 제기되는 정의의 주장을 정치공론에 실어 나르고 이를 법제도로 옮아오도록 하는 민주적 의사형성의 견인차이자 촉매제이다. 시민운동은 반드시 민주적 법치국가의 전제에서 이루어져야 한다는 점이 특히 강조되어야 할 것이다. 이상돈 교수가 제시하는 시민운동의 테두리 조건은 우리사회의 시민단체와 이들이 주도하는 시민운동을 법이론적으로 평가하는 데 있어 이론적 토대를 제공해준다 할 것이다. 이는 시민운동이 민주적 법치국가의 의사소통적 행위로서 성숙했는지 여부를 평가할 수 있는 지표가 되며, 시민운동과 시민단체로 하여금 자기반성과 자기비판이 가능하도록 하는 기초조건이 될 것이다.

07 민주적 법치국가의 시민교양으로서 법학입문: 중국법학자의 관점에서

오 가 소*

비평하는 저작 이상돈, 법학입문, 법문사, 2017.

Ⅰ. 법의 임무

현대사회에서 법 없이도 살 사람은 없다. 법제화란 인간의 삶이 법 규범에 의해 규율되는 것을 말한다. 이에는 법의 확장과 법의 치밀화가 속한다. 현대사회에서 법은 누구나 자신의 이익이나, 윤리적 관점 또는 정책적 목표를 관철하려고 할 때 원용하는 근거가 된다.

전통적 법의 개념은 정의의 실현이라는 법의 고유한 기능을 포착하지 못한다. 오늘날 국가법이 정의로운 실정법이 된다는 것은 민주적 정당성이 있는 법이 됨을 의미한다. 국가법은 도덕적 정당성, 정치적 통합 그리고 경제적 효율성을 충족할 때 가장 정의로운 규범이 될 수 있다. 국가법의 배후로서 시민법은 옳고, 좋으며 그리고 아름다운 것일

* 중국 절강이공대 법정학원 교수, 법학박사.

때 정의로운 것이다. 국가법은 이런 정의의 구조적 요소를 모두 충족할 때 비로소 정당한 시민법이 된다. 현실의 국가법은 이런 세 가지 구조적 요소를 모두 충족하기는 매우 어렵다.

법적 정의는 평등, 합목적성, 법적 안정성이라고 말한다. 그러나 이 세 가지 이념들의 동시적 실현은 불가능하거나 매우 어려운 것이다. 이러한 법의 딜레마(법은 시민들로부터 더 많은 기대를 받고 있지만 s. 법은 자신의 임무를 달성하기 어렵다)를 해결하기 위해, 이상돈 교수는 두 가지 방안을 제기했다. 첫째, 법에게 가능한 한 '작은 임무'만을 부과한다. 둘째, 법체계의 내부에 최대한 많은 사람들이 동의할 수 있는 '정의발견의 민주적 절차'를 짜 넣어 정의의 불확실성을 제거한다.

법공동체가 정당한 질서가 되도록 하는 가장 현대적인 국가형태는 오늘날 민주적 법치국가이다. (1) 법치국가는 ① 국가권력이 법에 구속되고 ② 인권을 법으로 제도화한 국가이다. (2) 법치국가는 민주주의를 필요로 한다. ① 국민→의회→법률→행정·사법→국민이라는 관계 속에서 국민은 스스로를 지배하게 된다. ② 국민의 자기지배라는 이념을 좇는 민주국가는 기본적으로 주권국가이다. 오늘날 법치국가와 민주국가의 이념은 상호관련적이며 상호보완적이다. 법치국가가 민주주의를 제한하고 민주주의가 법치국가를 제한한다. 그리고 인권과 주권은 인권 없이는 주권이 행사될 수 없고 주권 없이는 인권이 보장될 수 없는 내적 연관관계 속에 놓인다. 민주적 법치국가의 성찰적 기제에 있어 시민운동은 보완기능이 있다.

국가 아래의, 국가보다 작은 단위의 공동체들에 의해 다층적으로 조직되는 법공동체의 구성원리를 '보충성원칙'이라고 한다. 보충성원칙은 지방자치제도, 집단적 자치, 사적 자치를 통해 구현한다. 법의 통일성을 확보하기 위해 위헌·위법심사제도, 지방자치단체의 입법제한, 행정부와 사법부 내부에서의 도모가 필요하다. 민주적 법치국가에서 정의는 합법적인 절차를 통하여 실현되는 것이다. 다만 ① 긴급상황과 자력구

제, ② 저항권과 시민불복종 이 두 경우는 예외이다.

법은 조직화된 권력인 국가에 의해 그 관철이 보장된 규범이 된다. 법을 관철하는 메커니즘은 강제이행, 제재, 효력의 부인으로 유형화할 수 있다.

Ⅱ. 법의 기초

계약은 모든 법(사법, 공법, 초국가적 법)의 가장 근본적인 형상이며, 자율적인 시민상을 전제로 한다. 계약제도의 구속력은 의사의 합치를 이루게 된 모든 개인들의 자율적인 의사에 대한 상호적 존중에서 나온다. 의사의 자치와 신뢰보호는 갈등관계가 있고, 약속과 신뢰는 상호적이다. 사정변경원칙의 도덕적 근거는 약속의 준수에 대한 계약당사자 쌍방의 신뢰가 더 이상 상호적일 수 없을 때에는 약속은 지켜야 한다는 원칙이 적용될 수 없다는 점에 있다. 계약의 자유는 법영역에 따라 다양하게 제한된다. 계약자유의 제한은 도덕율에 의한 내재적 제한과 정책적 이유에 의한 외재적 제한을 포함한다.

법은 타인에게 손해를 끼친 자가 그 손해를 전보하게 함으로써 정의를 실현하면서, 동시에 손해전보의 요건을 합리적으로 제한함으로써 개인들에게 자유를 보장한다. 오늘날 손해의 전보는 기본법영역인 공법, 사법, 형사법의 세 영역에 따라 세 가지 형태로 나타난다. 법적 책임의 세 가지 형태는 그 기본구조에서 동일하지만, 그 판단기준은 각 법영역마다 차등화된다. 특히 민사상 불법행위책임의 귀속보다는 형사책임의 귀속이 일반적으로 더 엄격하다. 그러나 오늘날의 현대사회에서 민사상의 불법행위책임은 위험책임(때로는 무과실책임)으로 변화하고, 형사책임은 민사책임화됨으로써 그 차이가 상대화되기도 한다.

사람들은 흔히 '형벌은 범죄 때문에 존재한다'고 생각한다. 이런 생각은 상식에 속한다. 그러나 과학적으로 접근해보면 이러한 상식은 뒤

집어진다. 즉, 가혹한 형벌 때문에 더 가혹한 범죄를 저지르게 되며, 형벌조항이 늘어나기 때문에 범죄가 많아진다는 것이다. 한국인의 법의식에서 범죄는 대개 반윤리적인 그 무엇으로 표상된다. 이를 범죄이해의 '윤리주의'라고 부를 수 있다. 그러나 윤리주의적 이해는 역기능이 많다.

범죄의 실질은 다음 세 가지 점에 있다. ① 범죄는 권리를 침해하거나 그럴 위험이 있는 행위이다. ② 어떤 권리침해를 범죄로 파악하는 것은 그 권리침해에 의해서 효력이 부정된 '규범의 효력'을 회복시키기 위한 것이다. ③ 범죄는 일탈행위 가운데 '중대한' 것에 국한되어야 한다. 그러나 권리침해는 범죄성립의 필요조건일 뿐 충분조건이 아니다. 범죄가 성립하기 위한 충분조건으로서 이른바 죄형법정주의의 요청을 들 수 있다. 책임은 권리침해행위가 범죄로 인정되기 위한 또 다른 충분조건인 것이다.

현대사회에서 범죄와 형법은 '근대성의 왜곡된 확장'과 '근대성으로부터의 탈피'(탈근대성)라는 서로 상반된 방향의 발전을 보인다. 근대형법에서 형벌은 ① 개인적 보복의 성격을 지양하고 공적인 제재의 하나로 전환된다. ② 책임에 의해 제한되고 책임도 형벌을 필요로 한다. 현대형법에서 형벌은 의무위반자를 처벌함으로써 다른 사람들로 하여금 그와 같은 의무위반을 하지 않게 하는 미래의 목표('일반예방')를 위하여 부과된다. 미래의 형법은 다음 세 가지 원칙을 실현하는 법으로 거듭나야 한다. 첫째는 형법의 임무를 법익보호에 국한시키고, 둘째는 책임원칙의 실현이 가능한 영역에서만 범죄를 인정하는 것이며, 마지막으로 형법의 비례성을 실현하는 것이다.

분쟁해결의 결정이 타당성을 확보하게 되는 것은 결정의 '내용적 기준' 때문이라기보다는 그 결정이 내려지는 '절차의 정당성' 때문이라고 할 수 있다. 소송에서 사실인정과 법률해석의 차이는 텍스트(언어성)의 유무, 민주성의 차등, 이해관계인의 범위 차등을 포함한다. 사실인정의 절차적 합리성의 핵심적인 요소는 다음 세 가지 요소이다: 정보수집의 최대화, 정보의 공정이용과 이용의 극대화, 심증형성의 합리성 보장.

소송에서 '사적 자치'의 실현 여부 및 그 정도에 관해서는 소송의 종류마다 커다란 차이가 있다. '당사자주의'는 민사소송의 근본원칙을 표현하고 '직권주의'는 형사소송의 근본원칙을 표현하지만, 현행 민사소송법과 형사소송법을 보면 당사자주의와 직권주의가 각각의 소송법에 철저하게 관철되고 있지는 않고, 협동주의적 경향과 소송의 대화적 구조 강화가 존재한다. 법관의 자유심증형성이 최대한 합리적인 심증형성이 될 수 있기 위해 법원의 공정성, 심증형성의 절차적 합리성, 당사자의 참여보장이 확보되어야하며 다른 통제제도(재판공개원칙, 상소, 판결서·조서의 작성)도 필요하다.

Ⅲ. 법의 적용

법규범의 존재→사안확정→법적 효과라는 법률적 삼단논법은 단지 법률적용의 '논리적' 사고모형일 뿐이다. 실제적인 모습은 법규범(대전제)과 사안(소전제)이 '서로' 그리고 '동시에' 접근하는 과정이다. 즉, 법률의 적용은 법규범과 구체적 사안이 '상호수렴'하는 과정이다. 법률해석의 방법에는 문리해석, 역사적 해석, 체계적 해석, 목적론적 해석이라는 네 가지 방법이 있다. 법률해석에서 어떤 해석방법을 어떤 사안에 사용할 것인지는 규칙(메타규칙)이 없고, 법관의 자유에 속한다. 또한 헌법합치적 법률해석은 법률에 위헌적 요소가 있을 경우에 그 요소를 제거하는 해석이다. 법률적용은 크게 보면 사안에 적용될 법규범을 찾는 작업과 법규범에 의해 사안의 규범적 의미를 구성하는 작업으로 분류될 수 있다. 어떤 사건에 적용할 법규범으로 어떤 것을 찾아내느냐는 그 사건을 법적으로 규율하려는 사람이 어떤 인식관심을 갖느냐에 따라 달라질 수 있다. 어떤 사건에 적용할 마땅한 법률규정을 찾지 못한 경우에 민사법적 인식관심과 형사법적 인식관심은 완전히 다른 길을

걷게 된다. 법규범은 하나의 사건을 구성하고 있는 많은 사실들(데이터) 중에서 규범적으로 의미 있는 것과 그렇지 않은 것을 선별하는 기준으로 작용한다.

Ⅳ. 법의 내용

법과 가장 이웃해 있는 규범은 도덕이다. 전통적 이해에서 도덕은 우위에 있고, 현대적 현실에서 법은 우위에 있다. 일상적인 도덕 개념은 크게 다음 세 가지를 포괄한다: 윤리, 도덕, 사회규범. 이 세 가지 유형은 현행법과 다양한 관련을 맺고 있다. 그 관련의 양상은 여덟 가지의 경우로 나누어 볼 수 있다: 세 가지 도덕 개념의 동시적 충족, 두 가지 도덕 개념의 충족, 한 가지 도덕 개념만의 충족, 어떤 도덕 개념도 충족하지 않는 경우.

법과 도덕의 이성적 관계는 도덕 개념의 세 가지 유형에 따라 다르다. ① 법은 핵심도덕의 제도화라는 의미를 갖는다. 다만 도덕규범과 법규범이 내용상 일치하는 경우에도 그 규범의 언어형식에서는 차이가 있다. ② 법은 윤리규범에 대하여는 중립성을 유지하여야 한다. 그러나 법은 윤리적 공평성도 있고, 개인이나 집단의 윤리적 자율성을 보호하는 것은 국가의 의무이기도 하다. ③ 법과 사회규범은 많은 점에서 구조적으로 일치하기도 하고(외양성, 보편성, 제재의 공통성), 서로 어긋나기도 하며(정형성과 비정형성), 효력에서 광역성과 지역성의 차이를 보이기도 한다.

법과 정치는 별개의 것이 아니며, 서로 우열관계에 놓이는 것도 아니며 서로에 대해 변증적인 관계에 놓인다. 정치 개념은 일상적으로 '정치' 또는 '정치영역'이나 '정치체계'를 가리키기도 하지만, '정책'을 가리키기도 한다. 또한 정치나 정책의 개념이 사용되는 맥락도 여러 가지일 수 있다. 이를 세 가지로 나눠볼 수 있다: 인식론적 지평의 정치 개념, 사회적 지평의 정치 개념, 역사적 지평의 정치 개념. 법과 정치의 관계는 다음과 같이 세 가지의 단계로 유형화할 수 있다: ① 전근대적 관계: 법과 정치의 미분화, ② 근대적 관계: 법과 정치의 분리, ③ 탈근대적 관계: 법과 정치의 재통합. 민주적 법치국가에서 법과 정치의 관계가 정치는 법에 의해 법제화되어야 하고 법은 다시 정치에 의해 제약된다고 설정되는 것은 적합하다.

한국에서 법과 경제는 경제가 법에 대해, 법이 경제에 대해 일방적으로 우위에 놓이는 관계로 이해되곤 한다. 앞의 입장을 경제주의라고 부른다면, 뒤의 입장은 사법주의라고 부를 수 있다. 경제주의와 사법주의의 대립과 그로 인한 법의 합리성 왜곡은 경제성을 법과 길항관계에 놓이는 외부적 요소가 아니라 법을 구성하는 요소로 바라보는 법경제학의 발전을 통해 얼마간 지양될 수 있다. 법경제학의 발전은 다음 세 단계로 나눌 수 있다: 경제성이 법을 비판하고 교정하는 요소가 됨, 경제성이 법의 실효성을 보장하는 법의 내재적 요소가 됨, 경제성이 법적 정의를 범주적으로 구성하는 요소가 됨.

법이 경제적 효율성을 띠면서도 자신의 고유한 정의의 원칙들을 훼손하지 않는 상태인 동시에 경제가 법제화를 통해 효율성을 더 높이는 상태일 때 법과 경제의 관계는 이성적인 것이 된다. 이상돈 교수는 법이 경제와 관계하는 두 가지 방식, 즉 개인의 경제적 행동을 규율하는 방식과 시장을 규율하는 방식으로 나누어 법과 경제의 이성적 관계를 설계하였다.

08 헌법재판과 형법정책: 급진적 모더니스트의 포스트모던적 사유로서 민주적 법치국가론

김 대 근*

비평하는 저작

이상돈, "헌법재판과 형법정책-헌법과 형법", 형사정책연구, 제15권 제3호, 2004.
이상돈, 헌법재판과 형법정책, 고려대학교출판부, 2005.
이상돈, "헌법재판의 법이론적 전망", 법철학연구, 제10권 제1호, 2007.

Ⅰ. 들어가면서

형법학자이자 법철학자인 이상돈은 법과 법이론이 지속적으로 생성되고 형성되어가는 역동성을 예리하게 포착하고 자신의 이론적 성찰의 계기로 삼는다. 법률해석에 대한 해석학적 순환을 비롯하여 그의 생성 중인 인권 개념, 시민운동, 공익소송, 시민불복종에 대한 민주적 법치국가적 분석, 법적 정의로서 미학적 정의의 생성구조, 그리고 그의 고유한 법발전의 개념인 전문법 등은 법과 법이론이 고정되거나 불변의 것이 아니라 끊임없는 시선의 교환과 성찰을 통해 상호영향을 주고받으면서 성장하는 일련의 변증적 매커니즘을 갖고 있음을 설득력 있게 보

* 한국형사·법무정책연구원 법무정책연구실장, 법학박사.

여준다. 이상돈은 이론적 성찰의 방법으로 프랑크푸르트학파의 비판이론 특히 하버마스의 대화이론과 루만의 체계이론 그리고 데리다의 해체이론의 틀을 빌어서 설명하지만, 서구 비판이론의 성과를 무조건적으로 수용하지 않는다. 그는 이들 이론을 우리 현실에 맞게 재구조화하거나(마당적 이해), 우리 법과 법현실에 맞게 재해석하면서(생활세계를 식민지화하는 체계로서 과학기술 영역의 재발견) 철저하게 우리의 법과 법현실을 분석한다. 또한 그는 포스트모던적 사유에 힘입어 법률과 법률텍스트, 윤리와 윤리주의, 규범과 규범주의를 분리함으로써 근대의 굴절된 현상을 비판하고 근대(모더니즘) 본래의 모습을 제시하고자 한다는 점에서 포스트모더니스트이자 가장 급진적인(radical) 모더니스트이기도 하다.

비판과 해체의 이론적 성과를 바탕으로 헌법(재판)과 형법의 관계를 천착하는 "헌법재판과 형법정책"(2004), 『헌법재판과 형법정책』(2005), "헌법재판의 법이론적 전망"(2007)은 이러한 그의 문제의식과 방법이 잘 드러난 저작이다. 일찍이 헌법재판과 형법정책(2004)은 헌법이 형법을 어떻게 통제하고 있는지, 반대로 형법은 헌법의 구체적 형성에 어떻게 기여하고 있는지를 헌법재판의 결정과 논증도구를 통해 분석했다면, 이후 『헌법재판과 형법정책』(2005)은 직전의 문제의식을 법의 사회과학적 배경과 역사적 생성을 통해 보다 입체적으로 제시하고 있다는 점에서 그의 문제의식이 완결된 형태를 보여준다. 이후 "헌법재판의 법이론적 전망"(2007)에서는 헌법재판의 자기성찰이라는 문제의식을 보다 포스트모던적 사유를 통해 세밀화해서 이론의 지평을 인식론적 지평, 해석학적 지평 그리고 역사적 지평으로 범주화하고 성찰하고 있다.

이들 저작은 비판과 해체의 도구로서 헌법재판의 자기성찰이라는 표제 하에 시민법이자 국가법으로서 형법과 헌법의 관계맺음을 시도하고 민주적 법치국가의 전망을 제시한다는 점에서 법이론가이자 실정법학자로서 이상돈의 면모가 잘 드러나 있다. 특히 『헌법재판과 형법정책』

(2005)은 그의 문제의식이 압축되고 완결된 형태로 제시되어 있다는 점에서 그의 이론적 기획과 실천적 전망을 파악하기 용이한 텍스트이다. 크게 세 개의 장으로 구성된 이 글의 구조는 다음과 같다.

Ⅱ. 헌법재판과 형법정책 개관

1. 헌법재판시대의 형법학-그 변화의 과제

1988년 문을 연 헌법재판소가 헌법판례를 내놓은 이래, 형사법률에 대한 위헌심판도 상당수에 이른다. 이제 형법학은 헌법이 형법을 어떻게 통제하고, 형법이 헌법의 형성에 어떻게 기여하는지 되돌아보고 헌법과의 관계를 새롭게 정립하는 등 형법의 정체성을 다시 성찰할 필요가 있다. 그동안 헌법재판소와 형법학계 사이의 대립전선이 뚜렷하게 형성되지 않았는데, 이는 우리 형사정책이 형법과 분리되어 각자 성장해왔다는 점, 헌법재판소의 정치적 보수성으로 위헌결정률이 낮은 점, 형법학이 헌법의 해석과 이론에 비교적 무심할 정도로 확고한 자기의식을 갖고 스스로 발전해왔다는 점에 기인한다. 그러나 이 같은 자기이해와 자기존중은 헌법재판시대에서는 더 이상 발전적일 수 없고, 형법학 역시 헌법재판에 대해 비판적으로 성찰할 필요가 있다.

헌법과 형법은 상호형성관계를 맺고 있는데, 이는 형법은 하버마스가 분류한 바 있는 '제도로서의 법', 즉 "생활세계의 정당한 질서"에 속하면서 다른 비공식적인 행위규범들과 함께 "의사소통적 행위의 배후근거"로서 작동하는 법으로 볼 수 있기 때문이다. 형법이 "실제 결과를 시민사회에서 지속적으로 반성하고 그 반성을 바탕으로 성찰적인 자기변화를 거듭함으로써 생활세계의 정당한 질서로 자리잡아가는 과정에서" 위헌판단의 기초가 되는 헌법규범 또는 합헌적 법률해석이 구체적 헌법규범을 형성해나간다(2005, 19).

이와 같은 형법과 헌법의 관계에 대한 이해는 형법학에 새로운 과제를 던지는데, 이는 형법을 실현하면서 민주적 법치국가의 의미를 구체화하는 것이다. 다시 말해, "형법에 대한 헌법의 통제만을 의미하는 것이 아니라, 형법에 의한 헌법의 형성과 실현이라는 두 차원을 모두 충족시키는" 것이어야 한다. 후자의 의미는 형법문화를 형성해온 형법원칙들을 토대로 헌법재판소가 위헌심판을 통해 형성해온 구체적 헌법규범들을 비판하는 작업으로 구체화할 수 있다(2005, 23). 또한 헌법재판이 정치적 재판으로 전락하지 않으면서도 법원 위에 올라선 제4심의 심판이 되지 않기 위해서 헌법재판소가 발전시켜온 변형결정(한정위헌결정, 한정합헌결정)의 기속력과 이를 결정하는 기준을 밝힐 필요가 있다. 이 같은 작업을 통해 헌법과 형법은 해석학적 순환과정에서 동시적으로 형성하는 수평적 관계에 놓일 수 있다.

2. 민주적 법치국가에서 헌법과 형법의 관계

민주적 법치국가 체제에서 형법은 '시민법'과 '국가법'의 개념을 대립적으로 이해하면서 헌법과의 관계를 설정할 수 있다. '시민법'으로서의 형법은 생활세계 속에서 시민들 사이에서 비판적으로 논의되고, 타당성에 대한 확신 속에 자율적으로 수용할 수 있는 의사소통의 흐름에서만 창출된다(2005, 25). 실상 형법은 역사상 체제적 요인들에 저항하는 고유의 자기구성원리를 가지고 발전해왔고 수천년간 지속되며 역사적으로 형성되어왔다는 점에서 '생활체계적 정당성'을 갖는 질서로 다양한 현실적 차원을 갖는다(2005, 29).

이처럼 형법에서 역사적으로 발전해온 법원칙들은 헌법질서 속에서 통합하여 해석할 수 있는데, 이는 헌법에서 연역적으로 도출되는 것처럼 보이지만, 형법원칙의 헌법 아래로의 포섭은 일방적 관계에 놓이는 것은 아니다. 이 같은 원칙들을 헌법상의 원칙에 편입하여 해석할 수 있으나 실상 헌법상의 원칙들이 실현되는 과정은 형법원칙들의 고유한 실현 없이는 적절히 이루어질 수 없다. 이렇게 이해된 형법의 합헌적 법률해석은 구체적 헌법규범을 형성하게 된다. 그리하여 헌법재판소에게 규범형성의 실질을 제공하는 것은 국가법으로서 형법이 아니라 시민법으로서의 형법이다(2005, 36).

반면 국가법으로서의 형법은 정치체계를 민주적 법치국가로 조직화한 헌법과 함께 국가법체계속에 편입되어야 하고 이는 시민이 아닌 국민이 민주적 방식으로 제정한 규범이 된다. '국가의 공식적인 입법절차'를 통해 형성된 형법은 그 과정이 민주적일수록 '민주적 정당성'을 얻는다. 이처럼 헌법은 시민법으로서 형법의 제도적 기초가 되고 형법은 헌법을 최고 정점의 단계로 놓는 위계적이고 통일적인 법질서에 편입되어 헌법규범에 의해 통제를 받지만, 그렇다고 해서 "형법이 헌법으로부터 연역적으로 도출되거나 헌법이 형법을 실질적으로 형성한다고 오해해서는 안 된다. 국가법으로서 형법의 소재는 여전히 시민사회에서 생성·변화되는 불명확하고 모호한 형법규범이고 그 소재를 현대사회 현실에 적합하도록 기능적이고 분화된 규범으로 조탁하는 것은" 법원의 해석이기 때문이다(2005, 39). 요컨대 형법과 헌법은 '수직적 관계'에 머무르지 않고 상호작용과 상호협동하는 '수평적 관계'이다.

여기서 상호작용관계는 형법이 제대로 기능하지 못하면 헌법체계도 장애를 일으키고 그 반대가 될 수도 있다는 것을 뜻하고 상호존중관계란 서로 존중하지 않으면 각 체계의 기능도 위태로울 수 있다는 것을 뜻한다. 다시 말해 형법체계가 헌법의 기본질서를 외면하면 그 이념적 편향은 형법의 정당성을 오히려 위태롭게 할 수 있고, 반대로 헌법체계가 형법을 존중하지 않으면 헌법체계의 기능에 장애가 발생할 수 있는 것이다(2005, 51). 이 같은 관계는 헌법실현을 위한 국가기관들관의 협동적인 기능적 역할 분담으로도 확장될 수 있으며, 헌법과 형법을 동시적으로 형성하는 국가기관들 사이의 상호협동과 법적대화를 촉진시키는 기능을 한다(2005, 64).

3. 헌법재판에 나타난 형법정책의 분석과 비판

"형법과 수평적 관계를 맺는 헌법은 형법체계를 형성하는 중요한 규범이 되고, 형법은 헌법질서를 구성하는 중요한 규범이 된다"는 점을 이해한다면, 헌법은 형법정책의 '통제관'이 아니라 형법정책에 관해 '대화하는 파트너'가 되고, 형법학은 그런 파트너의 역할과 역할 수행의 행태에 대한 분석과 비판적 논의"를 수행하여야 한다(2005, 68). 같은 맥락에서 헌법재판소의 형법정책을 분석할 때 법체계 외부의 '관찰자 관점'을 취하면 정치와 법이 분리되고 정치가 법을 구성하고 법이 정치의 틀을 형성하는 내적인 연관을 볼 수 없고, 법체계 내부의 참여자 관점에만 갇히면 헌법재판소의 '정치적 보수성'으로 "사회적 연대의 도덕적 가치나 극심한 경제적 불평등을 외면하는 '자유편향'의 법이념에 파묻힐 수도 있다. 따라서 관찰자 관점과 참여자관점을 지속적으로 교환하는 태도가 요구된다(2005, 75).

이처럼 관점을 거시적으로 교환하면서 분석하면, 문민정부가 들어서면서 헌법재판소의 비례성원칙 위반의 인용률은 감소하고 명확성원칙 위반의 인용률은 증가하여 둘 사이의 관계가 역전된 것을 볼 수 있다. 분석건대 명확성원칙이 "근대사회의 이념에는 충실하지만 현대사회의 현실에 맞지 않는 시대착오적인 명확성개념을 고수하여 매우 민감하게 작동한 것"을 그 이유로 볼 수 있고 비례성원칙이 현저히 감소한 것은 한국의 정치적 개혁(진보)성에도 불구하고 형법정책의 보수성이 깨지지 않고 탄탄히 연정을 맺는 것을 그 이유로도 볼 수 있다(2005, 82). 한편으로는 노무현 정부가 들어선 2003년 이후에는 명확성원칙위반의 인용률이 감소추세, 비례성원칙위반의 인용률이 증가추세로 선회하고 있는데 이는 국가법으로서 형법을 양산하는 우리의 형법문화 상황에서 헌법재판소가 실정형법을 시민법으로서의 형법에 환원시켜 나아가는 형법정책을 펼치기 시작한 것으로 해석되거나, 우리의 형법문화는 그대로 인데 단지 규제완화·철폐의 신자유주의정책이 형법정책에 반영된 결과 둘 중 하나일 것이다(2005, 83).

먼저 명확성 원칙에 대한 문제는 헌법재판소가 형법텍스트와 형법규범을 동일시하는 경향에서 기인하는데 이는 "법률은 그것을 구체화하는 해석, 즉 사용규칙의 정립이 있기 전에는 단지 언어적 기호의 집합체로서 텍스트일 뿐"이라는 점을 놓치고 법률주의를 오해하고 있으며, "형법의 명확성을 형법텍스트의 명확성으로, 형법텍스트의 명확성을 형법언어의 일반적 이해가능성으로 환원시킴으로써 왜곡을 빚는다"는 점에서 기인한다(2005, 92). 요컨대 명확성 원칙은 형법텍스트가 규칙적으로 사용될 수 있는 가능성을 '언어적으로 보장'하고 있어야 함을 요구하여야 한다.

한편, "비례성원칙에 대한 잘못된 이해나 철저하지 못한 관철도 헌법재판의 향방을 엉뚱하게 흘러가게 하는데" 이는 헌법재판소의 비례성 논증이 왜곡되어 있어 적합성과 필요성 논증보다는 균형성 논증에 편향되어 있고 헌법재판소가 입법자의 형성권을 지나치게 존중함으로써 비례성원칙에 의한 헌법규범의 실현을 위축시키고 있기 때문이다(2005, 101). "목적과 수단 사이의 균형성은 형벌로서 추구하는 목적과 침해되는 목적 사이의 균형성에 대한 복잡한 가치판단이 주로 문제되기 때문"에 입법형성권은 '규범적 판단'의 성격이 핵심을 이루는 문제영역에서만 인정되어야 한다(2005, 107). 더 나아가 균형성 판단에 관하여 처벌의 과잉을 밝혀내는 형법학자들의 역할은 입법재량권을 상당한 정도로 대신해야 하므로 헌법재판소는 형법학자의 공론에 귀를 기울여야 한다. 헌법재판소가 입법권에 과도한 개입을 자제하려고 한다면 입법형성권에 대한 지나친 존중으로 비례성 원칙을 위축시키기보다, 비례성 개념은 엄격히 유지하면서 변형결정을 통해 비례성의 요구를 제한적으로 관철시키는 방법을 선택하는 것이 더 바람직할 것이다(2005, 112). 헌법재판소가 변형결정을 선택하는 기준은 헌법이나 헌법재판소의 텍스트 속에 있지 않고 수천년간 고유한 법원칙이 형성되고 발전되어 온 법문화 속에 축적된 법원칙 속에 있기 때문에 어느 정도로 원칙을 관철할지는 시민적 공론에 열려있는 형법전문가들의 공론에 의해 주도적으로 결정되어야 할 것이다(2005, 123).

Ⅲ. 분석 이후 헌법재판과 형법정책

1988년 9월 헌법재판소가 설립된 이래 2022년 3월 기준으로 1055건의 위헌법률이 접수되었고 그중 위헌판결은 302건, 헌법불합치판결은 85건, 한정위헌판결은 18건, 한정합헌은 7건에 이른다. 이 중 형법에 한하여 위헌법률심판의 접수와 처리 현황을 보면, 1988년부터 2005년까지 형법 조항에 대한 위헌판결은 3건, 헌법불합치 판결은 0건, 한정위헌판결은 1건, 한정합헌판결은 0건이었다. 이상돈 교수가 『헌법재판과 형법정책』(2005)에서 천착했던 우리 법현실은 2022년 현재 얼마만큼 바뀌었을까.

2005년부터 2022년 3월까지의 형법 조항에 대한 위헌판결은 19건, 헌법불합치 판결은 3건, 한정위헌판결은 1건, 한정합헌 판결은 0건이었다. 결론적으로 1988년부터 2022년 3월까지의 형법 조항에 대한 위헌판결은 22건, 헌법불합치 판결은 3건, 한정위헌판결은 2건, 한정합헌판결은 0건인 셈이다.[1] 34년간의 역사에서 2005년을 기준으로 정확히 17년간 이전과 이후가 그 수에서 적지 않은 차이를 보인다. 2005년 이후 헌법재판소는 이전 17년 기간에 비해 5~6배가 넘는 위헌결정(변형결정 포함)을 쏟아낸 것이다.

---

1 위 통계는 헌법재판소 사이트에서 공개한 헌법재판통계 중 '위헌결정법률현황'의 통계자료를 참고하여 형법 조항들에 관한 통계를 조사한 것이다.

형법에 대한 헌법재판소의 결정 유형(1988-2022)

	1988-2004	2005-2022	합계
위헌	3	19	22
헌법불합치	0	3	3
한정위헌	1	1	2
한정합헌	0	0	0

이는 “형법문화를 형성해온 형법원칙들을 토대로 헌법재판소가 위헌심판을 통해 형성해온 구체적 헌법규범들을 비판하는 작업으로 구체화된 것”이라는 평가와 함께 헌법재판을 통해 “형법에 의한 헌법의 형성과 실현이라는 두 차원을 모두 충족”되는 방향으로 발전해왔다는 평가가 가능한 지점이다.

한편 헌법재판소가 형법에 대해 판단한 결정유형빈도를 전체 법률에 대해 판단한 결정유형빈도와 비교해보자. 전체 법률에 비해 형법에 대한 위헌결정 빈도는 고작 7%에 불과하고, 그나마 형법의 헌법불합치 빈도는 3%이다. 전체 법률에 비해 형법에 대한 변형결정인 한정위헌은 11%를, 한정합헌은 0%를 차지한다.

1988-2020 사이 형법에 대한 헌법재판소의 결정 유형빈도(%)

	전체법률(a)	형법(b)	빈도(b/a)
위헌	302	22	7.28%
헌법불합치	85	3	3.52%
한정위헌	18	2	11.11%
한정합헌	7	0	0%

이상돈 교수가 착안한 ‘편면적 기속력’ 개념에 따르면 변형결정에서 한정합헌결정의 위헌부분과 한정위헌결정의 합헌부분은 각각 미래에 개방되어 불확정상태이고(법률해석의 미래적 개방성), 이 부분에서 위헌

과 합헌 판단은 모두 기속력을 가져서는 안 된다. 그럼에도 불구하고 "한정합헌결정에서보다 한정위헌결정에서 명확성원칙이나 비례성원칙의 관철이 더 강하게 이루어"(2005, 122)진다는 점에서 헌법재판소가 어떤 변형결정을 취할 것인지는 명확성원칙이나 비례성원칙을 어느 정도 엄격하게 관철할 것인지에 대한 형법정책(criminal law policy, Strafrechts-politik)에 달려있다. 여기서의 (형)법정책이란 이성적인 (형)법원칙을 실현하기 위한 법형성의 동적 과정임은 물론이다.

아직은 미약하지만 '시민법으로서의 형법'은 헌법재판소에게 규범형성의 실질을 제공하고 있고 2005년 이후 그러한 방향성은 이전에 비해 한층 두드러지고 있다. 한편 여전히 더디지만, 국가의 공식적인 입법절차를 통해 형성된 '국가법으로서의 형법'은 헌법재판을 통해 정치체계를 민주적 법치국가로 조직화한 헌법과 함께 국가법 체계 속에 편입되고 있다. 이상돈 교수가 17년 전 성찰한 것처럼 우리 헌법과 형법이 '수직적 상하관계'가 아닌 '수평적 협동관계'를 향해 점진적으로 나아가고 있는 것이다. 이러한 방향이야말로 법이론이 "근대의 인식론적 오류를 넘어서 탈근대적 이론을 통해서 근대의 정치적 기획을 추구하는"(2007, 48) 급진적 모더니스트 이상돈의 길이 아닐까?

09 형사소송의 근대성

권 순 민*

비평하는 저작 이상돈, 형사소송원론, 법문사, 1998.

Ⅰ. 들어가며

1998년 발간된 이상돈 교수의 『형사소송원론』은 형사소송의 합리성을 담보할 수 있는 이론과 법정책의 방향을 제시하고 있다. 이 책은 사실인정의 인식론적 특성과 한계를 분석하고 형사소송에서 진실을 발견하기 위한 절차적 조건들을 밝힌다. 이 책은 크게는 세 부분으로 나뉘어져 있다. 제1부 형사소송의 기초이론편은 형사소송의 이론과 정책에 대한 총론 역할을 담당하며, 제2부 공판과 경제성지향의 법정책과 제3부 형사절차와 생활세계의 보호는 제1부에서의 기초이론을 토대로 형사소송에서 법치국가원칙이 침해되는 법과 실무를 반성적으로 성찰하면서 합리적이고 바른 형사소송의 법정책을 기획하고 있다.

여기에서는 제1부의 마당적 이해와 형사소송의 근대성, 법치국가적 형사소송의 침융 그리고 제2부의 공판의 간이화와 식민지화를 중심으로 살펴본다. 약속된 지면의 제한도 있거니와 출간시기가 꽤 오래전임

* 조선대학교 법과대학 교수, 법학박사.

에도 불구하고 이들 주제는 특히 현재 형사소송의 법과 실무에서 중요한 시사점을 주고 있기 때문이다.

Ⅱ. 형사소송의 이론: 사실인정론의 기초

1. 마당적 이해와 형사소송의 근대성

이 책의 첫 번째 주제인 마당적 이해와 형사소송의 근대성은 형사소송에서 진실을 발견하는 과정을 역동적인 대화구조로 이해하고 법관의 사실인정과 판결과정은 삼단논법의 결과가 아닌 마당적 이해의 산물이라는 것을 설명한다. 형사소송학계와 실무는 형사소송의 목적은 객관적 진실을 발견하여 사건의 진상(실체)을 밝히는 것이라고 믿어 왔고 이 책이 나왔던 시기는 물론 지금도 대부분의 형사소송법 교과서의 처음 단락은 '형사소송의 목표는 실체적 진실발견'이라는 문구로 시작된다.[1] 그런데 사실인정자는 인식론적으로 그리고 제도적으로 직접 진실의 실체를 마주하거나 발견할 수 없다. 이상돈 교수는 형사소송에서 사실인정 과정은 객관적으로 사건의 실체를 확인하거나 발견하는 과정이 아니라 법정에 등장하는 정보들을 근거로 검사의 공소장에 기재된 공소사실 혹은 피고인의 범죄행위를 재구성하는 인식활동으로 보며, 이러한 법관의 인식활동을 '마당적 이해'라고 표현한다(1998, 5).[2] 그 결과 사실인정의 성패는 형사절차를 얼마나 다양한 정보를 창출하고 피고인과 검사가 주체적으로 그 정보에 대한 논박과정에 동등하게 참여할 수 있

1 최근의 판례에도 '실체적 진실'이라는 표현은 종종 등장한다. 가령 "법관은 법정에서 직접 원본 증거를 조사하는 방법을 통하여 사건에 대한 신선하고 정확한 심증을 형성할 수 있고, 피고인에게 원본 증거에 관한 직접적인 의견진술의 기회를 부여함으로써 실체적 진실을 발견하고 공정한 재판을 실현할 수 있다." 대법원 2019.3.21. 선고2017도16593-1 전원합의체 판결.

2 마당극에서의 '마당'을 차용한 개념인 마당적 이해는 법률해석과 달리 정보의 휘발성, 상호작용의존성, 정보의 선별성, 정보 인지의 주관성, 성공의 불확실성을 그 특성으로 한다.

도록 구성하는가에 따라 달라지게 된다.

이상돈 교수는 이러한 이론적 토대에서 우리나라 형사소송의 현실은 직접주의와 구술주의가 형해화되고 지나치게 소송 경제에 매몰되어 있어서 법정에서 의사소통 과정이 활성화될 수 없다고 진단한다. 특히 피고인의 번복 진술에도 불구하고 변호인의 조력 없이 작성된 피의자의 자백조서를 쉽게 믿는 법원의 심증형성, 검사에 비해 피고인 측의 증거신청은 쉽게 기각하는 법정의 모습, 법원의 논증의무를 게을리 하는 판결서 작성 및 공판조서의 간소화, 한 없이 늘어지는 공판기일 등을 마당적 이해를 망치는 대표적인 형사실무로 지적한다.

그동안 법원이 진실에 이르는 과정(사실인정 과정)은 일종의 블랙박스였다. 형사소송에서 사실인정 과정이 매우 중요하고 어렵다는 점에 대해서는 이견이 없지만 그 구체적인 성격이나 방법론에 대한 논의는 우리 학계에서 활발하지 않았었다. 진실발견의 성공 여부는 단지 법관 개인의 전문성이나 성실성 혹은 공정성에 달려있는 것으로 보았다. 하지만 이 책은 법관 인식의 특성과 한계를 명확히 하고 성공적인 사실인정을 위한 절차적 조건을 구체적으로 제시하고 있다.

이 책이 출간된 즈음과 비교하면 형사소송법과 실무는 그 동안 많은 변화가 있었다. 공판기일은 원칙적으로 매일 개정하도록 되어 집중심리를 통해 법관의 심증형성이 중단되지 않도록 하고 있다(형사소송법[이하 법] 제267조의2). 피의자신문시 변호인의 참여권이 인정되었고(법 제243조의2), 법관의 유죄심증을 손 쉽게 이끌었던 검사작성 피의자신문조서의 증거능력은 사법경찰관과 마찬가지로 피고인의 법정 진술에 따라 증거능력을 인정받지 못할 수 있다(법 제312조 제1항). 이는 조서재판의 오명을 벗고 구술주의와 직접주의 강화로 이어져 공판정에서의 의사소통 활성화를 가능하게 할 수 있다. 형사사법의 참여민주주의 실현과 공판중심주의를 극대화할 것이라는 기대로 국민참여재판도 시행되고 있다(국민의 형사재판 참여에 관한 법률). 성공적인 사실인정을 위해 법정에 등장하는 정보의 종류나 질도 과거와 달라졌다. 형사사법에서 소외되는 범죄 피해자를 위해 피해자의 인격적 침해를 방지하고 보다 자유로운 진술이 가능하도록 많은 보호수단이 입법되었고(법 제294조의2 등), 다양한 전문가들이 법정에 참여하여 전문적인 지식에 의한 설명이나 의견을 제시할 수 있게 되었다(법 제279조의2; 성폭력범죄의 처벌 등에 관한 특례법 제33조 등). 특히 최근 피해자 지위는 법관이나 당사자의 필요에 의해 신문하고 진술을 확보하는 객체 혹은 증거방법에서 법관의 심증형성에 주도적으로 참여하는 준당사자적 지위로 변모해가고 있다.

다만 이러한 제도들의 변화가 반드시 마당적 이해를 성공적으로 이끄는 것은 아니다. 시간에 쫓긴 연이은 개정은 경우에 따라서는 피고인의 재판준비가 충분하지 못한 상황에서 심리를 계속해서 피고인의 방어권을 침해할 수도 있다(1998, 20).[3] 또한 실제 피의자신문시 변호인 참여율은 극히 저조하며 국선변호인 조력의 확대 없이는 그 제도적 의미를 다하기도 어렵다.[4] 현재 경제적 여력이 충분한 소수 피의자에 대해 제한적으로 활용되고 있는 이 제도는 최소한 중대범죄사건만이라도 피의자신문시 국선변호인의 조력을 받을 수 있도록 확대되어야 그 제도적 의미를 실현할 수 있다. 검사작성 피의자신문조서의 증거능력 엄격화 혹은 무력화는 검사 단계의 강압수사를 차단하고 검사의 유죄심증이 법관에게 그대로 연결될 가능성을 제거하지만, 한편으로는 변호인의

3 이상돈 교수는 이 책에서 성공적인 마당적 이해를 위해 공판기일의 간극이 너무 길어도 않되지만, 지나치게 공판을 빨리 그리고 자주 개정하는 것도 정보 창출의 최대화에 실패하게 된다는 점을 지적하고 있다. 집중심리주의나 신속한 재판 원칙은 법관이 공판정에 등장하는 정보 창출과 이용을 극대화할 수 있도록 '시간적 흐름'을 정렬하라는 요청으로 재해석한다.

4 원인은 피의자 입장에서는 비싼 수임료 때문이고 변호사 입장에서는 수사기관이 변호인 개입을 꺼려하는 분위기 등을 꼽을 수 있을 것이다. 최근 3년간 경찰 수사단계에서 변호인 참여 비율이 1% 미만이라는 보도로 「[묵살된 방어권①] 3년간 변호사 경찰 신문 참여율 1% 미만…"수사관들이 꺼려"」, 2021.2.10.일자 이투데이 기사. 변호사가 피의자신문 참여를 기피할수록 피의자신문시 변호인 선임 비용을 증가할 수밖에 없다.

조력 하에 적법한 절차를 준수한 상황에서 얻어진 수사 초기의 생생한 피의자 진술조차도 법정에서 법관 심증 형성의 자료로 활용할 수 없게 된다. 국민참여재판은 세계 형사사법의 보편성과 직접 민주성 실현을 고려하여 도입되었고, 배심원 설득을 위해 구술주의와 직접주의 실현을 강제해서 결과적으로 공판중심주의를 가능케 할 수 있다는 기대 속에서 시행되었다. 하지만 구술주의와 직접주의 실현은 국민이 배심원으로 참여해야 가능한 것이 아니고 직업법관제에서도 성공적인 사실인정을 위해서는 반드시 필요하며 또 실행 가능하다는 것을 '마당적 이해와 형사소송의 근대성'은 잘 보여주고 있다. 국민참여재판은 현재 다른 어느 나라와도 다른 독특한 방식으로 — 가령 피고인신청주의와 법원의 배제결정 그리고 배심원 평결의 권고적 효력의 결합 — 지극히 적은 사건에 대해서만 시행되고 있을 뿐이다.

피해자 보호와 참여 확대는 피고인퇴정과 같은 피고인의 방어권 제한이나 침해로 이어질 수 있다(1998, 44).[5] 최근 피해자 보호를 위한 제도는 비디오중계장치 활용이나 신뢰관계인 동석, 피고인 퇴정 등에 그치지 아니한다. 가령 피해자 보호를 위해 피해자가 법정에 출석하거나 진술하지 않고 수사절차에서의 진술을 영상녹화하여 그대로 유죄의 증거로 삼는 것은 특히 미성년자 피해자 보호를 위해서는 최선의 방법이지만 — 피해자의 신뢰관계인을 대신 출석시켜 반대신문을 받도록 하는 경우도 마찬가지로 — 피고인의 반대신문권을 과도하게 제한하고 법관으로 하여금 반대신문의 상호논박 과정에서 나타나는 태도증거 등 살아있는 정보를 활용할 수 없게 한다.[6] 더 나아가 피해자에게 당사자와 유사한 수준의 참여권을 보장하는 것은 피해자 측의 견해와 주장이 공판정에

5 이상돈 교수는 피해자보호와 피고인보호는 제로섬게임에 들어간다고 본다.

6 헌법재판소는 미성년자 성폭력 피해자의 영상진술의 증거능력 특례를 인정한 구성폭력 범죄의 처벌 등에 관한 특례법 관련 조항에 대해 2013년에는 합헌결정을 내렸지만(헌법재판소 2013.12.26. 선고 2011헌바108 결정), 2021년 12월에는 피고인의 방어권을 과도하게 제한한다는 점을 근거로 위헌으로 결정한 바 있다(헌법재판소 2021.12.23. 선고 2018헌바214 결정).

유입되게 해서 피해자의 심리적 치유를 돕고 2차피해를 최소화하는 장점이 있다. 하지만 피해자가 변호사의 조력을 받아 다른 증인과 피고인을 신문하고 검사와 독립적으로 구형을 하도록 모델링 된 형사재판은 무기대등원칙이나 피고인의 공정한 재판받을 권리와 충돌될 수 있고 피고인의 손쉬운 유죄인정과 선처호소를 강요할 수도 있다.[7] 이런 모습은 마당적 이해의 전제 조건이 되는 합리적 절차조건을 오히려 해칠 수 있다.

과거 잘못된 법 실무를 반성하고 이를 개선하기 위해 새로 마련된 제도들 역시 여전히 마당성을 해칠 수 있는 여지가 있는 것이다. 현행 형사소송법상 제도들과 개정 법률안에 등장하는 제도들 역시 합리적인 마당적 이해를 위한 절차적 조건을 실현할 수 있는지 검토받고 정제될 필요가 있다. 출간된 지 20년이 넘은 이 책이 여전히 의미 있는 이유이다.

2. 법치국가적 형사소송의 침융

형사소송의 기초이론 두 번째 주제인 '법치국가적 형사소송의 침융'에서는 우리나라 형사소송법 개정을 이끄는 두 가지 힘을 민주화 요청과 형사사법 기능적 효율성 요구라고 분석하고 이를 기초로 1995년부터 1997년 형사소송법 개정의 의미를 살핀다. 이상돈 교수는 제한된 인적·물적 사법 인프라 속에서 획기적으로 증가하는 실체형법과 범죄투쟁적 법정책은 우리 형사사법에 일종의 기능 마비를 가져올 것이고 이를 해결하기 위해 절차적 신속성과 경제성을 강화하는 방향으로 법개정이 계속될 것이라는 점을 루만의 체계이론을 이용하여 설명한다. 이를 단순화하면 <범죄투쟁적 법정책→실체형법 확대→범죄 증가→

7 가령 피해자에게 검사를 경유하는 방식으로 공판절차 직접 참여권을 인정하는 '피해자참가제'의 도입을 내용으로 하는 법무부 2011년 형사소송법 일부개정법률안이 국회에 제출된 바 있고, 그 이후에도 2014년 등 이와 유사한 법률개정안이 국회에 제출되고 있다.

기존의 형사사법 인프라 유지→형사사법의 과부화 및 기능마비→소송의 경제성 강화>로 정리해 볼 수 있다. 특히 여기에서는 1995년 형사소송법 개정의 특징을 수사절차와 공판절차로 구분하여 살핀다. 수사절차에 대해서는 인신구속을 강화하는 법개정을 그리고 공판절차부분에서는 기피신청 시 법원의 간이기각결정 확대(법 제20조 제1항), 피고인결석제도 확대(법 제277조의2) 및 불구속재판 축소(법 제95조 제6호), 피고인의 상고심참여배제(법 제389조의2), 무선서감정촉탁제도(법 제179조의2) 등을 내용으로 하는 법 개정을 비판적으로 분석하면서, 신속한 재판을 위해 소송주체인 피고인의 참여를 과도하게 제한하거나 신체구속을 무기로 심리적 방어 의지를 약화시킬 수 있다는 문제점을 지적한다. 특히 간이공판제도의 전면확대(법 제286조의2)는 사법인프라를 확대하지 않고는 해결이 불가능한 형사사법의 업무 부담을 덜기 위해 이루어진 개정으로 공판을 형해화시키는 대표적인 제도라고 비판한다(1998, 101).

현재 1%에도 미치지 못하는 기피신청 인용률을 보면 기피신청에 대한 간이기각결정이 공정한 재판의 핵심적 전제 조건인 '공정한 재판부 구성'에 대한 당사자의 회의나 의심을 제도적으로 과잉 제한한다는 비판은 지금도 그대로 타당하다. 피해자 보호를 이유로 피의자 혹은 피고인의 불구속상태를 축소해서 방어의지를 약화시킬 위험이 있는 법제도와 실무는 오히려 점차 확대되고 있다(가령 법 제270조 제2항). 이러한 입법은 피해자 보호라는 선한 목적을 추구하지만 한편으로는 구속을 면하기 위해 범죄 사실인정과 피해자와의 합의를 강요하는 측면도 있다. 또한 공무소·학교·병원 등 단체나 기관에게 감정을 촉탁하는 경우 개인과 달리 법정 선서가 어려울 수 있다는 점을 고려한 것으로 보이는 무선서감정촉탁제도에 대해서도 감정의 진실성 보장을 위하여 예외 없이 감정선서제도가 적용 및 준수 될 것을 요구한다. 감정인은 이 단락에서 '법관 뒤의 법관'으로 표현될 만큼 법원의 범죄 사실인정에서 결정적인 역할을 할 수 있다. 현재 전문가의 형사재판 참여는 이

책 출간 당시와 비교하여 훨씬 다양해졌다. 감정인 이외에도 (전문가)증인, 전문심리위원 등의 지위로 참여가 가능하다. 각종 전문가 참여를 통해 의학, 과학, 첨단 산업, 금융 등 다양한 분야의 전문적인 지식으로 법관의 정확한 판결을 도울 수 있다. 다만 전문성과 진실성 보장을 위해서는 전문가 참여의 조건이나 방법도 법정에서의 역할에 따라 달라질 필요가 있다. 전문심리위원은 법원이 후보자를 선정하거나 모집하고 관리할 수 있지만 전문가 증인은 사건에 따른 당사자의 증인신청(과 법원의 결정)에 의해 출석하게 된다. 따라서 판결의 정확성과 객관성을 높이기 위해 전문심리위원의 경우 그 설명이나 의견의 범위 설정과 이를 듣는 절차에 당사자 참여가 보장되는 것이 중요하지만,[8] 당사자의 신청에 의하는 전문가증인은 전문심리위원이나 목격자와 같은 일반 증인과 다른 특성이 고려되어야 한다. 심리의 공전을 막고 전문성을 확보하여 진실발견에 기여하기 위해서는 관련 분야의 전문가를 증인으로 신청하는 검사나 변호인은 미리 증인신청할 전문가에 대해 관련 사건의 전문성과 관련성 그리고 출석 가능성을 확인하고 법원은 이를 검토한 후 증거조사 여부를 결정할 필요가 있다.

이상돈 교수는 1990년대의 형사소송법 개정을 살피면서 형사소송법 정책 추구나 법 개정은 다른 어느 법보다도 국가권력을 절제하고 절차적 정당성 요청을 충족해야 한다고 강조한다. 특히 민주적 법치국가성이 고스란히 드러나는 형사소송법정책에서 절차적 정당화 요청은 중요하며, 전문가들의 충분한 비판과 토론을 거치지 않은 법정책은 정당성을 얻을 수 없다는 것이다. 그런데 이런 절차적 정당성을 거치지 못한 '졸속입법'은 지금도 현재진행형이다. 이상돈 교수가 경계해 마지 않았던 정치적 지지를 얻으려는 정치인들에 의한 소위 사이비-공론公論의 반영이 형사소송법을 정의롭고 합리적으로 만들 것이라는 맹신이 계속되고 있는 것이다. 정권이 바뀔 때마다 사법제도개혁이라는 이름으로

8 대법원 2019. 5. 30. 선고 2018도19051 판결 참조.

대대적인 형사소송법 개정이 이루어져 왔고, 정권을 잡거나 다수 의석을 확보한 정치세력의 가치와 필요가 정의가 되고 국민의 뜻이 되어 법 개정의 지침이 된다. 더욱이 문제는 전문가의 충분한 대화와 숙의가 전제되지 않은 형사소송법 개정이 너무도 잦다는 것이다. 절차적 정당성도 갖추지 못한 채 너무 빈번한 개정으로 법적 안정성과 시민의 예견 가능성을 심각하게 해치고 있다. 이상돈 교수가 주장하는 전문가들의 '의사소통적 교류를 통한 토론과 비판'이 더욱 중요해진 시대이다.

3. 공판의 간이화와 식민지화

세 번째 '공판의 간이화와 식민지화'는 이러한 법이론의 지평에서 형사소송법 제286조의2의 간이공판절차제도를 살핀다. 이 책 서문에서 밝힌 것처럼 첫 번째, 두 번째 주제가 형사소송의 기초 즉 총론 부분이라면, 각론의 시작은 '공판의 간이화와 식민지화'가 열고 있다. 이상돈 교수는 그만큼 간이공판제도를 '마당적 이해'의 근본을 깨고 '소송의 경제성'에 매몰되어 '합리성'을 결여한 대표적인 제도로 보고 있는 듯하다.

피고인이 법정 자백을 하면 간이공판절차로 이행된다. 원래 경미 범죄나 특별한 유형의 범죄(특정강력범죄의처벌에관한특례법 및 성폭력범죄의처벌및피해자보호등에관한법률 적용 사건)에 대해서 시행되던 간이공판절차는 1995년 형사소송법 개정으로 모든 범죄로 확대되었다. 간이공판절차에서 전문증거는 피고인의 공판정 자백으로 증거동의가 간주되어 증거능력이 인정된다(증거능력 제한 완화). 또한 엄격한 증거조사 방식을 따르지 아니하고 법원이 상당하다고 인정하는 방식에 의하면 된다(증거조사절차의 간이화). 이 과정에서 법원의 직접심리주의 약화는 불가피하다. 이상돈 교수의 분석에 따르면 법관의 진실발견에 핵심적인 역할을 하는 전문법칙을 무력화하고 증거조사절차는 간략화시키는 이 제도를 정당화하는 논리적 추론구조는 다음과 같다. 피고인이 자백한 사건은 단순 명백한 사건이고 이렇게 단순 명백한 사건에 대해서는 증거조사를 간략하게 시행하고 피고인이 부인하는 복잡·중대한 사건에 사법자원을 집중하는 것이 합리적이라는 것이다(1998, 120). 이상돈 교수는 우리 형사소송의 이론과 실무에서 '소송경제' 혹은 '자원배분의 합리성'이라는 명목으로 도입·확대·고착된 제도인 간이공판제도는 매우 잘못된 인식론적 토대에서 시작되었을 뿐만 아니라 진실발견에 성공적일 수 없다고 비판한다. 그 이유는 다음과 같다. 첫째, 자백한 사건은 그 자체로 대충 처리해도 될 만큼 단순·명백한 사건이 아니고 오히려 사법가용지원의 부족으로 인한 형사사법체계의 기능 마비를 방지하기 위하여 자백사건을 단순 사안으로 의제해버린 것에 불과하다. 둘째, 법관의 인식론적 특성을 고려하면 심증형성이 성공하기 위해서는 공판참여인들의 상호작용 촉진을 통한 정보의 최대창출과 공정한 논박이라는 절차 조건을 충족하여야 하는데, 간이공판절차의 전문증거 사용과 간이화된 증거조사는 그러한 절차 조건 실현 기능을 박탈해버린다. 셋째, 간이공판절차가 형사사법체계 과부화를 조절하는 자기조절장치로 작동하면—법조인들의 엘리트주의와 결합하여—형사사법의 인프라를 확대하는 구조개혁 대신 국가 차원의 비용도 노력도 들지 않는 자백률을 높이는 방식으로 이어진다. 수사기관이 구형상 혜택을 약속하고 받아 낸 자백이 공판정으로 이어져 법정은 허울뿐인 진실발견의 장이 되고 방청객들은 허수아비로 전락하게 된다는 것이다(1998, 128). 범죄를 부인할 경우 검사와 판사의 업무부담이 자신의 양형상 불리함으로 연결될 것을 걱정하게 되고, 이 때 피고인과 변호인은 법원에 업무처리의 경제성을 제공하고 양형상 혜택을 얻어내는 선택을 할 가능성이 높다. 이상돈 교수가 그나마 간이공판절차의 정당성이 유지될 수 있다고 보는 한계는 경미사건으로 제한되는 경우이다.

우리는 최근 몇몇 재심 사건을 통해 허위자백이 유죄판결로 이어지고 대법원에서 확정되어 무고하게 처벌을 받았던 사례를 볼 수 있다. 수사기관이야 그렇다고 해도 공정한 법관이 주재하고 무죄추정원칙이

존중되는 법정에서조차 진실발견에 실패한 이유는 당시 검사작성 피의자신문조서의 불합리한 권위와 간이공판절차의 부실한 증거조사의 결합에서 찾을 수 있을 것 같다. 수사기관의 강압수사나 협상을 통한 허위자백이 검사작성 피의자신문조서에 기재되어 피의자가 서명·날인하면, 기소 후에는 방어의지를 상실한 채 공판정 자백으로 이어지고 간이공판절차 사건으로 심리되어 부실한 증거조사를 통해 유죄판결이 확정된다. 피고인의 법정 부인으로 심리가 장기화될 경우 법원의 업무부담과 이에 대한 불쾌감이 양형상 불이익으로 이어질 것을 염려하는 변호인은 피고인의 무고함을 위한 치밀한 변론을 준비하는 대신 오히려 자백 후 양형상 혜택을 전략적으로 선택하고자 한다. 권위주의 시대에 비하면 강압적인 수사로 인한 자백 획득은 현저히 줄었겠지만 심리적 압박이나 회유 또는 협상을 통한 자백이 부실한 간이공판절차로 이어질 가능성은 여전하다.

그럼에도 불구하고 간이공판절차가 진실발견에 취약한 제도라는 사실에 대한 학계나 실무의 관심은 지금도 크지 않다. 오히려 '중요사건에 사법자원 집중 투입'이라는 구실로 2000년대 초·중반부터 현행 간이공판제도보다 신속성을 강화한 미국의 유죄답변협상제도 도입 논의가 활발히 진행된 바 있다.[9] 사법거래를 통한 자백과 간이화된 심리를 위한 입법적 시도는 앞으로는 검사조서의 증거능력 약화[10]와 맞물려 시도될 가능성이 있다. 검사작성 피의자신문조서 증거능력의 엄격한 제한

---

9 그동안 검찰 중심으로 소위 '플리바게닝(plea bargaining)' 제도 도입을 위한 형사소송법 개정 시도가 몇 차례 있어 왔지만 아직 입법화되지는 않고 있다. 2011년 '내부증언자에 대한 불기소처분'을 내용으로 하는 2011년 형사소송법 개정 법률안 역시 유사한 목적을 추구하는 입법적 시도 중 하나로 보인다.

10 2007년 형사소송법 개정을 통해 검사작성 피의자신문조서에 대해 실질적 진정성립과 적법절차 준수 그리고 특신상태를 증거능력 요건화하였고(구형사소송법 제312조 제1항), 법정에서 피고인이 부인하는 경우 '영상녹화물 기타 객관적인 방법'에 의한 증명 및 특신상태를 전제로 증거능력을 인정했다(구형사소송법 제312조 제2항). 이후 2020년 형사소송법 개정을 통해 검사의 경우도 사법경찰관의 경우와 동일하게 '내용인정'을 요건으로 증거능력을 인정하도록 변경되었고, 구법 제2항은 폐지되었다.

은 심리의 장기화를 야기할 것이고 이 문제를 현행 간이공판제도를 더 간이화하는 방법이나 유죄답변협상제도 도입을 통해 해결 하고자 할 것이기 때문이다. 이러한 형사사법 현실을 고려하면 '공판의 간이화와 식민지화'에서의 논의는 지금도 여전히 중요한 시사점을 준다고 보인다.

4. 논증의무 축소와 상소심의 마당적 이해 축소 그리고 형사절차와 생활세계의 보호

이 책의 '논증의무의 편의주의적 축약' 편에서는 형사사법의 경제성과 효율성 이념은 판결서 작성의 간소화와 편의주의적 공판조서작성 실무를 이끌고 있고 이는 공판절차의 기본원칙들의 침해를 대가로 이루어지고 있음을 비판적으로 분석한다(1998, 133). '상소심에서 공판대상의 축소'에서는 상소심이 하급심에 비해 경제성을 추구할 수밖에 없는 불가피함을 인정하면서도 현행 형사소송제도들은 상소심의 진실발견기능과 피고인보호에 미흡하다는 점을 지적하고 있다(1998, 159). '상소심에서 마당적 이해의 축소'에서는 우리나라 항소심과 상고심 공판이 기능적 효율성에 지배당한 결과 경제성 원칙을 과도하게 추구하는 공판 모습을 묘사하면서 항소심과 상고심의 바람직한 형태를 법인식론적 기초위에서 설명하고 있다(1998, 179). 이어서 '생활세계적 사건개념과 일사부재리원칙'에서는 형사소송에서 심판대상이 될 뿐만 아니라 일사부재리의 효력 범위를 결정하는 형사소송의 '사건' 개념은 피고인의 이익과 법적 안정성을 도모하기 위하여 피의자의 생활세계 속의 의사소통적 교류와 일상언어 및 지식을 근거로 판단(생활세계적 사건개념)해야 한다고 지적하면서 기존의 판례를 비판적으로 검토하였고(1998, 217), '정보보호와 형사절차'에서는 정보적 자기결정권에 근거하여 정보보호의 기본방향과 합리적인 법제화 방안을 제시하고 있다. 이상돈 교수는 이러한 정보적 자기결정의 이론을 활용하여 당시 그 법적 성격이 불분명했던 수사기관의 예금계좌추적이나 음주측정을 위한 혈액압수를 강제수사로 규정하고 엄격한 영장주의가 적용되어야 함을 주장하였다(1998, 266). 현재 형사소송 실무 역시 이런 수사방식을 강제수사로 인정하고 있다.[11]

Ⅲ. 나가며

이상돈 교수는 우리 형사소송은 전근대적 법문화를 극복하고 지나친 효율성을 경계하는 바탕 위에서 합리적인 대화의 절차조건들을 최대한 실현해나가야 한다고 이야기한다. 출판된 지 20여년이 지난 이 책이 제시하는 법이론과 정책 방안들은 오늘날에도 여전히 형사절차를 바르게 이해하고 개선시키기 위한 새롭고 유용한 지침을 제공한다.

---

11 실무에서 수사목적 예금계좌추적은 법원이 발부한 영장(금융계좌추적용 압수·수색영장)에 의하고 있다. 강제채혈 사건에서 대법원은 몇 차례에 걸쳐 (혈액)정보의 수사기관 제출 동의권자를 엄격하게 제한하고 당사자의 동의 없이 혈액을 압수하기 위해서는 영장주의가 적용되어야 함을 판시한 바 있다(대법원 2011.5.13. 선고 2009도10871 판결; 2012.11.15. 선고 2011도15258 판결 등).

10 소송상 진실개념의 재구성

박 민 정*

비평하는 저작 이상돈, "법관의 말행위와 올바른 법", 저스티스 제25권 제2호, 1992.
이상돈, "현대적 형사사법에서 공판개혁의 방향", 사법, 1(1), 2007.
이상돈, 법의 깊이, 법문사, 2018.

Ⅰ. 실체적 진실의 재구성

> "결국 개인의 양심이 법의 원천이 되는 것이 아니라 모든 사람이 평등한 도덕적 권능을 갖고 자유로운 경쟁을 거쳐 일정한 규범적 내용을 정의로운 것으로 합의하게 되는 과정이 '실천적으로' 법의 원천이 된다."
>
> \- 이상돈, 『법의 깊이』 중에서 -

법정에 참여해 본 경험이 있는 보통의 법조계 실무가들에게 과연 '실체적 진실'이란 존재하는가에 대하여 질문을 한다면 너무나 당연한 질문을 한다는 듯한 제스처와 함께 긍정적 확답을 어렵지 않게 들을 수 있다. 그들에게 있어서 실체적 진실이란 곧 구성요건이라는 법텍스트 속으로 끼워 맞춰진 사실관계가 전부이며, 그 이외의 진실이란 무의미한 것으로 취급되어버리기 쉽기 때문이다. 그러나 이상돈 교수는 형사소송법이 작동하기 위한 오랜 전통적 이념, 즉 형사소송의 공준으로

* 대구대학교 전 시간강사, 법학박사.

서 실체적 진실이 사실은 존재하지 않는다는 획기적인 주장에서 형사소송의 논의를 시작한다. 그리고 이러한 주장은 근대법학에 들어와 법과 정치의 분리 작업이 본격화되었음에도 불구하고 AI 법관을 미처 만나지 못한 시대에 살고 있는 우리로서는 법관의 양심 역시 개인적인 욕망으로부터 온전히 분리될 수 없으며, 그가 써내려간 판결문 또한 그의 욕망에 녹아있는 다양한 정치적 배경과 그로 인한 정치적 사유들로부터도 자유로울 수 없다는 뼈아픈 사실에 근거를 둔다.

먼저 미시적인 관점에서 법관은 형법이라는 법분과에서 전승되어 온 법률해석의 논증도구들을 사용하여 특정 사안에서 무엇이 법적으로 의미있으며 따라서 법정이라는 링 위에 올릴만한 사실인지를 판단한다. 그러나 그러한 전문적인 성격의 법인식 안에도 인간의 욕망으로서의 정치작업은 선이해의 방식으로 스며들어가게 마련이며, 거시적인 관점에서 그러한 법인식에 대한 정당성을 검증하는 과정에서도 역시 민주적 의사형성의 메커니즘이 작동할 수밖에 없다. 따라서 이러한 이중의 정치화를 통과하게 되는 과정 속에서 과거에 존재했을 것이라 가정되는 사실로서의 실체적 진실이라는 개념은 본래의 (환영적인) 모습— CCTV 증거영상물 속의 가시적인 사실(fact)과 같이, 어떠한 왜곡도 없이 과거 행위 시점 당시 그대로 보존되는 기념비적인 존재—에서 벗어나 실재계의 블랙홀 속으로 사라져버리고, 법과 정치적인 성격을 지니는 다채로운 패러다임 속에서 새롭게 재구성된 또 다른 진실만이 남게 될 뿐이다. 즉 실체로서의 진실이 아닌 형사소송이라는 절차과정에서 새롭게 재구성된 진실로 재탄생되는 것이다.

그렇다면 이제 이러한 실체적 진실의 부재 속에서 형사소송법은 어떻게 정의로움을 유지해나갈 수 있을 것인가라는 근본적인 질문에 봉착하여, 이상돈 교수는 절차적 진실을 언급하기 시작한다. 그 과정에서 형사소송에서 형식이란 짜샤리에(Zachariae)가 사용하였던 보호하는 형식과 같이, 시민에 대한 보호기능을 수행한다는 점을 지적한다. 즉 형식의 파괴는 곧 시민보호의 파괴이며, 더 나아가 가정되는 실체적 진실을 오히려 사라지게 만드는 역작용을 하게 된다는 것이다. 이러한 역기능에 기여하는 절차상의 문제점으로 이상돈 교수는 공판중심주의를 택하고 있는 사법체계에서의 시공간상의 한계로서 '가용자원의 부족', 소송 주체간의 대등한 지위 보장의 실패, 그리고 그로 인한 불평등한 '제한적 의사소통', 그 밖에도 공판의 다양한 간이화 정책들(간이공판)이나 법관의 선별적 지각메커니즘(법관의 기억력, 진술태도 파악능력 등)을 들고 있다. 이러한 제도적 현상은 진실을 어떻게든 정의로운 방향으로 재구성해내야 할 막중한 책임을 지고 있는 형사소송법 정책들이 오히려 진실성을 담보하지 못하고 왜곡시키거나 사라지게 만드는[無化] 역작용에 가담하는 공모자가 되어버리는 격임을 여실히 보여준다.

그러나 여기서 중요한 것은 공판중심주의를 취하고 있는 법현실 안에서 완전한 해결이라는 것이 불가능한 문제이기도 하다는 점이다. 그렇다면 이러한 문제를 더 이상 악화시키지 않는 방향으로 나아가되, 이러한 역작용에 가담하는 작업들의 배후에 놓인 그러면서도 현실적으로 대체가능한 주된 공모자를 포착하는 일이 선행되어야 할 것이다. 그러한 포착과정을 위해 이상돈 교수의 형사소송절차가 지니는 '제도적 차원'과 '인식론적인 차원'에 대한 구분에 주목할 필요가 있다. 이상돈 교수의 이러한 자세한 논의에 들어가기에 앞서, 형사소송의 대전제를 이루는 전통적인 이념으로서 법치국가와 민주주의를 먼저 언급할 필요가 있다.

Ⅱ. 형사소송의 대전제 - 법치국가와 민주주의

문민정부 이래 정권의 정당성을 확보하기 위해 형사소송법의 법치국가적 역량을 높이는 상징적 정치행위가 오늘날에 와서는 더 이상 주목받지 못하게 되었음은 자명하다. 마치 공기처럼 당연시되어버린 민주주의 체제에 대한 느슨해진 시민 의식과 자기 자신의 건강마저도 마음대로 통제할 수 없는 팬데믹 시대에서 오는 개개인의 무기력증이 만나, 이념에 대한 희망찬 외침보다는 오히려 일상 속 다양한 권위주의적 사조들에 대해서조차 눈을 감아버리게 만드는 우울한 리얼리즘[1]적인 시대 분위기가 조성되고 있기 때문이다. 이러한 2020년대를 살아가고 있는 현대사회에서, 형사소송법에 내재된 원동력 또한 뚜렷하게 '민주주의'만으로 구성되어 있다고 보기는 어렵다는 이상돈 교수의 지적은 여전히 타당하다. 그러나 이러한 다채로운 시대적 변화 속에서도 민주화의 요청이 여전히 형사소송법 개선의 중심에 있음을 부인하기는 어렵다는 것 또한 그의 통찰이다. 다만 민주주의는 이제 더 이상 단순한 정치적인 상황의 변화가 떠미는 외재적인 힘으로서가 아니라, '법전문가들의 이성적인 의사소통적 교류'라는 내재적인 힘으로 작용하게 된다.

전통적으로 형사소송법을 지탱하는 이념의 축은 사실인정에서의 진실발견의무를 담보하기 위한 민주주의 요청과 올바른 법해석학적 판단을 담보하기 위한 또 다른 장치로서 법치국가 요청으로 대별되어 왔으며, 이는 오늘날 절차적 정의라는 대원칙 하에서도 당연히 유지되고 있다. 즉, 형사소송의 재구성된 실체적 진실을 담보하기 위한 이념적 전제는 여전히 민주적 법치국가임에는 변함이 없다는 것이다. 다만 오늘날 형사소송에서 변화된 관점은 단지 이 두 개의 이념적 우산만으로 형사소송에서 내리는 수많은 산성비(실무적 문제들)를 막아내기는 어렵다는 점에 있다. 이를 이해하기 위해서 위에서 살펴본 정책적 결정에 대한 그림을 다음과 같이 재설정해 보고자 한다.

---

1 예술, 문학, 철학에서 '사실주의'나 '현실주의' 로도 불리는 리얼리즘(Realism)은 모든 사물의 실체가 존재한다는 전제 하에서 사물의 실체성(reality)을 주장하는 입장을 통칭하는 개념으로 활용되어왔다. 이에 따르면 리얼리즘의 사조는 불확실해보이는 것들에 대한 확실화(입증가능성)를 중요시 하는 입장으로 여겨지기 쉽다. 그러나 여기서의 리얼리즘은 이러한 의미를 넘어서, 확실해보이는 실체에 내재해있는 불확실성에 대한 것을 드러내보이고자 하는 (초)리얼리즘적 사유에 가깝다. 이러한 리얼리즘 사조에 대한 자세한 논의는 Mark Fisher, 『Capitalist realism: is there no alternative?』, Ropley, England; Washington, D.C.: O Books, 2009 참조.

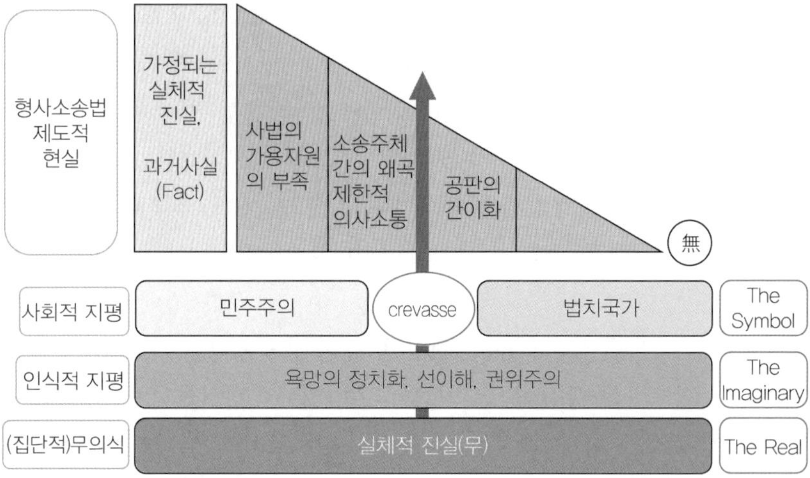

앞선 그림에서 형사소송법의 제도적 현실의 관점에 주목해 보았다면, 이번에는 라캉의 정신분석적 개념을 통해 보다 심층적으로 형사소송의 구조를 이해해보고자 한다. 먼저 이상돈 교수는 오늘날 상징적 차원에서 민주주의와 법치국가는 서로를 전제하면서도 동시에 서로를 보완 실현하는 분리 불가능한 체제원리로 작동하게 되면서, 형사소송의 버전에서도 사실인정을 위한 민주주의 원리와 법률적 판단을 위한 법치국가가 분리된 개별적인 이념으로 존재하기보다는 '민주적 법치국가' 라는 하나의 이념으로서 작용하게 된다고 한다(2018, 453). 그리고 위 그림에 따르면, 형사소송의 사회적 지평에서 보이는 민주주의와 법치국가라는 거대 이념은 개인의 인식론적 지평에서 들끓고 있는 개인적인 욕망에 토대를 둔 정치적 사유들(욕망의 정치화), 선이해, 권위주의(2018, 146)[2]가 새어나와 부정의한 현상이 발현되는 것을 방지하기 위한 문지

2 "법관은 사실확정에서 외롭다. 혼자서 진실을 인식해야 하기 때문이다. 외로운 인식주체는 흔히 경직되고 오만해지기가 쉽다. 홀로 인식한 진실에 대한 회의를 차단하지 않고는 자신의 권위가 서지 않기 때문이다. 장기적으로 보면 이와 같은 인식모델에 젖어있는 법관들은 혼자서 행하는 진실인식의 효율성과 유아론적(solipsistic) 권위를 쌓으려는 경향을 갖기 마련이다." 즉, 법관의 양심을 토대로 자유심증주의를

기(또는 방지턱) 역할을 하고 있음이 분명하게 드러난다.

그러나 오늘날 형사소송에서 가장 합리적이라고 자부하는 최상위 단계에서 벌어지는 이데올로기 간의 문제는 비단 제도적 차원만으로 이해할 수 있는 것은 아니다. 먼저 이를 이해하기 위해서 이상돈 교수의 크레바스 개념을 인용하고자 한다(2018, 453).[3] 결국 철옹성같이 단단해 보였던 법치국가와 민주주의 사이에 필연적으로 존재할 수밖에 없는 틈(crevasse) 사이로 법관 개인의 불합리한 상상계적인 차원들(욕망, 선이해, 권위주의)이 스며들어와 전반적인 형사소송의 역기능(무화無化작용)에 기여하게 되는 것이다. 이상돈 교수는 여기서 이데올로기의 결함이 드러난다고 지적한다. 그리고 바로 이 지점이 법치국가와 민주주의만으로는 형사소송법 체계의 정의로운 재구성 과정이 실현될 수 없음을 보여주는 구간이다.

그러나 빙하 속 자연발생적으로 생겨나는 실제 크레바스들의 위험성을 알고도 이를 모두 없애버리는 것이 불가능하듯이, 상징계적인 이데올로기들 사이로 불가피하게 등장하는 크레바스들을 모조리 막아버리는 것 또한 동일한 원리에서 불가능하다. 그렇기 때문에 법관 개인의 비합리적인 상상계적 측면들을 원천봉쇄할 수 있는 또 다른 상징적 이데올로기나 여타 제도적 방안들을 발견해내기란 현실적으로 쉽지 않다. 결국 법학의 상징적 차원에 걸맞지 않은 비합리적인 불순물들이 새어들어오는 현상을 그 틈을 틀어막음으로써 방지하려는 것이 아니라 오히려 (불가피한) 자연적 현상으로 인정하고, 다만 이것이 절차적 과정에서 부정적 효과로 발현되는 것을 면밀히 점검하여 최소화하는 것이 가

채택하고 있는 현행 형사소송체계는 법관을 진실을 향한 외로운 권위주의자로 남겨두는 역효과에 기여한다고 볼 수 있다.

3 "모든 정치적 과정이 헌법재판에 의해 통제되고 법제화될 수 있는 것이 아니므로 헌정화된 법치국가와 민주주의 사이에는 틈새가 존재하게 된다. 법적 통제가 불가능한 정치적 과정이 존재하는 한, 법치국가와 민주주의 사이에는 일정한 틈새가 벌어지고, 이는 메울 수가 없다. 그런 정치적 과정을 두고 민주적 법치국가의 크레바스(crevasse)라고 부를 수 있다."

장 현실적인 방안임을 지각하는 것이 필요하다. 이것이 형사소송에서 이상돈 교수가 언급하는 절차적 정의가 도래할 수밖에 없는 필연성이다.

Ⅲ. 절차적 정의의 실천방안

그렇다면 이러한 절차적 정의를 현실적으로 실현하는 수단은 무엇이 있는가? 이하에서는 하버마스의 대화이론과 하쎄머의 장면적 이해를 발전시킨 이상돈 교수의 '마당적 이해'에 중점을 두어 그 방안에 대해 논의하고자 한다. 마당적 이해의 개념을 살펴보기에 앞서, 사실상 모든 증거자료를 공판에 집중시켜 공판정에서 형성된 심증만을 재판의 토대로 삼아 사안의 실체를 판단하려는 공판중심주의를 취하는 현행 형사소송법의 모습은 이미 어느 정도의 마당적 이해의 취지 안으로 들어와 있으며, 심지어 마당적 이해를 성공적으로 달성하기 위한 조건들을 정형화해 놓은 규범이라는 점을 이해할 필요가 있다(2007, 83). 그러나 진정으로 마당적 이해에 도달하기에는 여전히 미흡하기 짝이 없는 수준에 불과하다. 대화 이론적 법이론에 따르면, 현행 법관의 말행위가 이상적인 대화상황에 보다 근접하기 위한 조건은 크게 '공판'제도에 관한 것과 '사법체계의 기능성'에 관한 것 두 가지로 나뉜다(2007, 33). 그리고 공판제도에 대하여는 마당적 이해에 따른 실천적 방안들을 그리고 사법체계의 기능성에 대하여는 소송경제적 측면에서 살펴보고자 한다.

이상돈 교수가 마당적 이해를 통해 가장 먼저 제시하는 과제는 '인식론적 변화'와 '법관의 역할' 변화이다. 결국 마당적 이해의 핵심은 이러한 두 가지 접근을 통해, 법관은 재판석 위에서 홀로 실체적 진실을 발견하기 위한 외로운 투쟁을 하는 고고한 수동적 인식의 주체가 아니라 소송참여인과 대등한 입장에서 꾸준하게 소통을 시도하는 대화적 주체로 변화하는 것에서부터 시작된다(2018, 147).

1. 형사소송의 인식론적 지평과 장면적 이해

이상돈 교수의 인식론적 관점에 따르면, 법관이 소송당사자의 어떤 주장사실을 인정한다는 것은 크게 두 가지 이해활동의 결과라 할 수 있다. 하나는 법관이 인정한 사실이 그에 적용된 법률규정의 의미영역에 속한다고 보는 이해로서, 이를 '법률해석'이라고 부른다. 다른 하나는 당사자의 주장사실이 진실로 과거 어느 시점에 존재하였다는 점에 대한 법관 개인의 확신 형성이다. 그러한 확신에 이르기까지 펼쳐지는 이해활동을 소송법적으로 '사실인정'이라 부른다. 사실인정(진실발견)과 법률해석의 상호적 수렴관계로 바라보는 법해석학적 관점에 따르면, 법률이 지니는 의미는 사실인정에 앞서 확정적으로 주어져 있는 것이 아니라 오히려 사실인정에 의해서 비로소 구체적으로 형성되어지는 것임을 밝힌 바 있는데, 이와 동시에 이러한 순환적인 이해과정 속에는 법관 개인의 경험, 교육, 지식, 가치관, 윤리적 판단 등이 선이해로서 필연적으로 작용하게 됨을 또한 함께 밝히고 있다.

그러나 해석학의 한계지점은 법률의 의미 속으로 (상호) 수렴되는 사실(fact)들이 실제로 존재하였다는 것을 법관이 확신하는 과정에 대한 해명이 불충분하다는 것이다. 즉 법관의 확신이 형성되는 두뇌 활동의 과정을 곧 '이해'라고 표현해 본다면, 바로 개인의 확신이 스며들어가는 이해의 과정은 법언어로 구성되어있는 법해석학적 관점만으로는 오히려 실체에 다가가기 어려우며, 필연적으로 하쎄머의 "장면적 이해" 개념을 여과하여야만 실체적 진실에 근접할 수 있다. 사안을 '말할 수 있음'이란 곧 소통의 창구를 열어주는 듯하지만, 사실은 언어라는 텍스트 안에 감금되는 것이며 이는 곧 직접적인 실체를 직면할 수 있는 기회를 상실함을 의미한다. 이러한 배제되어버린 정보들을 다시금 회복하여 다양한 차원에서 사실관계를 재구성해내려는 이해과정이 바로 마당적 이해의 본질적 측면이라 할 수 있다.

2. 법관의 인식론적 접근의 불가능성과 자유심증주의

한편 법관의 양심이라는 대전제를 근저에 두고, 자유심증주의라는 형소법의 대원리를 세우는 것에 대한 이상돈 교수의 문제제기에 주목할 필요가 있다. 그에 따르면, 이성적인 법적 합리성들 사이의 크레바스를 통해 스며드는 법관의 상상계적인 측면들(권위주의)의 오작동으로 인한 인식론적 오만을 제도화해놓은 것이 자유심증주의라고 비판한다(2018, 147). 그럼에도 불구하고 자유심증주의의 폐지는 현실적으로 어렵다. 사실인정에 있어, 법관의 자의적인 판단을 배제함으로써 법적 안정성을 보장하기 위하여 모든 증거의 증명력을 천편일률적으로 법률에 정해놓는 법정증거주의는 오히려 더 큰 부작용을 가져온다는 것이 역사적 시행착오들을 통해 얻어낸 교훈[4]일 뿐만 아니라, 아무리 극단적인 상징화 작용을 통해 보호 장치들을 설치해놓는다 하더라도 어떤 방향으로든 새어 들어올 수밖에 없는 법관의 인식론적 지평을 차단하는 것은 불가능하기 때문이다. 이와 더불어 우리가 생각해야 할 것은 인식론적 지평은 형사소송의 핵심을 이루는 요소임에도 불구하고, 말 그대로 '인식론' 즉, 법관 개인의 주관적인 정신의 문제이기 때문에 과학적인 입증가능성, 가시적인 인과관계 등과 같은 객관화의 난제에 여전히 부딪칠 수밖에 없다는 점이다.

3. 인식론적 지평에 대한 반전작용으로서 논증의무 확대

이와 같이 자유심증주의를 져버릴 수도 없고, 법관의 인식론적 측면은 여전히 계속해서 블라인드 쳐져있을 수밖에 없다면, 이러한 체계 내

---

4 법정증거주의하에서는 '자백(自白)은 증거의 왕'이라 하여 자백을 얻기 위한 잔인한 고문이 널리 횡행하였던 프랑스 형사소송의 역사를 되짚어보더라도 구체적 사건에 있어서 진상파악이나 절차적 정의를 통한 진실의 재구성 과정에 있어서 더 강한 역기능을 가져오므로 배보다 배꼽이 더 커버리는 격임을 쉽게 알 수 있다. 하승수, 『세계인권사: 고대 인권의 뿌리에서부터 현대의 인권 논쟁까지』, 두리미디어, 2012 참조.

에서 어떻게 절차적 정의를 추구해야 하는가? 이상돈 교수는 제도적 차원에서 공백의 자리로 위치지워질 수밖에 없는 법관의 인식론적 지평을 최대한 분명하게 공론화시키는 논증의무의 확대가 유일한 방안이 될 것이라고 제안한다(2018, 177). 즉, 인식론적 차원의 불가능성을 (인식) 가능성으로 반전시키는 작업이다(아래 그림 가운데).

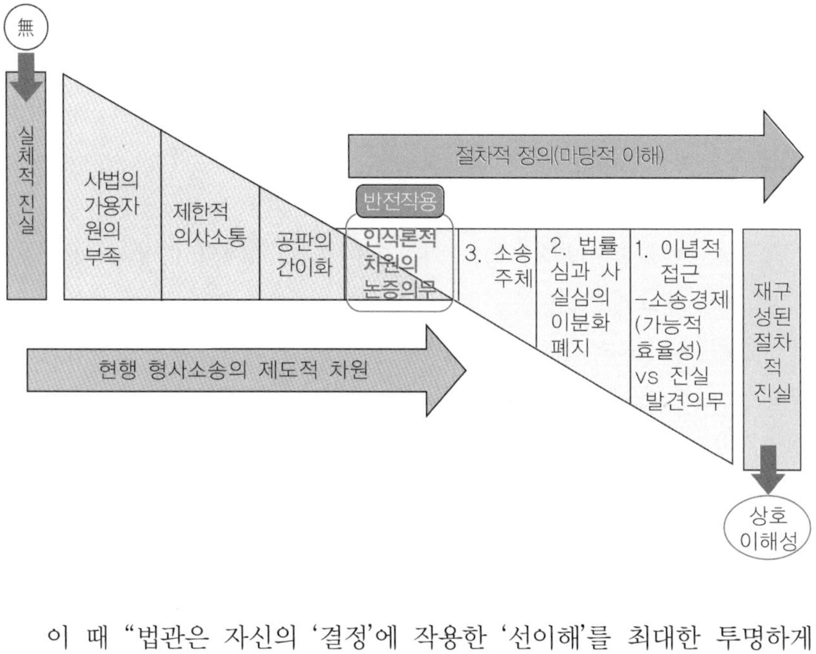

이 때 "법관은 자신의 '결정'에 작용한 '선이해'를 최대한 투명하게 언어로 드러내야" 한다고 하면서, 그렇게 할 때에야 비로소 법관의 법률해석에 다른 사람들도 참여할 수 있게 된다고 한다(2018, 179).[5] 다만 이제부터는 마당적 이해가 단순히 실체적 진실이 없다는 것을 전제로 도출되는 제도적 해결책으로만 피상적으로 이해해서는 안 된다. 오히려

5 또한 이상돈 교수는 이와 같이 논증의무를 강화하는 법정책은 때로는 반생산성을 초래할 수 있다는 점에서 주의해야 함을 언급한다. 이를 줄이는 방안으로는 이상돈, "형사소송에서 논증의무의 조절과 이성적 법정책-공판조서와 판결서 작성의 편의주의적 간소화에 대한 비판", 법과 사회, 제9권, 1994, 179쪽 참조.

마당적 이해가 실체적 진실의 부재와 갖는 모종의 인식론적 차원에서의 깊은 공모적 대립관계가 존재한다는 점을 간파할 필요가 있다.

자유심증주의 하에서 이상돈 교수의 마당적 이해의 핵심은 ① 최대한의 정보 활용(언어 이외의 수많은 장면적 실질 Data들의 수집)과 ② 소송 주체간의 평등한 의사소통의 활용이라는 두 가지 큰 흐름의 작동방식을 통해서 궁극적으로는 법관의 인식론적 접근에 다가가고자 하는 것이며, 더 나아가 그것이 형사소송의 절차적 정의 실현에 대하여 지니는 역기능에 대항하고자 하는 것이다. 그리고 이러한 법관의 인식론적 차원의 역기능에 대항하기 위한 (즉, 마당적 이해의 반전작용에 해당하는) 제도로는 공개주의, 직접주의를 토대로 한 공판중심주의와 논증의무 확대 등을 들 수 있으며, 이러한 인식론적 차원의 반전작용을 시작으로 제도적 차원에서의 반전작용을 실시하는 다음 단계의 마당적 이해들에도 주목할 필요가 있다.

이상돈 교수는 제도적 차원에서 마당적 이해가 결국 진실한 것이 되도록 하기 위해서는 마찬가지로 그와 같은 공판참여인들 사이에서의 상호작용과 소통이 충분히 이루어지도록 절차적 조건을 최대한 실현하는 방법밖에 없음을 다시 한번 강조하며, 그러한 절차적 조건으로는 탄핵절차주의, 구술주의, 직접주의, 공개주의, 의심스러울 때 피고인에게 유리하게(in dubio pro reo) 원칙 등을 제시한다.[6] 그리고 이러한 마당적 이해의 원리들을 충족시킨 사실인정과 법률판단을 거쳤다면, 적어도 절차적 정의에 한발 다가선 것이라 볼 수 있다고 인정할 수 있을 것이다.

한 인간으로서 법관이 주된 책임을 안고 꾸려나가야 하는 형사소송이라는 극장에서 필연적으로 내재될 수밖에 없는 (보이지 않는) 인간의

6 이와 관련한 자세한 논의는 이상돈, "간이공판의 법정책-공판의 식민지화인가 합리화인가?", 안암법학, 제2호, 안암법학회, 1994, 401~419쪽; 이상돈, 형법학: 형법이론과 형법정책, 법문사, 1999; 이상돈, "형사소송에서 논증의무의 조절과 이성적 법정책-공판조서와 판결서 작성의 편의주의적 간소화에 대한 비판", 법과 사회, 제9권, 법과사회이론학회, 1994, 167쪽 참조. 여기서는 상호신문주의와 무죄추정의 원칙에 대하여도 추가적으로 언급한다.

오류들을 겸허하게 받아들이고, 이를 가장 현실적으로 이겨 내보려는 오늘날 형사소송에서의 정의추구의 열망은 결국 마당적 이해 속에서 상호 이해성이라는 정의를 통해 구현될 수 있다(1992, 155). 따라서 "절차적 조건의 실현이 충실할수록 그 속에서 이루어진 법관의 범죄사실 인식은 더욱 더 많은 사람들의 상호이해를 얻어낼" 수 있을 것이다.

11 법관의 선이해와 양형

박 미 랑*

비평하는 저작 이상돈, 법이론-법인식의 사회적 지평과 근대성, 박영사, 1996.
이상돈, 법의 깊이, 법문사, 2018.

Ⅰ. 들어가기

법률의 해석은 해석자의 언어가 타인의 삶 속으로 들어가는 과정이다. 그렇기에 법관의 법률 해석은 그 어떤 해석의 영역보다도 전문성이 요구된다. 그들의 전문성은 재량이라는 권리로 인정받아왔다. 이로 인해 법관의 양형 판단에 있어 법률 해석의 재량권은 배타적이고도 독점적인 구조 속에서 치외법권의 영역으로 비판에서 자유로울 수 있었다. 그러나 2009년 양형기준의 도입으로 법관의 재량권의 위상은 변화를 겪게 된다. 법률 해석의 근간이 되었던 법전이 단순하고 추상적이었던 이유로 비판이 난해하였던 반면 형의 가감의 방향성은 물론 그 정도를 구체적으로 규정하는 양형기준이 제시되면서 일반인들도 법조 실무가들의 법률 해석의 영역을 조금 더 깊게 들여다볼 수 있게 된 것이다.

법률 해석과 적용의 영역이 양형기준으로 구체화되면서 모든 양형인자들은 물론 법관의 양형인자 평가 방식 역시도 관찰과 비판의 대상

* 한남대학교 경찰학과 교수, 범죄학 Ph.D., 법학박사.

이 되고 있다. 많은 비판의 내용은 실제 사회체계 안에서 어떻게 작용하고 어떠한 역할과 기능을 수행하는지 감시의 내용이다. 독일의 법사회학자 에를리히가 말한 살아있는 법, 혹은 현재 있는 법[1]으로서 작동하고 있는지도 살핀다. 본 글은 법조 실무가들의 법률 해석의 문제와 방향성을 이상돈 교수가 제시한 법률해석의 선이해(Vorverständnis) 개념을 통해 틀을 짓고 범죄학 이론의 초점적 관심이론으로 조명하며 살을 붙여 보도록 한다. 이러한 작업을 통해 선이해에 근거한 법관의 법률 해석의 현재를 진단하고 미래의 방향성을 논해보고자 한다.

Ⅱ. 선이해와 법률 적용

법관의 법률 적용이란 법률에 담겨있는 객관적 실체인 규범을 인식하고, 사건을 확정하고 인식된 법규범을 그 사건에 적용하는 논리적 추론 과정이다. 이상돈 교수는 일찍이 실무 법조인들의 법률 적용 과정에 발생하는 다양한 법인식과 법해석의 문제를 하이데거의 선이해 개념을 활용하여 비판한다. 하이데거의 선이해란 명시적 해석을 위해 기초가 되는 해석, 예비적 해석을 뜻한다. 이해는 맥락 속에서 발생하기에 선이해 역시 독단적인 개념이 아니라 상호작용의 결과로서 존재한다.

하이데거의 선이해 개념을 법률 해석의 영역으로 가져온 이상돈 교수는 "법대로 한다"는 법조인들의 말, 그 작용 그리고 그 결과를 우려한다. 그 우려의 이유는 법조인들의 직업적 사회화 과정으로 설명한다. 법조인들의 직업적 사회화 과정을 살펴보면 법도그마틱에 의해 개발된 법률텍스트(법전)의 형식적이고도 언어 논리적인 지식을 습득하는 과정이라고 볼 수 있는데, 이러한 과정에 법조 실무가들이 이미 법조인이 되기 이전에 형성한 경험적 지식, 사회과학적 이론, 다양한 전문적 지

1 양천수, "법사회학의 관점에서 바라본 형사법학-사회학적 형사법학의 관점을 중심으로 하여-", 경북대학교 법학논고, 제49집, 2015, 866쪽.

식의 존재와의 상호작용의 합리적인 방법에 대한 논의는 배제되어 있다. 그러한 이미 축적된 경험은 비판과 성찰의 과정을 거치지 않고 숨겨진 채 성장하게 된다.

법률 해석의 외연은 베버(Weber)가 말한 형식적 합리성의 모습을 띠고 일관성, 예측 가능성의 모습을 비추고 있기에 법률가들이 제시한 논증의 전문성은 객관적인 것으로 비춰지며 또 그러한 당위를 갖는다. 그러나 실제의 법률 작용 과정을 살펴보면 최종적 법률 해석은 법조인들의 법률 텍스트 습득은 물론, 법조 문화, 그리고 법무 실무가들의 법인식과 개인적 경험들이 고스란히 배어나게 된다. 특히 법관 개인이 그 사건에서 느끼는 감정, 피고인에 대한 정서적 반감 등과 같이 법률 언어로 구체화하기 어려운 복잡한 요소들까지도 이 과정에는 중요한 요인으로 작용한다. 그리고 이상돈 교수는 이를 법률 해석에 작용하는 선이해(Vorverständnis)라 칭하고 있다. 그리고 축적된 경험과 다양한 정보의 습득에 대한 비판적 성찰이 배제된 채 어둠 속에서 작동하는 그들의 선이해는 결국 그 사회 속의 권력 논리에 쉽게 작용하는 정치화된 법률 해석을 낳을 수밖에 없다고 우려한다.

구체적으로 이상돈 교수는 법률 해석자의 선이해를 세 가지로 유형화하였다(1996, 198).

- 개인적인 의미기대: 법률 해석자 자신의 고유한 삶의 역사(경험) 속에서 갖게 된 가치 체계나 정서체계를 바탕으로 해석대상에서 기대하는 일정한 의미
- 사회역사적 의미기대: 법률해석자가 놓여 있는 역사적, 사회적 및 문화적 맥락의 특정한 영향에 의해 법률 해석자가 해석 대상에게 기대하게 되는 일정한 의미
- 전문직업적 의미기대: 법률 해석자가 법률가로 양성되는 직업적 사회화 과정에서 특정한 법지식의 정보체계에 학습됨으로써 해석 대상에게 기대하게 되는 일정한 의미

즉, 법률 해석자의 개인적인 경험, 그가 놓여있는 사회·역사적 배경, 그리고 법조인으로서 학습한 사회화 과정이 실질적인 법률 해석에 상호작용함을 이해할 수 있다.

Ⅲ. 양형판단에서 선이해의 확장과 증명

이상돈 교수가 제시한 법해석에서 선이해의 세 가지 유형은 범죄학 영역에서 양형편차를 다루는 초점적 관심이론(focal concern theory)을 통해 개별적 요인으로 구체화되어 증명된다. 초점적 관심이론은 법조실무가 중에서 특히 법관의 주요 관심(focal concern)에 의해 최종 판결이 달라질 수 있음을 주장한다.[2] 법관이 판결 당시 갖고 있는 범죄행위와 지역사회에 대한 관점, 범죄 자체의 죄상(blameworthiness)의 관점 그리고 조직구성원으로서 조직 업무 관점이 주요하게 판결에 작동한다고 설명한다. 만약 "법대로 한다"는 법조인들의 객관화된 전문성에 대한 강한 입장과 베버(Weber)가 강조하는 법이 추구해야 할 이상적인 모습인 형식 합리성(formal rationality)의 모습을 따른다는 가정이 현실의 모습이라면 이러한 법률 텍스트가 규정하지 않는 법관의 초점적 관심(focal concern)은 법 해석과 양형 판단 과정에서 작동해서는 안된다. 그러나 경험적 분석을 살펴본 결과, 최종 판결이라는 종속 변수에는 외연적으로 드러난 법적 요인은 물론 법외적 요인인 초점적 관심의 역할이 상당히 무게감 있었고, 꽤 다양하게 작동하고 있음을 확인할 수 있었다.

양형 판단에 대한 경험적 연구로서 증명된 요인들은 이상돈 교수가 제시한 법률해석자의 선이해 개념에 쉽게 적용하여 분류할 수 있다. 법

2 Ulmer & Kramer, "Court communities under sentencing guidelines: Dilemmas of formal rationality and sentencing disparity", Criminology, 34, 1996, pp. 384~408; Steffensmeier et al., "Age Difference sentencing", Justice Quarterly, 12, 1993, pp. 583~601.

률 해석자의 개인적인 의미기대에 해당되는 선이해 내용은 가해자의 성별이나, 인종, 사회적 지위, 그리고 범죄의 심각도와 위험성 판단에서 작동하게 된다. 국외의 양형 편차 요인에는 인종과 성별의 문제가 상당히 드라마틱하게 나타나지만, 우리나라에서는 범죄유형에 따라 그 양상이 상이하다. 산업보안 범죄에 있어서는 외국 국적의 피고인에게 엄격한 처벌이 내려지고 있고,[3] 살인 범죄에 있어서는 피고인의 성별은 중요하지 않게 형식합리성의 모습이 보여진다.[4] 그러나 가정폭력에 대해서는 여성의 희생보다는 가족주의 가치 혹은 가부장적 가치를 더욱 고수하는 모습을 보이기도 한다.[5] 반대로 교통사고에 있어 도주차량 범죄의 양형에서 성별 차이를 검증한 연구는 여성 내에서도 교육수준이 높은 가해자의 경우 관대한 결정을 받는 현상을 보고하였다.[6] 즉, 형사사법체계가 중산층 이상의 여성에게 선택적으로 관대한 기사도주의를 확인한 것이다. 피고인의 연령의 경우 법관이 갖고 있는 고령자에 대한 시선과 교정 비용 등이 함께 고려된다. 고령자들의 낮은 재범 가능성과 위협으로 사회내 처우가 적절하다고 판단될 경우 관대한 양형 판단이 내려지겠지만 사회에서 기대하는 연장자로서의 모범성이나 고령자의 재사회화의 어려움을 무게 있게 바라보는 법관은 전반적으로 고령자에게 관대한 사회임에도 불구하고 엄격한 판결을 내리게 된다. 우리나라의 살인범죄자에 대한 연구에서는 어린 피고인에게 더욱 엄격한 처벌

---

3 박미랑, "영업비밀침해행위 및 부정경쟁행위 사건 양형요인", 형사법의 신동향, 제62권, 2019, 105~132쪽.

4 박미랑, "살인 범죄 양형 편차, 누구의 영향력인가?: 사건 당사자와 법정행위자 집단, 그리고 법원조직 특성의 영향력 비교", 형사법의 신동향, 55호, 2017, 238~282쪽.

5 박미랑, "가정폭력, 가족간 살인, 그리고 판결문속의 가부장적 이데올로기", 한국공안행정학회보, 52권 3호, 2013, 106~142쪽; 박미랑・마정미, "미디어의 가정폭력 피해자 보도에 대판 프레이밍 연구: 4대악 공약전후 비교", 한국경찰연구, 13권 1호, 2014, 33~60쪽.

6 박철현, "성에 따른 양형의 편차: 도주차량범죄의 사례", 범죄와 비행 1, 2011, 97~119쪽.

을 내리는 경향이 강하였다.[7]

두 번째 개념인 사회·역사적 의미 기대는 법관이 속한 사회적 및 문화적 맥락이 판결에 영향을 미치는 요인으로 작동한다. 아동 대상 성폭력 가해자에 대한 사회적 시선, 아동학대 행위에 대한 사회적 관심과 미디어의 조명 등이 실질적 판결에 미치는 현상을 설명함은 물론 교정시설의 과밀화 수준도 고려의 사회적 맥락으로 해석될 수 있다. 예를 들어, 조두순 사건이나 정인이 사건 등에 분노하는 사회에서 법관은 아동대상 범죄를 행한 가해자에게 관대한 처벌을 내리기가 어렵고, 미디어에 의한 사건 노출에 따라 판결이 달라지는 현상을 두고 "미디어에 의한 정의(justice by media)"라는 용어가 생겨나기도 하였다. 또한 최근 코로나19와 같은 팬데믹 상황에서는 과밀화된 교정시설 안에서의 감염과 그로 인한 사회적 비용을 감당해야 하므로 실질적으로 구금형의 선고의 축소를 진지하게 고민할 수밖에 없다. 사회역사적 의미기대를 법조 사회 자체에 적용할 경우 흥미로운 내용이 발견된다. 법조인의 구성이 판결에 영향을 미칠 수 있음을 보여주기도 한다. 대체로 선이해를 설명할 때는 법조인이 경험한 선이해가 피고인을 바라보고, 그들의 범죄를 해석하는 시각에 영향을 준다고 보지만, 법조인들의 출신과 배경의 다양성 수준이 판결에 영향을 미친다고 본다. 흑인 변호사가 많은 지역에서는 흑인에 대한 처벌이 관대해지는 경향이 나타나고,[8] 부유한 동네에서 관대한 선고가 내려지기도 한다.[9] 또한 판사의 인종이 유색인종일 경우 백인 법관대비 유색인종 피고인에 대한 구금형 결정이 낮아

---

7 박미랑, "살인 범죄 양형 편차, 누구의 영향력인가?: 사건 당사자와 법정행위자 집단, 그리고 법원조직 특성의 영향력 비교", 형사법의 신동향, 55호, 2017, 238~282쪽.

8 King, R., Johnson, K. & McGeever, K., "Demography of the legal profession and racial disparities in sentencing", Law and Society, 44(1), 2010, pp. 1~32.

9 Ulmer, J. & Kramer, J., "Court communities under sentencing guidelines: Dilemmas of Formal Rationality and sentencing Disparity", Criminology, 34, 1996, p. 399.

지는 것을 보고하기도 하였다. 즉, 출신과 배경이 다양한 법조인의 구성이 판결의 차별을 줄일 수 있다는 내용을 증명하기도 하는데, 다양한 법조인의 구성은 개별적 수준에서 작동하는 선입견(선이해)에 의존한 생각들의 독단적 작동을 방지하고 균형적 시각을 제공한다는 측면에서 설명가능하다.

법원의 지리적 위치나 도시화 수준도 법관의 판결에 영향을 미칠 수 있다는 입장도 법관의 사회문화적 관점에서 해석이 가능하다. 도시일수록 지역사회내 관심에서 자유롭기에 법적 내용으로만 판결이 가능한 반면, 작은 도시나 좁은 지역사회일 경우에는 법외적 요인을 고려하여 판결을 내리는 경향을 보고하기도 하였다. 그러나 우리나라의 연구에서는 법원의 지리적 위치는 크게 유의미한 영향력을 발휘하지 않았다.[10]

마지막으로 전문직업적 의미기대는 법률가로 양성되는 직업적 사회화 과정이 낳는 선이해의 작동을 설명한다. 초점적 관심이 검증한 조직효과성(organizational effectiveness)과 맥을 같이한다. 행정학 분야의 조직 효과성은 조직이 목표를 무리 없이 달성하는 정도로 정의하고 있다.[11] 즉 조직 구성원으로 업무량, 업무 소화도, 업무 정확도에 대한 평가가 실질적인 법관의 재판을 대하는 태도와 결과에 영향을 미칠 수 있다고 보는 것이다. 법원 조직의 목표와 개인 법관을 평가하는 기준이 무엇을 향하는가에 따라서 판결의 양상이 달라진다고 보는 입장이다. 실제 미국내에서 진행한 양형연구에서는 법관이 속한 법원의 업무량 부담이 증가할 경우 최종 판결의 엄격성이 증가하는 것으로 나타났다.[12] 반면 우리나라에서는 실질적 업무량이 양형에 유의미한 영향을

10 박미랑, "살인 범죄 양형 편차, 누구의 영향력인가?: 사건 당사자와 법정행위자 집단, 그리고 법원조직 특성의 영향력 비교", 형사법의 신동향, 55호, 2017, 238~282쪽.

11 Georgopoulos, B.S., & Tannenbaum, A.S., "A Study of Organizational Effectiveness", *American Sociological Review*, 22(5), 1957, pp. 534~540.

12 Ulmer, J. Eisenstein, J. & Johnson, B., "Trial penalties in federal sentencing: extra-guidelines factors and district variation", Justice Quarterly, 27, 2010, pp.

미치지는 않았다.[13] 다른 법조 문화 측면에서 살펴본 연구로는 합의부 판결에서 여성 주심 법관의 성별과 성범죄 판결의 차이 양상을 살펴본 연구가 있는데 우리나라의 합의부 판결의 경우 여성 법관의 존재 여부와 여성 주심의 유무는 양형 판단에 큰 차이를 유발하지 않다는 결과가 보고되기도 하였다.[14] 이는 여성 개인주의적 경험이 조직에서 전문성으로 작동할 경우 성중립화되도록 사회화되는 과정을 거쳤을 것이라는 추측이 가능하다.

전문직업적 의미는 때로는 사회적 맥락 의미와 함께 상호작용하는 효과를 보여주기도 한다. 이러한 내용은 재판의 실질적 역할을 담당하는 법정 행위자 분석을 통해 살펴볼 수 있다. 법정 행위자 집단과 그들의 협력 모델을 설명하면서 법정 내 협상의 불확실성이 법정 내 행위자들의 익숙함(familiarity)에 의해 감소한다고 주장하였다.[15] 판사와 변호사와 같은 법정 행위자들이 익숙한 관계일수록 그들은 사법절차 속의 적대적 형식보다는 협상을 통해 문제를 해결하려는 경향이 높고 오랫동안 많은 사건을 담당하면서 그들은 법정내 다른 행위자들(actors)과 비공식적 관계를 발전시키는 기회들을 많이 얻게 된다고 보았다.[16] 이러한 행위자들 간의 형성된 오래된 비공식적 관계들은 소송 과정과 재판 선고 과정에도 영향을 미친다고 보았다. 이러한 관점은 재판을 법정 행위자들의 문제해결 과정으로 보기 때문에 사건 당사자들의 행위보다 이들의 관계성이 최종 선고에 영향을 미치게 된다고 설명한다. 같은 맥락에서 Haynes의 연구에서는 펜실베니아 주의 형사사건을 통해

560~592.

13 박미랑, “살인 범죄 양형 편차, 누구의 영향력인가?: 사건 당사자와 법정행위자 집단, 그리고 법원조직 특성의 영향력 비교”, 형사법의 신동향, 55호, 2017, 238~282쪽.

14 정송이, 박미랑. “재판과정의 법정행위자 성별과 성범죄 양형: 강제추행 사건을 중심으로”, 한국범죄학, 제14권 제1호, 2020, 39~55쪽.

15 Eisenstein, J. & Jacob, H, Felony Justice An organizational analysis of criminal courts. Boston: Little, Brown and Company, Inc, 1977.

16 Bibas, S, “Plea bargaining outside the shadow of a trial”, Harvard Law Review, 117, 2004.

인종, 성별, 학부 혹은 로스쿨의 유사성이 갖는 영향력을 연구하였는데, 법정행위자 집단에 있어서 성별의 유사성은 구금 결정을 33%가량 낮추는 영향력을 발휘하였고, 행위자 집단의 근접성(proximity)은 구금률을 낮추고 벌금 선고율을 높였다.[17] 이들은 이것을 친밀한 판사와 변호인 간의 구금과 벌금의 교환이라고 해석하였다. 우리나라의 경우 법조인의 학연, 지연, 사법연수원 동기생, 경력 등의 상호작용을 살폈지만, 가장 유의미한 요인은 법관과 검사, 변호인의 경력의 상호작용이 실질적 양평편차를 유발하는 것으로 나타났다.[18]

Ⅳ. 마무리

법률해석과 적용의 결과가 감시의 대상이 되면서 일반인에게는 선입견, 이상돈에게는 선이해, 그리고 범죄학자에게는 초점적 관심이라는 용어가 법관의 판결을 분석하는 프리즘이 된다. 그리고 경험적 분석의 결과, 법률 텍스트에 존재하지 않는 더 다양한 선입견, 선이해, 그리고 초점적 관심이 상호작용하며 누군가의 삶으로 들어가고 있음을 확인할 수 있었다. 즉, 법관의 개인적 경험, 사회적 맥락, 전문직업적 사회화가 모두 넓게 상호작용하면서 작동하고 있었다. 이러한 선이해의 작동의 경험적 증명은 법관의 선이해를 두고 의사소통이 가능하고 통제가 가능한 것으로 만들어야 한다고 본 하쎄머와 이상돈의 주장에 힘을 실어준다. 그리고 법관의 선이해의 올바름을 절차적으로 창출될 수 있는 구조가 마련되어야 하며 그 구조 이후에는 심사 받아야 함이 마땅하다는 이상돈의 주장에 설득력을 더해준다.

---

17 Haynes, H., Ruback, B. & Cusick, G, "Courtroom workgroups and sentencing: the effect of similarity, proximity, and stability.", Crime and Delinquency. 56, 2010. pp. 26~161.

18 박미랑. "살인 범죄 양형 편차, 누구의 영향력인가?: 사건 당사자와 법정행위자 집단, 그리고 법원조직 특성의 영향력 비교", 형사법의 신동향, 55호, 2017, 238~282쪽.

법관의 선이해는 개별적이고 선별적으로 경험하고 과거의 법률 텍스트에서 폐쇄적으로 순환하도록 방치되어서는 안 된다. 우리는 법조 실무가들이 법조 텍스트가 아닌 현재와 미래의 사회 속에서 살아있는 경험적 지평을 늘려가는 것의 중요함을 의사소통의 관점에서 강조할 수밖에 없다. 그들의 선이해는 의사소통의 장으로 나와야 하고 성찰을 통해 나선형적 순환구조(1996, 199)로 나아가야 할 것이다. 그래야 법관이 갇혀 있지 않고 법이 실질합리성의 단계로 발전해가도록 도울 수 있을 것이고 살아있는 법으로 만들 수 있을 것이다. 이제 법관을 향한 현실적이고도 체계적인 교육의 필요성을 논해야 할 것이다.

12 고의와 자의성의 절차적 지평: 화용론을 중심으로

권 지 혜*

비평하는 저작 이상돈, "고도산업사회와 고의귀속의 절차적 지평", 현대법학의 현대적 과제, 법문사, 1993.
이상돈, "중지미수에서 자의성 개념의 기호론적 재구성, 저스티스, 제33권 제1호, 2000.

Ⅰ. 고의와 자의성 개념의 의미론적 불명확성

오늘날 우리가 마주하는 형법학은 수세기 동안 여러 학자들의 치열한 논쟁을 거쳐 정립된 매우 정치한 산물이다. 18, 19세기 자연과학주의를 시작으로 다양한 사회역사적 맥락에서 논쟁이 진행되며 형법도그마틱과 해석은 수정과 발전을 거듭해왔다. 그 결과 오늘날의 형법학은 사회에서 발생하는 행위 대부분을 일정한 형법이론의 틀 안에서 해석할 수 있는 틀을 갖추었다고 평가된다. 그러나 여전히 의미와 사용에 있어 명확히 설명되지 못하는 개념이 존재한다. 고의와 자의성 개념이 그 대표적 사례이다. 이 개념들은 동일사안에 대하여 다르게 판단을 하는 판례들의 모순성이 흔히 나타나는 부분이면서, 형법교육에 있어 학생들이 불명확성으로 자주 혼돈을 겪는 부분이기도 하다. 이상돈 교수

* 수원여자대학교 법행정학부 교수, 법학박사.

는 고의와 자의성 개념을 절차적 지평, 특히 화용론적 차원에서 재구성하며 기존의 의미론적 접근이 지니는 한계를 분석하고 실천적 결론을 제시하는 두 개의 논문을 발표한다.

기존의 형법학에서는 불명확한 고의와 자의성 개념을 구체화하려는 노력을 기울이며 해석이론을 발전시켜왔다. 가령 고의의 지적 요소와 의지적 요소를 구체적으로 밝히고자 노력하였으며, 이에 입각해 고의의 종류를 구체적으로 분류하였다. 개연성설, 가능성설, 용인설 등으로 대표되는 미필적 고의와 인식 있는 과실을 구별하기 위한 노력도 그 예이다. 이러한 작업은 고의개념의 의미소를 풍부히 하였고, 개념이 구체화되며 법적용에 있어 일관성을 향상시켰다.

그러나 이러한 노력에도 불구하고 고의개념의 적용에는 여전히 불명확성을 내포한다. 이상돈 교수는 이러한 현상에 관하여 고의개념에 대한 의미론적 접근이 지니는 한계라고 분석한다. 일상언어의 의미소는 계속해서 변하는 속성을 지니므로 완벽하게 일관된 개념을 구성하는 것은 불가능하다.

이 교수의 이러한 주장은 자의성 개념에 관하여도 적용된다. 과거 형법학에서는 자의성의 개념을 구체화하기 위한 과정으로 외부적 사정을 기준으로 한 객관설, 윤리적 동기에 의한 주관설이 주장되었고, 현재는 강제적 장애사유가 없음에도 불구하고 자율적 동기에 의해 중지한 때 자의성이 인정된다는 절충설이 강력한 지지를 받고 있다. 그런데 중지미수에 관한 절충설에 입각한 우리 판례의 태도에서 부정합적인 모습이 흔히 보인다. 이에 관하여 이상돈 교수는 자의성 개념의 의미론 자체에 내재한 불명확성에서 비롯된다고 비판하며 절충설의 다의성과 프랑크공식과의 혼돈을 비롯한 한계를 구체적으로 제시한다.

Ⅱ. 절차적 지평의 재구성

이렇듯 이상돈 교수는 기존의 고의와 자의성의 의미론적 접근의 한계를 분석한다. 이러한 분석의 출발점은 이들이 성향개념이라는 점에 입각하며, 고의의 귀속과 자의성 판단에 있어 간접사실에 의거한 추정이 절차적 지평, 특히 화용론적 차원에서 이뤄질 필요성이 있음을 주장한다.

1. 성향개념과 판단인자의 다양화

고의와 자의성 개념은 행위자의 내면적 의식상태를 나타내는 성향개념에 속한다. 내면적 의식상태를 구성요건요소로 삼는 것은 명확성원칙의 관점에서는 바람직하지 못하나, 책임의 귀속을 차등화하는 데에는 필수적이다. 즉 알면서도 행하였다는 내면적 의식상태가 존재할 때 과실범보다 고의범을 중하게 처벌할 수 있는 것이며, 범죄결과가 발생하지 않음이 우연이 아니라 내면적 의식의 전환이라는 점에 근거하여야 중지미수를 장애미수보다 가볍게 처벌하는 점을 설명할 수 있다.

내면적 의식상태는 외부적으로 직접 관찰할 수 없으므로, 우리 형법에서 고의와 자의성의 판단은 그것을 추정케 하는 간접사실에 의하여 판단한다. 이와 관련하여 이상돈 교수는 간접사실, 즉 판단인자 다양화의 중요성을 강조한다. 고의와 자의성 추론에 있어 판단인자가 많이 수집될수록 고의와 자의성 개념의 의미론이 풍부해질 수 있기 때문이다. 이러한 인식에 입각하여 이 교수는 고의개념의 판단을 예로 법익침해 또는 법익위태화의 위험상황(제1단계), 그 위험상황에 대한 행위자의 인식(제2단계), 인식된 위험의 실현을 자기 것으로 삼으려는 결정(3단계)의 단계마다 최대한의 판단인자가 수집되어야 한다는 점을 밝힌다. 간접사실을 수집하고 적용하는 절차가 합리적으로 조직될수록 고의와 자의성 개념의 적용이 명확해질 것이다. 그렇다면 고의와 자의성 개념의 의미론과 개념적용의 절차적 지평은 별도로 분리된 것이 아니다.

2. 간접사실의 화용론적 차원

성향개념의 판단은 간접사실이 세분화되고 다양해질수록 보다 정확해지며, 그렇기에 형사소송의 수행에 있어 증거의 수집과 활용은 항상 강조되는 중요한 부분이다. 그런데 이상돈 교수는 간접사실 수집의 중요성을 넘어서 본질적으로 이들을 화용론의 차원에 위치시켜야 함을 역설한다. 자의성을 분류하던 기존의 학설과 판례의 작업은 다양한 요소들로 구성된 맥락을 거세하고 간접사실들 중 일부를 선별하고 도식화하는 방법에 의해서만 작동이 가능하도록 자의성의 의미를 교조화하는 것이었고, 그렇기 때문에 오히려 더 불명확해진 것이기도 하다.

중지미수의 자의성 판단에 있어 간접사실들은 수소법원의 법관이 피고인의 중지행위가 '자의로' 행한 것이라 '말'하는 맥락에 의해 고려하고 파악되어야 한다. 외부적 장애, 윤리적 동기, 행위자의 신변위험 등 기존 학설과 판례가 자의성의 유무를 판단하며 나눈 분류요소는 고정적 의미를 지니는 것이 아니라 그것이 말해지는 맥락에 의해 의미가 달라진다. 기존 학설에 의해 두려움이나 피해여성의 신체상태와 같은 자의성을 확정적으로 배제시키는 것으로 여겨지는 사유가 현실의 재판에서는 법관의 자유심증에 따라 자의성을 긍정하는 간접사실로도 활용될 수 있다. '화용론'의 차원에서 보면 자의성을 배제시키던 간접사실이 연민의 감정과 같은 윤리적 동기가 형성되는 계기를 내포한 사실로 법관이 경험할 수도 있기 때문이다.

법관은 피고인이 범행을 중지했던 과거의 상황을 재구성하고 '참여적 관찰'의 시점에서 피고인의 중지행위가 '자의로' 행하여졌는지 여부를 '말'할 것을 결정한다. 형사소송에서 검사와 피고인측의 사실주장과 입증활동은 법관이 '자의로' 행하였는지 여부를 '말'하는 맥락을 구성한다. 그리고 법관이 자의적이었다고 말할 것이냐는 이 맥락을 구성하는 다양한 사실들의 중요성을 어떻게 비교형량해서 판단할 것인지에 따라 달라지며, 또 이러한 형량적 판단은 법관 개인의 선이해와 대화적 상황의 다양한 변수들에 의해 달라질 수 있는 것이다. 이렇듯 이상돈 교수는 기존의 학설과 판례는 간접사실들을 기호론적으로 볼 때 잘못된 차원에 위치시키고 있었다는 점을 지적하며 화용론적 차원에 위치시켜야 자의성을 명확히 판단할 수 있음을 주장한다.

Ⅲ. 성찰적 지평과 끊임없는 재구성

기존의 의미론적 접근이 지니는 불명확성의 한계를 극복하고자 하는 이 교수의 접근법이 기존의 의미론적 접근이 무용함을 주장하는 것은 아니다. 그는 기존의 의미론적 분석과 자신의 화용론적 분석이 상호보완 되어야 한다고 주장한다. 자의성 개념의 의미론적 세분화는 구체적 사안에 있어 법관의 자의성 개념 적용을 용이케 하고 투명성을 높여 법관의 판단에 대한 건설적 비판과 토론의 가능성을 높이는 역할을 수행한다. 다만 의미론적 세분화의 노력도 결국 일정 지점에 다르면 선이해가 개입하는 형량적 판단결정에서 실천적 한계를 가질 수밖에 없으므로 의미론적 교조화를 벗어나 사안마다 기존의 의미론은 끊임없이 성찰적 자기변화의 가능성을 열어놓아야 한다고 주장한다. 언어이론적으로 화용론적 차원, 즉 같은 단어의 다른 쓰임새를 지속적으로 경험하는 틀 위에서 의미론적 세분화가 비로소 가능해진다는 것이다.

유의하여야 할 점은 고의와 자의성 개념에 관한 화용론적 접근이 모든 사안에서 매번 화용론적 차원의 성찰과 근거지음이 이루어질 것을 의미하는 것은 아니라는 점이다. 형법의 적용은 현실세계에서 이루어지는 절차이다. 형사소송의 절차가 아무리 합리적으로 구성되어 있더라도, 각 사안에서 모든 간접사실을 화용론적 성찰과 근거지음에 입각하여 이해하는 것은 불가능하다. 따라서 그는 기존의 학설과 판례가 보이는 자의성 개념의 의미론을 인정하되, 이는 화용론적 차원의 비판적 성찰에 개방된 채 끊임없이 재구성될 수 있는 의미론적 세분화로 전환되어야 함을 주장한다. 즉 화용론적 차원의 접근의 필요성을 주장하되, 이러한 접근이 실효적이기 위해서는 형사사법제도가 합리적으로 짊어질 수 있을 정도로 축소되며 이루어져야 함을 인정한다. 현실세계와 맞닿아 있는 형법의 해석과 적용에 있어 성찰적 자세뿐만 아니라 실천성을 강조하는 그의 일관된 태도가 자의성 개념의 화용론적 적용에서도 나타난다.

이상돈 교수의 성찰적·실천적 태도는 고의귀속 문제에서도 동일하다. 그는 고의 개념의 적용에 있어 최대한 많은 간접적 사실을 확보할 때 정확한 고의귀속이 이루어질 수 있다고 주장하였지만, 동시에 현대사회에서 고의귀속이 불확실할 수밖에 없는 영역이 존재하는 두 가지 실천적 사유를 제시한다. 첫째는 고도산업사회에서 사회적 하부체계는 인간의 생존조건을 창출하는 기능을 수행하지만 생존조건을 확실히 보장할 정도의 기술적·과학적 능력을 보유하지 못하다는 점이다. 따라서 위험사회에서 개인은 자신의 행위가 위험발생을 초래할 것인지 여부를 예측하고 행위방향을 설정할 수 있는 확실성이 사라졌다. 그 결과 고도산업사회에서 불확실성의 영역에서 개인에게 고의를 귀속시키는 것은 위험상황을 예측했어야만 하는 의무의 부과라는 성격을 띤다. 이에 이상돈 교수는 간접사실을 통해 사회체계의 관리능력 밖에서 발생한 위험요소가 법익침해의 중요변수로 작용한 경우라면 고의귀속을 배제하여야 함을 주장한다.

두 번째 불확실성은 형사소송절차의 복잡성과 기능적 효율성의 추구에 기인한다. 위험사회에서 형법이 날로 비대해지며 폭발적으로 증가하는 업무량을 소화하기 위하여 형사사법절차는 기능적 효율성을 강조하게 된다. 이 과정에서 법치국가적 원칙들은 무력해져 가며, 판단인자의 수집과 사용에도 영향을 미친다. 즉 기능적 효율성을 추구하는 형사소송법 정책으로 인하여 고의귀속의 불확실성이 구조적으로 자리잡을 수밖에 없음을 지적한다.

Ⅳ. 절차적 지평의 실천적 결론

1. '의심스러울 때에는 피고인에게 유리하게' 원칙의 적용

이상돈 교수는 고의와 자의성 개념의 절차적 지평을 특히 화용론적 성찰을 중심으로 재구성하는데 그치지 않고 절차적 성찰이 요청하는 실천적 결론을 제시한다. 첫째, '의심스러울 때에는 피고인에게 유리하게'(in dubio pro reo) 원칙이 적용되어야 한다. 간접사실을 통하여 고의개념의 적용을 명확히 하더라도, 고도산업사회에서 고의귀속이 의무부과가 된 영역에서 법관은 사회체계의 관리능력 밖에서 발생한 위험요소가 법익침해의 중요변수로 작용하였다면 고의귀속을 배제하여야 하며, 그것이 의심스러운 상황에서도 '의심스러울 때에는 피고인에게 유리하게' 원칙에 따라 고의귀속을 배제하는 직업에토스가 확립되어야 한다. 자의성 개념 또한 법관은 매우 단편적인 간접사실을 자료로 자의성 판단이 이루어진다는 점을 상기하며 끊임없이 자신의 자의성 판단을 재성찰해야 한다. 그리고 그러한 판단에 합리적 의심이 남아있다면 '의심스러울 때에는 피고인에게 유리하게' 원칙에 따라 자의성을 인정하는 방향으로 결론지어야 한다.

2. 형사사법정책적 성찰

둘째, 형사사법체계의 특성으로 발생할 수 있는 왜곡, 즉 법정책적 성찰이 요청된다. 형사사법정책의 기능적 효율성의 강조는 고의개념의 절차적 구성요소인 판단인자의 소극적 수집을 유발할 수 있다. 이상돈 교수는 형사사법의 기능적 효율성이 주요 개념으로 자리잡을수록 수사와 공판절차는 자백중심으로 진행되고 판단인자의 수집이 사실상 중단될 수 있음을 염려한다. 성향개념인 자의성 판단에 있어 다양한 간접사실의 활용과 엄격증명이 아닌 교조화된 의미론이 중심테제로 자리잡은 것은 소송경제를 도모하는 법관들의 의식 반영이라고도 볼 수 있다. 따라서 올바른 고의 귀속과 자의성 판단을 위해서는 형사사법체계의 기능적 효율성에 일방적으로 지향된 형사소송정책이 먼저 극복되어야 한다고 주장한다. 더하여 자의성을 부정하는 쪽으로 편중된 판례에 태도에는 경제적 이유뿐만 아니라 권력적 측면의 체계 왜곡 또한 존재함을 지적한다. 즉 중지미수보다 장애미수규정이 법관의 재량을 더 넓게 보장한다는 점에서 권력지향적 전략이 구사되므로 이로 인한 체계적 왜곡에 대한 반성이 요청된다.

이처럼 고의와 자의성 개념의 절차적 지평을 열고 그 적용에 있어 실천적 결론까지 제시한 이상돈 교수의 두 논문은 20년이 지난 오늘날에도 유효하다. 고의와 자의성 개념에 대한 기존의 학설과 판례의 태도는 여전히 명확한 적용기준을 제시하지 못하고 있으며, 고도산업사회에서 형법의 비대화와 형사사법체계의 기능적 효율성 강조 경향도 여전하다. 사회는 살아서 변화하는 존재임을 고려할 때 절대적으로 완벽한 형법해석이나 도그마틱은 존재할 수 없다. 그렇다면 우리에게 요청되는 자세는 기존의 논의의 유용성과 한계를 분석하고, 이에 대한 보완을 모색하고 끊임없이 재구성하되, 현실적 상황을 고려한 실천적 적용 태도이다. 이러한 측면에서 고의와 자의성에 관한 이상돈 교수의 연구는 이론적·실천적 토대를 제공해준다 할 것이다.

13 인과성 개념의 비판적 기능과 결과의 귀속

홍 가 혜*

비평하는 저작 이상돈, 인과성 개념의 비판적 기능과 결과의 귀속, 고려대 법학논집, 제34집, 1998.

Ⅰ. 인과성 개념의 추상화와 일반적 인과성

이상돈 교수는 "사회현실을 엄밀하게 분석·비판하는 사회과학과 이데올로기를 비판하며 새로운 사회에 대한 전망을 기획하는 사회이론에 바탕을 둔 형법이론" 그리고 "개인의 자유와 시민사회의 자율성을 존중하며 끊임없이 자기반성적 성찰을 수행하는 (형)법정책"의 변증을 도모하던 젊은 시절 "인과성 개념의 비판적 기능과 결과의 귀속"이라는 논문을 발표한 바 있다. 이 논문은 자연과학적 인과성 개념에서 객관적 귀속론에 이르는 인과성 개념의 유형과 발전을 분석한 바 있다. 이상돈 교수는 위험사회의 형법이 인과성 개념에 대해 구성요건적 결과의 '개인적 귀속'이라는 근대적 기획의 실현을 더 이상 기대할 수 없게 만든다는 점을 비판하면서 이를 인과성 개념의 '추상화'라고 부르기

* 중앙대학교 심리서비스대학원 시간강사, 법학박사.

도 한다(1998, 392).[1] '인과성 개념의 추상화'란 행위와 결과 사이에 구체적인 자연법칙적 연관관계가 해명되지 않음에도 인과성이 인정되는 것을 말한다.

이상돈 교수는 이 같은 인과성 개념의 추상화를 독일형법의 '일반적 인과성'과 한국형법의 '역학이론'에서 포착하고 있는데, 이 인과성 개념은 아래와 같은 요건이 충족되면 행위와 결과 사이의 인과관계가 인정한다고 분석한다. 첫째, 한 행위가 일정한 행위준칙을 위반하였고, 둘째, 이 위반행위에 시간적으로 (때로는 매우 좁게) 뒤이어 결과가 발생하였고, 셋째, 이 위반행위와 결과발생 사이의 통계적 상관관계가 있거나 적어도 우연적인 관계에 있지 않다는 가설이 있고, 넷째, 이러한 사태의 진행과정에 그 위반행위와는 다른 어떤 조건이 작용하지 않았음이 확실한 경우이어야 한다. 이상돈 교수가 말한 일반적 인과성개념은 「환경범죄 등의 단속 및 가중처벌에 관한 법」 제11조[2]에서도 찾아볼 수 있다.

그러나 "통계적 상관관계나 비우연성 가설은 반증도 할 수 없지만 확증도 할 수 없는 것이며, 결과를 초래한 원인요소를 완전하게 알지 못하는 한, 다른 원인의 개입가능성도 완전히 배제할 수 없다"고 한다. 그렇기 때문에 이와 같은 인과성 개념은 행위와 결과 사이의 구체적인 자연과학적 인과관계를 포기하고, 오직 일반화된 관련성만 남길 뿐이라고 한다. 그로 인해 결과의 개인적 귀속이라는 인과성 개념의 책임제한 기능은 심각하게 형해화되어 버린다는 것이다.

---

1 이상돈 교수는 인과성 개념의 변형을 추상화 외에도 기능화, 무력화로도 설명하고 있다.

2 제11조(추정) 사람의 생명·신체, 상수원 또는 자연생태계 등(이하 "생명·신체등"이라 한다)에 위해(제3조제3항 각 호의 어느 하나에 해당하는 경우를 포함한다. 이하 이 조에서 같다)를 끼칠 정도로 오염물질을 불법배출한 사업자가 있는 경우 그 오염물질의 불법배출에 의하여 위해가 발생할 수 있는 지역에서 같은 종류의 오염물질로 인하여 생명·신체등에 위해가 발생하고 그 불법배출과 발생한 위해 사이에 상당한 개연성이 있는 때에는 그 위해는 그 사업자가 불법배출한 물질로 인하여 발생한 것으로 추정한다.

Ⅱ. 강간과 PTSD의 인과성 비판

이상돈 교수가 행한 인과성개념의 추상화에 대한 통찰과 일반적 인과성 비판적 분석에 공감하면서 필자는 그 분석과 같은 연장선상에서 '강간과 외상후스트레스장애(PTSD: post traumatic stress disorder) 사이의 인과관계'를 쉽게 인정하는 판례를 비판하는 논문[3]을 발표한 바 있다. 그 내용의 핵심을 요약해본다.

외상후스트레스장애에 대한 정신의학의 일반적 이해에 따르면, 외상사건 단독으로는 외상후스트레스장애를 일으키기에 충분하지 않고, 생물학적 요인, 발달과정에서 형성된 인격, 이전의 외상경험 유무, 사건 전·후 사회적 지지, 사건에 대한 개인의 주관적 해석 등 사건 전·후의 다양한 요소들이 복합적으로 발병에 매우 중요한 요인이 된다. 외상후스트레스장애의 원인으로 말해지는 다양한 요소들이 발병에 어느 정도 관여하는지, 어떤 상호작용을 하는지, 외상사건과 외상후스트레스장애 사이에 어떤 '인과적 과정'이 구체적으로 진행되었는지 알 수 있는 자연법칙적 지식이 완전하고 충분할 수 없다. 즉, 강간행위와 외상후스트레스장애 사이의 인과성 판단에 사용되는 자연법칙적 지식은 법적 책임의 귀속을 적절히 수행할 정도의 '확실성'을 갖고 있지 않다. 여기서 일반적 인과성 개념은 외상후스트레스장애에 대한 "자연과학적 법칙적 지식의 흠결을 메우고" 강간행위와 피해자의 외상후스트레스장애 사이의 "인과성을 인정할 수 있게 하며, 그 한에서는 자연과학적 합리성에 힘입어 책임귀속의 적절성을 보장하려는 기획이 무너지게 된다"고 할 수 있다.

그러나 이상돈 교수는 자연과학적 인과성 개념도 책임귀속의 올바

3 홍가혜, "강간과 외상후스트레스장애 사이의 합법칙적 조건관계의 판단과 객관적 귀속가능성", 한국범죄심리연구, 제18권 제1호, 2022, 131~142쪽; 이하의 내용은 일부 한국범죄심리연구에 게재된 바 있음을 밝힌다.

름을 사람들에 납득시킬 수 있는 일종의 인과성 설명모델임을 주지할 필요가 있다고 한다. 어떤 설명모델을 법적 개념으로 받아들일 것인지는 결국 행위와 결과 사이의 인과성 인정에 대한 일반적인 납득가능성에 달려 있다는 점에서 일반적 인과성 개념이 형법적 인과성 설명모델로 인정될 수 없을 만큼 그 자체로 비합리적 논증구조를 가지고 있다고 단정지을 수는 없다고 한다. 다만 일반적 인과성이 문제 되는 대개의 영역에서 일반적 인과관계에 의한 형법상 인과관계의 인정은 동일집단 내에서는 일반적일 수 있으나, 일반인들이 납득할만한 것이 되지 못한다는 것이다.

그러나 강간피해자 집단 내에서도 그와 같은 인과성 인정이 강간피해의 치명성을 강조하는 담론의 부상과 강화의 위험을 경계하는 관점에서 납득할만한 것으로 받아들여질 수 있는지는 의문이다. 대법원은 다수의 판결에서 강간과 외상후스트레스장애 사이의 자연법칙적 지식의 불완전성에도 불구하고 일반적 인과성 개념에 의해 인과성을 인정하고 있는 듯하다. 즉, 대법원은 1. 강간행위가 있었고, 2. 강간행위에 시간적으로 뒤이어 외상후 스트레스 장애 등이 발생하였으며, 3. 강간행위로 인하여 외상후 스트레스 장애 등이 발생하였다는 의사의 진단이 있었고, 4. 피해자가 충격적인 다른 사건을 떠올리지 않았고, 외상후 스트레스 장애는 적절한 치료를 받지 않는 이상 세월이 많이 흘러도 남아 있기 때문에 강간행위 외의 다른 조건이 외상후스트레스장애 발생에 작용하지 않았다고 한다.[4] 대법원은 강간사건의 경우에 외상후스

4 위반행위 외 다른 조건이 결과발생에 작용하지 않았을 것이라는 네 번째 요건의 경우, 대법원은 피해자의 자기보고에 의존하여 피해자가 강간행위 외에 충격적인 다른 사건을 떠올리지 않았다고 하여 다른 원인의 불개입을 인정하고 있다. 이는 외상후스트레스장애의 원인을 외상성 사건으로만 볼 때 가능하다. 그러나 앞서 본 것과 같이 다양한 요소가 외상후스트레스장애 발생에 작용하는 것으로 알려져 있으나, 그 요소들이 발병에 얼마나 관여하는지 어떤 상호작용을 하는지 완전하게 알 수 없기 때문에, 다른 원인의 개입가능성을 확실하게 배제할 수 없어 요건 충족에 어려움이 있다.

트레스장애에 대한 인과관계를 일반적 인과성 개념으로 인정하는 것은 '일반적 납득가능성'이 있다고 본 셈이다.

그러나 일반적 인과성 개념으로 외상후스트레스장애를 강간치상죄의 상해에 해당한다고 본다면, 이는 피해여성에게 발생한 외상후스트레스장애에 대해 결과책임을 부담지우는 것이기 쉽다. 이를 결과책임이 아니라고 하기 위해서는 강간치상의 치상은 객관적 표지가 아니라 마치 행위시점에서 행위자에게 "피해여성에게 나중에 외상후스트레스장애가 발생할지도 모른다는 점에 대한 (잠재적) 의식"과 같은 주관적 표지로 변질시켜야만 한다. 그러나 이 주관적 표지는 행위반가치적 요소가 아니다. 그것은 강간행위양태로서 지각가능한 것이 아니기 때문에 사실상 심정반가치의 요소로 기능한다. 그러니까 가령 언론을 통해 강간피해여성의 외상후스트레스장애에 관한 정보를 갖고 있는 가해자라면, 이미 그런 잠재적인 심정반가치는 있었던 것으로 보기 쉽다. 그렇게 되면 거의 모든 강간행위가 강간치상(상해) 행위가 되어 버릴 위험이 발생한다. 성폭력형법은 지금 그런 위험으로 나아가고 있다. 물론 이상돈 교수가 일반적 인과성을 형법적 인과성의 개념으로 인정할 것인가에 관해 말한 것처럼 그와 같은 형법해석은 궁극적으로는 "작은 형법을 지향하느냐 아니면 비대한 형법을 지향하느냐와 같은" 형법철학적 문제를 남긴다.

Ⅲ. 헌 사

우리 실무의 인과성 개념의 변용에 대해 "사람들이 원하지 않는 결과발생이 행위자의 어떤 의무위반에서 비롯된 것임이 분명하지 않음에도 불구하고 그 결과에 대한 형법적 책임을 묻게 하는 형법"은, "과잉금지원칙에 비추어 볼 때 결코 정당화될 수 없다"는 이상돈 교수의 통찰은 24년이 지난 오늘날의 실무에도 여전히 유효함을 알 수 있다. 인과관계가 해명되지 않은 결과에 대해 개인의 책임을 제한하지 않는 결과책임적 경향의 발전을 바라보면서, 이상돈 교수의 비판적 인과성 개념이 합리적인 형법정책의 토대가 되어야 한다는 생각을 더 강하게 하게 된다.

14 모더니즘의 행복론

정 구 태*

비평하는 저작 이상돈, 욕망은 행복을 낯설게 한다, 연극과 인간, 2003.

Ⅰ. 헌 사

필자는 대학원 학위과정에서 이상돈 교수님께 직접적으로 학은學恩을 입은 문하생이 아님에도, 교수님의 화갑을 기념하는 이 자리에 참여할 수 있게 되어 참으로 영광스럽다. 필자가 오늘날 가족법을 전공한 민법학자가 될 수 있었던 데에는 대학원 박사과정에서 선생님의 기초법 세미나를 수강한 것이 큰 자양분이 되었다. 필자의 석·박사 학위논문을 지도해 주신 지도교수님께서 가족법에 대한 필자의 지평을 넓혀주셨다면, 교수님께서는 『법이론』(1996)과 『법철학』(2003) 등의 저서를 통하여 보다 거시적으로 필자에게 법학을 한다는 것의 의미와 법학에 임하는 자세, 특히 법학의 방법론에 대하여 소중한 깨우침을 주셨다. 직접적으로 가족법에 관한 것이 아님에도, 필자는 대학원 박사학위과정 내내 선생님의 대학원 세미나 과목을 수강하였고, 교수님의 저술이나 논문도 발간될 때면 빼놓지 않고 통독하곤 하였는데, 교수님의 대학원 수업을

* 조선대학교 법과대학 교수, 법학박사.

들으면서, 그리고 교수님의 저술을 읽으면서, 필자는 법학을 하는 즐거움이 어떤 것인지를 절실히 느낄 수 있었고, 나아가 학문의 길로 들어서길 잘 했다는 확신을 가질 수 있었다. 그때의 희열이 지금도 손에 잡힐 듯 생생하다.

필자는 박사과정 수료 후 만 26세의 늦은 나이로 2004년 육군 현역병사로 입대하였는데, 필자가 군대에서 휴가를 나와 교수님 연구실로 갑작스럽게 찾아뵈었을 때, 교수님께서는 크게 반가워하시면서 교수님 연구실의 조교와 필자를 차에 태우고 직접 운전하여 점심도 사주시고, 훗날 부부가 되었으나 지금은 이혼한 브래드 피트와 안젤리나 졸리가 출연한 영화 '미스터 & 미세스 스미스'(2005)까지 보여주셨다. 이제 와서 생각하면 당신 문하생도 아닌 군 휴가 나온 다른 전공 제자를 위해 귀한 시간을 내어 영화까지 함께 보여주실 수 있는 분이 과연 얼마나 될까 싶다. 필자는 제대 후 2010년 2월 드디어 박사학위를 취득하였는데, 교수님께서는 학위 취득 후 인사드리러 간 자리에서 누구보다도 필자의 장래에 대하여 깊이 걱정하여 주셨고(심지어 지원할만한 학교까지 물색해주셨다), 운 좋게 필자가 2010년 9월 조선대학교 전임교원으로 임용되었을 때에는 지도교수님보다도 더 크게 뛸 듯이 기뻐해주셨다. 언젠가 필자는 교수님께 나중에 교수님께서 화갑이 되시면 필자도 화갑기념논문집에 꼭 논문을 게재하겠다고 말씀을 드린 적이 있었다. 당시 교수님께서는 철없는 필자의 말씀에 기뻐하시기보다는, '아니 벌써부터 화갑을 운운하다니!' 하는 어이없는 표정을 지으셨던 것으로 기억한다(교수님께서는 표정까지 굳어지셨다). 그 후 시간이 쏜살같이 흘러 이렇게 그때 교수님께 드린 말씀을 지킬 수 있게 되어 감사할 따름이다. 교수님의 화갑을 진심으로 경하敬賀드리면서, 교수님께서 항상 건강하고 행복하시기를 두 손 모아 기원드린다.

Ⅱ. 욕망은 행복을 낯설게 한다

1. 들어가며

필자가 선택한 교수님의 저서는 2003년 발간된 『욕망은 행복을 낯설게 한다: 모더니즘의 행복론』이다. 이 책은 의외로 지금까지 교수님께서 이런 책을 쓰셨는지도 모르는 분들이 많을 정도로 숨겨져 있는, 하지만 그래서 더욱 더 소중한 가치가 있는 숨겨진 보석같은 책이다. 이 책은 '모더니즘의 행복론'이란 부제가 웅변하듯, 현재 우리들이 행복의 조건을 욕망하는 문화적 양식들, 이를테면 몸과 옷, 키스와 섹스, 결혼과 사랑, 물질과 욕망에 대하여 되돌아보면서, 어떻게 하면 우리가 욕망하면서도 행복해질 수 있는지를 생각해보는 일종의 문화비평서이다. 이 책이 발간된 지 거의 20년 가까이 지나 바야흐로 4차 산업혁명으로 대변되는 '초연결'의 시대가 되었지만, 이 책에 담겨 있는 '실존적 주체의 상호주관적 행복'론과 '실존적 의미의 상호적 공유'라는 사랑의 의미론은 여전히 큰 호소력을 가진다. 이 책의 가치는 이미 이 책의 말미에 푸는 글로 수록된 故 신광현 교수(서울대 영문학과)의 서평에 압축적으로 담겨 있으므로, 이 글에서는 이 책이 담고 있는 여러 키워드 중 사랑, 동거, 섹스에 보다 집중하여 간략하게나마 이 책의 내용을 갈무리하고자 한다. 이 글을 계기로 이 책이 더 많은 독자들과 만날 수 있게 되기를 간절히 바라 마지않는다.

2. 사랑: 실존적 의미의 상호적 공유

이 책은 사랑에 대한 지나친 소유욕, 순수성의 요구와 희생의 정당화는 사랑의 영원성에 대한 강박 때문에 발생한 합리의 모순이라고 설명하며, 사람들은 사랑을 그 자체로 기쁘고 행복한 것으로 받아들이지 못하고 순결이나 충실 같은 윤리의 감옥 속에 자꾸 가두어 버린다고 비판한다. 이 남자(여자)는 내 남자(여자)니 건드리지 말라는 일종의 '러브라인'을 우리 주변에 두름으로써 우리의 사랑이 방해받지 않고 오래 가길 바라는 쓸데없는 욕심이자 소유적 사랑을 추구하는 것이다. 사람은 더불어 사는 동물일 수밖에 없고, 그러한 상호작용 속에서 실존적 자아를 확인하고 또 충전해 나간다. 러브라인을 넘어 누군가를 사랑하는 것은 그의 실존에 공백이 있고 그 공백을 지금의 상대가 제대로 채워주지 못하고 있다는 증거이다. 만약 이러한 실존적 자아를 찾고 완성하여 그 속에서 행복을 추구하려는 욕망을 법이라는 수단으로 강제한다면 이것은 행복 추구권의 침해이며 더 심각한 상황에서는 그 사람의 실존을 거부하는 행위인 셈이다. 이렇게 엄격한 순수성의 추구와 소유적 사랑을 법으로 강제하는 국가에서 개인에게 결혼은 감옥일 수밖에 없고 남들과 부대끼며 실존적 자아를 찾기 위한 몸부림은 단죄해야할 욕망일 수밖에 없다. 이 책이 발간되었을 때만 해도 간통죄가 살아있었지만, 이후 2015년에 이르러 헌법재판소의 위헌결정으로 비로소 간통죄가 역사의 뒤안길로 사라지게 된 것은, 이 책의 관점에서 보면 역사의 필연이고 오히려 상당히 뒤늦은 감마저 있다.

3. 동거: 사랑의 열린 실험마당

이 책이 발간되기 몇 해 전 방영된 '옥탑방 고양이'라는 드라마는 두 남녀의 동거생활을 다룬 이야기로 많은 시청률을 올린 프로그램이었다. 드라마에 비친 동거의 모습은 재미있어 보이긴 해도 뭔가 해서는 안 될 것 같은 인상을 풍긴다. 같이 살고 있는 걸 숨기기 위해 늦은 밤 따로 따로 들어가거나 결혼한 사이라고 거짓말을 하고, 엄마라도 찾아오시는 날엔 남자의 물품을 챙기느라 곤욕을 치르는 모습 등은 마냥 위태로워 보인다. 이것은 동거를 성윤리에 반하는 행동으로 인식하는 탓이다. 하지만 동거는 어떤 사랑이 자신의 삶에 더 적합한 것인가를 실험하는 삶의 프로그램이라고 보는 것이 옳다고 저자는 말한다. 동거는 보다 신중하고 성공적인 결혼을 위한 전초적 경험을 제공한다는 다소 계산적이고 인위적인 목적 말고도, 서로의 실존적 존재를 더욱 깊이 탐구하고 나아가서 자신의 실존적 자아를 상대방과의 긴밀한 교류를 통해 확인해 본다는 의미에서 매우 인간적이고 합리적인 목적을 수반하고 있다. 즉, 결혼이라는 제도적 울타리를 넘어서서 둘이 혼전동거하는 것을 성윤리의 타락으로 보는 한국 사회의 인식은 성의 순수성, 소유성을 지나치게 강조하는 모순에서 생겨난 것이다. 동거는 사랑을 중심으로 제도나 규범을 보다 인간화하고 합리화하는 주체적인 의식의 실현으로서, 사랑과 성이 권력적 소유의 객체가 아니라 인간적 실존이 될 수 있게 하는 자유롭고도 진실한 변화이다.

4. 섹스: 사랑의 실존양식

사랑하는 사람, 특히 오랜 기간을 꾸준히 만난 사람들끼리만 섹스를 해야 한다는 고정관념은 섹스와 사랑의 자기부정과 변증을 거부하는 사람들의 이야기다. 섹스에는 사랑으로 발전할 수 있는 애정의 계기가 내재되어 있고, 사랑에는 섹스로 열매 맺는 욕망의 계기가 내재되어 있다고 저자는 말한다. 즉, 섹스에 내재된 애정의 계기가 자기발현을 한 결과, 처음 보는 사람과의 섹스가 사랑으로 발전할 수 있고 사랑에 내재된 욕망의 계기가 자기발현을 한 결과 사랑하는 사람사이의 섹스가 그 사랑을 완성시킬 수 있는 것이다. 자기부정과 변증의 과정을 통해 포르노 그래픽 성처럼 극도로 소외된 성을 공연음란죄로 처벌하거나, 대조적으로 극도로 소유된 성을 (지금은 사라진) 간통죄 등으로 옹호하는 행위는 자연스런 사랑과 섹스의 변증과정을 부정적으로 차단시키는 결과를 가져올 수 있다. 법에 의해 억압된 성적 욕망이 분출될 때에는 그렇지 않았을 때의 욕망과는 비교할 수 없을 만큼 강력하다. 즉, 유교적인 세시풍속을 보존하고 가정을 보호하고자 자연스런 성적 욕망의 분출을 억제할 경우, 그 욕망은 부정적인 자기부정과 변증의 과정을 거쳐 더욱 변태적이고 폭력적인 성범죄로 변화할 수도 있는 것이다. 섹스는 서로의 실존을 소통할 수 있는 상호주관적인 것이어야 한다. 따라서 이러한 의사적 소통의 가능성이 사라진 섹스는 할수록 실존을 고립시키고 소외시키기 마련이다. 상호주관적인 섹스는 실존적 자아 사이의 풍부한 소통의 기회를 제공한다. 저자의 말처럼 키스와 섹스의 자유를 제한할 수 있는 것은 윤리나 권력 또는 법이 아니라 그 자유에 내재된 상호성의 제약, 즉 인간적 소통의 가능성의 유무이다.

성의 지나친 소유욕과 성적 순수성의 강조는 섹스가 갖는 실존적 의사소통의 의미, 즉 정신적이고 영혼적 차원에서의 자아의 교류를 부정하게 되고 섹스를 오직 육체적인 쾌락추구의 차원으로 전락 시키면서 '비윤리화'한다. 이렇게 사랑의 행위가 결혼, 혹은 러브라인의 울타리 안에서만 남몰래 해야 하는 것으로 구속된 상황 속에서 결혼한 부부끼리 서로 키스하는 것은 어느 새 남사스런 일이 되어버리고 부부 이외의 모든 사람은 '외간여자' 혹은 '외간남자'로서 욕망해서는 안 되는 존재로 전환된다. 즉, 사랑과 섹스를 통해 실존적 자아를 탐구할 수 있는 기회는 평생동안 오직 한 사람 안에서만 가능한 것이 되고 그 외의 사람과 함께 추구한 욕망은 '더러운' 것이 되고 만다. 이로 인해 사람들은 더 이상 축일 수 없는 갈증의 욕망을 품고 실존적 의사소통의 기회를 법적 제약으로 인해 박탈당한 채 살아가고 있는 것이다. 하물며 먹고 싶은 음식을 못 먹었을 때, 사고 싶은 옷을 사지 못했을 때 주체하지 못하는 물질에 대한 욕망조차 나를 불행하게 만드는데 '나'를 확인하고 완성시키기 위한 성과 자아에 대한 욕망을 추구할 수 없다면 그것은 얼마나 불행할 것인가? 욕망은 행복을 추구하는 자연스런 행동이며 특히 성에 대한 욕망은 행복을 넘어서 나를 있게 하는 자아에 위한 인간 본연의 본성인 셈이다. 따라서 이러한 욕망을 금지하기보다는 서로가 서로의 욕망을 각자의 방법으로 충족시켜 줄 수 있는 의사소통적 기능을 인정해주어 그 욕망이 건전한 양식으로 분출될 수 있도록 내버려 두어야 할 것이다. "우리는, 모두 소망한다. 우리에게 금지된 것을."

5. 나가며

> "격정적으로 사는 것, 지치도록 일하고 노력하고 열기 있게 생활하고 많이 사랑하고 아무튼 뜨겁게 사는 것, 그 외에는 방법이 없다. 산다는 것은 그렇게도 끔찍한 일, 어려운 일이다. 그러나 그만큼 나는 더 生을 사랑한다. 집착한다. (중략) 남에게 보여서 부끄러운 사랑은 마약밀매상적인 요소가 있다. 그것은 없느니만 못하다. 대낮을 견딜 수 있는 사랑이어야 한다. 규제된 광기, 가정, 직업, 진정한 자기 규제"
>
> -4월 1일의 일기 중에서-

서른 두 해의 짧은 생을 불꽃처럼 살다가 스스로 목숨을 끊은 문인 전혜린의 유고집 『그리고 아무 말도 하지 않았다』에 실린 짧은 일기이다. 그녀가 말한 '대낮을 견딜 수 있는 사랑'이란 과연 어떤 것일까? 이 책 『욕망은 행복을 낯설게 한다』를 읽은 독자들이라면, 어렴풋이 자기만의 해답을 찾을 수 있을지도 모를 일이다.

제2부

법의 포스트모더니즘과 미학적 반성

15 해체적 정의의 이해

최 샘*

비평하는 저작

이상돈, 법의 춤, 법문사, 2012.

이상돈(외 1인), "정의의 아포리아(aporia)와 형의 유예제도에 대한 법문학적 이해. 카뮈의 〈손님〉을 예로 하여", 고려법학 제72호, 2014.

이상돈, 법의 깊이, 법문사, 2018.

Ⅰ. 법적 정의의 한계에 대한 성찰

포스트모더니즘(postmodernism)은 모더니즘적 세계관에 대해 근본적 회의를 내포하고 있는 사상적 경향으로서 사회, 문화, 예술 영역 전반의 총체적 운동을 일컫는다. 20세기 후반 서구에서 시작한 이러한 현상은 우리 사회의 여러 영역에 수용되어 철학, 문학, 문화예술, 건축 등 다방면에 걸쳐 영향을 끼쳤으나 법학에서는 여전히 다소 낯선 개념이었다. 이 시기에 이상돈 교수는 포스트모던적 이해에 기반한 기초법 저서들을 발표하면서 포스트모던 법학의 기초를 다지고 그 전망을 제시하였다. 그는 특히 『법의 춤』, 『법의 깊이』, "정의의 아포리아와 형의 유예제도에 대한 법문학적 이해" 등의 작품을 통해 자크 데리다의 해체주의 이론을 바탕으로 해체적 정의론을 펼쳐나간다.

이상돈 교수는 먼저 법적 정의에 내재하는 한계에 대해 성찰하는

* 전북대학교 법학전문대학원 강사, 법학박사.

것으로 논의를 시작한다. 이 교수는 근대사회 이후 법의 발전역사에서 정의는 이성에 대한 믿음 위에서 구축되었다고 진단하면서, 이성법적 정의가 단일할 수 없는 정의를 단일한 것으로 획일화한다고 말한다. 그의 분석에 따르면 이성적 옳음은 언제나 특정한 관점의 구성물이고 윤리적 좋음은 어디까지나 사회적 특수성이 각인된 이성이다. 이성적 옳음이나 윤리적 좋음에 의해 형성된 법적 정의는 이를 다른 사람 혹은 사회에 관철하는 과정에서 아도르노가 말한 이성의 동일성 강제로 나타난다. 여기에서 이상돈 교수는 단일한 정의가 현대사회에서 불가능한 것이라고 말한다(2018, 68). 첫째, 이론적 영역에서 단일한 정의 관념의 종교적, 정치적, 심미적 배후가 이미 해체되었고 둘째, 실천적 영역에서 현대사회의 복잡성과 다원성을 고려할 때 단일한 정의가 더이상 작동할 수 없기 때문이다. 이러한 상황에서 모든 것을 아우를 수 있는 보편적 원리로서 단일한 정의를 추구하는 이성법 체계는 개별 사안의 특수성과 고유성을 바라보지 못하는 폭력적인 동질화 요구로 귀결될 위험성을 가진다.

이에 이 교수는 옳음, 좋음 그리고 아름다움의 합일태로서 법적 정의를 제시한다. 그러나 이러한 법적 정의의 개념에도 현실적 한계가 존재한다. 그는 이성, 윤리, 아름다움의 완전한 법적 변증은 이상적 대화상황 속에서나 궁극적으로 가능하며, 현실에서 그런 완벽한 대화적 의사소통은 없다고 말한다. 법적 대화가 이상적이기 어려운 현실적 한계 속에서 실정법은 언제나 옳음, 좋음, 아름다움이라는 정의의 세 요소를 완전하게 구현하기 어렵다. 이상돈 교수는 이러한 법적 정의의 불완전함을 극복하기 위해 해체적 정의가 법적 정의에 수용되어야 한다고 주장한다(2018, 89).

Ⅱ. 해체주의적 정의론

법적 정의의 한계에 대한 성찰을 바탕으로 이상돈 교수는 해체적 정의의 에토스에 대해 말한다. 실정법이 정의의 세 요소를 완전하게 구현하지 못하는 한, 실정법은 해체될 때 더 나은 정의의 가능성이 열리게 된다는 것이다. 이는 자크 데리다의 해체주의를 그 사상적 토대로 한다. 자크 데리다는 서구 형이상학의 기반에 자리하는 억압적이고 전체적인 구조를 해체하고 현실의 비결정성과 불확실성을 그대로 받아들임으로써 탈중심 및 다양성을 강조했다. 그는 특히 『법의 힘』에서 법을 해체함으로써 생성되는 정의에 대하여 역설한다.

이상돈 교수에 따르면 데리다의 정의론은 정의의 현존성과 절대성에 대한 환상을 해체하는 것에서 시작한다. 데리다의 사상에서 정의는 어떤 선험적 선善 개념에서 도출되는 것이 아니라 고유한 타자와의 관계 속에서, 특수한 사건 안에서 법을 해체함으로써 발견되는 것이다. 이 교수는 이러한 해체적 정의론을 발전시켜 법의 일반성과 동일성이 가지는 한계를 극복하고 정의를 다원적으로 이해하며, 법체계에 편입되지 못한 새로운 정의 및 가치의 가능성을 채굴하고자 한다.

1. 전미래 시제의 정의

이상돈 교수는 해체적 정의론을 전개함에 있어 정의의 전미래 시제를 강조한다. 전미래시제란 문법상 미래 이전에 완료될 행위를 가리킨다. 이는 과거에 대해 소급적으로 작용하면서도 원래부터 필연적이었던 것처럼 보이도록 해준다. 데리다 사상에서 정의는 도래할 미래에 가서야 비로소 '정의였던' 것으로 확인된다. 즉 데리다에게 정의란 현전불가능한 '도래할 정의'에 의해 소급적으로 정당화되는 사후 추인의 구조를 가진다.

이 지점에서 이 교수는 법 언어 역시 전미래 시제를 가지고 있다고 말한다. 현대사회에서 법은 구체적 사안에 의해 각인되는 측면이 강하고, 법 언어의 의미 또한 완결된 것이 아니라 그것이 적용될 (미래의) 사안에 의해 비로소 구성된다는 것이다. 이 교수는 목적들의 정당성을 통해 수단들을 정당화하려는 자연법주의나 수단들의 정당성을 통해 목적들의 정당성을 보증하려는 법실증주의 모두 사후정당화 궤도를 돌고 있다고 분석하면서, 결국 본질로서 존재하는 '절대적 정의'의 허구성을 보여준다.

한편, 전미래 시제의 정의는 정의의 현존성에 의문을 제기한다. 이상돈 교수는 전미래 시제로서 정의가 이성과 합리적 사고에 의해 형성되는 '지금 그리고 여기서'의 정의와 구별된다고 설명한다. 이성법이 지금 눈앞에 있는 사안에 대답하기 위해 정의의 현존성을 말하며 일반화와 동일화를 꾀하는 반면에, 전미래 시제의 정의는 지금 정의라고 말하는 것이 정의가 아닐 수 있다는 회의를 수반한다. 해체적 정의는 미래에 언젠가 성취될 법의 관점에서 지금 여기서의 법이 구현하는 정의에 대해 반성적으로 성찰하는 것에서 출발하는 것이다.

2. 법의 해체로서 정의

그러므로 지금 여기서의 법이 해체될 때 오히려 정의가 생성될 수 있다. 그런데 이 지점에서 이상돈 교수는 여기에서 말하는 법의 해체가 법의 전면적 폐기가 아님을 분명히 한다. 이 교수는 파괴와 해체는 구별되어야 하며, 해체는 파괴와 달리 새로움을 구성한다는 함의를 가지는 '구성적 해체'라고 말한다(2018, 104). 그에 따르면 포스트모던 법에서 해체는 기존의 법을 없애는 데 중점이 있는 것이 아니라 새로운 법의 생성에 중점이있다.

이상돈 교수는 또한 해체적 정의론에서 해체의 대상은 법적 정의 자체가 아니라 '실정법'이며, 실정법의 전면적 해체가 아니라 실정법이 정의를 실현하지 못하는 한에서 이루어지는 해체라고 분석한다. 그의 설명에 따르면, '정의는 법의 해체를 통해 생성된다'는 해체적 정의론은 법학적으로는 '법(Recht)은 실정법(Gesetz)을 해체함으로써 생성된다'고 번역되며, 이는 '정의는 법이 구현하는 정의에 대한 회의로부터 생성된다'는 의미로 해석될 수 있다.

Ⅲ. 정의의 아포리아에 대한 법이론적 이해

이상돈 교수는 이러한 법적 정의에 대한 회의를 정의의 아포리아 개념과 연결짓는다. 데리다는 정의가 무엇인지 말하지 않고, 세 가지 아포리아를 통해 정의에 대해 말한다. 이 교수는 데리다가 말하는 정의의 아포리아가 이성법이 구현하는 정의에 대한 회의를 의미한다고 설명하면서 이에 대한 연구가 법적 정의론의 미래적 발전에 열쇠가 될 수 있다고 강조한다. 아포리아는 하나의 법과 적대적인, 혹은 모순되어 양립할 수 없는 다른 법이 서로 충돌하면서도 동시에 상호침투하는 현상을 의미한다. 사람의 행동을 법률이 모두 포섭한다는 것은 불가능하므로 인간과 규칙 사이의 아포리아는 불가피한 현상이다. 이상돈 교수는 아포리아의 진정한 의미는 주어진 규율만으로는 정의가 채워지지 않고 넘쳐 흐르는 현상에 있다고 말한다. 이 교수는 이를 중점에 두고 세 가지 아포리아의 의미를 법이론적으로 논증한다.

1. 규칙의 판단중지

첫 번째 아포리아인 규칙의 판단중지는 정의로운 결정을 내리기 위해서 기존의 규칙에 구속되어서는 안되지만 동시에 모든 법과 규칙의 바깥에서 즉흥적으로 행동해서도 안된다는 딜레마를 의미한다. 이상돈 교수는 이를 법관의 판결에 빗대어 설명한다. 실정법이나 기존 선례에 구속된 판결은 합법성을 보장하지만 (사건마다의 고유성으로 인해) 정당성을 보장할 수는 없다. 그런데 법은 정의를 무력하게도 하지만 정의를 실현하기 위한 가장 기본적인 조건이기 때문에, 법을 고려하지 않는 판결을 내려서도 안된다. 이 교수는 규칙의 판단중지가 법이론적으로는 사안의 고유성을 고려하되, 법의 보편성을 훼손해서는 안된다는 것을 의미한다고 해석한다. 정의란 보편적 법이나 사안의 고유성 어느 한쪽만으로 실현될 수 없으며 그 사이(inbetween)에서, 사안의 고유성을 고려하여 법을 재발명하는 과정에서 찾을 수 있다는 것이다(2014, 221).

2. 결정 불가능성의 유령

두 번째 아포리아인 결정 불가능성의 유령은 정의가 언제나 '도래할 것'으로 미래로 차연됨에 따라 결정 시점에는 그 결정이 정의로운지를 결코 알 수 없다는 것을 의미한다. 결정의 내용적 정당성은 미래에 확인될 것으로 주체가 결코 알 수 없다. 주체가 확실히 만들어낼 수 있는 정당성은 '고유한 상황에서 고유한 결정을 내린다는' 의미의 '결정함' 자체에서 나오는 정당성 뿐이다. 이는 결정의 정당성에 대해 절대적으로 확신을 가져서는 안된다는 점을 시사하고 동시에 끊임없는 계산을 통해 법을 발명하고 재발명하는 과정을 거듭함으로써 정의를 추구해야 함을 의미한다. 이상돈 교수는 이 끊임없는 계산의 요청이 법이론적으로는 법의 정합성(coherence)에 대한 요청이라고 설명한다. 클라우스 균터의 법정합성 이론에서 규범을 정합적으로 해석하기 위해서는 그 전제조건으로 "완전한 상황서술"이 이루어져야 한다. 법은 법적 판단에 의미있는 상황을 완전하게 고려하지 못한 채 실현되지만, 완전한 상황서술을 끊임없이 지향해야만 정합적인 법이 될 수 있는 것이다. 이 교수는 여기에서 완전한 상황서술의 불가능성은 데리다의 결정 불가능성에 상응하고 완전한 상황서술에의 끊임없는 지향은 사안의 고유성을 고려하기 위한 끊임없는 계산 요구에 상응한다고 분석한다(2014, 227).

3. 지식의 지평을 차단하는 긴급성

세 번째 아포리아인 지식의 지평을 차단하는 긴급성은 정당한 결정이 "긴급하고 촉박한 유한한 순간"에서의 행동을 요구함을 의미한다. 해체적 정의론에서 정의는 언제나 '도래할 것'으로 미래로 차연되지만 그럼에도 불구하고 그저 기다림의 대상인 것이 아니라 '지금 여기'의 긴급한 요구로서 존재한다. 정의의 요청은 항상 당장, 최대한 빠르게 정당한 결정을 내릴 것을 요구하는 긴급성을 지닌다. 완전한 상황 서술이나 끊임없는 계산이 지금 여기의 결정에서 완전하게 이루어 질 수 없지만 정의의 긴급한 요청은 모든 상황적 요소를 계산하기를 기다려주지 않는다. 그러므로 법의 결정자는 현재의 고유한 상황 속에서 규칙을 재발명해야 한다는 부담 속에서 지식의 지평을 차단한 채 긴급한 결정을 내리게 된다. 이상돈 교수는 지식의 지평을 차단하는 긴급성이 입법과 사법의 냉엄한 현실이라고 말한다. 입법적, 사법적 결정이 법을 재발명하는 정합적인 재해석이 되려면 수많은 요소들을 계산할 무한한 시간과 지식을 필요로 하지만 현실적으로는 한정된 지식과 촉박한 시간 속에서 긴급한 결단으로 이루어지므로, 결정이 실현할 법적 정의는 언제나 불확실하게 된다(2014, 230).

Ⅳ. 비판적 법해석학 및 절차적 정의론과의 관계

이상의 논의에서는 정의의 아포리아를 법이론적으로 논증함으로써 해체적 정의론에 대한 이해에 접근하였다. 나아가 해체적 정의론을 다른 법이론과 비교 분석하는 것은 이러한 이해를 보다 실천적이고 구체적으로 형성하도록 돕는다. 이상돈 교수는 해체주의적 정의론을 비판적 법해석학 및 절차적 정의론과 비교하며 그 유사성과 차이점을 설명한다.

1. 비판적 법해석학

이상돈 교수는 다음의 세 가지 요소를 바탕으로 해체적 정의론과 비판적 법해석학의 구조적 유사성을 사유한다. ① 데리다의 정의론에서 보편성과 고유성 사이에 정의를 위치시키는 것은 비판적 법해석학에서 법적 규칙의 의미를 전승받아 법을 발견하는 것에 견줄 수 있다. ② 규칙의 판단중지는 (법적 규칙의 전면적 폭파가 아니라 부정적 의미 요소의 제거를 지향한다는 점에서) 비판적 법해석학의 이데올로기 비판과 연결된다. ③ 결정 불가능성의 유령은 (이데올로기 비판의 예료와 마찬가지로) '불확정적이고 잠정적이나마' 미래의 다른 정의에 대한 대강의 구상이나 기획을 전제로 한다.

2. 절차적 정의론

한편, 이 교수는 해체적 정의론과 비판적 법해석학에서 전제되는 미래의 다른 정의에 대한 기획이 더 나은 정의에 대한 하나의 잠정적인 주장일 뿐이므로 그 주장이 보편성을 얻기 위해서는 하버마스가 말하는 합리적 대화의 과정을 통과해야 한다고 말한다. 그는 하버마스의 대화이론에 기반을 둔 정의론에서 정의는 합의를 창출해가는 대화적 의사소통의 절차적 과정에 내재하는 것이 된다는 점에서 이를 절차적 정의이론이라고 칭하며, 사상적으로는 성찰적 모더니즘의 흐름에 있는 것으로 해석한다. 그런데 이상돈 교수는 해체와 재구성은 언제나 함께하는 것이며 그렇기에 법에서 포스트모더니즘과 성찰적 모더니즘은 언제나 접점을 이룬다고 설명한다. 해체적 정의론이 말하는 법의 해체가 '법의 전면적 폐기'가 아니라 '고유성을 최대한 살리는 법의 재발명'이므로, 이러한 해체의 구성적 차원에 주목할 때 포스트모더니즘과 성찰적 포스트모더니즘의 접점을 발견할 수 있다는 것이다. 이 교수에 의하면, 해체적 정의론은 지속적 해체에 더 중점을 두지만 해체는 미래의 다른 정의에 대한 잠정적 기획을 전제로 한다는 점에서 '구성적 해체'라고 할 수 있다. 반면 절차적 정의론은 지속적 재구성에 더 중점을 두지만 새로운 정의의 재구성은 언제나 기존의 전승된 정의의 부분적 해체를 전제로 한다는 점에서 '해체적 구성'이라고 할 수 있다.

이러한 분석을 바탕으로 이상돈 교수는 정의의 실천적 전략은 해체적 정의론과 절차적 정의론 사이에서 그 사회의 역사적 발전상황에 따라 선택할 수 있는 사항이며 민주적 법치국가가 터 잡은 사회에서는 해체적 정의의 전략이, 전근대적 체제나 전체주의 체제에서 막 탈피한 사회에서는 절차적 정의론이 더 유용한 전략이 될 수 있다고 전망한다(2018, 105).

V. 해체적 정의와 차이의 법의 의의 및 전망

이상돈 교수의 해체적 정의론은 법의 지평에서 포스트모더니즘을 이해하고 실천하는 데에 있어서 훌륭한 지침이 되어 준다. 이성법적 정의의 한계에 대한 그의 고찰은 '이성의 눈부신 성취'로 평가되는 법체계의 이면을 바라보게 하고 지금의 법체계가 충분히 정의로운지 진지하게 성찰하도록 돕는다. 법에서 해체론을 통해 새로운 정의의 가능성을 발견하고자 하는 이 교수의 문제의식은 우리사회에서는 지나치게 앞서 나아간 것인 듯보이지만, 시간이 흐를수록 더욱 시의적절하고 절박한 요구가 될 것이라 전망한다. 첫째, 이는 우리 사회의 역사적 발전단계와 관련이 있다. 과거 우리 사회는 압축적 근대화를 경험하면서 근대적 사회 구조를 형성함과 동시에 전근대적 문화가 강하게 남아 있었다. 그러나 사회와 문화의 변동 속에서 우리 사회의 근대성이 성숙되어 가고 있다. 자유와 평등이라는 근대법의 전통이 어느 정도 자리를 잡고 정의로운 법규범의 총량 역시 상당한 수준으로 축적되었다. 즉, 민주적 법치국가가 터 잡은 사회로 이행하고 있는 것이다. 그렇다면 이제 우리

사회에서 부족한 정의를 실현하기 위한 방법론적 전략으로는 이성의 미래지향적, 건설적 힘보다는 정의의 전미래시제적인 구조, 탈이성적 사고가 더욱 유용할 수 있다. 둘째, 이는 현대사회의 특성에 기인한다. 현대사회는 사회현실의 복잡성, 가치체계의 중층성, 사회문화의 다원성을 그 특징으로 한다. 이에 더하여, 세계화와 다문화 현상으로 우리 사회는 이방성과 혼종성을 직면하고 있다. 이러한 상황은 법으로 하여금 동일성의 한계에서 벗어나 다양성의 가치를 수용할 것을 요구하고 해체적 정의론은 그러한 역량을 품고 있다.

이상돈 교수는 포스트모던 시대에 새로운 법의 모습으로 차이의 법을 제안한다. 차이의 법은 이성법 패러다임에서 발견되지 않은 '즐거운 개방성'을 갖고 있는 법으로 고유성과 차이성의 존중을 추구한다. 여기에서 차이는 법의 새로운 정의의 원리이자 인류학적 원칙이 되며, 이성법에 수용하지 못한 민속학적 전통이나 하부문화적 관행, 더 나아가 상호이해의 가능성을 머금고 있는 개인의 주관적인 정의관 등 다양한 의미망을 포함한다. 이상돈 교수가 제시하는 해체적 정의론에 대한 법이론적 고찰은 다양성과 다원성의 가치를 포함하는 차이의 법(2012, 38)이 논의되고 실현될 수 있는 이론적 토대를 제공해준다. 이러한 논의는 우리 사회에서 끊임없이 제기되는 다른 정의의 가능성에 대한 주장을 법체계 안에서 다시 사유하도록 매개한다. 이는 닫혀 있는 법체계를 미래의 도래할 정의에, 그리고 다양한 차이들에 개방함으로써 새로운 정의의 실현을 추구한다는 점에서 실천적 의미를 가진다고 할 것이다.

16 차이와 차별의 상호주관성 테제와 놀이

오 민 용*

비평하는 저작 이상돈, 형법의 근대성과 대화이론, 홍문사, 1994.
이상돈, 법의 춤, 법문사, 2012.
이상돈, 법의 깊이, 법문사, 2018.

Ⅰ. 들어가며

박사학위를 받은 지 벌써 수년이 흘렀다. 나는 2018년 여름학기에 이상돈 교수님을 지도교수로 모시고 현대 자연법학자인 존 피니스(John Finnis)의 연구로 학위를 취득하였다. 교수님과의 인연은 2011년으로 거슬러 올라간다. 그때 나의 석사학위 지도교수님이신 김일수 교수님께서 정년퇴임을 하시던 때였고, 박사과정으로 진학하기 위해서 지도교수님을 선택해야 했던 시기였다. 여러 고민 끝에 이상돈 교수님을 박사학위지도교수님으로 선택하기로 하였고, 김일수 교수님께 말씀드렸다. 교수님께서는 흔쾌히 알았다고 하시고 응원해주셨다. 그 당시 김일수 교수님은 기독교에 바탕을 둔 모더니즘의 입장에 서 계셨고, 이상돈 교수님은 무교로서 포스트모던철학을 수용하여 법학에 접목하여 그 성과물을 왕성하게 펼쳐 보이고 계셨을 시기였다. 나는 그때 생각하기를 김일수 교수님의 법학과 이상돈 교수님의 법학을, 접목시킬 수 있으면 나의 법학공

* 고려대학교 법학연구원 연구원, 법학박사.

부가 더 풍성해질 것이라는 학문적 소망에 따라 이상돈 교수님을 박사 학위 지도 교수님으로 모시게 되었다. 다행히 감사하게도 교수님께서 박사제자로 흔쾌히 받아주셔서 그 소망은 작은 첫 발걸음을 뗄 수 있었다. 그리고 데리다의 철학은 나의 법학연구방법론에 있어서 한 축을 이루게 되었다. 또한 오늘 날 이렇게 이상돈 교수님의 환갑을 맞이하여 그 논문집에 한 꼭지의 논문을 쓸 수 있게 되었다. 교수님의 환갑을 먼저 축하드리며, 그 동안의 학문적 은혜와 인간적인 사랑에 깊이 감사를 드린다.

이 글은 교수님의 글 중 '차이와 차별'을 주제로 쓴 부분을 살펴보는 글이다. 이 글의 논의 순서는 먼저 '차이와 차별'에 관한 핵심논의를 밝힌 후에, 이 핵심논의의 이론적 토대가 되는 데리다의 차연이론을 확인할 것이다. 그 후 이 주제가 제자의 후속 연구를 통해서 어떤 식으로 확장되고 발전되어 갔는지를 짚어 보겠다. 이를 통하여서 교수님의 연구가 학문적으로 후속 세대에서 어떻게 수용되고 확장되고 있는지를 확인할 것이다.

Ⅱ. 차이와 차별

1. 차이와 차별의 구별

우선 차이와 차별이 무엇인지를 확인할 필요가 있다. 본 글에서 말하는 '차이(difference)'는 포스트모더니즘에서 법적 정의의 원천이며, '차별(discrimination)'의 금지는 모더니즘에서 법적 정의의 원천이다. 차이란 "이성법에서 수용하지 못한 민속학적 전통이나 하부 문화적 관행, 더 나아가 상호이해의 가능성을 머금고 있는 개인의 주관적인 정의관점 등의 다양한 의미망"(2018, 690)이다. 차이란 최소한 둘 이상이 존재하는 사회 속에서만 성립 가능하다. 그래서 차이란 '사회적 의미망'으로서 (1) 이성법에 수용되지 못 하고 있는 영역, (2) 사회적 차원에서 인정될 만큼의 전통이나 문화적 관행에 의해서 성립, (3) 상호이해의 가능성이 있는 주관적 정의관점의 요소로 구성된다. 따라서 차이는 "궁극적으로 자신의 사회적 실존을 결정"(2018, 690)한다. 즉 개인의 독단적 자기고백 등은 자기 이해의 서술이나 개인적 삶의 구성과 자아가 다른 자아와 구별되는 것으로서 차이로는 가능하나, 공동체나 법이 관심을 가져야 할 사회적 차원에서의 차이로까지는 정립되지 않는다고 이해할 수 있다. 그렇기 때문에 이 차이의 생성은 "그 실존의 의미를 문화적(사회적, 언어적)으로 구성하는 개인의 능력이 발휘됨"(2018, 690)에 달려 있다. "인권도 그런 능력의 발휘를 통해 생산된 의미망에서 결정체로 맺히는 권리"(2018, 690)이다.

인권은 인권선언문이라는 텍스트의 재현과 그 재현으로의 인간의 포섭이 아니다. 인간을 위해서 인권선언문이 있는 것이지, 인권선언문을 위해서 인간이 있는 것이 아니기 때문이다. 인간은 자유롭게 태어났지 사회 속에서 인권텍스트라는 쇠사슬에 묶여 있는 것이 아니다.[1] 인권은 사회 의미망 속에서 상호이해를 통해서 지속적으로 발명되는 권리일 뿐이다. 이것은 인권의 발명뿐만 아니라 인권의 적용과 구체화의

---

1 물론 인권텍스트가 쇠사슬의 역할을 하는 것은 후술하는 '강한 주장'일 때이고, '약한 주장'일 때는 아니다. 인권텍스트는 인권이라는 성찰과 반성을 위한 인권대화의 나침반 중 하나이며, 인권텍스트나 텍스트의 다른 구절을 제외한 특정한 구절 및 해석 그 자체는 결코 인권 그 자체가 아니기 때문이다. 그렇다면 인권텍스트의 인권대화 나침반의 역할은 무엇인가? 인권텍스트는 인권대화의 매개체이다. 인권텍스트(각종 인권선언문과 협약)는 그 인권텍스트에 동의한 다원화된 시민 사이 또는 공론장에서 인권주장을 성립하게 하는 하나의 토대가 되고, 인권대화를 성립하게 하는 구속력을 갖는다(물론 이것은 인권'대화'의 성립이지, 하나의 특정한 규범적 방식과 형태로 인권을 박제화하는 것은 아니다). 이것은 특정한 정치이념이나 종교적 입장을 토대로 삼아 주장하는 인권주장은 그 정치이념이나 종교적 입장과 다른 사람에게 인권주장으로 성립하지 않는 것과의 결정적인 차이점을 갖는다. 다만 인권대화의 맥락에서 인권주장 토대의 성립에서는 인권텍스트가 특정 정치이념과 종교적 입장을 토대로 삼은 것보다 '강한 구속력'을 갖지만, 그 인권주장이 인권대화를 통해서 구체적으로 어떤 모습을 갖고, 시민사회를 구속할지는 그 인권주장이 인권대화 속에서 획득하는 설득력과 이해, 즉 소통의 합리성에 달려 있다. 따라서 이 인권대화를 가능하게 하는 인권주장의 토대는 제 각각이지만, 이 인권대화 자체의 방식과 구조를 강제하는 것은 존재하지 않는다. 따라서 이 인권대화는 인권의 소통이자, 인권대화 놀이이다.

단계에서도 그러하다. 형이상학적으로 인권의 완전하고 완벽한 그림이 선험적으로 존재하는 것이 아니라는 점이다. 인권은 의미망에 의해서 발견되는 것이 아니라, 오히려 의미망 속에서 형성되는 것이다. 이 형성은 현재의 인식관점에서 과거와 미래의 의미 사이에 이루어지는 '소통의 놀이'[2]를 통해서 인권화되며, 권리화되는 것이다. 현재의 인식관점에서 바라보았을 때 과거로부터 현재까지 이어진 상황 속에서 어떤 X가 인권의 대상으로 문제화가 되고, 현재의 인식관점에서 지향 미래를 그려보았을 때, 그 미래의 의미 속에서 X는 어떤 모습을 갖추어야지만, 비로소 제기된 인권의 문제화가 해결되는 것이다. 따라서 과거로부터 존재해 왔던 것이 현재 부당하고 여겨지는 X와 미래에서는 정당하고 여겨지는 X 사이가, 현재를 매개로 하여 서로 소통하며 문제화된 X의 상황을 해결하며, 구체화된 X를 형성해 가는 과정과 절차인 것이다.

이 과정 속에서 인권은 의미망에서 결정체로 맺히는 권리가 된다. 따라서 인권은 현대 사회에서 어떤 대상의 문제화를 위한 토대는 될 수 있어도, 문제해결의 합리성, 즉 타당성과 합법성을 보장하거나 승인하는 문제해결의 최종 단계로서의 위상은 지니지 못한다.

여기서 차이는 포스트모던 사회에서의 법(권리)의 인류학적 원칙(Anthropological Principle of Rights)이다(2018, 690). 왜냐하면 개인 인격의 다형성(polymorphism)(2018, 685)과 인간관계의 다양성(2018, 689) 때문이다. 개인의 인격이라는 기표는 동일하지만, 그 기의인 인격의 특징은 고유하며, 완전히 일치하지 않는 다양함이 있기 때문이다. 따라서 차이를 바탕에 둔 실존이해에는 새로운 인간상이 전제되어 있다. 이 자아는 근대의 자아처럼 사유를 통한 자아(cogito)가 아니라, '춤추는 자아'다(2018, 690). "근대의 사유적 자아는 무의식의 심연에서 펼쳐지는 초자아의 억압하는 힘과 이드의 억눌린 힘이 함께 자기파괴적으로 작

---

2 '소통의 놀이'가 되는 이유는 현재의 인식관점과 과거와 미래의 의미라는 세 축이 연결되는 강제적 규칙이나 원리가 따로 존재하지 않기 때문이다.

동하는 상황 속에 갇혀서 단절감과 고립감에 시달린다. 그러나 춤추는 자아는 초자아와 이드와 마주하고, 그것들을 서로 소통시킴으로써 자아의 건강함을 유지하고 관리하는 '소통적 자아'이다"(2018, 690). 차이와 차별이 개념상 이렇게 구별된다면, 현대 사회에서 차이와 차별을 어떻게 대우가능한지가 문제가 된다. 이 문제는 유형화를 통해서 구체적으로 다루어볼 수 있다.

2. 차이와 차별의 유형

차별 \ 차이	차이존중	차이무시
합리적 차별	①	④
불합리적 차별	③	②

현대에서 차별은 평등원칙에 따라 판단된다. 차별에 있어서 합리성 판단은 평등원칙 위반의 기준이 된다. 따라서 차별은 합리적 차별과 불합리적 차별로 나눌 수 있고, 전자의 합리적 차별은 합법적인 차등적 대우로서 허용된다. 예를 들어 전철에서의 노약자석의 설치나 헌법에서의 모성의 보호에 따른 혜택의 부여는 합리적이고, 합법적인 차등적 대우로 간주된다. 여기서 합리성 판단은 합리적이라고 주장할 수 있는 논거에 의해서 판단됨을 알 수 있다. 이 논거의 설득력은 언어적인 명확성, 논리성, 일관성, 체계성에 의존한다(2018, 691). 차별과 차이에 의한 유형구별은 다음과 같은 네 가지로 나타난다(2018, 691).

①은 합리적 차별과 차이존중이기 때문에 합법성을 인정할 수 있고, 정반대인 ②는 불합리한 차별이면서 차이를 무시하기 때문에 합법성이 부정된다. 불합리한 차별이지만 차이존중을 하는 ③과 합리적 차별이지만 차이무시를 하는 ④는 합법성과 불법성 사이에 유치한다. 따라서 "차이가 평등을 배제하지 않고, 평등이 차이를 제거하는 것이 아니다"(2018, 692)라는 '평등과 차이의 상호주관성 테제'가 성립한다. 여기서 중요한 점은 각 유형에 해당하는 사례를 분류하는 작업일수도 있지만,

본질적으로 더 중요한 것은 평등과 차이의 상호주관성이다. 현재 인권, 정의 또는 차별 등 여러 이름으로 공론장에서 펼쳐지는 강한 주장[3]은 역설적으로 차이무시를 통한 기계적이고 형식적인 평등과 이념에 경도되어 법을 목적달성의 단순한 도구로 취급하는 경우가 많다. 시민사회의 의사소통의 매체로서 법의 소통적 합리성은 사라져 버리고 이익과 이념 투쟁의 장이 되어 버리는 것이다.

그러나 평등과 차이의 상호주관성 테제는 법의 합리성이 단순한 도구적 합리성이 아니라, 다양한 가치를 지닌 시민 사이에 가치의 조절과 합의를 도출해내는 의사소통적 합리성으로 자리잡도록 도와준다. 왜냐하면 포스트모더니즘을 통해서 성찰하는 모더니즘의 이성법은 ③의 경우에 불합리한 차별이지만 차이존중을 통해서 평등의 의미를 실질적으로 재해석할 수 있기 때문이다. 이때 평등은 기계적이고 형식적인 평등과 경도된 이념에서 벗어날 수 있다. 예를 들어 양성애자와 동성애자의 차이를 존중하여, 동성애자에게 혼인권은 인정하지 않지만, 사회보장권 등을 보장하는 시민결합체의 법적 지위를 인정하는 것이다(2018, 693). 이때 평등은 차이를 존중하면서 평등을 실현하게 되는 평등의 질감미를 갖게 된다(2012, 146).[4] 평등은 획일성이나 획일적 대우가 아니라, 인격의 다형성에 의해 형성되는 사회적 실존을 다양하게 보장하는 다면성의 보장조건으로서 평등이 되어야 하기 때문이다. 이 지점에서 평등의 내포는 확장되고, '차이를 강조해도, 거꾸로 차이를 무시해도 모두

3 자신의 주장과 어긋나는 주장은 곧바로 틀린 것으로 간주하는 주장의 태도를 '강한 주장' 또는 '독백적 주장'으로 그리고, 자신의 주장이 합리성 관점에서 가능한 하나의 주장이며, 자신의 주장과 다른 주장도 합리성을 가진 주장이 될 수 있음을 인정하는 소통적 태도를 지닌 주장은 '약한 주장' 또는 '소통적 주장'으로 이 글에서 사용한다. 이 약한 주장 또는 소통적 주장은 사회가 자신과 다른 가치와 신념을 지닌 사람이 살아가고 있음을 전제하는 가치의 다원주의 사회, 개인 인격의 다형성과 실존적 삶의 형태의 다양성을 전제하며, 강한 주장 또는 독백적 주장은 가치 단일주의 사회, 개인 인격의 편면성과 삶의 형태의 단일성을 전제한다.

4 법의 질감(texture)은 법률텍스트가 아니라, 적용되는 개별 사안에서 체험된다. 평등 역시 평등이라는 기호나 텍스트 또는 평등이 담고 있는 정념이나 지향하는 이상에서가 아니라 평등이 적용되는 사안과 그 사안에서 구체화된 평등에서 체험된다.

다시 차이를 만들어내는 차이의 딜레마(Dilemma of Difference)' 역시 해소된다(2018, 693). 차별이 불평등을 생성해서도 안 되지만, 차이의 강조 역시 불평등을 생성해서는 안 되기 때문이다. 또한 포스트모더니즘을 통해서 반성하는 모더니즘의 이성법은 ④의 경우에 합리적 차별이지만 차이를 무시하는 경우에 차이를 존중하는 방향으로 평등 개념의 외연을 확장할 수 있다(2018, 693). 정리하면 ③에서는 평등원칙의 내포가 내밀화되는 재해석이며, ④에서는 평등원칙의 외연이 확장되는 재해석이다(2012, 43).

법은 정의를 그 추구이념으로 삼고 있다. 정의가 무엇인지에 대해서는 오랜 세월동안 '다른 것을 다르게, 같은 것은 같게'라는 문장으로 표현되어 왔다. 그리고 정의이념을 현대의 가장 중요한 용어 중 하나로 표현하면 앞서 말한 '평등'일 것이다. 이 때 평등은 단순히 실정법에 의해서 판단되는 것이 아니라, 살펴본 것처럼 실정법을 판단하는 기준으로서 실정법의 내용적 정당성을 판단하는 기준이 된다. 이 때 평등은 상대적 평등과 절대적 평등으로 나눠 생각해 볼 수 있다. 아리스토텔레스는 절대적 평등을 평균적 정의라고 하였으며, 비례적 평등을 배분적 평등이라고 하였다. 공동체가 법을 통하여 권리와 의무를 어떻게 배분할지를 결정하는 문제에 있어서, '평등과 차이의 상호주관성 테제'는 비례적 평등이 단순한 양적관계가 아니라, 평등과 차이라는 상호주관적 관계에서 이루어지는 질적 관계임을 보여준다. 이 질적 관계는 (1) 평등 속에의 차이존중과 (2) 차이 속에서의 평등실현이라는 두 가지로 이루어지며, 이 두 가지가 바로 포스트모던 법의 질감미이며, 이 질감미만큼이 정의의 구체적인 실현이자 실재이다.[5]

5 평등과 정의가 질감미를 지니는 이유는 다음과 같다. 우리는 추상적인 이념차원에서는 평등과 정의가 무엇인지를 개념화할 수 있다. 그러나 평등과 정의의 개념은 그 개념 자체가 중요한 것이 아니라, 구체적인 사안에서 어떻게 구체화가 되고 실현되었는지에 평등과 정의의 실재가 달려있다. 따라서 평등과 정의의 실현은 그 개념의 실현이 아니라, 구체적인 사안의 당사자들이 이해하고, 수인할 수 있는 수준에서 평등과 정의가 체험되고, 실현되었다고 인식 및 인정할 수 있다. 이 인식과 인정의 과

Ⅲ. 차이의 이론적 토대로서 데리다의 차연

차이는 데리다가 주장한 '차연(différance)'과 해체에 그 이론적 토대에 있다. 이상돈 교수는 법의 해체로서의 정의(2018, 90)와 차연으로서의 정의(2018, 95)를 주장하며 데리다의 이론을 전폭적으로 수용한다. 물론 이것은 포스트모더니즘으로의 사상적 전회가 아니라 모더니즘에 대한 성찰과 반성이다. 이상돈 교수는 구성적 해체와 해체적 구성의 전략적 선택을 통해서 포스트모더니즘과 모더니즘의 접점과 성찰 및 반성을 추구한다(2012, 104). 따라서 데리다의 차연과 해체가 무엇인지 살펴볼 필요가 있다.

1. 차연의 의미와 기능

데리다의 이론은 언어와 의미와 정치에 관심을 둔다.[6] 데리다는 존재론적 자기동일성과 인식론적 인지가능성을 차이와 지연을 의미하는 차연差延(différance)[7]이란 개념으로 해체한다(2005, 123). 차연은 해석과 가변적 의미 산출의 동력이다.[8] 첫 번째, 해석으로서 차이(differ)이다.

정은 전미래적 시제의 법적 정의와 사안의 당사자에 대한 공감 및 고귀한 연민을 통해서 구성된다고 이해할 수 있다. 법의 질감미가 무엇인지에 대한 설명으로는 법의 깊이, 법문사, 2018, 629~634쪽 참조. 아름다움으로서 법적 정의에 대해서는 같은 책, 63~89쪽 참조. 미학적 정의론에 대해서는 같은 책, 616~621쪽 참조. 미학적 정의론이 처음 등장한 부분은 이상돈, 법미학, 법문사, 2008, 70~99쪽 참조.

6 Mathews, Ben. "Why Deconstruction is Beneficial", Flinders JL Reform 4, 2000, p. 109.

7 차연(差延)으로 번역되는 différance는 "공간적 차이 내지 거리를 의미하는 differ(다르다)와 시간적 차이 내지 지연을 의미하는 defer(지연시키다)를 합쳐서 데리다가 새로 만든 단어로, 그는 철자 a를 틀리게 사용함으로써 이 단어가 암시하는 비동일성과 차이를 부각시킨다." 윤효녕, "데리다: 형이상학 비판과 해체적 주체 개념"; 윤효녕 외 저, 주체 개념의 비판: 데리다, 라캉, 알튀세, 푸코, 서울대 출판부, 2001, 18쪽. "différance가 différence(기존 불어 '차이')와 문자상은 다르지만 음성상으로 같다는 점을 포착한다면, 이를 음성중심주의가 전제하는 음성과 기록 사이의 일치를 위반하고자 하는 의도적 언어유희로 볼 수 있다." 이상돈·이소영, 법문학, 신영사, 2005, 123쪽.

이 차이는 한 지면(space)에서 존재하는 다른 존재(being different)에 의해 가능하다. 다른 단어, 의미 및 구별하는 것, 즉 간격(spacing)이 단어와 개념의 의미를 특징지어준다. 차연의 간격(différance's spacing)은 기호의 다름과 자의성에 인한 존재의 다름에서 비롯되는 차이내기(differing)이다.[9]

두 번째로 해석으로서 지연(defer)이다. 지연은 나중까지 연기됨에 의해 가능하다. 나중까지 연기됨은 의미가 무엇이 되기까지는 간격을 지닌다는 것이다. 지연됨은 의미를 보유하는 것이고, 의미를 시간 속에서 지연한다. 그리고 이 의미는 미래에서 동일화(identifying)하고 현전(presence)으로 의미를 감축시키는 것에 반대하여 나타난다. 차연으로서 지연은 시축화(temporization)를 암시한다. 시축화는 지연하는 의미, 연기(postponing)하는 의미의 행동이다.[10]

따라서 차연은 의미와 현전의 관계를 거부한다. 의미는 중심 없는 의미의 망을 옮겨 다니는 과거와 미래의 의미를 참조해서 만들어지기 때문이다.[11] 차연은 수많은 우연적인 해석들의 흐름과 운동을 포함한 개념이다.

> "차연은 차이들의 체계적 놀이이다. 차이의 흔적들의 체계적 놀이이다. 공간내기의 체계적 놀이이다. 이러한 놀이는 각 요소들이 서로들과 연관되어 있음을 통해 이루어진다."[12]

2. 해체의 의미와 기능

유명론적 효과, 즉 사물의 이름, 개념은 공통적인 의미이해 형식을

8 Mathews, Ben, 앞의 논문, 110쪽.
9 Mathews, Ben, 앞의 논문, 110쪽.
10 Derrida, Jacques, *Positions* (tr. Alan Bass), Chicago: Univ. of Chicago Press, 1981. 29쪽.
11 Derrida, Jacques, 앞의 책, 29쪽.
12 Derrida, Jacques, 앞의 책, 27쪽.

통해 사회적 기능과 의사소통을 가능하게 한다. 차연은 사물의 이름과 개념이 고정되어 있다는 점을 거부할 뿐, 행동과 대화를 가능하게 하는 진리의 임시적 잠정성은 받아들인다. 차연의 관점에서는 법에서 법언어가 지닌 진리가 고정된 의미로 현전한다는 것은 불가능하다. 해체는 "텍스트 밖에는 아무 것도 없다(il n'y a pas de hors texte)."[13]고 주장한다. 기의/기표의 이분법 체계를 향해 기의란 없다는 의미이다. 기의가 없다는 말은 많은 기표들이 서구 형이상학의 철학이 전제해온 '동일자(the same)'와 연관성을 갖지 않고, 따라서 동일자를 향한 의미와 목적으로 짜여있지 않는 것으로, 다수의 기표들은 아무런 의미 없이 연결되어 있다. 이것이 데리다 철학에 있어서 '해체'의 의미이다.

데리다가 해체를 통해 기의를 해체하려는 이유는 기의/기표의 이분법이 동일자와 타자의 대립적 이분구조를 만들어 내기 때문이다.[14] 이항 대립적 사고에서는 한쪽은 기의의 역할을, 다른 한쪽은 기표의 역할을 함으로써 기표의 역할에 놓인 대상을 기의에서 파생된 이차적이고 가치가 떨어지는 것으로 간주하는 사고구조를 형성한다. 가령 철학적으로는 주체/객체, 본질/형상, 영혼/육체, 이성/감정, 선/악, 참/거짓이며, 실천상으로는 남자/여자, 백인/유색인, 다수자/소수자 등을 들 수 있다.

그렇다면 기의가 사라지고, 기표만 남았을 때 기표들의 관계는 어떻게 되는가? 데리다는 기표들의 차이와 지연의 놀이만이 존재한다고 한다. 차이들의 놀이를 통해 동일성은 지연(defer)되고, 이를 통해 기표들

13 "텍스트 밖에는 아무 것도 없다(il n'y a pas de hors texte)."는 데리다의 저서 『그라마톨로지』에 나오는 그의 유명한 아포리즘이다. 이것은 해석에 대한 회의적인 관점이 아니다. 이 문장은 두 방식으로 읽을 수 있다. 하나는 객관적인 것 그 자체는 텍스트 그 자체이다. 다른 방식은 객관은 객관 그 자체가 언제나 부재하는 방식으로 주관의 현전이다. 첫 번째 방식의 의미는 텍스트를 결정하는 것은 단지 텍스트 안에 있는 무엇임으로 텍스트 밖은 없다는 의미이고, 두 번째 방식은 텍스트의 밖은 있다. 그러나 그 밖에는 아무 것도 없다는 의미이다. Brudner, Alan, "The Ideality of Difference: Toward Objectivity in Legal Interpretation", Cardozo L. Rev. 11, 1989, 각주 11번, 1135쪽.

14 박일준, "코라의 이중주, 데리다의 차연(差延 differance)과 화이트헤드의 동일성(identity): 사이(betweenness)의 관점에서", 人文科學, 제41집, 2008, 139~140쪽.

의 직물이 짜이고(interweaving), 차이가 드러나고(differing), 동일성은 지연(deferring)된다.

데리다는 "...놀이도 차이도 모르는 중심이라는 것은 죽음의 다른 이름이 아니던가?"[15]라며 놀이와 차이가 없는 중심을 비판한다. 데리다는 중심을 또한 열쇠에 비유한다. "모든 열쇠가 그러하듯, 그것은 잠그기도 하고 열기도 하며, 개방하기도 하고 폐쇄하기도 한다."[16] 유희는 현전의 붕괴이며, 안정장치가 없는 것이다.[17] 또한 유희는 결코 단순한 놀이가 아니다.[18] 유희는 "규칙을 따르거나 규칙을 위반하며, 객체를 조작하는 주체의 활동을 넘어서는 것"[19]이다. 따라서 탈중심은 "중심의 상실이기보다는 비중심을 결단하는 긍정"[20]이다. 비중심을 결단하는 긍정은 모든 것이 잇대어진 맥락을 무시한다는 의미는 아니다. 오히려 "모든 것은 문맥에 의존하지만, 문맥은 항상 열려 있고, 항상 불충분하다."[21]는 의미이다.

---

15 Derrida, Jacques. "Ellipsis", in Writing and difference. University of Chicago Press, 1978, 297쪽.

16 Derrida, Jacques. "living on", in Deconstruction and Criticism. De Man, Paul, et al. New York, 1979. 146쪽.

17 Derrida, Jacques. "Structure, sign, and play in the discourse of the human sciences.", in Writing and difference. University of Chicago Press, 1978. 292쪽.

18 Derrida, Jacques. The ear of the other: Texts and discussions with Jacques Derrida. Trans. Peggy Kamuf. Lincoln: University of Nebraska Press, 1985. 69쪽.

19 Ibid., 69쪽.

20 Derrida, Jacques. "Structure, sign, and play in the discourse of the human sciences.", in Writing and difference. University of Chicago Press, 1978. 292쪽.

21 Derrida, Jacques. Memoires for Paul de Man, trans. Cecile Lindsay, Jonathan Culler, and Eduardo Cadava. New York: Columbia University Press, 1986, 115쪽.

Ⅳ. 놀이의 관계로서 우정과 용서

이상돈 교수의 데리다의 법철학연구는 제자들의 연구를 통해서 확장되어갔다.[22] 여기서는 모든 제자의 논문을 검토할 수는 없기에, 데리다의 철학을 차이가 무시되거나 차별의 맥락에 놓이기 쉬운 사회적 존재자와 놀이의 관계로서 용서와 우정으로 확장해가며 법철학과 형사법에 적용한 논문 두 편 정도를 짧게 살펴봄으로써 이상돈 교수의 데리다 법철학이 어떻게 개별법으로 수용되고 확장되어 갔는지를 살펴보겠다.

인격의 형성과 자유 및 사회질서와 통합을 위해서는 차별과 차이의 논의에서 한 발자국 더 나갈 필요가 있다. 무엇이 평등의 침해인가 아닌가는 사회적 실존을 보장하는 가장 최소한의 영역이며, 차이 존중은 이보다 한 발자국 더 나간 영역일 것이다. 그러나 차별과 차이는 여전히 무엇인가를 침해하지 않는다는 인식관점에서 바라보는 것이다. 물론 침해가 성립되지 않는 행위는 자유롭게 행할 수 있는 행위이기 때문에 자유가 최대한으로 보장된다는 장점이 있다. 그러나 사회 속의 공존재자(co-existence)로서 인간을 생각해볼 때 공존재자로서의 인격의 보장과 완성에 대한 기획과 그에 수반되는 자유의 기획 역시 필요하다. 따

22 이상돈 교수의 법철학에서 데리다의 철학이 처음 등장한 것은 이상돈・이소영, 법문학, 신영사, 2005에서다. 그 후 이 교수의 지도하에 데리다의 법철학을 주제로 삼아 나온 학위논문은 조민희, “쟈끄 데리다(J. Derrida)의 해체주의와 법여성학의 이해”, 고려대학교 대학원 법학과 석사학위 논문, 2008; 최샘, “환대의 법과 법의 환대: J. Derrida의 이론을 중심으로”, 고려대학교 대학원 법학과 박사학위 논문, 2020이 있다. 그 외 제자들과 공저로 하시거나 제자들이 쓴 소논문으로는 이상돈・박명화, “정의의 아포리아(aporia)와 형의 유예제도에 대한 법문학적 이해: 카뮈의 <손님>을 예로 하여”, 고려법학, 제72권, 2014, 209~252쪽; 정채연, “데리다의 세계주의 구상과 무조건적 환대의 생성적 가능성”, 법철학연구, 제18권 제2호, 2015, 7~42쪽; 정채연・최샘, “데리다의 환대의 윤리에 대한 법철학적 성찰”, 중앙법학, 제22권 제1호, 2020, 49~90쪽; 최샘, “환대의 법과 정의의 아포리아”, 법철학연구, 제24권 제1호, 2021, 37~84쪽; 오민용, “법과 용서-쟈끄 데리다의 용서론을 중심으로-”, 법학연구, 제29권 제2호, 2018, 23~50쪽; 같은 저자, “법과 우정-자크 데리다(Jacques Derrida)의 철학을 중심으로”, 법철학연구, 제24권 제1호, 2021, 313~376쪽.

라서 차별과 차이를 넘어 적극적인 측면으로 한 발자국 더 나갈 필요가 있다.

차이와 차별을 넘어서는 것은 놀이의 관계에 의해서만 가능하다. 그리고 잘 놀기 위해서는 서로에 대한 우정과 잘못에 대한 용서가 전제되어 있어야 한다.[23] 이것은 심판자로서의 근대의 이성법이 적극적으로 갖추지 못한 요소이다. 우정과 용서는 차별과 차이를 넘어선 적극적인 측면으로서 포스트모더니즘으로서 데리다 법철학이 해체뿐만 아니라 대안을 제시할 수 있는 역량이 있음을 보여준다. 우선 용서를 사면, 판결 및 법과 연결시킨 작업은 현행법으로의 적용뿐만 아니라, 기본 토대인 인식관심으로까지 발전시켰다. 이 인식관심은 한 문장으로 "그럴 수도 있지 않을까?"로 표현된다. 이것은 과거에 대한 이해 가능성이며 동시에 미래의 가능성이다. 현재에서 인간의 존엄성은 바로 이 두 가능성의 차이와 사이의 놀이에서 현실화됨을 보여준다.[24] 우정과 정의, 법의 지배, 범죄인 및 형벌에 연결한 작업에서는, 정의가 애통함을 통해서 구성되며, 법의 지배는 우정으로서의 법의 지배이며, 형벌의 재사회화 이념은 자신과 우정이 회복된 개별화와 시민과 우정이 회복된 사회화로 제시하며, 형벌에서의 인간의 존엄성이 구체화되는 모습을 보여준다. 이런 의미에서 형벌은 응보가 아니라, 선물이며, 법은 우정이며, 미래의 법은 우정의 법임을 주장한다.[25] 이를 통해서 "형법 속에서 인간을 해방시키고 인간을 인간답게 만드는 새로운 지평"[26]을 제시하고자

23 이상돈 교수는 '놀이'개념을 이론과 실천의 통합으로서 말놀이에의 구성적 참여로 주장하였고, 이것을 마당적 이해로 확장하며 해석학적 지평과 심미적 체험으로까지 이끌어냈다. 이상돈, 법이론, 세창출판사, 2005 참조. 이 글에서 인용한 우정과 용서의 소논문은 이 해석학적 지평과 심미적 지평을 시민 사이 또는 시민과 범죄자(범죄자도 여전히 시민이지만 개념상 분류를 위해서)의 아름다운 놀이로서 존재론적 관계론과 윤리로까지 확장하고자 하는 작은 시도였다.

24 오민용, "법과 용서 — 쟈끄 데리다의 용서론을 중심으로 —", 법학연구, 제29권 제2호, 2018, 23~50쪽.

25 오민용, "법과 우정 — 자크 데리다(Jacques Derrida)의 철학을 중심으로 —", 법철학연구, 제24권 제1호, 2021, 313~376쪽.

시도 하였으며, 이것은 "정원에 담장을 쌓으려(형법의 강화) 힘쓰는 사람은 많지만 땅 위의 나무와 꽃들에게 물을 대는 데(도덕교육과 이성적 정책의 실시) 열심인 사람은 적은 듯하다."(1994, 2)에 대한 나름의 작은 응답이기도 하다.

V. 나가며

따라서 '평등과 차이의 상호주관성 테제'는 데리다의 이론 관점에서 다음과 같이 평가할 수 있다. 해석과 실천 상으로서 평등과 차이가 무엇이고, 그 관계가 어떻게 형성되는지를 밝혔다. 또한 합리적 차별과 불합리한 차별이라는 이분법적 도식에 대해서 차이를 통해서 간격을 내었으며, 차이존중과 차이무시라는 이분법적 도식에 대해서 평등을 통해서 간격을 내었다. 따라서 평등과 차이가 전제하는 불평등과 차이무시라는 나와 너, 친구와 적이라는 이분법적 사고는 붕괴되었다. 이것은 현실 세계에서 평등과 차이라는 단어의 이상향이 품고 있는 정념에 사로잡혀, 현실을 유토피아로 만들고 있다고 생각하지만 사실적으로는 같은 이념에만 선 일군의 사람들에게만 유토피아일 뿐이며, 시민 공동체 그 자체는 더 디스토피아로 만들고 있는 이들 사이에 떨어진 천둥, 번개와 같다.

이분법적 도식을 붕괴시킨 이 간격은 무엇을 차별과 차이로 간주할 수 있는지에 대해서 지속적인 해석을 추구하며, 단순히 현재가 아닌 미래를 향한 지평의 성찰과 반성으로 우리를 인도한다. 이것은 평등과 차이라는 놀이이며, 이 놀이는 서로 연관되어 있음을 보여준다. 이 놀이는 시민 공동체 모두의 진, 선, 미에 부합한다. 이제 '평등과 차이의 상호주관성 테제'가 등장한 이후에는 어떤 평등과 차이도 그 자체만으로 평등과 차이를 논할 수 없을 것이다. 평등은 차이와 함께, 차이는 평등

26 김일수, 형법질서에서 사랑의 의미, 세창출판사, 2013, 204쪽.

과 함께 논할 때만 평등과 차이가 무엇인지 밝힐 수 있다. 평등과 차이는 이런 의미에서 존재론적이고 윤리적인 차원에서 우정의 놀이 관계로까지 확장된다. '평등과 차이의 상호주관성 테제'는 "법철학의 임무는 법텍스트 속에 있는 로고스중심주의를 해체하는 일이다."[27]는 주장을 가장 잘 실현한 테제로 이해할 수 있다.

오랜 시간 이상돈 교수가 정립한 데리다의 법철학 작업은 현재 많은 제자들에 의해서 더 많은 나무와 꽃을 아름답게 가꾸도록 인도하고 있다. 앞으로도 지금처럼 왕성한 학문적인 작업을 계속 하시며, 제자들에게 영원히 좋은 스승으로 남으시길 소망한다. 영·육 간에 늘 강녕하시기를 기도드린다.

---

27 Douzinas, Costas and Ronnie Warrington, "On the deconstruction of jurisprudence: Fin(n)is Philosophiae", Journal of Law and Society 14.1, 1987, 45쪽.

17 법정신분석학의 지도와 미래

민 윤 영*

비평하는 저작 이상돈, "나르시시즘의 법", 법철학연구, 제22권 제3호, 2019.
이상돈, 법의 깊이, 법문사, 2018.

Ⅰ. 한국 법정신분석학의 명맥

법정신분석학은 서구의 근대법학의 역사에서 주된 흐름이었던 적은 한 번도 없었지만, 끊임없이 주요한 법학자들에 의하여 그 필요성이 인정되기도 한 독특한 역사를 가지고 있다. 대표적인 예시 몇 가지를 들어보자면, 켈젠의 경우 프로이트에게 정신분석을 받았고 학문적으로 프로이트의 이론을 적용한 글을 쓰기도 하였다. 법현실주의 사상가로 알려진 제롬 프랭크의 『법과 근대정신』도 법정신분석학의 흐름을 잇는 사상적 계보에 있다. 프로이트의 딸인 안나 프로이트가 미국의 예일로스쿨에서 정기적으로 강의를 하고 예일대 로스쿨 교수였던 골드스타인과의 공저로 아동의 최선의 이익에 관한 삼부작을 쓴 것 역시 법학과 정신분석학의 긴밀한 협업의 한 예이다. 반면 한국의 경우는 법정신분석학의 흔적이 매우 희미하다. 그 시작이라고 볼 수 있는 것은 유기천이 형법에 입체심리학이라는 이름으로 정신분석학적 사고의 도입을 시

* 단국대학교 법과대학 교수, 법학박사, Oxford LLM., Yale LLM.

도한 것인데, 유기천의 이러한 시도에 영향을 줬다고 말해지는 아내 실빙이 켈젠의 지도를 받았다는 점에서 유추해보면, 켈젠에서 실빙으로, 그리고 실빙에서 유기천으로 법과 정신분석학의 학제적 만남에 대한 영감이 흘러온 것이 아닌가 싶다. 다만 유기천의 연구의 경우 '법정신분석학'이라는 독립된 분과를 개척했다기 보다는 정신분석학적 사유를 형법에 적용하는 시도로서 그 가치가 인정될 수 있을 듯하다.

한국에서 독립된 분과로서 법정신분석학이 다루어진 연구서의 출간은 2010년 이상돈・민윤영의 『법정신분석학 입문』(법문사, 2010)이 최초였다. 그 후 법정신분석학의 사고는 이상돈의 기초법학을 집대성한 책인 『법의 깊이』(법문사, 2018)에 독립적인 한 챕터(법과 무의식)로서 등장하였다. 그리고 현재 한국의 법학계에서, 정신분석학적 사고를 적용한 글들은 드물지만 발견할 수는 있으나, 법정신분석학자가 배출되는 연구실이라고 일컬을 만한 연구실은 이상돈의 연구실 외에는 발견하기 힘든 것이 사실이다. 필자가 2011년 "법정신분석학의 형성과 법적 권위의 구성적 해체"로 박사학위를 받았고, 2020년에 김문정이 "이미지의 소멸과 근대형법의 탄생"으로, 2021년에는 박민정이 "범죄의 주체화와 법의 사물화"로 박사학위를 받았다. 정신분석학에 대한 관심을 찾아보기 힘든 현재 한국 법학계의 풍토에서 이렇게 작게나마 법정신분석학의 학문적 공동체가 형성될 수 있었던 것은 "의식의 꼭대기인(관념) 철학적 차원에서부터 시작하여 (사회)과학적 차원과 인문학적 차원을 지나서 가장 깊게는 인간의 무의식이라는 깊은 바다에까지 내려가 보아야 한다"(2018, 도입글)는 이상돈의 학문의 경계에 매이지 않는 진정성과 열정에 전적으로 힘입고 있다. 이에 이 지면을 빌어 특별한 감사를 전해드리고 싶다.

Ⅱ. 상호주관성의 법학과 현대정신분석학자 코헛

이러한 감사를 담아 서평 대상이 될 글을 고심하던 중, 『법의 깊이』(법문사, 2018)의 15장 "법과 무의식"처럼 법정신분석학을 다룬 총론격의 글이 아니라, "나르시시즘의 법"이라는 다소 한정적인 주제를 다루는 논문을 선택한 데에는 특별한 이유가 있다. 이상돈의 법정신분석학적 사유를 현대정신분석학으로 확장시켜보고 싶은 마음이 있었기 때문이다.

1. 현대법정신분석학의 가능성

정신분석학은 프로이트 이후 많은 변화와 발전을 겪었고, 현대 심리학과 상담학에서는 프로이트 이후의 정신분석학자들로 이루어진 현대정신분석학이 대세를 이루고 있다. 그러한 현상을 반영하여 프로이트는 '고전적 정신분석학'이라는 별칭으로 불리운다. 지금의 대세라 하여 현대정신분석학이 더 좋은 것이고 고전정신분석학은 이미 낡은 것이라는 생각에서 현대정신분석학으로의 확장을 시도하는 것은 아니다. 프로이트의 가치는 여전하다. 다만 '상호주관성'을 핵심적인 테마로 삼는 이상돈의 기초법학적 사상 전체를 고려할 때, 그의 사상과 더 잘 조화를 이루는 것이 현대정신분석학일 수 있다는 생각이 들어 그러한 확장에 도전해보고자 하는 것이다. 고전정신분석학과 현대정신분석학을 구분하는 중요한 관점은 현대정신분석학의 대표적 이론인 대상관계이론의 이름에서도 이미 보이듯이 '관계'에 대한 강조이다. 현대정신분석학은 프로이트의 욕동이론에 한계가 있음을 인식하고, 리비도는 성적 쾌락 등의 '쾌락'을 추구하는 것이 아니라 '대상'을 추구한다는 관계적 생각으로 방향을 전환하였다. 그리고 이러한 전환에서 '나르시시즘'이라는 주제는 특별한 지위를 점한다. 프로이트의 고전적 정신분석 방법으로는 나르시시즘이 잘 치료되지 않았고, 그 부분에서 문제의식을 포착해 대표적인 현대정신분석가 중 하나인 코헛이 자기심리학을 창시했기 때문이다. 또한 이상돈 교수는 '나르시시즘의 법'에서 "법이 인간의 행복을 위한 수단이 되어야 한다는 모더니즘의 기획에 선다면, 법은 인간의 이와 같은 나르시시즘적 모습을 고려하지 않을 수 없다"(2019, 159)고 썼는데, '모더니즘의 행복론'이라는 부제를 달고 있는 그의 『욕망은 행복을 낯설게 한다』(연극과 인간, 2003)에 따르면, 행복은 사회에서 강요하는 획일적 기준을 따르지 않고 자기 자신의 욕망을 추구하며 동시에 다른 이의 욕망과도 끊임없이 의사소통함으로써 만들어진다. 이러한 그의 행복론을 고려하면, 나르시시즘과 법의 만남을 통해 그가 기획하는 바를 성취하기 위해서는 다소 냉정한 비관주의자의 면모를 보이는 프로이트보다는 내담자와 상담가 사이의 공감적 관계를 강조하는 코헛이 더 적합할 수 있다는 생각도 든다.

그래서 이 서평은 이상돈 교수가 프로이트의 이론을 통해 나르시시즘과 법의 접촉 지점으로 제시한 지점들을 확인하고, 그 지점들을 프로이트가 아닌 코헛의 관점에서 다시 한번 새롭게 다루어보는 것을 목표로 하고자 한다. 논문에 드러난 그의 문제의식들을 그대로 이어 받되, 활용되는 정신분석학자로서 프로이트가 아닌 코헛을 활용해보는 것이다. 이상돈의 법정신분석학의 특별한 점은 '프로이트'에 있지 않다. 프로이트의 이론은 그의 여러 학문적 재료 중 하나일 뿐이며, 그의 법정신분석학의 특별함은 그가 '법과 정신분석학이 만나 대화할 수 있는 지점들'을 색다르게 제시해준다는 점에 있다. 그렇기에 그 지점들을 중심으로 프로이트가 아닌 코헛을 통해 나르시시즘과 법의 만남을 재해석해보는 것은, 이상돈의 법정신분석학의 핵심을 충실히 살피는 것임과 동시에, 상호주관적인 코헛의 자기심리학을 교두보로 하여 그의 법정신분석학이 그의 다른 기초법학적 사상들과 더 잘 어우러지도록 다리를 놓는 기획이 될 수도 있을 것이다.

2. 코헛의 자기심리학 소개

이러한 목표를 위하여 우선은 코헛의 자기심리학을 간단하게나마 소개해야 할 것이다. 하인즈 코헛(Heinz Kohut)은 1913년 오스트리아 빈에서 출생하였고 1940년 전쟁을 피해 미국 시카고로 간 후 시카고에서 활동을 하다가 1981년 사망하였다. 1960년대에 이르러 독자적인 자기심리학을 창시하기 전까지 코헛은 'Mr. psychoanalysis'라는 별명으로 불릴 만큼 프로이트를 충실히 잇는 대표적 인물에 해당하였지만, 1966년 논문 "자기애(나르시시즘)의 형태와 변형"의 출간으로 조금씩 노선이 달라지게 된다. 1977년 『자기의 회복』을 출판하면서 프로이트의 욕동이론을 떠나게 되고, 1978년 시카고에서 첫 번째 자기심리학 연례 컨퍼런스가 개최되면서 자기심리학이 공식적으로 자리를 잡아가기 시작하였다.

이처럼 코헛의 자기심리학이 독자적으로 발전하게 된 계기가 바로 '나르시시즘(자기애)'의 문제였다. 프로이트는 자기애를 1차 자기애와 2차 자기애로 나누어서, 자기를 향하여 리비도가 집중되는 1차 자기애의 시기가 지나면 대상으로 리비도가 집중되는 2차 자기애로 발전되어야 한다고 보고, 그와 같은 발달이 좌절되어 퇴행이 일어나면 리비도가 다시 자기자신에게로 돌아오게 된다고 보았다. 즉 프로이트에게 있어서 '자기'와 '대상'은 배타적으로 분리된 대상으로 인식되고 있다.

하지만 코헛은 이 지점에서 전혀 다른 접근을 취한다. 그에 따르면 자기를 향하는 리비도는 타인을 향하는 리비도와의 관계 속에서 성숙한 변형을 성취하게 되며, 이러한 선순환의 과정은 평생을 거쳐 계속되게 된다. 즉 프로이트에 있어서 '자기를 향한 자기애'가 생애초기의 '원초적' 단계에서 등장한 후 극복되어야 하며 다시 발생한다면 '퇴행'이라는 병리적인 것으로 파악되는 것인 반면, 코헛은 온전히 자기만을 향하거나 타인만을 향하는 리비도가 병리적인 상태인 것이며, 자기와 타인 사이의 리비도의 성숙한 상호작용을 통한 성숙한 관계를 건강한 것으로 보았다.

이러한 차이는 프로이트와 코헛이 서로 다른 인간관에 바탕을 두고 있기 때문에 발생한다. 프로이트는 성숙한 인간을 타인과 독립하여 자기 내부의 욕동을 조화롭게 조율하고 유지하는 존재로 보았다. 그렇기 때문에 신경증 등 치료해야 하는 정신적 문제를 한 개인 내부의 성性적, 공격적 충동과 초자아 사이의 충돌 등으로 설명한다. 반면 욕동이론을 떠난 코헛은 '자기의 구조'에 집중한다. 코헛의 이론에서 자기란 한 사람의 정신세계의 중심을 말하며, 이 자기가 응집력 있는지 아니면 파편화 되어 있는지, 그리고 만약 파편화되어 있다면 그 파편화된 자기에 대하여 어떻게 대응하는지가 인간 심리의 핵심 문제라고 보았다. 그런데 이 자기의 응집과 파편화에 영향을 미치는 가장 중요한 요소가 바로 '중요한 타인의 공감적 반응'이다. 그리고 이 중요한 타인은 코헛의 개념으로는 '자기대상'이다. 여기서 응집력 있는 자기와 파편화된 자기를 잠시 설명해보자면, 코헛은 인간의 정신이 파편화 된 상태로 태어나며 자기대상인 부모와의 관계 속에서 공감과 사랑을 받음으로써 비로소 조금씩 응집력 있는 자기가 만들어져간다고 보았다. 충분히 응집력 있는 자기가 만들어지면(자기구조의 형성) 타인과도 공감과 사랑을 주고받는 성숙한 관계를 형성할 수 있게 된다. 그러나 만약 부모로부터 필요한 공감과 사랑을 받지 못해 계속 파편화된 상태로 남게 되면, 그 파편화로 인한 고통 때문에 자기 자신에게만 몰두하는 병리적 자기애가 나타날 수 있는 것이다. 파편화는 마치 죽음과 같은 공허감과 불안을 야기하기에, 파편화된 자기구조를 가진 사람은 이 고통을 회피하기 위하여 여러 방어적 증상들을 나타내게 된다.

이러한 인간관의 차이는 치료해야 할 문제행동을 이해하는 방식에도 차이를 가져온다. 예를 들어 성적으로 문제행동이 나타났을 때, 프로이트의 욕동 이론은 이드와 초자아 사이의 욕동의 조화와 자아의 방어가 실패한 것으로 파악하지만, 코헛은 중요한 타인이 공감적으로 반응해주는 것에 실패함으로 말미암아 야기된 파편화된 자기구조의 고통을 극복하고 자기구조를 유지하려는 몸부림으로 해석한다.

이렇게 강조점이 다르다 보니 치료의 방향성도 다르다. 프로이트는 자기 내면의 심층심리적 갈등에 대한 인식과 해석을 치료의 핵심으로 본 반면, 코헛은 자기의 파편화의 고통을 야기한 관계를 내담자와 상담가라는 치료적 관계 안에서 공감적으로 재경험함으로써 자기가 응집력을 형성해가는 것을 치료의 핵심으로 보았다. 이를 '재양육'이라고도 표현할 수 있겠다. 다시 말해 프로이트의 정신분석은 내담자가 쇼파에 누워 자유연상을 하고 분석가는 그런 내담자의 반응을 재료로 하여 분석을 진행하는 주체와 객체의 관계에 더 가깝다면, 코헛의 자기심리학은 내담자와 상담가가 함께 내담자의 고통에 주목하면서 상호주관적이고 인격적인 관계를 형성하는 것을 핵심으로 한다. 또한 이렇게 한 번 응집된 자기구조가 만들어진 이후에도 자기에게 중요한 의미를 지니는 자기대상이 되는 타인과 성숙하고 공감적인 관계를 형성함을 통해서 자기의 구조를 끝없이 유지하고 강화해나가는 것이 필요하다고 본 것도 프로이트와의 근본적인 차이점이다.

Ⅲ. 법정신분석학의 지도: "나르시시즘의 법"의 구조

이 단락에서는 이상돈 교수의 "나르시시즘의 법"의 구조를 분석함으로써 코헛을 적용해볼 법정신분석학의 문제 지점들을 확인해본다. 이상돈 교수는 Ⅰ. 단락에서 법이 인간의 행복을 위한 수단이 되기 위하여는 인간의 나르시시즘적 특성을 고려해야 한다는 점을 근거로 하여 나르시시즘을 법적 성찰의 과제로 명료화한다. Ⅱ. 단락에서는 그가 이해하는 나르시시즘을 긍정적 발현(리비도의 외부화와 사회화, 승화)과 부정적 발현(자폐유사상태, 신경증, 자살, 연쇄살인과 같은 범죄)으로 나누어 제시하는데, 이 부분에서 법정신분석학적 사유로서 특히 주목할 부분은 법을 초자아의 하나로서 제시하는 부분이다(2019, 164). 그리고 나르시시즘의 긍정적 발현에 작용하는 법적 초자아가 성장하지 못한 사람의 경우 "윤리의 궁핍"(2019, 164)에 빠지게 되어 나르시시즘의 부정적 발현으로 이어진다고 해석하는 부분도 주목할 필요가 있다. Ⅲ. 단락은 '나르시시즘의 법윤리'라는 개념 아래, 법이 인간의 나르시시즘적 정신특성을 고려해야 하는 것을 윤리적 요청으로 정립한다. 그 구체적인 내용은 "퇴행적 나르시시즘의 무한성을 견제하고, 일시적이고 덧없는 에로스의 정신분석학적 의무를 실현함으로써 나르시시즘의 인간들이 가능한 행복할 수 있기 위한 조건을 성취해나가야 한다"(2019, 173)는 것이다. 이러한 정신분석학적 의무의 법적 실현의 세 가지 형태는 나르시시즘의 긍정적 발현의 보호·촉진(예: 초중등교육 의무화, 직업, 언론과 출판, 학문과 예술의 자유 보장), 부정적 발현의 억제(예: 치료감호법, 소년법, 형법), 그리고 인간이 나르시시즘의 부정적 발현에 맞서는 정신분석학적 의무를 실천하도록 돕는 역할(예: 치료적 사법)이다(2019, 174). 이는 법이 정신분석학적 의무에 대하여 맺는 "보호, 억제, 도움의 세 가지 외재적 단계"(2019, 176)라고도 설명된다. 특히 그는 정신분석학적 의무의 실천을 돕는 법의 기능을 "법은 범죄적 표현으로 이를 수밖에 없었던 자아의 취약성을 극복하고 자기애적 리비도가 사회화된 방식으로 해소될 수 있도록 자아를 강화하는 노력에 도움을 주어야 한다"(2019, 177)라고 제시하는데, 이러한 치료적 사법의 이념은—자아의 취약성이 범죄적 표현으로 이를 수밖에 없는 것인지에 대한 의문은 차치하고—법정신분석학의 미래를 구상하는데 명확한 방향성을 제시해주며, 코헛의 자기심리학과도 확실한 접점을 갖는다. 마지막으로 Ⅳ. 단락에서는 법내재적인 정신분석학적 법윤리를 그려보고 있다. 법내재적인 정신분석학적 법윤리란 정신분석학적 의무가 법의 구성요소로 내재화됨으로써 법을 성찰적으로 변화시키는 것을 의미하는 것으로, 이렇게 학제적 접근을 하면서 외재적 관계(Ⅲ)와 내재적 관계(Ⅳ)를 설정하는 것은 이상돈의 기초법학 작업의 고유한 방식이다. 법내재적인 정신분석학적 법윤리는 "정신분석학적 의무가 그 의미를 유지하면서...법이 규율하는 사안의 고유성을 고려하여 재해석"(2019, 178)된 것이다. 하나의 예로서 그는 의식적인 적극적 결정에 따른 존엄사는 주체적 자아의 장엄한 발현으로, 자살은 극단적인 신경증적 발현으로 구분하면서 "정신분석학적 의무가 자살과 존엄사를 차별적으로 규율하는 법을 만들 수 있게 하고, 동시에 법이 자살과 존엄사의 차별적 규율을 통해 정신분석학적 의무를 구체화하고 세련화"(2019, 180)하는 법과 정신분석학의 내재적 관계를 제시한다. 이상돈에 따르면 이 내재적 관계 속에서 정신분석학적 의무는 "인간의 무의식과 의식을 가로지르는 원칙이며, 정신분석학과 법학을 통섭시키는 학제적 법원칙"(2019, 181)이 될 수 있고, 이 새로운 법원칙은 법의 이성중심성과 인간중심성을 성찰하는 넓은 지평(2019, 182)을 가질 수 있다. 이 부분에 대하여는 동물권과 동물보호법의 문제가 논의되었다. 여기서 논의된 법내재적인 정신분석학적 법윤리는 '포스트프로이트 법윤리'(2019, 182)라는 이름으로도 지칭된다.

위와 같이 요약해본 이상돈의 "나르시시즘의 법"의 구조를 통해 그가 제시하는 법과 정신분석학의 외재적/내재적 만남의 지점들을 확인해보았다. 이 구조를 마치 '법정신분석학의 지도'와 같은 것으로 삼아, 아래에서는 각각의 지점들에 코헛을 적용해봄으로써 현대법정신분석학의 가능성을 그려보고자 한다. 다만 모든 지점들을 다 다룰 수는 없어서, 몇 가지 중점적인 부분들을 통해 코헛을 적용할 때 어떠한 발전과 변화가 가능한지를 드러내보이고자 하였다.

Ⅳ. 지도의 재해석: 코헛과 현대법정신분석학

흥미롭게도 코헛의 현대정신분석학 이론을 적용하여 현대법정신분석학을 구상해보는 과정에서 이상돈 교수가 주창한 절차주의적 법모델과 상통하는 지점들이 풍성히 발견된다. 아래에서 자세히 논하기 전에 먼저 간단히 요약을 해본다면, 현대정신분석학을 적용하여 법을 재해석해 볼 때, 법은 이드의 욕동을 직접적으로 규율하는 조절밸브의 역할을 포기하고, '자기대상'으로서 작동하거나(1), 성숙한 나르시시즘으로 성장하도록 이끄는 콘텍스트를 형성하도록 하는 '콘텍스트 조종'으로 그 역할을 바꿀 것(2)이 요청된다. 또한 현대정신분석학을 접목할 때 이상돈 교수가 제시하는 이성중심적 법학의 한계를 넘어서는 법정신분석학의 성찰역량이 더욱 강화될 가능성이 확인되며(3), 포스트프로이트 법윤리, 즉 법내재적인 정신분석학적 법윤리도 절차주의 법모델과 조응하여 잘 작동할 수 있는 법윤리모델로 새롭게 이해(4)될 수 있다.

1. 자기대상으로서 법

이상돈 교수는 Ⅱ. 단락에서 법이 나르시시즘의 긍정적 발현은 촉진하고 부정적 발현은 억제하는 조절밸브와 같은 역할을 해야 한다는 생각을 제시한다. 이러한 주장은 프로이트적인 이론설정에서 적실성을 갖는다. 프로이트는 심리치료를 이드와 초자아 사이의 갈등을 내부적으로 해결하는 것으로 보았고, 이상돈의 위 이론은 그러한 갈등의 내부적 해결에 있어서 법이 마치 '자아' 또는 '초자아'와 같은 역할을 맡는 것으로 생각할 수 있다. 즉 나르시시즘을 '허용과 금지'라는 '초자아적 기제'를 통해 조절할 수 있다고 보는 것이다.

그러나 코헛의 관점에서 보자면 병리적 나르시시즘의 치유 또는 긍정적 나르시시즘으로의 성숙은 '허용과 금지'라는 조절기제로서 법이 작동하는 것을 통해 가능한 것이 아니며, 파편화된 자기의 고통에 '공감'하며 응집력 있는 자기구조를 형성할 수 있도록 하는 재경험을 돕는 것을 통해 가능해진다. 즉, 법이 독립적으로 거리를 두고 서서 허용과 금지의 '규율'만을 하는 존재가 아니라, 자기애적 상처로 고통 받는 사람의 '자기대상'이 되어주는 방식을 통해서 이상돈 교수가 의도하고 있는 나르시시즘의 발현이 조절 되는 것이다. 다시 말해 법이 수범자가 삶을 견디게 돕는다는 것(2019, 171)은 법이 조절밸브로서 수범자가 홀로 이드의 욕망을 분출할 수 있도록 허용하는 것으로는 불충분하다. 파편화된 자기를 홀로 끌어안고 고통 받는 수범자가 있다면, 그의 곁으로 다가가 자기대상으로서 기능해줌으로써 그의 가치를 다시금 확인해주고 그의 존재를 긍정해줌으로써 자기가 다시 응집될 수 있도록 필요한 심리적 힘을 공급해주어야 한다. 법 역시도 관계적 전회(relational turn)를 할 필요가 있는 것이다.

2. 조절밸브에서 콘텍스트 조종으로

코헛에 기반한 나르시시즘과 법의 만남은 이처럼 법과 수범자의 관계를 '관계적으로 전회'시키는 것 뿐 아니라, 법이 각 개인들의 나르시시즘에 직접적인 개입과 규율을 하는 것을 포기하도록 요청한다. 왜냐하면 코헛에게 있어서 나르시시즘의 문제는 자기와 대상 사이의 '관계'를 통해서만 변화하고 영향을 받기 때문이다. 다시 말해 코헛의 자기심리학에 기반하여 법이 나르시시즘과 관계를 형성할 때에는 각각의 개인의 나르시시즘을 직접적으로 규율할 것을 겨냥할 수 없으며, '개인들 사이의 관계'라는 콘텍스트가 '파편화된 자기의 응집을 도모하는 방향'으로 형성되도록 하는 '콘텍스트 조종'[1]의 모습을 띌 수밖에 없다. 이러한 생각을 이상돈 교수가 Ⅲ. 단락에서 나르시시즘과 법의 관계를 보호, 억제, 도움의 세 가지 유형으로 나누어 고찰한 것에 적용해보자. 이는 긍정적 나르시시즘은 보호함으로써 촉진하고, 부정적 나르시시즘은 금지함으로써 억제하며, 나르시시즘의 긍정적 승화는 돕는다는 것이다. 이러한 접근은 앞에서 언급한 '나르시시즘에 대한 직접적 개입과 규율

1 콘텍스트 조종은 이상돈 교수가 주창한 절차주의적 법의 절차적 조종과 상통하는 이론인데, 관련해서는 이상돈, 법의 깊이, 법문사, 2018, 551쪽 참조.

의 방식'이다. 이런 방식에서는 법이 수범자의 나르시시즘에 대한 가치 평가를 하는 평가자로서, 다시 말해 '초자아'로서 위치된다. 한 예로 이상돈 교수는 반려동물에 대한 '과잉' 애정은 극단적인 경우 "윤리적 혼돈과 불균형"(2019, 184)인 것으로 판단하는데, 이는 도덕적 언어로서 평가하는 것이다. 그러나 코헛의 관점에서 보자면 이러한 반려동물에 대한 과도한 애정은 공감적이지 못했던 중요한 타자와의 관계로 인해 비롯된 자기구조의 파편화에 직면하여 더 이상 파편화되지 않고 최대한 자기를 응집하려는 안타까운 몸부림일 수 있다. 그렇다면 이러한 나르시시즘의 발현을 조절하는 방법은 단지 그것을 억제하는 것이 될 수 없다. 파편화의 고통은 억제한다고 참아질 수 있는 것이 아니며, 다른 영역으로 다시 튀어나올 것이기 때문이다. 그렇다면 법의 역할은 반려동물에 대한 과도한 애정이 발생하게 된 자기구조를 치유하도록 개인간의 관계의 콘텍스트를 조종하는 것이 될 것이다.

그렇다면 콘텍스트 조종으로서 법이 긍정적 나르시시즘의 촉진, 코헛의 표현으로는 성숙한 나르시시즘으로의 변화를 도모하는 방법은 무엇일까? 나르시시즘은 영유아기의 양육경험으로 인하여 형성된 자기구조에 의해 절대적인 영향을 받는다는 점을 고려해보면 영유아와 부모의 상호작용이 최대한 공감적이고 수용적인 것이 될 수 있도록 콘텍스트를 조종하는 것이 법의 중요한 역할이라는 생각에 도달할 수 있을 것이다. 즉 부모의 육아휴직을 실질적으로 보장하고 육아휴직 기간 중 국가의 경제적 지원 역시 실질화 하는 것이다. 그리고 부모와 영유아가 좋은 애착을 형성하여 영유아가 안정적인 자기구조를 가질 수 있도록 하는 여러 교육들과 지원 역시 생각해볼 수 있다. 그리고 무엇보다 시급한 것 중 하나는 어린이집의 보육교사 대 원아 비율의 개선이다. 현대사회의 라이프스타일을 고려할 때, 부모 만큼이나 자기대상으로서 중요한 역할을 하는 존재가 바로 보육교사들이다. 현재 우리나라의 보육교사 대 원아 비율은 끊임없이 개선의 요구를 받고 있는 사항으로 시급한 개선이 필요하다고 생각된다.

그렇다면 부정적 나르시시즘의 억제는 어떻게 할 수 있을까? 이상돈 교수는 극단적 나르시시즘의 발현으로서 연쇄살인 등(2019, 168)의 범죄를 억제해야 할 나르시시즘의 예시로서 들었는데, 이 부분은 조금 신중할 필요가 있다고 사료된다. 나르시시즘의 병적 발현은 DSM-5에서 자기애성 성격장애(NPD)로 분류된 형태를 띤다고 볼 수 있을 것인데, 사실 심각한 범죄와 관련이 있는 성격장애는 자기애성 성격장애가 아니라 반사회적 성격장애이기 때문이다. 물론 성격장애 사이의 구분이 무 자르듯 명확하게 되는 것은 아니지만, 그럼에도 이 둘은 구별할 필요가 있다. 부정적 나르시시즘은 현실적으로는 이상돈 교수가 자폐유사상태나 타인에게 피로감을 주는 정신특성으로서 예로 든 신경증(2019, 166) 등으로 나타날 가능성이 높을 것인데, 이러한 특성이 범죄까지는 아니더라도 법적 문제를 야기할 가능성은 있을 수 있다. 이런 문제를 해결하기 위하여 법이 취할 수 있는 콘텍스트 조종의 한 예는 법조계 종사자들이 안정적인 '자기대상'으로서 기능할 수 있도록 교육을 제공하는 것이라 할 수 있다. 즉 파편화된 자기로 고통 받고 있는 수범자들이 문제를 일으켜 법 앞에 서게 되었을 때, 그들이 법조계 종사자들과 하게 되는 상호작용이 응집력을 부여하는 공감적인 것이 될 수 있도록 그 콘텍스트를 조종하는 것이다. 이러한 이해는 바로 위에서 논의한 것처럼, 법이 수범자와의 관계에서 절연되어 있는 외부적 규율자가 아니라, 수범자의 '자기대상'으로서 공감적이고 상호적인 관계를 형성함으로써 자신을 응집력 있고 안정적이며 확고한 존재로 경험하고자 하는 수범자들의 자기애적 필요에 반응하는 것으로 자신의 정체성을 탈바꿈할 것을 요청할 것이다.

3. 이성중심적 법을 넘어서

코헛의 이론을 적용할 때, 이상돈 교수가 포스트프로이트 법윤리의 돋보이는 성찰역량으로서 제시한 "이성법과 그에 대한 성찰의 지평을 넘어서는 성찰"(2019, 182)이 더욱 심도 있게 진행될 수 있다는 생각이 든다. 그는 이러한 성찰역량을 반려동물 문화와 관련하여 확인해보고 있다. 이상돈 교수는 반려동물에 대한 과도한 사랑을 반려동물에게 무한 사랑을 주면서 투사적 동일시를 통해 자신이 그러한 사랑을 누리는 것과 같은 심리적 만족을 얻고자 하는 것이라 분석한다(2019, 184). 그런데 이러한 해석은 근본적으로는 한쪽은 사랑을 주는 쪽이 되고, 다른 쪽은 사랑을 받는 쪽이 되는, 주체-객체의 사랑모델이다. 그러나 코헛이 '심리적 산소'라고 부른 '공감'을 통해 이 현상을 분석해보면 좀 다른 그림이 그려진다. 반려동물에 대한 과도한 애정을 이해함에 있어, 사랑을 주는 것을 투사적 동일시를 통해 전복해 사랑을 받고 싶은 욕망이 아니라, '무조건적인 사랑이라는 감정을 서로 주고받고자' 하는 '상호적인 감정 교류'의 문제로 바라보는 것이다. 반려동물의 유형에 따라 다르지만, 일반적으로 감정교류가 되는 반려동물은 평가하지 않으며 무조건적인 사랑을 준다고 볼 수 있다. 이 무조건적 사랑은 파편화된 자기를 부둥켜안고 이 세상에 내던져졌던 한 아기가 영유아기를 통해 응집력 있는 자기를 만들기 위해 간절히 필요로 하던 것이었다. 영유아기에 그런 사랑을 받아본 사람은 성장하여 그런 사랑을 줄 수 있는 사람이 된다. 그렇기에 무조건적인 사랑을 받고 무조건적인 사랑을 줄 수 있는 사람이 코헛이 그리는 성숙한 사람이라 할 수 있는데, 반려동물에게 과도한 애정을 주는 사람은 자신의 파편화된 자기로 인하여 현실의 관계에서는 실현할 수 없는 성숙한 관계에 대한 '소망'을 반려동물을 대상으로 하여 대리-실현하고 있는 것이라 해석해볼 수도 있다. 그렇다면 이러한 동물사랑은 '퇴행적 나르시시즘'이나 '자아도취적 환상'(2019, 184)이라고 비판받을 무언가가 아니라 자기의 상처에서 벗어나 어떻게든 성숙한 자기구조를 성취하고자 하는 '자기의 열심'으로 이해될 여지도 생긴다. 말하자면 여기서 반려동물이 재양육을 위한 자기대상으로서의 역할을 대리로 수행하는 셈이다. 다만 재양육에서 꼭 필요한 이상화의 단계가 실현될 수 없기 때문에 아마 반려동물과의 관계를 통해 자기심리학적 의미의 치료가 완료되긴 어려울 것 같지만, 그럼에도 치유적 효과가 없다고 말할 수도 없다. 그렇기에 이상돈 교수는 "법이 퇴행적 나르시시즘의 동물사랑을 금지할 수는 없지만, 그것을 조장하는 규범을 만들어서는 안 된다"(2019, 184)고 하였는데, 이 부분에 대해서는 다소 다른 입장에 서게 될 수도 있는 것이다. 다만 이상돈 교수가 예시로 든 반려동물에게 권리능력과 상속권을 인정하거나 반려동물을 인간과 동격에 놓는 규범 등의 적절성 여부는 반려동물과의 관계의 치유적 효과에 대한 면밀한 검토를 필요로 할 것이다.

4. 절차주의적 법모델의 법윤리로서 포스트프로이트 법윤리

마지막으로 이상돈 교수가 대상논문을 통해 다루고 있는 존엄사의 문제를 재료로 하여 현대법정신분석학이 이상돈 교수가 주창해온 '절차주의적 법모델'의 법윤리를 제공하는 것으로서 이해될 수 있는 부분을 살펴보고자 한다. 존엄사의 문제는 코헛을 적용할 때 이상돈 교수가 다른 논문[2]을 통해 제시했던 안락사의 절차주의적 정당화와 더욱 조화롭게 맞닿는다. 사실 프로이트도 코헛도 죽음에 관한 한 그 누구보다 성숙한 개인들이었던 것으로 생각된다. 프로이트는 구강암으로 서른세번의 수술을 받으면서도 정신의 명료함을 잃지 않기 위하여 아스피린 이상의 진통제의 투여를 거부했던 것으로 알려져 있다. 코헛 역시 자기심리학을 본격적으로 펼쳤던 말년의 10여년간 백혈병과 심장병, 혈액암 등으로 투병을 해야 했다. 그러나 그는 죽음 역시도 응집력 있는 자기로서 자기대상들과의 공감적 관계 속에서 맞이한다면, 훨씬 더 의미 있는 것이 될 수 있다는 확신을 가지고 자신의 죽음을 담대히 마주보았

2 이상돈, "안락사의 절차적 정당화—안락사의 실태와 법적 대응—", 한일법학, 18권, 1999, 375~390쪽.

다. 그는 1981년 미국 버클리에서 열린 자기심리학 연례 컨퍼런스에서 품위 있는 모습으로 마지막 강연을 하고 자기심리학 동료들에게 마지막 인사를 건넨 후, 3일 후 숨을 거두었다. 이러한 코헛의 생각에서 '존엄한 죽음'의 자기심리학적 의미를 추론해볼 수 있다. 그 핵심은 '자기대상들과의 공감적 관계'이다. 이상돈 교수는 "안락사의 절차주의적 정당화"에서 안락사를 정당화할 수 있는 대화의 절차를 구상하였다. 이와 연결하여, 그가 자살 교사는 처벌하지만 존엄사 조력은 처벌하지 않는 규범을 주장하는 것의 자기심리학적 논거를 생각해본다면, 존엄사의 자기심리학적 절차화를 통한 공감적 대화의 절차화를 들 수 있을 것이다. 죽음이라는 사건이 부정적 자기애의 발현이 아니라 긍정적 자기애의 발현이 될 수 있도록 하기 위하여 법이 할 수 있는 것은, 단순히 자살 방조 또는 교사의 처벌과 존엄사 조력의 불처벌에 머무는 것이 아니라, 존엄사의 과정이 자기대상들과의 공감적 대화가 되도록 절차를 구성하는 것으로 나아갈 수 있다.

V. 풍성한 법정신분석학을 꿈꾸며

이 글에서는 이상돈 교수가 나르시시즘이라는 주제를 중심으로 제시한 법정신분석학의 문제의식을 따라가면서 코헛을 통해 새롭게 '현대 법정신분석학'이라는 길을 가보았다. 이와 같은 재해석에 의한 법정신분석학의 목록은 끝없이 이어질 수 있다. 융, 프롬, 클라인 등 각자만의 고유한 세계를 설득력 있게 그려낸 정신분석학자들이 많이 있기 때문이다. 그리고 이러한 풍성한 후속작업이 가능할 수 있게 하는 나침반 또는 지도와 같은 역할을 하는 "나르시시즘의 법이론"의 존재는 법정신분석학을 연구하는 후속세대 연구자들에게 큰 도움과 기쁨이 된다. 물론 이상돈 교수가 그 논문을 통해 제시한 이 '지도'에만 머물러서는 안 될 것이다. 새로운 정신분석학 이론들을 대입해보는 것에 그치지 않고, 법정신분석학이라는 학문의 새로운 영토를 개척하고 새로운 지도를 그려나가는 것 역시 후속 연구의 역할일 것이다. 하지만 프로이트의 정신분석학이 '고전'이라는 이름을 달고 끝없는 영감의 원천으로서 존재하듯이, 이상돈의 법정신분석학에 대한 문제의식 역시 마치 고전처럼 영감의 원천으로 작동할 것이라는 예감이 든다.

18 해석에서 비평으로

김 문 정*

비평하는 저작　이상돈, 미술비평과 법, 법문사, 2013.

Ⅰ. 법학에서의 방법론적 환유

"법률해석의 한계는 그 근거지음이 더 이상 가능하지 않은 곳에서 비로소 시작된다."[1] 법률해석의 한계지점에 대한 새로운 지평을 개척한 바 있는 이상돈 교수는 법과 미술이 만나는 자리에서 자신의 유명한 명제를 변주한다. 『미술비평이 법이다』(2013, 머리말). 이는 '이성법'을 형성하는 데 핵심적인 역할을 했던 법률해석이, 자신이 맞닥뜨리게 되는 또 하나의 한계지점이기도 한, 미술을 대면하는 장에서 비평이라는 새로운 양식으로 자신의 근거지음을 구축하게 됨을 의미한다. 법해석을 '환유換喩', 즉 충족될 수 없는 완벽한 정의의 추구라는 욕망을 좇기 위해 그 욕망이 담긴 언어의 연쇄고리를 좇는 과정이라고 볼 수 있다면,[2] 예술에 대한 법해석이 법예술비평으로 그 양식이 전환되는 것도 방법론의 패러다임 차원에서 이루어지는 환유라고 말할 수 있을 것이다.

---

* 법무법인 율촌 변호사, 법학박사.

1 Sang-Don Yi, Wortlautgrenze, Intersubjektivität und Kontexteinbettung (Frankfurt en Mein: Peter Lang, 1992) 참조.

2 김문정, "환유로서 법해석, 은유로서 정의", 고려법학, 제91호, 2018, 134쪽 이하.

이 저서는 이러한 명제의 환유를 중심축으로 펼쳐지는 성찰적 건축물이라고 할 수 있으며, 곳곳에서 이상돈 특유의 사유 기둥들이 존재감을 자아내고 있다. 일례로, 발레와 근대법 사이, 브레이크댄스·즉흥접촉춤과 포스트모더니즘법 사이의 내적 연관을 밝힌 『법의 춤』(2012)에서처럼, 이 저서에서도 미술과 법이 상호내재적 연관 속에서 발전하고 있음을 밝히고 있다. 이는 '구성주의적 사유'로, 법 또한 특정한 역사적·사회적 맥락 속에서 재현되는 하나의 문화적 구성물이며, 개별적인 사회적 영역에서 재현되는 구성물들이 일응 연관성이 없어 보이지만, 구조적인 차원에서 볼 때 일정한 요소들을 공유하고 있음을 보여준다. 또 다른 예로, 법과 문학간 상호구성과 방법론의 상호교차를 통한 상호발전가능성을 제시한 『법문학』(2005)에서처럼, 이 저서에서도 법학과 미술비평이 소통하는 학제적 연구로서 법미학의 발전 가능성을 펼치고 있다. 이는 '학제적 사유'로, 법미학에 대해서는 이미 『법미학』(2008)에서 그 개념과 개념표지들 간 조합에 따른 방법론적 유형들을 다룬 바 있지만, 이 저서는 그를 넘어 보다 종합적인 차원에서 법과 예술을 상호형성하는 법예술비평을 보여준다. 그리고 가장 중요하고 두드러진 것으로, 이상돈의 다른 모든 글에서처럼, 이 저서에서도 법철학자로서 이론과 실천 간 '변증법적 사유'가 두루 담겨 있다. 이는 철학자로서 펼치는 이론적 논의와 법학자로서 내리는 실제 사례에 대한 판단이 평면적, 단선적, 정적으로 나열되는 것이 아니라, 그것들이 입체적, 다층적, 동적으로 구축되는 것이다. 풀어 말해, 이 사유는 기존 개념이 실재하는 난제를 만나 새로운 개념으로 재설정되고 기존 판단이 새로운 인식틀 속에서 반성되어 '보다' 종합적인 차원으로 올라가며 이론과 실천 간 성찰이 끊임없이 이루어지는 과정 그 자체라고 할 수 있다.

Ⅱ. 방법론으로서 법예술비평

현상을 개념화하고 그 개념을 다룸으로써 현실에 규범을 입히는 것은 법학의 방법론이자 '근대적(modern)' 사고방식이라고 할 수 있다.[3] 하지만 이상돈 교수는 법학이 방법론적 환유를 피할 수밖에 없음을 그러한 접근방식이 예술을 개념화하는 과정에서 결국 마주치게 되는 아포리아(aporia)를 통해 논증한다. 구체적으로 관세법 또는 저작권법의 적용 과정에서 예술 개념의 외연적 측면이 발전했음에도 예술품과 공예품 또는 응용미술작품과 그 바깥 간 구별기준을 설정해야 하는 순간 침묵할 수밖에 없음을, 예술 개념을 자연주의적으로 파악하려고 할지라도 예술과 비예술 간 경계선을 설정하기엔 그 기능이 상당히 불안정함을 보여줌으로써 예술 개념의 의미론적 차원의 한계를 밝히고 있다. 다시 말해, 법학 담론은 물론 미학 담론조차 예술의 의미를 포착할 수 없으며, 오히려 그 의미를 중심으로 담론이 재생산되고 변화하는 과정 그 자체가 예술 개념의 화용론적 차원이며 차연(différance)[4]되는 개방적인 작업임을 밝히고 있는 것이다.

한편, 화용론적 차원이 중요하다고 하여 기존의 의미론적 차원이 무의미해지는 것은 전혀 아니며, 이상돈 교수는 이 점에 대해서 간과하지 말 것을 분명히 하고 있다. 즉, 예술 개념은 "주관적 판단을 객관화하면서, 동시에 객관적 기준을 주관화하는 과정"(2013, 32)을 종합적으로 필요로 하는 상호주관적인 작업이라는 것이다. 그러한 작업은 결국 "다양한 예술요소들을 이익형량의 방법에 의해 종합적으로 고려하여 예술

3 방법론적, 가치론적, 사회학적 차원에서 법학과 근대과학의 밀접한 관련성을 논증하는 Harold J. Berman, Law and Revolution. The Formation of the Western Legal Tradition (Cambridge, Massachusetts: Harvard University Press, 1983, p.151 이하.

4 차이와 지연의 의미를 모두 담는 차연 개념에 대하여는 자크 데리다, 법의 힘, 진태원 역, 문학과지성사, 2004, 199쪽 이하.

개념을 사용하는 과정"(2013, 34)일 것이며, 법적 판단을 구성하는 예술 비평이자 미학적 관점을 고려하는 법률해석, 줄여 말해, '법예술비평'이 된다. 이러한 법예술비평은 법과 예술 모두를 동시적으로 구성하고, 그 과정에서 관점 교환을 통해 법과 예술 모두가 자신에 대해 '보다' 포괄적인 성찰을 할 수 있게 한다는 점에서 의의가 있다.

Ⅲ. 이미지로서 법

법예술비평이 법과 예술을 변증법적으로 (재)구성한다는 말은 예술도 법처럼 분석과 종합을 통해 그 의미가 구성된다는 점 및 법이 예술처럼 감성에도 작용해 그 성찰적 (자기)변화를 가져온다는 점을 전제로 한다. 이는 예술의 의미가 해석을 통해 형성된다는 것으로 이미지가 일종의 텍스트일 수 있음을, 법이 특정한 감정적 변화를 가져오고 반성을 촉진한다는 것으로 텍스트도 일종의 이미지일 수 있음을 뜻한다. 즉, "법은 이미지이다"라고 말할 수 있을 때,[5] 법예술비평이 가능해진다.

법은 텍스트이자 하나의 이미지로, 이미지임에도 불구하고 자신이 이미지라는 점을 철저히 은폐하고 있는 이미지라고 할 수 있다.[6] 법은 음란성과 이적성과 같이 나르시시즘을 강화시키는 이미지들을 표적 삼고 그것들을 비롯한 일반적인 이미지들을 억압하고 차별하며 자신과 구별지음으로써, 자신만이 지니고 있다고 상정되는 특성으로서 객관성, 즉 이미지로서 텍스트가 지닌 우월성을 부각시키는 전략을 취하고 있다. 이상돈 교수는 이러한 전략이 이미지의 불확실성으로부터 비롯되는 거부하기 힘든 그 영향력에 대한 법의 분명한 인식과 강력한 통제에

5 Costas Douzinas, "The Legality of the Image", The Modern Law Review, Vol. 63, 2000 참조.

6 이미지가 지닌 의례적 기능을 지우는 방식을 통해 근대법이 종교로서 기능하고 있다는 점을 은폐할 수 있었다고 보는 Pierre Legendre, Leçon IV. L'Inestimable objet de la transmission. Étude sur le principe généalogique en Occident, Paris: Fayard, 1985, p.187 이하.

기인한다고 보고 있다. 나아가 법의 전략이 효과적인 이유를, 법 또한 이미지로서 지닐 수밖에 없는 불확실성을 '언제나 이미' 갖고 있음에도 불구하고 여타 이미지와 달리 법 자신은 그러한 불확실성을 소거할 수 있다는 이미지를 생성함으로써 지니게 되는 법의 권위에서 찾고 있다. 요컨대, 법은 그 이미지성을 감춤으로써 모든 것을 정당화하고 규율할 수 있는 이미지를 독점하게 된 것이다.

그렇다면 법의 자기반성은 자신의 이미지성을 시인하는 것으로부터 시작하게 될 것이다. 이상돈 교수는 그러한 성찰이 기존의 이성법이 아닌 '감성법'을 통해 수행될 수 있다고 보고, 유스티치아(Justitia)의 이미지 해석을 통해 남성주의나 백인주의와 같은 사회지배적인 이데올로기와 무의식적으로 연결된 기존 정의를 비판해보기도 한다. 또 법학으로부터 철저하게 외면 받고 있는 정신분석학의 방법론을 차용하여 시네마토그래피(cinematography)로 개념화된 방법론을 제시하고 실제 국가보안법 위반 사건에 적용해봄으로써 그 구체성과 실효성을 보여주기도 한다. 이는 법을 '보다' 종합적으로 성찰하고자 하는 목적 하에 이성법과 구조적으로 유사하면서도 그 한계 너머에서 미학적 정의라는 지평을 열어 법적 정의를 재구성할 수 있는 감성법을 제시하는 작업이라고 할 수 있다.

한편, 앞서서도 간과하지 말 것을 요청했던 것처럼, 이러한 작업은 이성법을 감성법으로 단순히 대체하는 것이 아니라, "시네마토그래피의 비평을 통한 감성법적인 법률해석이 법의 성찰적 자기변화를 가져오는 이성적인 힘의 성장으로 이어"(2013, 66)지게 하는 것으로 이해해야 한다. 이는 이상돈 교수가 법학에 기초한 법철학을 펼치고 있음을, 모더니즘에 방점을 둔 성찰적 모더니즘을 추구하고 있음을 잘 보여준다. 그렇기에 법이 승인할 수 있는 예술성의 판단에 여전히 보편성은 포기할 수 없는 것이며, 규범적 타당성의 토대로서 요청되는 동의(consent) 외에 공감(empathy)도 상호주관성에 기초한 주관적 보편성으로 이해하는 것이다. 그러한 이해의 예로 이상돈 교수는 저작인격권의 의미를 예술작품의 상호텍스트성(intertextuality)[7]에 기초하여 재구성하면서 그 한계를 판단하기 위한 기준을 제시하기도 한다. 이러한 법인식은 좁힐 수 없는 해석학적 간극(hermeneutischer Abstand)[8]을 적극적으로 은폐하거나 소극적으로 손 놓는 것이 아니라 그를 두고 '놀이'를 통해 그러한 법(또는 삶)의 구조적 조건을 견뎌내는 태도를 잘 보여준다고 할 수 있다.

Ⅳ. 미학적인 것으로서 법학적인 것

상호텍스트성을 고려한다면, 예술작품은 비유나 상징과 같은 양식적 우회로를 택할 뿐 해당 사회의 담론과 이데올로기가 반영될 수밖에 없기 때문에 예술비평은 곧 사회 비평이자 이데올로기 비평이 된다. 그러한 비평은 해당 사회가 나아가야할 방향인 유토피아를 설계하든 해당 사회의 부정적인 요소를 극화하여 디스토피아로 묘사하든 그 노선에 상관없이 우회로를 택한 예술작품을 대상으로 삼기 때문에 현실로부터 상당한 거리두기를 할 수 있는 고귀한 작업이라고 할 수 있다. 그럼에도 사회의 담론과 이데올로기를 겨냥하고 그에 대한 성찰을 수행한다는 점에서 가장 현실적인 작업이라고도 할 수 있고, 바로 그런 의미에서 가장 미학적인 것이 가장 법학적인 것이 된다고 말할 수 있다.

이러한 인식 하에 이상돈 교수는 모던미술의 구조적 특징과 근대이성법의 미학적 특징을 읽어 엮어낸다. 모던미술에서 주체가 부각되면서 세계의 정확한 모방과 재현보다 재현의 수단·방법·매체에 대한 통제가 중요해지는 것처럼, 근대법에서도 이미지가 매우 절제된 텍스트라는 수단을 통한 자유와 책임의 대칭성·비례성·정합성의 확보가 중

7 Julia Kristeva, Revolution in Poetic Language, trans. Margaret Waller, New York: Columbia University Press, 1984 참조.

8 이상돈, "법관의 말행위와 올바른 법: 고도산업사회에서의 법률적용의 대화이론적 재구성", 저스티스, 제25권 제2호, 1992, 172쪽 이하.

요해졌다고 할 수 있다. 이는 주체의 사유가 세계를 환원하는 '양식'을 통해서 재현되어야 하는 구조를 띤다는 점에서 '환원주의'라고 할 수 있다.

그러나 이러한 인식도 결국은 여러 관점들 중 하나일 수밖에 없기 때문에 기존의 양식으로 환원될 수 없는 또는 해명할 수 없는 예술성이 나타나기 마련이고, 이는 기존 이성법의 규범적 가치로 함부로 재단할 수 없는 것이기도 하다. 기존의 양식도 여전히 주요한 예술적 가치를 지니고, 그 비틂이나 전복에서도 새로운 예술적 가치가 생성되는 이러한 상황을 '다원주의'적 상황이라고 할 수 있다. 역시 간과하지 말아야 할 점은 포스트모던미술이 기존 국면의 연장 및 단절 모두와 관련된 채 이루어지고 있다는 점에서 모던미술에 구조적으로 기대고 있을 수밖에 없다는 점이다. 바꿔 말해, 포스트모던미술은 기존 미술의 가치나 양식을 무조건적으로 부정하는 것이 아니라 다른 관점과 맥락을 제시하고 그 속에서 그것들을 변모시킴으로써 상호주관성을 지속적으로 자극하여 예술성이 고정적이고 협소한 것으로 남아있지 않게 하려는 것이다. 그리고 이것을 가능하게 하는 것이야말로 예술성을 근거 짓는 예술비평의 힘이라고 할 수 있다.

이상돈 교수는 현대사회에서 법 역시 예술성을 포스트모던미술과 같은 방식으로 이해할 필요가 있다고 본다. 비동시적인 법 패러다임들이 중층적으로 누적된 채 동시적으로 작동하고 있다는 점, 법을 형성하는 범주적인 양식을 특정하거나 통일하기 어렵다는 점, 법적 판단이 불가피하게 비민주적이더라도 종국적으로는 민주성을 지향할 필요가 있다는 점에 대한 인식 등이 그것이다. 특히 양식과 관련된 일련의 미술과 법의 문제들을 실제 작품들과 실정법을 통해 다룸으로써 그러한 인식이 담긴 실천의 가능성과 유용성을 보여주면서 저서를 맺고 있다.

다시 저서의 첫 이미지를 결정짓는 표지로 돌아와 보자. 텍스트로 인해 직접적이긴 하지만 '법'(검은 직사각형) 위에 걸쳐진 '미술비평' 및

'과'(카키색 삼각형)의 구성은 말레비치의 그림 "검은 직사각형, 파란 삼각형"(1915)을 연상시킨다. 말레비치가 기하학적인 구성과 색채의 환원을 통해 이성으로는 표현할 수 없는 어떤 것인 실재를 새로운 이성으로 표현하고자 한 것을 생각해보면,[9] 동일한 문제의식을 갖고 있는 이 저서가 이러한 이미지를 취하는 것은 자연스러워 보인다. 나아가 말레비치의 다른 유명한 그림들 중에서 유독 이 그림을 선별하여 변형하고 조합한 데에는 이 그림이 미술과 법의 변증법적 관계를 담아내기에 적절했기 때문일 것으로 보인다. 모든 것이 섞여 있는 혼돈을 떠올리게 하는 연한 카키색 바탕 위에, 모든 것을 정당화하고 규율할 수 있는 이미지를 지닌 검은 직사각형이 있고, 그 위에 모방이나 위장 등에 자주 사용되는 카키색 삼각형이 '걸쳐져' 있으며 다시 그 옆에 (미술을 의미할 것으로 생각되는) 카키색 직사각형이 '띄어져' 있다. 전체적으로 조금은 도식적이고 정직한 구성이지만, 이러한 삼각형의 미묘한 배치는 법을 자극하면서 그 속으로 흘러들어 가는 '미술비평과'를, 한편으론 예술을 향해 뻗어 있으면서 그에 닿지 못하는 '미술비평과'를, 정확히 말해, '법예술비평의 위치지음'을 보여준다. 법예술비평을 통해 법은 불완전한 판단을 내릴 수밖에 없는 검은 법일지라도 자신의 이미지성을 인식하는 또 다른 법일 것이며, 미술도 언제나 이미 포착될 수 없는 카키색 미술일지라도 끊임없이 재현되고 해석되길 기다리는 무언가(또는 시니피에 없는 시니피앙)일 것이다. 이제 이 표지는 회화의 본질인 색과 형태를 통한 법과 예술 간의 입체적이고 역동적인 놀이를 이미지화한 것으로 읽어볼 수 있다.

9 이덕형, "이콘과 말레비치: 부재(不在)와 현전(現前)", 슬라브학보, 제15권 제1호, 2000, 191쪽 이하.

필자가 배우고 묻는 삶을 살아가고자 결심하는 데 인연이 되어준 저서를 서평을 통해 다시 만난 것에 감사하며, 부족하지만 제자로서 이상돈 교수님의 세계를 다루는 자리에 참여할 수 있게 된 것을 영광스럽게 생각한다. 학문의 의미, 재미 그리고 묘미를 알려주신 교수님의 화갑을 진심으로 축하드리며, 교수님의 배우고 묻는 삶 역시 그 끝이 없기에 앞으로도 늘 지금처럼 건강하시면서 행복한 작업들을 펼치시길 기원한다.

19 법미학과 질감미

김 지 원*

비평하는 저작	이상돈, 법미학, 법문사, 2008. 이상돈, 법의 깊이, 법문사, 2018.

Ⅰ. 법미학의 등장

20세기 중반 이후 근대법의 이론이 완숙해감과 동시에 이성과 감성, 옳음과 좋음을 엄격히 분리하는 근대의 이성법적 전통으로는 해결하기 어려운 한계 사안들을 다루기 위한 기획으로 '법과 ~(Law and)'로 대표되는 학제적 연구들이 등장하기 시작했다. 그중 『법미학』(2008)은 1990년대 후반 이후 본격적인 논의가 시작된 최신 연구 분야이다. 이성과 대척점에 있는 것으로 여겨져 온 감성에 대한 학적 연구 분과로서 미학을 이성의 상징인 법과 연결하여 사고하는 '법과 미학'은 어쩌면 법학과의 학제적 연구 중 가장 상상하기 어려운 시도일 수 있다. 하지만 칸트가 순수이성비판과 실천이성비판에 이어 판단력비판을 저술한 것처럼 옳음과 좋음에 대한 탐구가 마무리되면 아름다움에 대한 성찰로 이어지는 것은 학문세계의 완성에 거의 다다른 학자의 자연스러운 여정이라고 할 수 있다.

* 휴먼앤로(H&L) 대표, 법학박사, NYU LLM.

이상돈 교수의 『법미학』은 법의 근대성에 대한 연구 작업의 마무리 지점에서 시작되었다. 대화이론을 바탕으로 한 절차주의적 법모델이 법과 모더니티를 관통하는 핵심이었다면 질감미를 위시한 심미적 체험과 공감(empathy)이 법에서 포스트모더니티를 말하는 새로운 주제로 제시되었다. 이상돈 교수의 포스트모던 법학 작업은 모더니티를 해체하는 것에서 끝나는 것이 아니고, 포스트모더니즘의 시각에서 제기된 비판을 법의 모더니티에 대한 반성의 기제로 수용하고 다시 재구성하는 계기로 삼는다는 점에서 기존의 포스트모던 연구들과는 차별된다.

Ⅱ. 법미학의 성장과 성찰적 모더니즘

『법미학』은 미학적 정의론, 법률미학, 법정미학, 법아이콘학을 세부 분과로 제안한다(2008, 50). 이 중 질감미와 특히 관계되는 분야는 미학적 정의론과 법률미학이다.

'미학적 정의론'은 근대법적 정의의 요소인 이성적 옳음[眞], 윤리적 좋음[善]에 더하여 심미적 아름다움[美]을 정의를 구성하는 요소로 추가한다. 거시사적 측면에서 볼 때, 자연법론과 자유주의 등의 전통을 기반으로 하는 자유주의적 법모델은 옳음을, 공리주의와 공동체주의, 공화주의 등을 이론적 토대로 삼는 사회국가적 법모델은 좋음을 우선적으로 고려해야 할 정의의 요소로 꼽아왔다. 근대법의 세계는 개인의 자유와 권리를 보장하는 것에서 머무르지 않고(자유주의적 법모델), 개인에게 귀책하기 어려운 구조적 모순의 해결방안을 모색하면서 위험의 사회적 분산 방식을 고안해 내었다(사회국가적 법모델). 이러한 과정을 통해서 민주적 법치국가의 틀은 보다 공고해졌고 과거 어느 때보다 많은 사람들이 풍요롭고 평등한 삶을 영위할 수 있는 자유가 보장된 사회가 구축되었다.

그러나 그 사회의 면면을 파고 들면 여전히 주류사회와 주류문화에서 소외된 계층이 존재하고, 기존의 법이론과 법적 논증으로는 어느 한 쪽이 옳다고 결론을 내리기 어려운 법적 문제들 역시 여전히 남아 있었다. '하나의 정답'을 전제하는 전통적인 정의론의 한계 지점에 다다른 것이다. 바로 여기서 절차주의적 법모델이 등장한다. 하버마스의 대화이론에 이론적 출발점을 둔 절차주의적 법모델은 민주적 법치국가가 원활하고 효율적으로 작동할 수 있게 하는 각종 절차의 보장과 시민들의 실질적 참여를 강조한다. 자유주의적 법모델과 사회국가적 법모델이 절차주의적 법모델과 함께 퇴적층을 이루며 상호 보완하는 중층적 구조는 모더니티가 한계까지 벼리어진 결과로 이룩된 빛나는 결정체라고 할 수 있다. 모더니티의 정점에 선 이상돈 교수는 여기에 안주하지 않고 근대성 전체를 돌아보는 반성적 작업에 새롭게 돌입함으로써 성찰적 모더니즘 이론을 완성하였다.

절차주의적 법모델은 자유로운 의사소통이 보장되는 공론의 장에서 대화와 토론을 하며 상대에게 자신의 입장을 설득하고 서로 의견을 조율하는 것이 핵심이다. 이때 합리성과 논리를 근거로 논증하고 동의(consent)를 구하는 것은 로고스(Logos)로 대표되는 모더니티의 특징으로서 원칙적으로 법적 논증과정에서는 로고스적 요소만 허용되었다.[1] 이미지를 불러일으키는 비유와 상징 등 수사학적 표현을 동원하여 감성과 감정에 호소하고 공감(empathy)과 연민 등을 체험하게 하는 에로스(Eros)적인 요소를 법적 의사소통의 장에서 설득을 위한 '비합리적이지만 적절할 수 있는' 통상적인 방법으로 용인하는 것은 법의 영역에 포스트모더니티가 들어올 때에야 비로소 허용 가능해진다.

---

1 예를 들어 형사법에서는 출산 직후의 산모가 불안정한 심리상태에서 영아를 살해하는 경우, 아내의 간통현장을 목격한 남편이 격노에 휩싸여 상간남을 살해하는 경우 등과 같은 몇몇 예외 상황에서만 가해자의 감정이나 심리상태가 판단 대상이 된다.

Ⅲ. 법감정과 질감미

법률미학 파트에서 전개되는 '법감정'에 대한 이상돈 교수의 독창적인 논지는 법에서 모더니티와 포스트모더니티의 접합가능성을 제시한다는 점에서 의미가 깊다. '법률미학'은 "법의 기호와 상징들이 갖는 아름다움을 연구하고, 거기에서 이루어지는 미학적 체험을 통해 법이 반성적으로 변화되고 그에 따라 새로운 가치가 법의 힘에 의해 실현되는 현상을 연구하는 분과"(2018, 621)이다. '아름다움은 정의의 구성요소'라는 미학적 정의론의 전제를 승인한다면, 정의의 구현으로서의 실정법 역시 아름다움의 보편적 양식을 구현할 것이 요청된다는 것이 법률미학의 핵심이다. 보편적으로 인정되는 아름다움의 형식은 법률의 "내재적 제약" 요건(2018, 622)이 되는 것이다. 여기서 말하는 미적 양식의 보편성이란 현재 많은 사람들이 그것을 아름답다고 받아들인다는 현상학적 의미일 뿐, 선험적 아름다움의 존재를 가정하는 것이 아니라는 점에서 포스트모던적이다. 아름다움의 형식에 제약을 받는 법률은 성문법에 그치는 것이 아니다. 전통적으로 법학방법론에 의해서 법을 형성하는 것으로 인정받아온 법감정 역시 미적 판단의 대상이 된다. 법감정은 단어 그대로 이성과 추론, 로고스의 '법'이 감성과 체험, 에로스의 '감정'과 결합된 개념이다. 우리 법원은 판례에서 법감정을 막연한 가치관과 동일시하는 다분히 고의적인 오류를 유지하고 있다(2008, 87). 그 배경에는 법감정을 논증의무를 회피하는 도구로 삼으려는 의도도 있을 수 있겠지만, 심층적으로는 법감정 개념에 대한 해석의 시도를 어느 순간 멈춰버린 데 있는 것이 아닐까 생각한다. 법감정은 상호 외재적인 개념인 이성과 감성, 로고스와 에로스가 접합되어 생성된 것이다. 법감정의 해석을 위해서는 상호 외재적인 이성과 감성의 영역은 접합가능성이 있는가의 문제를 해결해야 한다. 이상돈 교수는 법이 합법과 불법이라는 이원적 코드로 작동하는 것처럼 법감정은 아름다움의 체험과 추함의 체험이라는 이원적 코드로 설명할 수 있으며, 양자 모두 '이원적 코드'로 조응한다는 점에서 접합점을 찾아냈다(2008, 90). 법감정 개념을 존재론적 측면에서 규명하고자 하는 시도에서 과감히 벗어나서 미추판단이라는 이원적 코드로 해석함으로써, 법감정은 법발견을 위한 일반조항으로 사용되거나 정확한 본질은 밝히기 어려운 모호한 개념에 머무는 것이 아니라 법의 영역에서 독자적으로 작동가능하게 된 것이다. 법감정을 미추 판단의 이원적 코드로 해석하는 것은 절차주의와 상호주관성이 포스트모더니티와 조우해 이루어낸 기념비적인 전환이다.[2]

미추판단의 기준 중 하나로 작용하는 것으로 질감미를 들 수 있다. '질감미'는 법률텍스트에 적용되는 사안에 대한 "이미지적, 감성적, 소재적"(2008, 127)인 판단이다. 사안을 구성하는 수많은 정보 중에 어느 부분에 주목하고 그에 대해 어떤 체험을 하고 어떠한 미추판단을 내릴지는 보는 이의 상황과 특성에 따라 주관적이고 개별적으로 달라질 수 있다.

그러나 모든 인간은 최소한 취약한 신체라는 물리적 조건을 공유하고 있다는 점에서 각 개인의 주관적인 체험과 미추판단이 한 지점으로 수렴하는 공감의 가능성은 열려있다. 예를 들어, 어떤 살인사건의 범인에게 사형을 선고할 것인가를 결정하는 양형판단의 절차는 당해 사안에 "사람을 살해한 자는 사형[……]에 처한다"는 형법텍스트를 적용하는 것이 적정한지 사안정의를 검토하는 자리이다. 오랜 기간에 걸쳐 반복적으로 발생하고 일상성(banality)이 축적된 대개의 사안에는 옳음과 좋음이라는 전통적인 정의의 요소만으로도 매끄럽게 결론을 도출할 수 있다.[3] 이와 달리 사건 당사자들이 전개하는 내러티브가 주름지고 거칠

2 이상돈 교수의 법감정 해석의 기념비적 전향성은 향후 필자를 포함한 학문후속세대들의 법감정에 대한 연구가 무르익게 될 때에 보다 확실하게 드러날 전미래시제의 구조를 가진다.

3 예를 들어, 대법원 양형위원회의 양형기준 참조.

어서 판단이 덜컥덜컥 막힌다면,[4] 바로 그때가 사안에 대한 미추판단이 개입할 타이밍이다. 그러나 이 경우에도 언제나 아름다움은 전통적 정의 개념의 외재적 요소임을 기억하고 다수의 공감을 얻어 주관적 보편성을 획득한 경우에만 사안정의의 평가에 의미 있는 참여가 가능하다는 한계선을 잊지 말아야 할 것이다.

4 예를 들어, 수년 동안 지속적이고 반복적으로 의붓아버지의 성폭행에 시달리던 피해 여성이 술에 취해 잠이 든 의붓아버지를 살해한 사건에서 정당방위의 '현재성'요건의 충족여부에 대한 판단을 하는 경우.

20 법, 이야기하고 그려내고 노래하며 춤추다

이 소 영*

비평하는 저작 이상돈, 법의 예술, 법문사, 2020.

Ⅰ.

이상돈 교수는 긴 시간동안 다양한 작업들 안에서 법과 예술의 관계성을 다루어왔다. 일찍이 1990년대부터 문학적 해석학방법론의 법적 적용가능성을 가늠하였고, '말놀이'와 '마당적 이해' 등 기존 법언어의 테두리를 넘어선 개념을 고안하여 법해석학의 지평을 확장했으며, 2000년대 중반 이후로는 법문학 작업을 필두로 예술이론과 작품분석을 법의 영역에 한층 적극적으로 끌어왔다. 법률가에게 필요한 인문학적 소양 차원에서의 '법과 문학 운동'의 접근을 넘어서 "법문학"이라는 고유한 학문분과의 형식대상과 방법론을 정립한 그는 법미학, 법정신분석학, 법춤학, 법미술학에 이르기까지 기초법학 분과를 차례로 일구어갔다. 때때로 비평가와 창작자의 역할을 수행하면서 위치 바꾸기를 통한 관점의 확장을 꾀하기도 했다. 『법문학』(2005), 『법미학』(2008), 『법정신

* 제주대학교 사회교육학과 교수, 법학박사, Harvard 옌칭연구소 연구원.

분석학입문』(2010), 『법의 춤』(2012), 『미술비평과 법』(2013) 외의 수편의 논문들에서 그가 행한 문학·영화·무용·미술텍스트에 대한 작품비평은 한 법학자의 지적 토양과 감수성이 구체적인 예술작품들과 만나며 빚어내는 화학작용의 다채로운 사례들을 우리에게 선사한다. 또한 에세이집 『욕망은 행복을 낯설게 한다』(2003)는 법철학적 성찰을 문학적 글쓰기의 영역에 적용한 희소하고 선구적인 시도였다. 한편 『예술형법』(2014)에서는 예술을 형법의 통제영역으로 끌어와 다루는 대신 형법이 예술 안으로 들어가 적극적으로 예술성을 생성하는 차원까지 그려내는데, 이는 그가 일구어온 예술법들이 기존 도그마틱 형법학의 사유 틀을 해체적으로 재구성한 경우라 할 만하다. 그간의 이러한 성과들을 집대성하여 법과 예술의 관계를 재정립한 연구서가 『법의 예술』(2020)이다.

Ⅱ.

우선 책의 제목이 "법과 예술"이 아니라 "법의 예술"인 데에 주목해볼 필요가 있다. 여기서 우리는 '예술법'이라는 용어에서 즉각적으로 떠오를 예술의 자유 침해 여부나 저작권 분쟁, 혹은 예술품거래 관련 규정 등에만 한정되지 않은 채 독자들이 그 둘의 관계를 자유롭게 사유하게끔 하려는 저자의 기획을 가늠할 수 있다. 그렇기에 책의 초반부는 법이 자기 안에 어떤 예술적 요소를 품고 있는지, 그리고 예술 역시 자신의 내부에 어떤 법적 요소를 장착하고 있는지 보여주는 데에 할애되어 있다.

법은 예술을 규율할 때 일단 그것이 예술에 해당하는지 아닌지부터 구분한다. 이는 합법/불법을 가르고 판단하여 즉각적이고 최종적인 결정을 내리고자 하는 법의 강박에 기인할 것이다. 그렇지만 예술법은 '예술=합법, 비예술=불법'의 이원구조를 유지하기 어려운 특성을 지니고 있다. 예술적 창작성을 구성하는 고유함이나 예술작품을 물품과 구별 짓는 독자성 등의 개념적 의미는 고정되어 있지 않으며, 사회문화적으로 '이미 항상' 새롭게 규정된다. 한편 예술은 저작권과 같은 법 개념의 내포를 구성할 뿐만 아니라 음란물이나 이적표현물, 표절 등의 법 개념의 외연을 이루기도 한다. 예술이 표현물의 음란성과 이적성, 그리고 모방성을 소멸시키거나 혹은 처벌가치가 없을 정도로 약화시키는 요소로 기능하기도 한다는 점에서 그러하다.

또한 법이 예술을 규율할 때 우리는 법이 규율 주체가 되고 예술은 규율 객체가 된다고 상정하기 쉽다. 하지만 법의 예술에 대한 규제는 반사적으로 동시에 법을 형성한다. 가령 저작권법이 저작물의 창작성을 판단하여 저작권을 부여할 때, 어떤 예술비평이론에 의거하여 예술의 의미를 이해하는지가 저작권의 구체적인 내용을 만들어낸다. 어떤 작품의 법적 규제의 기초가 되는 예술비평이 규제법을 구성하면서 동시에 예술을 구성하는 것이다. 이와 유사한 경우를 법과 문학의 관계에서도 확인할 수 있다. 문학은 검열법에 의해 일방적으로 규제되기만 하는 것이 아니라 그 검열을 피하기 위해 다양한 창작기법들을 고안해내며, 검열의 공포로 억눌리고 재갈 물려진 상상력이 새로운 문학적 창작의 동기로 사용되기도 한다. 이는 검열당국의 규제 기법이나 규제 정책에 변화를 가져오고, 그러한 규제 법제의 변화에 문학이 다시금 대응하면서 상호적 구성작용의 무한연쇄가 일어나는 것이다.

법예술비평의 의의 및 효용은 바로 그 상호구성으로부터 도출된다. 예술비평은 법률과 사안, 규범과 사실, 당위와 존재 사이의 상응, 즉 '사안을 통해 법의 구체화와 법을 통한 사안의 구성이 동시에 이루어지는 과정'과도 흡사하다. 예술비평을 통해 법은 예술을 과도하게 규제하지 않는 규범의 내용을 구성하는 한편, 예술 또한 법을 통해 자신의 자유를 실현하기 때문이다. 이는 이상돈 교수가 오랫동안 천착해온 대화이론과 상호텍스트성이 반영된, 여기서 다루어지는 예술법학의 고유함이라 할 수 있다.

더 나아가 이 책은 법원이 예술성의 판단을 수행하는 순간에도 무엇을 예술성을 지닌 작품으로 인정 또는 불인정하는지에 대해 말하지 않는다는 점을 '결정불가능성의 시련'으로 읽어낸다. 지금의 법이 나중에서야 말할 수 있게 되는 무엇에 의해 그 정의를 담보 받는 구조는 데리다(Derrida)가 개념화한 '차연'을 떠올리게 한다. 법의 예술 개념이 차연되는 구조 안에서 그 개념이 의미론적으로 명확하게 규정되는 것은 불가능하며, 오로지 어떤 작품에 대해 예술품의 자격을 귀속시키는 의사소통적 과정에 축적된 사회적 결과로써만 형성될 수 있다는 것이다. 이상돈 교수는 이를 예술 개념의 화용론적 전환이라 규정한다.

Ⅲ.

앞서 적었듯 이상돈 교수의 연구관심에 예술법학이 본격적으로 등장한 것은 2000년대 중반이다. 이 시기는 근대법론자로서 학문적 여정을 시작하여 하버마스(Habermas)와 루만(Luhmann), 토이브너(Teubner) 등의 이론에 착안하여 의사소통적 법이론과 절차주의적 법모델을 일구어왔던 그가 포스트모던 이론에 적극적인 관심을 두기 시작했던 무렵과 포개어진다. 이상돈 교수는 '해체'나 '차연', '아포리아'와 '시뮬라크르' 등 당시 법학에선 상용되지 않던 포스트구조주의나 해체철학의 개념들을 끌어와 단순히 소개하는 차원에 그치지 않고, 법학적으로 전유한 포스트모던적 사유를 본인의 이론세계 안에 장착하여 성찰적 포스트/모던 법학의 새로운 차원을 열어젖혀 보였다. 그의 시선이 기존 '법과 예술'의 접근들과 달리 '예술로서 법'과 '예술 안의 법', 더 나아가 '법 안의 예술'까지 닿아 있는 이유도 거기서 기인한다. 이상돈 교수의 예술법학 세계는 그의 포스트/모던 법학이론과 떼어놓을 수 없다. 그런 견지에서 모던예술과 포스트모던예술을 통해 법의 진보역사와 중층적 연속성을 읽어내고 근대법과 탈근대법의 특성을 설명해낸 구절들은 이 책의 핵심 부분 중 하나다.

근대미술에서 화가가 자연에 대한 감각적 경험을 주도적으로 표현하기 위해 그림의 매체를 고민하고 성찰하듯, 이성법에서는 이성의 주체가 인간의 자연적·충동적 본능을 지배하기 위해 법이라는 매체를 성찰한다. 아울러 근대미술이 예술적 양식을 통해 예술과 비예술을 구별하듯 이성법도 계약이라는 양식에 담기는 규범과 그렇지 못한 규범을 법과 비법으로 이분화한다. 또한 그 시대의 예술이 추구했던 대칭성과 균형성, 정합성이 갖는 기하학적 조형미는 근대법의 기본골격이기도 하다. 특히 이 책에서 발레를 근대 이성법을 기호화한 춤으로 읽어낸 부분이 흥미롭다. 이상적인 몸의 추구, 체계적이고 정형화된 자세, 확장된 선을 그리는 동작이 만들어내는 공중공간의 지배 등 발레는 엄격하게 지켜야 할 문법을 지닌 춤이다. 깎아 다듬은 몸은 정제된 언어와 같고, 정해진 몇 개의 발 자세와 몸 자세를 조합하여 동작을 만들어내는 것은 언어를 문법에 맞게 운용하는 것과 같다. 이상돈 교수는 이를 "종교법적 계율이 시각화된 언어로 구현된 것"이라 해석한다. 높이를 지향하는 발레의 수직성과 헌법을 정점으로 위계질서가 통일성을 이루도록 짜인 법체계의 수직성은 양편 모두 그리스도교적 신의 존재로 향하고 있다는 점에서도 그러하다고 할 만한다.

한편 사회영역마다 각기 다른 다원적 가치들이 새로운 법가치로 승인되고, 법규범이 중앙집권적인 방식이 아니라 지역화된 방식으로 형성되는 법다원주의는 포스트모던미술의 개방된 분리성 양식과 상응한다. 사실 법다원주의나 다성적 정의(polyphonic justice)의 포스트모던적 성격에 대한 이해는 법학에서도 이제 일반화되었지만, 이를 리히텐슈타인 미술작품들에 대한 구체적 비평과 연결 지어 '매체들 간의 개방된 분리성'을 설명한 것은 법 안에 내재된 예술을 읽어낸 고유한 작업이다.

이 같은 작업들 중의 백미는 즉흥접촉춤(contact improvation)을 통해 법에서의 질감미와 새로운 사회적 연대의 가능성을 논한 단락이다.

이상돈 교수는 일찍이 '촉감'이라는, 법학에 이질적이었던 감각을 법률해석에 도입한 바 있다. 사안의 구체적인 데이터들이 정합적으로 매끈한 촉감을 만들어내거나 혹은 부정합적으로 까칠한 경우와 같은 질감미의 체험을 통해 사안의 의미를 해석하고 법률텍스트와의 상호적 수렴을 도모하는 법률적용 과정은 즉흥접촉춤의 미학적 체험 과정과 등치한다. 즉흥접촉은 소규모의 격식 없는 공간에서 무용수들이 서로 몸의 무게를 주고받으며 접촉점을 연이어 만들어가는 형식을 취한다. 수석안무가나 프리마돈나 중심의 수직적 관계를 전제하지 않은 채 춤에 참여하는 사람들 사이의 위계가 파괴되어 수평적 관계를 형성하는 것이다. 이 즉흥춤은 우리 법체계가 헌법 중심으로 개별법들이 하위에 놓이는 위계를 넘어서 개별법의 발전이 헌법해석을 구체화하고 생성하는 측면을 재연하고 있음을 이 책은 짚어낸다.

즉흥접촉춤의 참여자들은 홀로 진리를 인식하는 외로운 주체도 아니고 전체주의적 체제의 속박된 자아도 아니다. 이들은 안무가에 의해 동선을 지시받는 대신 스스로의 결정으로써 자유롭고 기회균등하게 몸짓을 만들어내되, 다른 무용수와의 신체적 접촉에 자발적으로 기꺼이 영향 받아 즉흥적인 안무를 이어간다. 이는 라끌라우(Laclau)와 무페(Mouffe)가 이야기한 상이한 사회적 적대들의 등가성연쇄를 통한 연대의 형성이면서 동시에 버틀러(Butler)가 이야기한 상처 입을 가능성(vulnerability)을 통한 새로운 연대성의 창출이기도 하다. 개별적 주체가 지닌 취약함 또는 상처 입을 가능성은 자유주의적 근대법학에서는 주체적으로 극복될 대상으로, 사회국가적 근대법학에서는 국가에 의해 부조되어야 할 대상으로 여겨지겠지만, 포스트모던 법학에서는 저마다의 상처와 빈틈을 통해 상대방의 상처와 빈틈을 알아보아 접촉하는 계기를 만들어주기 때문이다.

황정은의 소설 『백의 그림자』(2010)에는 '일어서는 그림자'로 상징화된 내적 상흔을 지닌 취약한 주체들이 등장한다. 이들의 그림자는 '노점상', '도시빈민', '기러기아빠', '산업재해 희생자 유가족' 등의 일반명사로 호명되지 않을 개체들의 상이한 상처이다. 등장인물들은 저마다의 고유한 상처를 통해 상대의 상처를 알아보아 즉흥접촉할 가능성을 만들어 가지며, 궁극적으로는 즉흥접촉된 그림자들의 춤을 통해 세상의 부조리한 어둠을 증명한다. 작품 속에서 이는 주로 등장인물들이 머리를 맞대고 무언가 함께 먹거나 마시는 행위로 재현된다. 한 끼 밥의 따뜻함이 영원하지 못하듯 접촉의 온기 역시 지속가능하지 않겠지만, 그러한 비영속적이고 불완전한 접합들은 '이질적 집합정체성의 느슨한 연대'를 가능케 한다. 그런 점에서 즉흥접촉춤 개념은 이성적이고 합리적인 법언어에 오롯이 담겨지지 않을 상처들의 접촉점을 만들어 이를 인권법 담론 안으로 밀어넣는 과정에 요긴하게 사용되리라 생각된다.

Ⅳ.

『법의 예술』은 기본적으로 법이론서로 분류되겠지만, 실정법 연구와 법실무에도 쓰임을 가질 것이다. 기초법학자이면서 동시에 형법학자인 이상돈 교수는 법도그마틱과 판례에 대한 견고한 이해를 바탕으로, 그로테스크 미학이나 정식분석학적 시네마토그라피 등의 예술이론과 기법을 실정법 해석 및 적용 단계에 끌어와 응용한다. 예술이론이 개별 법률과 사안에 스미어 법리 해석을 직조해내는 것이다. 이 책은 예술비평 방법들이 추상차원에 머물지 않고 법방법으로서 실천성을 갖는 수많은 예시들을 수록하고 있다. 그 가운데 하나가 데리다로부터 착안한 에르곤(ergon)과 파레르곤(parergon) 개념을 모델소설의 명예훼손판단 사안에 적용한 분석이다.

칸트적 이성철학 전통에서 에르곤은 완성된 작품으로서, 그리고 파레르곤은 작품 옆에 덧붙여진 부수적이고 대립적인 것으로서 이해되어 왔다. 그러나 데리다는 루카스(Lucas)의 그림 "루크레티아(Lucretia)"를 예로 들며 본질의 안과 밖, 중심과 주변, 본질과 잉여의 경계를 결정하는 것이 왜 불가능한지 논증하고, 이로써 에르곤과 파에르곤의 분리를 지우고자 했다. 이상돈 교수는 이러한 데리다의 논지를 끌어와 베스트셀러 소설 『무궁화꽃이 피었습니다』 관련 명예훼손 사건을 분석했다. 소설은 실존했던 재미 물리학자를 모델로 했음을 서문에 밝힌 상태에서 소설의 주인공이 핵폭탄 개발에 헌신하다 살해되는 허구적인 내용을 가미했다. 이에 유족이 고인의 삶과 죽음을 왜곡·날조하여 고인과 유족의 명예를 훼손하였다는 이유로 출판 등 금지 가처분을 신청한 사안에서, 법원은 해당소설이 명예훼손을 이유로 한 출판금지를 구할 수는 없다고 판시하였으며 이후 출판사 측은 서문의 표현들만 삭제하는 조치를 취하였다. 여기서 이상돈 교수는 텍스트의 서문과 본문을 구분하여 '서문에서 사실과 다른 점을 묘사하면 명예훼손이 되고 소설 본문에서는 사실과 다른 점을 묘사해도 된다'는 논리에 내재한 에르곤과 파레르곤의 이분법을 짚어내며, 작품에 대한 작가의 말이 왜 작품 밖에 위치한 파레르곤이 아니라 작품의 예술성을 생성하고 미래 언젠가 현실이 될 수 있는 환상을 만들어내는지 밝힌다. 이는 예술비평을 적용한 판례비평의 좋은 선례를 보여준다.

V.

『법의 예술』은 모던/포스트모던, 법학/비법학, 학문/예술의 경계를 때론 횡단하고 때론 허물어뜨리는 넓고 깊은 성찰의 결과물이다. 그럼에도 저자의 예술 지식과 관심이 닿는 이해의 반경은 필연적으로 존재할 테다. 또한 작품분석에 저자의 선이해가 일정 부분 반영되었을 것이며, 누군가는 거기에 반발하며 상이한 해석을 제기할 여지도 존재할 것이다. "이 한계는 저자로서는 어쩔 수 없는 아쉬움이지만, 그 한계 너머로 저자 이외의 젊은 학자들을 바라다본다."라고 이상돈 교수는 머리

말에 적고 있다.

이야기하고 그려내고 노래하며 춤추는 법. 그 외연을 넓히고 내면을 채워가는 것은 이상돈 교수의 학문적 세례를 받은 후속세대 연구자들에게 주어진 과제다. 그의 제자인 필자 또한 스승을 통해 학문세계의 문을 두드릴 계기를 얻었고, 생애 처음으로 오롯이 이해받고 인정받는 경험을 했으며, 고유한 언어와 관심과 사유를 만들어갖게 되었고, 이렇듯 공부하며 가르치는 학자의 삶을 선물 받았다. 언어 안에 전부 담기지 않을 고마움은 필자가 계속 살아가며 수행할 연구 안에 켜켜이 담아 넣기로 한다.

21 법이 춤추다

한 민 정*

비평하는 저작　이상돈, 법의 춤, 법문사, 2012.

Ⅰ.

'춤이 법이고, 법이 춤이다(law as dance).'

언뜻 생각해 보면 이 말은 전혀 성립이 될 것 같지 않아 보인다. 법은 글의 세계에 속해 있고, 춤은 몸의 세계에 속해 있기 때문이다. 이상돈 교수의 『법의 춤』(2012)은 이 성립될 것 같지 않은 명제를 풀어나가는 지적 탐험이라고 해도 과언이 아니라 할 것이다. 이 과정을 위해 이 교수는 수사학적 논증을 이용해 법과 춤의 관계를 흥미진진하게 풀어나간다. 한편 이 책에는 춤에 대한 정신학적 분석이 부분적으로 끊임없이 등장한다. 춤은 무의식을 의식화함으로써 도덕적인 초자아의 지나친 억압을 해소시켜 줄 수 있는 수단이 되어줄 수 있기 때문이다.

본서의 진행과정은 다음과 같다. 우선 이와 같은 학문적 시도를 '법춤학'이라 이르고, 그 기초로서 법의 기호로서의 춤에 대해 성찰해 본

* 고려대학교 대학원 법학박사.

다. 여기서 저자는 춤에서 '소통과 통합'의 기능에 주목한다. 춤은 어떤 차원에서는 법이 수행하는 것만큼이나 탁월하게 사회를 통합시킨다. 이와 같은 춤의 통합적 기능은 법의 사회적 통합 기능과 교차한다. 법과 춤은 서로 영향을 주면서 간섭하기도 하고, 성장하기도 한다.

한편 법과 춤은 사회의 변화에 따라 그 양상도 달라지게 된다. 저자에 의하면 전근대와 근대, 그리고 탈근대사회에서 법과 춤의 관계는 다른 모습을 보여주고 있다. 즉 전근대 사회에서는 법과 춤이 하나로 통합되어 있고, 근대 사회에서는 법과 춤이 분리되어 있으며, 탈근대 사회에서는 근대 사회에서 추방된 춤이 다시 복권되고 있다. 각 사회는 그 시대성을 대표하는 춤(호피족의 춤 '카치나', 발레, 포스트모던댄스)을 가지고 있으며, 각 춤들과 그 사회의 법은 닮아 있다.

부족사회에서는 춤이 곧 법이 된다. 춤이 법에 해당하는 행위규범을 생산하고, 집단 내의 분쟁을 해결해 주기 때문이다. 따라서 법과 춤은 서로에게 내재해 있게 된다. 정신분석학적 측면에서 보아도 춤추는 인간의 정신 속에는 언제나 법을 생성시키는 인지작용이 펼쳐진다. 즉 춤은 법이었다. '춤=법'의 공식은 근대사회에서 춤이 법으로부터 떨어져 나가기 전까지 유효하게 작동하면서 공동체의 통합과 분쟁해결 기능을 담당하였다.

법과 춤이 분리되고, 박탈된 근대사회에서 법은 발레를 닮아있다. 근대법은 '대칭성'(symmetry, 예컨대 권리와 의무)과 '정합성(coherence)'이라는 심미적 구조를 가지고 있으며, 발레는 높이를 지향하는 형식미를 가지고 있다. 또한 근대법의 인권 개념에 기독교적 신에 대한 절대적 지향성이 있듯이, 발레도 기독교와 왕권의 권위에 복종하는 자유의 상실이 있다. 즉 근대 사회는 세속적 춤을 추방함으로써, 법을 "엄숙한 몸"이라는 굴레에 갇히게 만들었다. 춤을 추방시킨 근대법은 '미학적 금욕주의(aesthetic abstinence)'의 성향을 띄며, 이성의 동일성강제(Identitätzwang)를 행사하기도 한다. 근대법은 인간 사회의 다양성을 보지 못한다.

따라서 포스트모던 사회는 이와 같은 이성법의 한계를 극복하기 위해 법에 춤을 다시 복권시켜야만 할 것이다. 여기서 춤의 복원은 춤의 의미구조를 법의 의미구조로 변환한다는 것을 의미한다. 여기서 법춤학의 기초개념이 설정된다. 저자는 춤(개념)을 차이를 산출하는 몸의 해방, 새로운 꿈꾸기, 낯설음과 다성성 등의 요소로 바라보면서 다양한 창조적·비판적 사유를 시도해 본다. 이 개념이 법에 대입됨으로써 모더니즘의 법에 대한 반성이 이루어지고, 새로운 법의 인간상으로서 '춤추는 자아'가 제시된다. 법에서 춤추는 자아상은 무의식과 대화함으로써 초자아에 의해 억압된 충동들을 해소하는 방향으로 법해석을 이끌 수 있다.

Ⅱ.

법춤학은 법과 춤의 관계를 ① 춤으로서 법(law as dance), ② 법 안의 춤(dance in law), ③ 춤 안의 법(law in dance)으로 유형화함으로써 춤 복원 작업을 할 수 있다. 여기서 ①과 ③의 작업은 잘 구별되지 않는다.

첫 번째 유형의 작업으로 '춤으로서의 법'의 의미는 "법이 춤춘다"는 것이다. 춤을 추면 몸이 해방되는 것처럼 법이 춤을 추면 법의 이데올로기로부터 해방될 수 있다. 정신분석학적 차원에서 보면 이는 무의식을 의식화하는 것이 되고, 법의 병든 정신(초자아의 과잉)을 치료하는 기제가 될 수도 있다. 실제의 구체적 사안에서 법이 '춤춘다'는 것은 이성법이 그 도그마로 말미암아 이성의 광기에 휩싸일 위험이 있을 때, 이에 대한 이탈과 해방을 허용한다는 의미이다.

한편 두 번째 유형의 작업으로 '법 안의 춤'은 ① 춤에 대한 법의 규제, ② 소송에서의 미학적 차원, ③ 춤 저작권 문제 등으로 나누어 생각해 볼 수 있다. 여기서 저자가 소송을 하나의 퍼포먼스(춤)로 바라보는 관점이 참신하다. 법정에서 법관과 소송참여인이 이루어내는 하나의 소송 과정을 춤으로 바라보는 것이다. 이와 같은 관점이 성립할 수 있는 이유는 소송 과정에서 사실의 인정은 단순히 법관의 객관적 인식으로만 이루어지는 것이 아니라, '심미적 체험'(즉 주관적 인식)에 의해 좌우되기도 하기 때문이다. 그리고 이 심미적 체험을 이끄는 것이 바로 소송참가인들의 퍼포먼스, 즉 춤이다. 저자는 좋은 법률가가 되기 위해서는 법정에서 훌륭한 퍼포먼스로 변호할 수 있어야 한다고 본다. 이를 위해서는 소송에서 이루어지는 미학적 체험들에 대한 이해가 선행되어야 할 것이다.

춤 저작권에 대한 저자의 논지는 가장 우선적으로 춤에 대한 미학적 차원을 논함으로써 그 타당성을 담보하고 있다. 결론적으로 춤의 내향적 가치, 즉 아름다움에 대한 잣대를 제공해주는 것은 저작권법이 다룰 수 있는 범위를 벗어나는 것이다. 따라서 저작권법은 춤의 외향적 가치, 즉 춤이 지속적으로 새로운 춤을 생산하도록 하여 인간의 웰빙을 실현시키는 데 그 목적을 두어야 한다고 본다. 이 외향적 가치는 경제적 가치로 환원할 수 있으므로 춤을 이용하여 얻는 효용을 극대화하는 수준으로 저작권을 보호할 수 있다.

물론 춤에 저작권을 인정하는 문제는 쉽지 않다. 우선 춤은 그 본원적 가치(인간의 다성성, 몸의 해방)로 말미암아 그 외연을 설정하는 것 자체가 해결할 수 없는 '아포리아(Aporia)'이기 때문이다. 그리하여 저자는 새로운 춤은 바로 '춤과 춤이 아닌 것 사이에서' 생성된다고 말한다. 새로운 춤은 ① 시공간성, ② 결정불가능한 표현성, ③ 이탈성(해방성), ④ 차이성이라는 개념 요소로 이루어진다. 이렇게 춤을 법적으로 개념구조함으로써 춤의 저작권 문제는 조금씩 풀어나갈 수 있을 것 같다.[1]

---

1 그리고 저자는 춤의 저작권을 '등록'하는 문제까지 고민해 보기도 하는데, 실제로 이

Ⅲ.

저자의 지적 호기심의 여정은 개별적 춤, 즉 발레, 즉흥접촉춤, 브레이크 댄스에 대한 기호학적 분석과 이를 법으로 연결시키는 방향으로 나아간다. 저자에 의하면 발레가 근대법의 문법을 공유하고 있고, 즉흥접촉춤은 포스트모던댄스적 경향을 보인다. 그리고 브레이크 댄스는 두 춤 사이의 어디쯤에 있다고 본다.

1. 발레와 법

우선 발레는 시각적 요소가 극대화된 춤이기에, 무의식을 의식화하는 춤이 아니라 의식을 극대화하는 춤이다. 따라서 발레는 '시각화된 관념철학'(의식철학, Bewußtseinsphilosophie)이다. 의식은 계속해서 육체(무의식)를 통제한다. 발레가 역사적으로 기술적 전문화(5가지 자세 확립, '턴아웃(turn-out)' 등), 즉 합리화의 길을 걸었듯이, 근대법 역시 법전편찬, 종교와 정치로부터의 독립, 사회적 연대 추구라는 합리화로 나아갔다.

이성법의 전통이 '권리의 문법'을 추구하는 것처럼 발레는 '몸의 문법'을 추구한다. 저자는 발레리나의 다듬어진 정제된 몸은 아름다운 언어이며, 발레의 일정한 자세(아라베스크, 애티튜드 등)의 운용은 문법에 따른 언어사용과 같다고 본다. 또한 발레의 아름다움은 수직성이라는 조형미를 강조하는데 이는 서구 근대법이 정의를 창출해내는 미학적 지향성(대칭성, 정합성)과 같으며, 몸의 아름다운 비율에선 법의 '비례성' 코드를 읽어낼 수 있다.

발레의 형식주의 미학은 무용학계 내에서도 종종 지적되어 왔던 사항들이다. 그럼에도 불구하고 실제 현실에서 클래식 발레는 그 특유의

런 사례가 발생한다면 좋은 참고사항이 될 수 있을 것 같다.

미학적 아름다움으로 말미암아 많은 사람들의 사랑을 받고 있다. 저자는 발레가 춤의 고전이 될 수 있는 이유로 발레가 좇는 해방의 욕망이 라깡의 '순수욕망(pure desire)'이기 때문이라고 보고 있다. 발레의 숭고미는 주체가 욕망 자체를 좇아 죽음을 무릅쓰고 죽음과 의연하게 대면하는 태도를 요구하기 때문이다.

한편 이와 같은 발레의 숭고성은 근대법의 '보편성(universality)'과 교차될 수 있다. 법의 보편성(예컨대 권리의 의무의 대칭적 분배)은 효력의 측면에서는 강제로 실현될 수 있는 것이지만, 타당성의 측면에서는 언제나 이상으로 남아 있기 때문이다. 따라서 이성법이 보편성의 이상을 달성하기 위해서는 끊임없는 성찰이 필요하다. 그 결과 새로운 법이 생성될 수 있는데, 이때의 이성법은 '보편화가능성(Universalsierbarkeit)'이라는 술어를 귀속받을 수 있다. 이와 같은 이성법의 보편성은 숭고미를 띠며, 발레의 숭고미 역시 모든 인간에 내재해 있는 순수욕망을 자극할 수 있다는 점에서 보편성을 띠게 된다.

2. 즉흥접촉춤과 법

즉흥접촉춤[2]은 말 그대로 즉흥적 움직임으로 이루어지는 춤이며, 이 움직임 속에 끊임없이 무용수들 간의 접촉점을 만들어 나간다. 발레가 시각 중심의 춤이라면 즉흥접촉춤이 촉각을 중시한다. 여기에 착안하여 저자는 시각 중심의 발레는 근대법으로 기호화할 수 있고, 촉각 중심의 즉흥접촉춤은 감성의 법을 기호화한다고 본다. 보통 시각과 청각은 의식의 작용에 기여하면서 법의 텍스트 형성에 도움을 주는데 반해, 후각, 촉각, 미각 등은 감정(느낌)의 작용에 연합하기 때문이다.

한편 즉흥춤에서의 '촉각'은 무용수들의 실존을 소통시킨다. 또한 즉

2 실제로 무용계 내에서는 '즉흥접촉'이라 하기보다는 '접촉즉흥'이라는 용어를 더 많이 쓴다. 무용계에서는 'contact improvisation'이라는 외국어를 순서 그대로 직역하여 써왔기 때문인 것 같다.

흥춤에서의 접촉은 심미적 체험을 가능케 한다는 면에서 법감정으로 번역될 수 있다. 따라서 즉흥접촉춤에서의 미학적 체험은 법에서 사안의 질감미를 고려하는 과정과 같다고 볼 수 있다. 즉흥춤은 무용수 각자의 고유한 결정이 연쇄적으로 이어진다는 점에서 민주적이다. 이와 같은 민주성은 법다원주의(legal Pluralism), 법규범들 간의 통일성 해체, 헌법과 법률 사이의 위계 관계 해체라는 함의를 가져오기도 한다. 또한 즉흥춤에서 '접촉의 연속'은 춤추는 사람들의 연대를 창출하게 만드는데, 이 모습은 접합연쇄(등가성 연대)로 변화하는 법으로 기호화할 수 있다.

3. 브레이크댄스와 법

마지막으로 저자는 브레이크댄스를 분석하여 이를 상호문화성의 법과 연관 짓는다. 브레이크댄스는 전통문화의 틀 속에서 무의식적 관습을 구현하면서(수행성), 세계화된 시장의 상업적 수요에 부응하는 행위(공연성)의 성격을 갖는다. 즉 공연의 차원에서는 전 세계 곳곳에 퍼져 있는 초국가적인(transnational) 몸짓이지만, 수행성 차원에서는 민속학적 전통문화의 지역적인(local) 몸짓이게 된다. 또한 브레이크댄스는 금전적 수익을 창출하는 합리적 행위이면서도 전통적 가치들(미국의 주류문화 전복)을 이어나가는 감성적 행위이다. 여기서 저자는 크리스테바(Kristeva)의 '상호텍스트성(Intertextuality)' 개념을 차용하여, 브레이크댄스가 두 가치들을 서로 교차하여 직물짜기 한다고 말한다.

이와 같은 직물 구조는 포스트모던 시대의 인권법에서 나타나는 현상이기도 하다. 즉 절대불가침의 근대적 인권은 각 사회의 소수문화들과 직물짜기의 방식으로 융합되어 다양한 빛깔과 다양한 질감의 섬유들로 짜놓은 직물로 환유(metonymy)된 새로운 인권법을 탄생시키는 것이다.

한편 브레이크댄스는 주류문화와 하부문화의 두 요소로 짜여진 '상호문화성(intercultural)'의 성격을 가지는데, 이와 마찬가지로 법 역시 주류문화와 비주류문화(하부문화) 사이의 상호성을 도모하는 상호문화성의 법을 도모할 수 있다. 저자에 의하면 문화국가의 현대적 의미는 상호문화성을 실현하는 국가이다. 상호문화적인 법은 초국가적법이 고정된 합법성이 아니라 개방적인 '상호합법성'(interlegality)을 지향하는 법이 되도록 한다.

Ⅳ.

저자가 지적하였듯이 지난날(혹은 현재까지도)의 법학은 실증주의적 사유와 합리적 논증에 지나치게 얽매여 있기 때문에, 아마도 전형적인 법학도들은 이와 같은 학문적 시도를 불편해 할 수 있을 것이다. 이것은 비단 법학계 및 법조계의 특성이 아니라 우리나라 사회의 전반적인 분위기라고 생각한다. 법이 춤이 되기(law as dance) 힘든 경직성이 한국인의 사고방식에 뿌리 깊게 자리잡고 있는 것이다. 이상돈 교수는 우리 사회의 법이 지나치게 경직되어 있음을 진단하고, 이를 비판적으로 바라보는 하나의 기제로서 '춤'이라는 아주 생뚱맞은 차원의 요소를 끌어들인 것이다.

이와 같은 시도가 개인적으로 필자에게는 유효했다고 본다. 본서는 법에 도통 흥미를 못 느끼고 춤에 흥미가 많았던 법학도를 다시 법의 세계로 끌어들이는 계기가 되어 주었기 때문이다.[3] 과거의 필자는 춤과 법이 완전히 다른 것이라고 생각했다. 법은 어떤 생각이나 행동을 구속하는 것이라 생각하고, 춤은 반대로 이를 자유롭게 해방시키는 것이라 생각했기 때문이다. 그러나 현재의 생각으로는 그 둘이 다르지 않다고 본다. 어쩌면 춤 역시 하나의 규범이었다. 단지 그 규범을 몸으로 익혀

3 개인적으로 필자는 춤과의 인연이 깊다. 필자는 학부 시절 법을 주전공으로 하면서, 무용을 부전공한 바 있다. 이후 무용에 대한 흥미는 "현대춤에 반영된 니체의 디오니소스 정신"이라는 논문으로 석사학위를 받는 데까지 이어졌다.

나간다는 점이 다를 뿐이었다. 또한 법 역시 한 개인을 자유롭게 해주는 차원이 분명 있다. 근대 이후로 생겨난 수많은 '권리'들이 이를 대변한다고 생각한다. 따라서 필자는 법이 춤을 춘다는 것, 그리고 다시 춤이 법이 될 수 있다는 명제가 충분히 납득가능하다고 본다.

물론 춤에는 언어가 담아내지 못하는 차원이 존재한다. 춤법학은 바로 이런 차원에서 탐지되는 춤의 가능성을 읽어내고, 이를 법에 복원시켜 이성법의 한계를 극복하자는 포스트모더니즘적 시도일 것이다. 이를 위해 저자가 춤에 대해 연구한 바를 추적해 보면, 무용학을 전공한 사람의 상식을 능가하는 수준(라반기록법, K-pop, 무용계의 고유한 문화 등)이다. 이처럼 치열한 탐구 작업이 밑바탕이 되어 있었기에 춤과 춤이 아닌 것 사이에 생겨나는 '새로운 춤'이라는 개념이 탄생하지 않았나 싶다.

본서의 제목인 '법의 춤' 자체가 춤과 춤이 아닌 것(법) 사이에서 생겨난 '새로운 춤'이 아닐까 한다. 이 새로운 춤은 필자의 법에 대한 기존 인식을 바꿔 법 역시 춤처럼 자유롭고 흥미진진한 학문이 될 수 있다는 깨달음을 주기도 했다. 이런 사고의 확장을 첫 단추로 삼아 필자는 법철학 박사과정을 나름 행복하게 수행할 수 있었던 것 같다.

법이라는 현상이 몸으로 살아가는 인간들이 만든 것이라면, 이것이 춤과 같은 기표(혹은 기의)를 띄지 않을 이유가 없다. 춤이 궁극적으로 지향하는 바가 미적 차원의 (넓은 의미의) '아름다움'이라면 법이 궁극적으로 지향하는 바는 어떤 참된 정의일 것이라 본다. 그리고 이 지향점은 법(혹은 춤)의 규범을 익혀나가고, 그 규범을 성찰하며, 또 새로운 규범을 만들어 나가는 과정에서 가까이 다가갈 수 있을 것이다. 따라서 법은 계속 춤추고 있다.

22 법과 함께 춤을

손 보 미*

비평하는 저작 이상돈, 법의 춤, 법문사, 2012.

Ⅰ.

춤만큼 자유롭고 솔직한 자기표현 방식이 있을까? 이 책은 포스트모던 법학 연구의 지평을 넓혀 온 이상돈 교수가 '법이 춤을 춘다면?'이라는 참신한 발상을 통해 새로운 법 패러다임을 제시한다.[1] 법과 춤이라니, 언뜻 생각하기에 이 둘은 전혀 다른 속성을 갖는 듯하다. 법은 정신, 즉 로고스의 영역에 속하는 반면, 춤은 신체와 에로스의 영역에 속하기 때문이다. 가령 신성한 법정에 한 방청객이 들어와 난데없이 막춤을 춘다면, 그자는 법정 소란 또는 심리 방해로 쫓겨나기 십상일 것

* 법학박사, 미국변호사(New York).

1 필자가 법과 춤이라는 본 주제를 처음 접한 것은 2011년 지도교수님인 이상돈 교수께서 고려대학교 대학원에 개설한 '춤과 법' 세미나에서였다. 당시 학부를 갓 졸업한 나로서는 춤 이론과 법 원리를 연결 짓는 참신한 시도의 의미를 절반도 제대로 이해하지 못했던 것으로 기억한다. 이후 『법의 춤』 초고를 교정하면서 포스트모던 법학의 방향성과 '춤을 통한 법의 성찰'이라는 연구 주제를 좀 더 깊이 음미할 수 있었고, 시간이 흘러 이는 필자가 박사학위 논문 주제에 착안하고 핵심 논의를 전개하는데 주요 이정표가 되어 주었다. 개인적으로 의미가 깊은 이 책에 서평을 쓰게 되어 진심으로 기쁘게 생각하며, 개개인의 개성을 마음껏 꽃피우는 오늘날에는 더 많은 이들이 이 책의 성찰에 고개를 끄덕이리라 생각한다.

이다. 하지만 이 책은 법과 춤의 관계에 대한 기존의 통념을 해체하고, 춤을 포스트모던 시대의 새로운 법적 정의를 생성하는 원천이자 법이 닮아야 할 기호로 바라본다. 춤은 "사회구성원들 사이의 근원적인 의사소통의 매개"로서, 역사적으로 누적되어 온 '개인의 정체성, 사회관습, 종교적 메시지, 정치 이데올로기' 등 다양한 상징체계를 담고 있다(2012, 4). 법은 본래 고정된 방위를 갖지 않으며, 춤은 "(현실의) 비결정적이고 수렴불가능한 차이들 속에서 법을 변혁시키는 기제"가 된다(2012, 37).

낯선 주제에 대한 독자들의 의구심을 해소하기 위해 이 책의 도입부는 전통 부족사회에서 춤이 곧 법으로서 공동체 통합 기능을 수행하였던 역사로 거슬러 올라간다. 부족사회에서 춤은 자연의 정령과 소통하고 우주와의 합일 신화를 생성하는 매개였으며, 부족민들은 북소리에 맞춰 춤추고 노래하는 가무 경연을 통해 갈등을 해결하곤 하였다는 것이다(2012, 8).[2] 이 교수는 '훈육과 순종으로 길들여진 몸'만을 정상으로 간주하고 세속적인 춤을 추방하였던 중세 교회법 및 근대 이성법의 동일성 강제 기획을 비판하면서, 포스트모던 시대의 법은 다양성을 발산하는 춤의 기호를 복원해내야 한다는 핵심 메시지를 자연스럽게 도출한다.

위 주장은 몇 가지 이론적 배경에 의해서도 뒷받침된다. 첫 번째는 푸코의 생체권력 이론이다. 푸코에 따르면 근대 사회의 권력은 각종 규율과 감시 장치를 통해 권력에 순응하는 신체를 생산하는 것을 목표로 한다. 몸이 '법과 정치 권력이 침투하는 영토의 끝단'이라면, 춤은 "이데올로기적 장치들이 몸을 가둔 윤리와 규범의 감옥에서 몸을 해방시키는 움직임"(2012, 61)으로서의 의미를 갖는다. 두 번째는 아름다움을

2 춤과 법의 기능 교차는 현대 사회에도 발견할 수 있다. 예컨대 힙합 문화의 일종인 댄스배틀은 1970년대 뉴욕 브롱스의 흑인 갱단이 물리적 폭력을 대신하여 평화롭게 갈등을 해결하려는 방편으로 시작되었다고 한다. 이상돈 교수의 법춤학을 응용, 발전시켜 힙합 춤의 의미망과 형법의 관계를 고찰한 필자의 박사학위 논문으로 손보미, "형법의 힙합문화적 이해", 고려대학교, 2022 참고.

법적 정의의 구성 요소로 바라보는 법미학 이론이다. 아름다움은 이성적 판단 영역인 옳음(right)이나 좋음(good)의 범주와는 구별되지만, 사안에 대한 직관적인 미추 판단과 감정은 정의로움을 근거짓는 중요한 역할을 한다. 이를 법춤학 이론에 접목하면, 억압과 굴레를 벗어던지고 자유와 해방을 추구하는 댄서의 몸짓은 이성법의 동일성 강제 기획을 해체하고 새로운 법적 정의를 꿈꾸는 심미적 아름다움을 생성한다.

여기까지의 통찰을 바탕으로 이 책은 법과 춤이 상호내재적으로 관련 있다고 결론 내린다. 춤의 의미구조에는 법이, 법의 의미구조에는 춤이 깃들어 있다는 것이다. 이 교수의 표현에 따르면 "춤은 법의 기표(signifier)이자 기의(signified)가 되고, 법은 춤의 기표이자 기의가 된다"(2012, 13). 춤의 기호를 품은 법은 다음과 같은 의의를 갖는다. 첫째, 춤추는 법은 도덕, 윤리와 같은 초자아의 극단적 추구를 경계하고 무의식에 누적된 잠재적인 콤플렉스를 돌봄으로써 정신적 균형의 회복에 기여한다. 둘째, 법적 인간상은 이성법이 전제하는 사유적 자아(cogito)가 아닌, 다양한 개성과 하부문화적 특성을 발현하는 춤추는 자아로 설정된다. 셋째, 춤추는 법은 삶을 가능케 하는 통합의 원천 에너지로서 후견적 국가의 역할을 수행한다(2012, 55).

이어서 이 교수는 몸의 특정한 움직임에서 필연적으로 법의 의미를 풀어내는 코드를 발견할 수 있다고 한다. 예컨대 "절제와 인내, 한치의 오차도 없는 훈련의 반복"(2012, 119)을 요구하는 발레리나의 몸은 근대법의 이성을 닮았으며, 발레의 엄격한 문법과 체계적인 자세는 자유의 평등한 보장, 권리와 의무의 대칭적 분배를 좇는 근대법의 전략과 유사하다. 발레의 숭고미는 몸을 엄격한 윤리와 도덕적 위계질서에 가두고 보편화 가능성을 지향하도록 설계된 근대 이성법의 기호를 갖는다.

발레가 이성법의 기호라면, 규칙에 얽매이지 않고 오로지 무용수끼리의 신체 접촉을 통해 연속적으로 춤을 그려내는 즉흥접촉춤은 감성과 연대의 법을 상징한다. 시각 중심적인 발레와 달리, 즉흥접촉춤은 무용수들이 신체 접촉을 통해 감성적으로 소통하고 새로운 자기 실존을 확인하는 촉각 중심적인 춤이다. 이는 마치 윤리적 선이나 도덕적 옳음을 미리 텍스트로 입력한 근대법과 대조적으로, 개별 사안의 체험을 통해 비로소 획득되는 법감정의 생성 과정과 유사하다.

다음으로 뉴욕 브롱스의 흑인 청년들의 춤에서 시작하여 오늘날 전 세계적으로 확산한 브레이크 댄스는 주류문화와 다양한 하부문화를 종과 횡으로 소통하는 상호문화적 법의 기호를 갖는다. 브레이크 댄스는 민속적 전통과 관습이 응축된 춤을 통해 개인의 정체성을 획득하는 '수행성'(performativity)과 글로벌 엔터테인먼트 시장에서 대중의 수요에 부응하는 '공연성'을 특징으로 한다. 이 교수는 브레이크 댄스에서 주류문화와 하부문화, 나아가 서로 다른 문화권의 가치를 짜깁기한 상호텍스트성(intertextuality)을 발견하고, 세계화 시대의 법은 바로 이러한 상호합법성의 코드를 가져야 한다고 설명한다.

이 교수는 서문에서 『법의 춤』은 새로운 주제에 대한 연구인만큼 다른 저작에 비해 완성도가 떨어진다는 겸손을 보인다. '춤에 대한 전문지식이나 춤과 법을 연결 짓는 수사학적 레퍼토리의 부족, 춤에 관한 법적 문제의 임의적 선택' 등의 한계가 있다는 것이다(2012, 머리말 vi). 하지만 이러한 한계는 상당 부분 (발레처럼 엄격한 문법을 따르는 춤을 제외하고는) 춤 자체가 이론적으로 정립하기 어려우며, 스토리텔링이나 텍스트를 수반하지 않는 추상적인 몸짓에서 법적 의미망을 포착해 내기 위해서는 주관적 상상력이 크게 동원된다는 춤 본연의 특성에서 기인한다. 오히려 위와 같은 한계를 딛고 법인류학, 법정신분석학, 법미학 분과를 아우르는 번뜩이는 통찰과 유려한 수사를 바탕으로 법춤학의 유형과 규범적 의미망을 꽤나 체계적이고 설득력 있게 밝혀낸 것은 초기 연구작으로서는 상당한 성과라고 평가할 수 있다. 또한 인권법, 가족법, 동물법, 헌법, 소송법 등 여러 영역에 걸쳐 '춤을 복원한 법'의 입법 또는 법원칙 사례를 제시한 것은 본 연구 주제에 구체적이고 실천적인 의미를 더한다.

법춤학이라는 연구 주제의 독창성 및 무한한 확장 가능성에도 불구하고, 사견으로는 다음과 같은 점이 보완되면 좋을 것 같다. 먼저 책의 구성이다. 이 책은 제1부 [1]장에서 법춤학의 기초 이론 및 법과 춤의 역사를 다룬 뒤, 제1부 [2]장에서 법과 춤의 세 가지 관계 유형으로 (1) 춤으로서 법(law as dance), (2) 법 안의 춤(dance in law), (3) 춤 안의 법(law in dance)을 제시한다. 유형 (2)의 예로는 음란 춤의 규제나 춤의 저작권 인정 여부, 또는 소송에서 변호인의 퍼포먼스(춤)가 재판 결과에 미치는 영향 등을 언급한다. 유형 (1)과 (3)은 춤의 의미구조를 법의 의미구조로 변환하는 작업으로, 양자의 뚜렷한 구분이 어렵다고 말한다. 제1부 [3]장은 다시 유형 (2)에 속하는 춤의 저작권 보호 가능성을 논의하며, 제2부는 발레, 즉흥접촉춤, 브레이크댄스의 구조에서 근대 이성법의 문법, 감성과 연대의 법, 상호문화적인 법의 기호를 각각 도출한다.

이 책의 서문에서 밝히듯, 법춤학의 주된 관심이자 연구 의의는 법과 춤의 기호학적 유사성을 밝히는 것, 즉 유형 (1)과 (3)의 병행적 분석 작업에 있다. 핵심 메시지의 강조와 자연스러운 전개를 위해 춤과 저작권법 논의를 제3부에 별도로 위치하면 좋겠다는 생각이 든다. 법과 춤의 세 가지 관계 양상을 소개한 뒤 저작권법 논의에 상당한 지면을 할애하는 것이 논의의 흐름을 잠시 끊기게 만들기 때문이다. 춤과 저작권 보호 가능성에 관한 연구는 아직 초기 단계로 연구 가치가 있으므로, 별도 파트(제3부)에서 서술해도 무방하리라 생각한다. 다른 대안으로는 법춤학의 유형을 (1) 실정법 영역에서의 춤(춤의 저작권 포섭 가능성, 공연음란죄), (2) 법적 분쟁해결 방식으로서의 춤(소송에서의 퍼포먼스), (3) 법의 성찰 및 자기변혁을 위한 춤으로 나누고, 마지막 유형이야말로 법과 춤이 진정한 통합을 이룬 형태라고 설명하는 방법도 있을 것이다.

내용적 측면으로는 법에서 춤을 '왜' 복원해야 하는지를 설명하기 위해 춤을 추방한 이성법의 기능적, 실천적 한계를 글의 초반부에 좀 더 부각하였으면 좋았으리라는 생각이 든다. 법춤학의 기초를 설명하면서 '보편적 합리성을 지향하는 근대 이성법은 포스트모던 사회의 다양한 문제를 규율하는 역량이 부족하다'(2012, 31)는 2페이지 남짓에 걸친 축약된 설명은 '법학은 여전히 예측가능하고 정형화된 규범으로서 존재해야 한다'는 모더니즘 법사고를 고수하는 이들의 사고를 전향하기에 충분치 않아 보인다. 예컨대 문제의식을 구체화하기 위해 보편적 법규범이 작동하기 어려운 몇 가지 사례를 제시하거나, '평균적 일반인' 개념의 개별화나 양형 기준의 세분화처럼 사안의 구체적인 특성을 면밀히 고려하여 더 큰 법적 정의를 실현하려는 사법 트렌드의 변화를 언급하는 방법이 있을 것이다.

법이 춤을 추는 것은 사안의 구체적인 질감에 따라 고유의 빛깔을 발산하는 법적 정의를 꿈꾸는 것과 같다. 이때 법이 춤춘다는 의미는 '귀에 걸면 귀걸이, 코에 걸면 코걸이' 식의 자의적인 법 적용과 구별된다. 여기서 말하는 춤은 "차이를 산출하는 몸의 해방, 새로운 꿈꾸기, 낯설음과 다성성"(2012, 38)을 의미하며, 이는 다수의 폭넓은 공감을 얻은 때에야 비로소 법적 정의의 내용을 이룰 수 있다. 예컨대 비보이가 병역 기피를 목적으로 무리한 신체 동작을 반복적으로 취하여 어깨 탈골에 이른 경우는 새로운 법적 정의를 생성하는 춤의 내용이 될 수 없다.[3]

Ⅱ.

이상돈 교수가 법과 예술의 내적 연관성을 연구하며 전통적인 법사고에 새로운 숨결을 불어 넣으려는 시도는 이번이 처음이 아니다. 이미 법과 문학, 법과 영화, 법과 미술비평 등 독자적인 연구 영역에서 포스트모던 법철학 연구의 지평을 넓혀 왔다. 필자가 보기에 법춤학은 이

3 서울중앙지법 2010. 12. 3. 선고 2010고단5793 판결(병역법 위반).

교수의 다른 기초법학 연구에 대한 안내서이자 응용·심화 연구서 격에 해당한다. 아직 이 교수의 다른 연구를 접하지 않은 독자라면, '법이여 춤추라'는 명령을 통해 이 교수가 어떤 인식 관심 아래 포스트모던 법학 연구를 지속해 왔으며 모던 법학 방법론과의 차이가 무엇인지를 대략적으로 가늠할 수 있다. 또한 이미 이 교수의 포스트모던 법학 연구의 행적을 어느 정도 좇아왔던 독자라면, 법춤학 이론이 법미학, 법정신분석학 등 이 교수의 기존 연구와 어떠한 접점을 갖고 이를 어떻게 심화, 발전시켰는지 비교하며 읽는 재미가 있을 것이다. 예컨대 이 교수의 법정신분석학 연구가 '법은 규범, 윤리체계의 정점인 초자아의 위치에서 걸어 나와 본성과 충동의 영역인 무의식적 차원을 돌보아야 한다'고 말한다면, 법춤학은 무의식의 콤플렉스를 해소하고 해방의 아름다움을 창출하는 춤을 통해 정신 영역에서 신체 영역으로 논의를 확장한다. 필자가 이해하건대 이 책에서 춤은 이 교수의 포스트모던 법연구가 몸 동작으로 구현(embodied)된 함축적 기호이다. 그리고 춤이 전달하는 생동감, 에너지는 기존의 다른 어떤 논의보다도 효과적으로 법적 성찰의 필요성에 대한 공감을 불러일으킨다.[4]

이 책을 통해 법학자나 법조인들은 스스로의 경직된 법사고를 성찰하고, 일반인들은 춤을 통해 법을 이해함으로써 법의 변혁에 관심을 갖는 기회가 되리라 생각한다. 이 교수는 법학자나 법조인, 그리고 일반인 모두가 경직된 법사고에서 탈피하여 자유롭게 춤추게 만들고 싶었던 것 아닐까. 마치 '그대들이여, 법과 함께 춤을!'이라고 말하듯 말이다.

4 예컨대 자유법치 국가의 기본원칙으로서 자유 제한의 근거가 충분치 않을 때에는 시민의 자유를 허용하라는 '의심스러울 때는 자유를' 원칙은 오늘날 형법의 팽창, 안전불안 등에 의해 제대로 작동하기 어려운 측면이 있다. 이를 '의심스러울 때는 춤출 자유를' 원칙으로 심상화해 보면, 희미해진 법적 정의에 생동감을 더한다. 이를테면 '의심스러울 때는 춤출 자유를' 원칙은 다원적인 가치 관점이 춤추도록 한 뒤에 해당 규범이 정당하다는 상호주관적인 수렴점을 확인할 수 있을 때에만 형법을 투입하라는 적극적인 의미를 갖는다고 이해할 수 있다. 이에 관해서는 손보미, 위의 논문, 71~74쪽.

23 여성주의와 형법, 여성과 법, 법과 성차이

함 현 지*

비평하는 저작 이상돈, 여성주의와 형법, 인권과 정의, 11월호, 1997.
이상돈, 법의 깊이, 법문사, 2018.

Ⅰ. 들어가며

여성주의(Feminism)는 원래 그 탄생부터 늘 뜨거운 논란의 중심에 있었지만, 2021년 현재 '페미'라는 단어는 특히 인터넷상에서 혐오를 담은 뜻으로 사용되고 있다. 이 젠더갈등의 아수라장을 보고 있으면 어쩌다 이 꼴이 되었는지 한탄하고 싶은 마음이 굴뚝같지만, 한편 안티페미니즘이나 남성주의(Masculism)가 발호하였다는 것 자체가 여성주의의 실천이 얼마나 강력하였는지를 증명하고 있는 것이라는 생각도 든다. 여성주의의 정치세력화는 실제로 사회적으로 많은 성담론과 다양한 학문적인 논의를 촉진시켰으며, 법제화의 영역에서도 수많은 성과를 얻어내었다.

여성주의의 성장을 증명할 증거는 많지만, 십여 년 전의 일화 하나가 생각난다. 고려대학교 법학과 학부의 '법철학'과목 수업 중 나의 지

* 수원지방법원 판사.

도교수인 이상돈 교수가 이런 말을 했었다. 오래 전의 일이라 구체적인 단어나 뉘앙스를 잘못 기재했을 수도 있으나, 취지는 아래와 같았다. “내가 유학을 마치고 처음 돌아왔을 때는 모두가 나에게 페미니스트라고 했는데, 이제 학회만 나가면 A교수가 나한테 마초이스트라고 그래요. 나는 예나 지금이나 변한 것이 없는데.”

이상돈 교수는 1997년에 그의 여성주의에 대한 생각을 한국법철학회와 법과사회이론연구회에서 발표한 후, ‘여성주의와 형법’이라는 제목의 논문으로 게재하였다. 그리고 내가 법철학 수업을 들었던 2000년대 후반에 사용하였던 교재는 이상돈 교수의 『기초법학』 초판의 단락 [20] ‘여성과 법’이었고, 10년이 지나 해당 논의는 『법의 깊이』의 단락 [14] ‘법과 성차이’(2018, 770)로 이어졌다.

아래에서 쓰는 것은 위와 같은 이상돈 교수의 여성주의와 형법의 관계에 대한 연구들을 소개하는 서평이다. 아직 대학원을 졸업하지 않은 학생의 입장에서 지도교수의 글을 비평해 보지 않겠냐는 제안을 덜컥 승낙해 버린 것만 해도 후회막심인데, 모든 코멘트와 비평이 그렇듯이 서평은 서평 대상이 된 책뿐만 아니라 서평자 자신의 지력, 매력, 멍청함, 편견 등을 대대적으로 홍보할 좋은 기회라는 점[1]을 떠올려 보면 두려움이 앞선다. 아래 글의 부족함의 원인 중 일부는 그러한 두려움에서 비롯하였는데, 역시 프랭클린 루스벨트가 말했듯, ‘우리가 두려워해야 할 유일한 것은 두려움 그 자체’일지 모른다.

Ⅱ. 여성주의적 법개혁에 대한 비판적 성찰

여성주의와 형법의 관계에 대한 이상돈 교수의 연구는 행동주의적 페미니즘의 성과라고 할 수 있는 여러 여성주의적 법개혁에 대한 인식으로부터 시작한다. 예를 들어, 여성에게도 호주가 될 가능성을 인정하

1 김영민, ‘공부란 무엇인가’, 어크로스, 154쪽.

는 쪽으로 개정된 가족법은 남녀 '평등'을 도모하는 것이고, 남성근로자에게 인정하지 않는 기간의 출산 및 육아휴가를 여성근로자에게 부여하도록 입법된 노동법은 '여성에 대한 특별한 보호'를 제공하는 것이다. 위와 같은 가족법은 근대적 자유주의의 확대를 지향하고 있고, 위와 같은 노동법은 사회적 약자에 대한 국가의 후견적 보호를 지향하는 사회국가적 법제화와 그 흐름을 함께 하고 있다.

그런데 위와 같은 법들은, 오히려 남성 중심적 문화를 재생산하고 강화하는 기능을 수행할 수도 있다. 위와 같은 가족법은 가부장제의 산물인 '호주제'를 폐지하는 대신 이를 정상적인 것으로 고정하고 존속시키는 결과를 낳으며,[2] 위와 같은 노동법은 돌봄은 여성의 몫[3]이라는 고정관념을 강화시킨다. 이상돈 교수는 이러한 부분을 지적하면서, 여성주의적 법개혁은 남성중심문화, 법,[4] 여성주의 그 자체에 대해 모두 비판적 성찰을 할 수 있는 성찰적 법여성주의(법여성학)로 나아가야 한다고 주장한다.

---

2 호주제는 2005년 헌법재판소의 헌법불합치결정(헌재 2005. 2. 3. 2001헌가9등) 및 이에 따른 민법 개정으로 완전히 폐지되었다.

3 미 연방대법원의 대법관이었던 루스 베이더 긴즈버그가 변호사 시절 수임한 것으로 유명한 사건 두 건이 이에 대한 완벽한 예가 될 수 있다. '모리츠 대 국세청장' 사건은 노모를 돌보는 독신 남성에 대하여 돌봄에 대한 세금 공제를 거부한 사건이었고, '와인버거 대 와이젠펠드' 사건은 아내가 사망한 뒤 갓난아이를 돌보는 젊은 남성에 대하여 보육수당 지급을 거부한 사건이었다. 이는 당시 법률들이 가족의 보육자 자격을 여성으로 지정하고 있음에서 비롯한 성차별 사건이었다.

4 다만 이상돈 교수가 말하는 성찰적 법여성학의 '법'에 대한 비판이 무엇인지는 다소 모호하다. 이상돈 교수는 '법에 대한 비판적 성찰이라 함은 법이라는 매체가 남성주의적 문화를 극복하는 도구로서 적합한지를 비판적으로 성찰할 것을 요구하는 것'이라고 하는데, 이는 '법'그 자체가 아닌 '법의 사용'에 대한 비판이고, 본문의 내용 또한 대체로 급진주의 페미니즘이 형법을 도구로 삼아 가부장과 투쟁하고자 하는 이론 및 실천에 대한 비판을 포함하고 있다. 또한 남성중심문화에 대한 비판적 성찰 또한 대체로 가부장적인 제도와 언어로 구성된 법의 해체로 이어질 수 있다고 하였으므로, 법'여성학'은 (기존의) 남성중심문화 또는 (기존의) 여성주의가 반영된 법에 대한 비판을 수행하게 되고, 위에서 말하는 '남성중심문화'와 '여성주의 그 자체'에 대한 비판과 분리할 수 있는 '법'에 대한 비판적 성찰이라는 고유한 영역은 상정하기 어렵다.

Ⅲ. 여성주의와 법의 관계

이상돈 교수는 법체계의 발전을 자유주의적 법모델-사회국가적 법모델-절차주의적(반성적) 법모델로 파악하고 있는데,[5] 여성주의와 별개의 독립된 분과로서의 '법여성학'을 정의함에 있어서도 여성주의의 무수한 이론들을 이러한 법모델에 상응하는 것으로 분류하여 정리하고 있다. 즉, 이상돈 교수는 여성주의를 자유주의 페미니즘-급진주의 페미니즘-포스트 페미니즘으로 분류하고, 법여성학은 이와 같은 페미니즘 이론들을 배후이론으로 두고 있다고 보는 것이다. 이러한 분류는 여성주의적 실천이 입법 및 법률해석의 영역에서 어떻게 이루어져 왔는지를 파악하는 데 상당히 유용하다.

페미니즘의 첫 단계가 되는 자유주의 페미니즘은 칸트나 루소, 로크 등의 계몽철학에 뿌리를 두고 여성을 남성과 똑같이 평등한 자유의 주체로 설정한다. 이는 페미니즘의 첫 번째 흐름이고, 지금에도 유효한 법적 성찰의 지층을 이룬다. 다만 자유주의 페미니즘은 여성은 남성과 동일하다는 도그마를 형성함으로써 여성을 '남성화'하였고, 전근대적인 법문화를 재생산하는 데 기여하였다는 비판을 받았으며, 남녀가 평등하게 누려야 할 자유의 의미에 대하여는 밝히지 못하였다는 한계점이 있었다. 예컨대 남성이 누려온 시민적 자유라면 여성도 누려야 한다는 고전적인 자유주의 페미니즘은, '낙태의 자유'에 대해 말해줄 수 있는 바가 별로 없다.

페미니즘의 두 번째 흐름인 급진적 페미니즘은 가부장의 남성성을 여성의 적으로 보고, 그것을 해체하기 위해 여성을 남성에 비해 특별히 보호하고 우대해주는 것을 추구하며, 그런 목표를 달성하기 위해 전략적으로 남성과 여성의 대립을 불사하는 행동주의적 실천을 가리킨다.

5 이상돈, 법학입문: 법이론적 · 법사회학적 접근, 박영사, 1997, 31~78쪽.

급진적 페미니즘은 여성에 대한 적극적 우대조치와 성범죄의 가벌영역 확장 등, 입법 및 법 적용에 있어서 실천적인 성과를 거두었고, 이는 사회적으로 약자인 여성에 대한 특별한 보호라는 점에서 사회국가적 법모델에 상응한다. 다만 급진적 페미니즘은 여성을 사회적 약자로 일반화함으로써 가부장적 남성이데올로기를 재생산한다거나, 남성에 대한 역차별을 일으켜 자유민주주의의 법원칙을 훼손하고 성문화를 정치에 예속시켜 성문화를 파괴한다는 비판을 받았다.

이상돈 교수는 법여성학이라는 학문 분과는 궁극적으로 자유주의 페미니즘과 급진주의 페미니즘에 대한 비판과 반성적 고려를 통하여, 성찰적 법여성학으로 나아가야 한다고 주장한다. 또한, 이러한 성찰적 법여성학으로 나아가는 데는 페미니즘의 세 번째 흐름, 즉 포스트 페미니즘의 이론들과 결을 같이하는 부분이 많다. 포스트 페미니즘이란 자유주의 페미니즘과 급진주의 페미니즘이 전제하고 있는 단일한 여성주체성, 즉 남성과 여성의 이분법을 해체하고, 여성의 남성에 대한 성차이를 생산하는 사회적 관계의 복합성을 해부하고, 여성억압의 문화적 기제를 해체하는 이론적 흐름이다. 포스트페미니즘은 페미니즘에 반영된 포스트모더니즘으로, 그 이론의 스펙트럼은 매우 넓어 명확히 밝히기는 어려우나, 다양한 이론 중 포스트 페미니즘 이론이라고 불릴 수 있는 것들은 여성성의 다양성 및 성차와 성담론의 다원성을 그 구조적 특징으로 하며, 이와 같은 다양성과 다원성[6]은 절차주의적 법모델과 일맥상통한다.

---

6 이상돈 교수가 여성주의와 법에 대하여 연구한 일련의 글은 계속 재구성되었는데, 해당 글들의 제목이 위에서 본 바와 같이 '여성주의와 형법'에서 '여성과 법'으로, 그리고 '법과 성차이'로 바뀌게 된 것에서도 그러한 함의를 읽을 수 있을지 모른다. 즉, 논의의 시초는 여성주의가 형법에 미친 영향을 포착하는 데에 있었으나, 기존의 성담론 및 남성/여성, 합리적 인간/비합리적 인간의 경직된 이분법을 모두 해체하는 것으로 나아간 것이다.

Ⅳ. 여성성, 성차, 성담론의 다원성

또한 이상돈 교수는 이와 같은 성찰적 법여성학의 입장에서, 기존의 (특히 급진주의)페미니즘의 입장이 반영된 일련의 법률 또는 입법운동[7]에 대하여 꾸준히 비판하였다. 예를 들면, 자유주의 페미니즘의 '여성도 남성과 같이 자유로워야 한다'와, 급진주의 페미니즘의 '이것은 가부장제에 의한 여성억압이다'라는 명제는 모두, '여성'이라는 특징을 가진 주체들이 (다른 특징에도 불구하고) 모두 동일하다는 것을 전제하고 이루어지고 있다. 그러나 포스트페미니즘은, 이러한 단일한 여성주체성을 해체한다. 가장 치열한 논의는 성매매의 담론에서 나온다. 이미 1960년대 미국의 성해방 여성운동 이후에는 성의 자유화를 주장하는 자유주의 페미니즘과 성매매는 여성의 성적 종속성을 정당화하는 폭력이라고 보는 급진주의 페미니즘이 대립하였다. 그리고 어떤 성매매 여성들은 자신들을 성근로자로 정의하고, 노동조합을 결성할 수도 있다.

성차 또한 다원적이다. 성차는 맥락에 따라서는 가부장적 남성이데올로기의 산물일 수도 있지만, 정신분석학이 이미 밝혀 낸 것과 같이 인간은 '남성적인 남성'이나 '여성적인 여성'으로서만 존재하지 않고, 다성성 및 양성성을 가지고 있는 존재이다.[8] 그런데 기존의 (트랜스여성에 대한 성폭행이 형법상 강간죄에 해당하는지에 대한) 판례처럼 법이 생물학적 성별(Sex)에 천착한다면, 법은 다원적인 성차를 인정하지 않고 기존의 남성성 및 이에 대립하는 여성성을 고정하는 역할을 수행하게 되는 것이다.[9]

---

7 성매매특별법의 입법에서부터 시작하여, 성폭력특별법의 수차례에 걸친 개정, 성범죄의 비친고죄화를 거쳐, 비동의간음죄의 신설 및 성희롱의 범죄화 주장에까지 이른다.

8 "가장 남자다운 취미는 무엇인가?"에 대한 농담은 성차에 대해서 어떠한 통찰을 준다. 참고로 정답은 "여장"이다. 여자는 절대로 할 수 없는 취미이기 때문이다.

9 생물학적 성별(Sex)과 사회적 성별(Gender)을 둘러싼 담론은 강간죄의 인정, 호적정정의 가부 등에 대한 법적 쟁점에서 부분적이나마 다원성을 인정하는 데까지 발

성담론의 다원성은 보다 복잡하다. 포스트페미니즘은 성차가 여성억압의 기제로 작동하는 경우, 급진주의 페미니즘처럼 '지배하는 남성과 억압받는 여성'의 이원화를 낳은 가부장제의 단일한 이데올로기 담론이 아니라, 성차를 불평등의 모멘텀으로 만든 각 부문의 미시적인 담론을 분석하기 때문이다. 가령 위안부 피해자는 서구적 문명 또는 일제의 근대화 논리로부터 소외되었지만, 일본제국주의를 닮은 한국 내의 민족주의나 가부장제로부터도 소외되었다는 점은 쉽게 간과된다(2018, 792). 이러한 여성억압의 성담론은 말 걸기, 내레이션, 스토리텔링의 방법에 의해 해체될 수 있는데, 즉 위안부 피해자를 '대신하여' 말하는 대신, 위안부 피해자가 그의 억압사에 대하여 스스로 말하도록 하는 것이다.[10]

V. 성찰 과제-법여성학으로의 발전

이상돈 교수는 마지막으로 여성학이 법을 여성주의적 목표의 실현수단으로 도구화하는 것을 경계하고, 법여성학은 여성주의적 실천을 민주적 법치국가에서 정당성과 실증성을 동시에 갖춘다는 의미의 합법성에 편입시키도록 해야 한다고 한다. 이는 포스트모던 사회에서 상대적인 중요성을 갖게 된 포스트페미니즘은 물론, 기존의 자유주의 페미니즘과 급진주의 페미니즘이 가지는 고유한 역할을 적절하게 고려함으로써 이루어진다.

가령 잠정적 우대조치의 하나로서, 비례대표추천에서 여성을 우대하는 공직선거법의 조항에서도 이러한 이념의 교차를 읽어낼 수 있다. 이는 여성의 정치참여에 대한 것이므로 '여성도 남성과 동등하게 정치에

전하였다. 그러나 일상문화의 영역에서는, 2020년에도 아직 '트랜스여성은 생물학적 여성이 아니므로 여대에 입학시켜서는 안 된다'라는 주장이 제기되고 있다.

10 일본군 위안부 피해자인 김학순씨의 증언 이후, 세계 각지에서 일본군 위안부를 비롯한 전시 성폭력 생존자들이 진술에 나섰다(https://www.seoul.co.kr/news/newsView.php?id=20210811500132&wlog_tag3=naver).

참여할 권리가 있다'라는 자유주의 페미니즘의 인식을 그 기저에 깔고 있으며, '여성 의원이 매우 적은 정치현실을 타개하기 위하여는 비례대표후보의 50%를 여성으로 추천하고, 후보자 명부 순위의 홀수에는 여성을 추천하도록 하여야 한다'는 것은 급진주의 페미니즘이 이루어낸 여성에 대한 특별보호에 해당한다. 그러나 이는 남성후보자에게 명확하게 적은 기회만을 제공하는바, 해당 방법을 취하지 않으면 과거에 축적된 남녀차별을 해소할 수 있는 다른 방법이 없는 경우(롤즈의 한계적 불평등 배분원칙)에 적용되어야 한다. 또한, 정당민주주의를 심화·발전시키면서도 남성에 대한 역차별 문제를 일으키지 않는 다른 방법이 있다면 해당 방법이 우선적으로 고려되어야 한다(2018, 801).

성찰적 법여성학은 자유주의적 법체계의 법률언어가 내재하고 있는 성이데올로기를 비판적으로 해체하는 분석도 수행하여야 하는데, 과거 강간죄규정에 행위객체로 사용된 '부녀'婦女라는 개념이 가부장인 시아버지를 중심으로 한 관계개념이라는 비판을 받은 후 형법이 개정되어 강간죄의 행위객체가 '여자' 및 '사람'으로 변경한 것이 그 대표적인 예이다. 또한 어떠한 여성 주체를 특별히 보호하는 것이, 남성중심문화나 성이데올로기의 고정관념을 정상적인 것으로 만드는 것이 아닌지도 경계해야 한다.[11] 결국 이런 점에서 법여성학은 문화학이며 언어학이 된다(2018, 803).

다만 이러한 해체 작업은 여성우월주의나 주체의 무성無性화에 이르는 것은 아니며, 페미니즘 자체가 필요 없다는 안티-페미니즘과도 다르다. 이는 이상돈 교수의 다른 연구영역과 그 지향점을 같이 하는데, 결국 법은 성의 영역에서도 개인의 자유영역을 확대하고 시민사회의 자율성을 실현하는 방식으로 작동하여야 하고, 그 반대 방향으로 작동하려는 것을 경계해야 한다는 것, 법은 다양한 성차를 고려함으로써 남성

11 혼인빙자간음죄에 대한 위헌 결정(헌재 2009. 11. 26. 2008헌바58 등)이 그 대표적인 예가 될 것이다.

성과 여성성, 그리고 다른 성정체성들이 자유롭고 기회균등하게 발현되도록 하는, 자유의 최대화를 지향하여야 한다는 것이다.

Ⅵ. 마치며

부모님이 나를 낳았을 때는 "아들을 낳았어야지 쯧쯧"이라는 말을 들었다. 그러나 부모님은 우리 남매를 평등하게 키우셨고, 나 또한 남녀가 평등해야 한다는 데 어떠한 의문도 품지 않았다. 그리고 고려대학교에 입학한 후 대학 생활을 하면서 여성주의를 비롯한 정치와 사회활동에 관심이 많은 교우들을 알게 되었다. 그런 활동가 성향을 가진 교우 중 한 명이 몸에 붙는 원피스를 입고 화장을 한 채 집회에 나갔다가, 다른 교우들로부터 여성주의 활동가로서 부적절하다(?)는 비판을 잔뜩 듣고 왔다는 것을 알게 되었다. 무언가 이상한 기분이 들었다. '여자는 치마를 입고 화장을 해야 해'라는 명제가 여성의 자유를 제한하고 있다면, 반대로 '여자는 치마를 입거나 화장을 해서는 안 돼'라는 명제는 또 다른 부자유가 아닌가? 이러한 의문은 그 다음 해에 이상돈 교수의 '법철학'수업을 들었을 때 상당히 해소되었다. 그 교우들도 이 수업을 들었으면 좋았을 텐데...

여성 후보자가 새 대법관 후보로 선정된 2021년 시점에서 남녀 평등의 의미에 대해서 생각해 보면, 루스 베이더 긴즈버그 연방대법관의 어떤 인터뷰가 떠오른다. 이상적인 여성 대법관 수는 몇 명인가? 이에 대하여 루스 베이더 긴즈버그는, '9명 중 9명'이라고 말하였다. 대법관 9명 중 남성이 9명이었을 때는 아무도 의문을 품지 않았냐며. 이는 물론 남성중심 문화에 대한 통렬한 풍자이다. 그러나 대법관 전원이 여성이 되는 것이 이상적이라는 말을 여성우월주의의 발현으로 읽는다면 굉장한 오독誤讀이다. 이는 대법관이 여성이든 남성이든 또는 제3의 성이든 간에 상관없는 세상, 성차를 둘러싼 편견과 선입관과 잠정적 우대조치의 필요성까지 모두 사라진 자유를 말한 것이라고 생각한다. 마치 우리 모두 세상에는 오른손잡이와 왼손잡이(그리고 손 없는 사람, 양손잡이, 세손잡이 이상)가 존재한다는 것을 알고 있지만, 대법관 중 몇 명을 왼손잡이 중에서 임명해야 하는지에 대해 아무도 관심을 갖지 않는 것처럼. 만일 어쩌다 대법원이 전원 왼손잡이로 구성되더라도 '굉장한 우연이 다 있군'이라고 생각해버릴 뿐, 오른손잡이 역차별론이 부상하지 않는 것처럼. 왼손 혐오나 오른손 혐오라는 말은 존재하지 않는다. 법과 성의 영역에도 언젠가 그런 자유로운 세상이 오기를 소망한다.

24 형사사법의 지층: 회복적·치료적 사법의 가능성 성찰

하 민 경*

비평하는 저작
이상돈, 형사사법의 세 가지 지층과 피해자의 지위, 피해자학연구 제17권 제1호, 2009.
이상돈, 법의 깊이, 법문사, 2018.
이상돈, 형법학: 형법이론과 형법정책, 법문사, 1999.

Ⅰ. 들어가며

철없는 고민이 많던 필자에게 처음부터 학문의 길에 대한 확신을 심어주시며 이끌어주신 이상돈 교수님이 아니었으면 필자는 지금쯤 전혀 다른 길에서 정처 없이 헤매고 있었을지도 모른다. 비록 부족하더라도 지금은 필자가 걷는 길이 소명이라는 것을 깨닫고 늦게나마 한 걸음씩 걸어가고 있다. 항상 제자의 성취를 제자 본인보다 더 기뻐하시는 교수님의 은혜에 보답하는 길은 늘 부족할 것이다. 역시 부족한 이 글을 쓰면서 어느덧 화갑을 맞이하신 교수님의 건강과 행복을 위해 마음 깊이 기도드린다.

이상돈 교수는 우리나라 법학을 대표하는 독보적인 학자이다. 주로 법철학자이자 형사법학자로 평가받지만, 철학적 사유를 배후에 두면서도 언제나 정책을 전방에 두는 이상돈 교수의 연구 기획은 우리 시대

* 가톨릭대학교 법학과 교수, 법학박사, 미국변호사(New York).

를 관통하는 여러 법적·사회적 문제들을 해결할 수 있는 근원적이면서도 구체적인 틀을 제공해 왔다.

필자는 이상돈 교수가 우리 법학의 발전에 기여한 많은 학문적 성과 중에서 형사사법의 지층을 세 가지로 나누어 분석한 논문을 위주로 회복적 사법과 치료적 사법의 구현 가능성을 성찰해 보고자 한다. 형사분쟁의 형태가 점차 다양해지면서 그 해결방식에도 변화가 요구되는 시대에, 이상돈 교수의 통찰은 우리 형사사법이 나아가야 할 방향을 제시해 줄 중요한 나침반이 되기 때문이다. 근대적 형사사법은 법의 자율성을 구축(2018, 435)함으로써 가해자에 대한 적정한 제재가 가능하도록 기획되었지만 범죄피해자를 형법체계의 주변부(2009, 33)로 내친 점은 부정할 수 없다. 이에 현대에는 회복적 사법과 치료적 사법 제도로 근대형사사법을 보완할 필요성이 제기되어 왔으나, 세 가지 사법체계 간 조화로운 운영에 어려움을 겪고 있고 시민들은 좀처럼 응보주의적 사고에서 탈피하지 못하고 있다. 이상돈 교수는 일찍부터 세 가지 사법시스템간의 부정합성을 분석하고 그 해결책을 독창적인 이론을 통해 설득력 있게 제시하였다.

Ⅱ. 형사사법의 새로운 패러다임

1. 형사사법의 지층

이상돈 교수는 먼저 발생 시기에 따라 세 사법 형태를 분류하면서 근대사법은 '가해자의 적정 제재', 회복적 사법은 '피해의 전보', 치료적 사법은 '피해자의 치유'를 기획으로 한다고 구분한다(2009, 39). 물론 이와 같은 분석이 회복적 사법이 피해자의 치유를 포함하는 개념이라고 보는 일반적인 입장[1]과 다른 견해인 것은 아니다. 각 사법 패러다임이

1 하워드 제어(손진 역), 우리 시대의 회복적 정의, 대장간, 2019, 75쪽.

위와 같은 특징을 지니더라도 그 경계가 아주 분명하지 않다고 하는 데서도 파악할 수 있듯이(2009, 38), 세밀한 구별을 통해 각 사법 패러다임의 등장배경과 고유한 특징을 부각시켜 그 핵심적 기능을 파악하는 데 도움을 주는 연구기획이라고 보는 것이 타당하다. 이와 같은 면밀한 구분은 근대사법이 가지는 한계를 명확히 알 수 있게 하고, 회복적 사법의 강조가 피해자의 치유가 수반되지 않은 단순한 손해배상 격으로 흘러서는 안 된다는 점도 인식할 수 있게 한다.

현대의 형사사법은 근대사법이 구축한 법치국가적 전통 아래 회복적 사법과 치료적 사법 패러다임이 공존하고 있다고 볼 수 있다. 이상돈 교수는 이를 두고 세 사법 패러다임이 단절적이지 않고 마치 지층처럼 누적적으로 전개되고 있다고 분석하면서, '비동시적인 것의 동시성(the contemporaneity of uncontemporary)' 위에서 각 사법 패러다임 간 갈등과 모순이 존재할 수밖에 없다고 지적한다(2009, 38). 여기서 언급되는 '비동시적인 것의 동시성' 테제는 우리 사회의 법체계와 법현실의 괴리가 발생하는 원인을 진단한 데서 먼저 찾아볼 수 있다. 이상돈 교수는 일찍이 우리의 실정형법체계는 근대사법의 골격을 갖추게 되었지만, 법문화적 지평에서는 전근대의 법이 지속되고 있고, 사회경제적 지평에서는 탈근대의 형법체계가 형성된 구조를 파악하였다(1999, 12). 서구 사회에서 자유주의적 법모델에서 사회국가적 법모델을 거쳐 절차주의적 법모델로 발전한 거시사가, 우리의 역사 속에는 비순차적으로 이루어지면서 서로 포개지지 않고 상충한다고 파악한 점도 같은 차원의 분석이다(2018, 531). 이러한 분석을 통해 세 가지 사법 패러다임 사이의 충돌이 필연적으로 발생할 수밖에 없다는 점은 근대법의 토대 위에 회복적 사법과 치료적 사법을 받아들인 서구 사회에서도 유효한 분석이 된다.

2. 세 가지 지층간의 부정합성

이상돈 교수는 세 가지 사법 패러다임 사이의 부정합성이 발생하는 원인의 중심을 진실 발견의 차원에서 찾는다(2009, 40). 정의 구현을 위해 실체적 진실 발견을 목적으로 하는 근대형사사법과 달리, 회복적 사법은 화해적 피해의 전보를 도모하기 때문에 형식적 진실주의로 변질될 우려가 있다. 가해자나 피해자의 내면의 치유를 추구하는 치료적 사법과의 관계에서도 마찬가지다. 내면의 치료는 가해자나 피해자의 주관적 진실을 인정해야 비로소 가능해지는 것인데 실체적 진실을 좇는 절차에서는 그 가능성이 좀처럼 열리지 않기 때문이다. 회복적 사법과 치료적 사법의 지층 간 균열도 존재한다. 화해적 피해의 전보를 회복적 사법의 본질적 기능으로 본다면, 가해자나 피해자의 주관적 스토리텔링에 귀 귀울이기를 통해 정신적 아픔을 치유하는 치료적 사법과의 충돌도 필연적이기 때문이다. 피해자의 고통을 치유하기 위해 피해자의 추가적인 법정진술이 필요할 수도 있는데, 손해배상을 위한 입증과정에서 증명이 완료된 개별사항에 대해서는 더 이상의 증거조사가 필요해지지 않는다는 것이다.

이렇듯 세 사법 패러다임 사이의 부정합성을 진실의 개념에 근거한 충돌로 포착하고 그에 따른 해결책을 제시한 작업은, 실제 형사재판에서 중심이 되는 것은 많은 경우 사실인정의 문제라는 점에서 실천적 차원에서도 유용성이 크다.

3. 마당적 진실을 기초로 한 사법패러다임의 통합

이상돈 교수는 위와 같은 부정합을 극복할 수 있는 이론적 기초를 '마당적 이해'에서 구한다(2009, 41). 마당적 이해란 소송에서 사실인정에 관한 법관의 심증형성을 이해하는 개념으로, 하쎄머(W. Hassemer)가 구상한 '장면적 이해(szenisches Verstehen)'를 우리의 법문화에 맞게 변용하여 재정립한 것이다(2018, 187). 장면적 이해에 따르면, 소송에서 사실이 확정되는 과정은 범죄가 자행된 장면을 총체적으로 이해할 때 비로소 가능하다는 것으로 사실인정에 관한 법관의 이해는 다음과 같은 특성을 지닌다: 휘발성, 상호작용의존성, 정보의 선별과 조합, 인지의 주관성 등으로 인해 언제나 성공이 불확실한 구조.

마당적 이해는 장면적 이해에서 제시한 위 다섯 가지 특성 외에 무정형성과 스토리텔링이라는 두 가지 특징적 요소를 더함으로써 회복적·치료적 사법과 보다 많은 접점을 가진다. 우리의 전통 마당극은 공연자와 관람자가 서양의 공연처럼 주체와 객체로 날카롭게 구분되지 않고 깊은 상호작용을 펼치면서 진행되기 때문에 참가자들의 반응에 따라 극은 즉흥적으로 변화한다. 소송을 이렇게 이해하면 소송참여인들 사이의 상호작용과 의사소통은 그 양상이 정형화될 수 없고, 이들의 사실인식은 상이할 수밖에 없어서 법관이 인식했다고 판단하는 사건 역시 법관의 미학적 체험과 문학적 상상이 개입하는 주관적인 스토리텔링이기 쉽다는 점을 파악할 수 있다. 그렇다면 형사절차가 최종 목적으로 삼는 실체적 진실 발견은 법인식론적으로는 '합리적으로 구성된 스토리'라고 논증된다. 이 스토리는 소송참여자들의 공감(empathy)을 최대한 이끌어 낸 것이어야 하고 우리 형사사법이 지향해야 하는 '마당적 진실'인 것이다.

이상돈 교수는 마당적 이해가 맺는 세 사법 패러다임과의 구조적 접점과 진실 개념을 통해 세 사법 패러다임 간의 충돌이 해소될 수 있다는 점을 설명한다.

먼저 마당적 이해는 근대사법이 구축한 민주적 법치국가와 유사한 내부구조를 갖고 있다(2018, 189). 주체와 객체의 구분 없이 상호작용이 펼쳐져야만 극의 성공이 가능하다는 것은 극도의 상호주관성이 공판에 구현되어야 사실확정이 가능하다는 것이고 이는 민주성의 보장을 말하는 것이기 때문이다. 또한 마당에 참여하는 기회가 공평하게 보장되어야 한다는 점에서 공평하게 분배된 자유의 권리체계로 이해되는 법치국가와 맞닿아있다. 한편, 이상돈 교수가 마당적 이해의 특성으로 꼽는 무정형성은 회복적 사법의 구조적 특성이기도 하다. 화해와 전보는 가해자와 피해자의 상호소통의 진행 양상에 따라 무계획적으로 진행되기 때문이다. 회복적 사법은 범죄를 사람과 관계에 대한 침해로 바라보기 때문에 화해를 통한 관계 회복의 바탕이 되는 피해자와 가해자의 스토리텔링은 절차의 핵심적 요소가 되는데, 이는 치료적 사법이 지향하는 진실을 발견할 수 있는 핵심이기도 하다. 또한 스토리는 공감될 수 있어야 하기에 이들의 진술은 법관의 유죄심증을 변화시킬 수도 있게 된다는 점에서 근대사법과도 접점을 가진다(2009, 43).

이렇게 근대사법, 회복적 사법, 치료적 사법이 지향하는 바가 공통적으로 마당적 진실이라면 이 세 사법패러다임의 통합 가능성이 열린다. 이는 법의 근대성을 근간으로 두면서도 근대법의 한계를 직시함으로써 이성중심적 사고를 해체하고 포스트모던적 사유를 받아들여 변증적으로 해결책을 제시하는 이상돈의 이론들 중 대표적인 예시라 할 수 있다. 이렇게 이해된 마당적 진실은 통합적 사법 패러다임에 바탕을 둔 법정책과 제도화의 제시로 이어진다.

Ⅲ. 회복적·치료적 사법 정책과 법제도

1. 절차주의적 법모델의 제도적 양식으로서 형사조정제도

형사조정제도는 2007년부터 각 검찰청에서 활발하게 이용되고 있다. 조정에 참여한 당사자들은 합의를 통해 고소를 취소하고, 검찰은 고소각하처분, 기소유예 등의 처분을 하거나 구형에서 유리한 사정으로 고려한다. 이에 대해 이상돈 교수는 기존의 자유주의적 법모델과 사회국가적 법모델에서 발전한 절차주의적 법모델을 대표하는 제도라고 소개한다(2018, 552). 절차주의적 법모델에서 제시하는 법은 분쟁상황에 있는 당사자들이 자율적으로 해결할 수 있도록 절차나 조직, 조종권한의 분배에 관하여만 규율하고 그 내용을 직접 정하지 않는다.

이상돈 교수는 그에서 더 나아가 형사조정제도가 회복적 사법의 전형으로 구현되기 시작한 것을 법다원주의(legal pluralism)의 흐름에 합류하는 포스트모던적 법현상의 하나로 파악하고(2009, 35), 재판상 화해의 효력까지 인정되는 통합적 사법패러다임에 기반한 원스톱 사법서비스로서 형사조정제도를 제안한다(2009, 52). 민간위원이 분쟁해결의 주체가 되고 검찰은 조정의 후견인 역할을 맡는데, 그 해결 기준은 사회규범이나 윤리규범이 되기 때문이다. 법은 법 밖의 규범이나 관습, 문화 등의 비법과 끊임없이 교류함으로써 그 생명성을 유지할 수 있는 것이고 이와 같은 법다원주의의 활성화는 세계시민사회로 발전하는 현 시대에 반드시 필요하다고 지적한다(2018, 857).

형사분쟁에 대한 근대형법의 전통적 해결방안이 책임에 상응하는 형벌을 부과하는 모습이었다면 분쟁 발생의 모습이 점차 다양해지는 시대에서는 분쟁해결방안 역시 새로운 패러다임으로 전개될 것이 요구된다. 범죄를 국가에 대한 침해로 여기고 범죄인에게 적정한 형벌을 부과함으로써 응당한 책임을 지우는 근대사법의 목표가 범죄해결이었다면, 회복적 사법은 범죄를 사람과 관계에 대한 침해로 보기 때문에 화해를 통해 향후의 범죄를 방지하는 데 그 목표를 둔다. 사후적 분쟁해결방식에서 사전적 분쟁해결방식으로 분쟁해결의 초점을 이동하는 것은 갈등이 빈번하면서도 화해지향적 에토스가 강한 우리 사회에 적합한 분쟁해결기제이기도 하다(2018, 552).

2. 피해자의 치유와 정보화

이상돈 교수는 기존의 치료적 사법 논의가 문제해결법원의 도입으로 귀결되는 피고인 중심의 논의를 피해자의 치유로 부각시키며 관련

제도의 정비를 촉구하였다. 가령 피해자의 절차참여에 대한 후견의 일환으로 피해자 변호인제도가 마련되어야 한다는 주장(2009, 51)은 이후 성범죄 사건, 아동학대범죄 사건 등에서 피해자 국선변호인 제도가 마련되는데 기여하였다.

피해자의 상처가 공동체 의식에 잠식되어 간다면 결국 사회 전체의 해악으로 귀결되기 때문에 범죄발생을 근원적으로 해결하는 데 피해자의 치유는 핵심적이다. 피해자는 범죄 발생 이전으로 삶에 대한 자기통제력을 회복함으로써 범죄로 인해 받은 상처가 치유될 수 있는데, 이를 위해서는 '무슨 일이 발생했는가? 왜 나에게 일어났는가?'와 같은 질문에 대한 정보와 답이 제시되어야 한다.[2] 이상돈 교수는 수사 및 공판절차에서 피해자의 알 권리를 보장하는 것에서 나아가 피해자가 범죄를 당하던 상황과 달리 절차를 통제하고 있다고 느낄 수 있도록 형사절차에서 사안구성에 참여할 권리를 강조한다(2009, 49). 예를 들어 피해자가 진술할 때 치료적 효과는 자신의 이야기를 드러낼 때 발생한다는 점에 기반하여 피해자에 대한 증인신문은 자유로이 대답할 수 있는 질문(open-ended questions)을 늘리도록 해야 하고, 피해자의 치유를 위해 재판의 비공개가 가능하도록 형사소송법이 규정하는 비공개사유에 '가해자와의 화해나 피해자의 심리적 치유를 위하여 필요한 경우'를 추가할 것을 제안한다.

2 Charles Finley, "Catastrophes: An Overview of Family Reactions", Stress and the Family, Vol. 2: Coping with Catastrophe ed., 1983; 하워드 제어(손진 역), 우리 시대의 회복적 정의, 대장간, 2019, 55~56쪽.

제 3 부

전문법-이성과 심미의 지역화된 실천

25 대화적 생명공학법

최 민 영*

비평하는 저작 이상돈, 생명공학과 법, 아카넷, 2003.

Ⅰ. 생명공학 규제의 기본 틀

1. 네 개의 생명문화

『생명공학과 법』(2003)에서 이상돈 교수는 생명공학을 어디까지 허용할 것인지를 중심으로 현실에서 경쟁하고 충돌하는 가치관적 차이를 크게 네 가지로 구분하고, 각 관점의 한계를 논한다. 첫째, 윤리주의는 인간의 몸을 형이상학적으로 또는 종교적으로 윤리화하는 입장으로 생명공학을 가장 강력하게 통제한다. 이 관점에서는 인간복제, 배아연구, 안락사, 낙태는 물론이고, 피임까지도 허용하지 않는다. 과학기술이 초래할 수 있는 위험성을 "미끄러운 경사길 이론" 등의 비유적 논증으로 표현한다. 하지만, 이 입장은 근대 이후 형성된 합리화의 흐름에 역행하며, 그 안에서 주장되는 여러 판단들도 정합적이지 않다. 둘째, 과학주의는 윤리주의와 정반대로 생명공학을 가장 많이 허용한다. 이 관점은 과학기술의 발전이 인류의 자유를 확대시킬 것이라는 믿음에 기초

* 한국형사·법무정책연구원 연구위원, Dr. jur.

한다. 하지만, 생명공학의 미래가 낙관적이기만 한 것은 아니다. 오히려 인간이성을 도구화함으로써 인류에 위기를 초래할 수도 있다. 셋째, 규범주의는 윤리주의를 수정한 입장으로, 원칙적으로 생명공학을 금지하되 예외적인 경우에 한하여 이를 허용한다. 세속화된 민주적 법치국가에서 주로 법률가들이 인간존엄, 생명의 연속성과 자연성 등을 논거로 이 관점을 취한다. 하지만, 이론적으로 생명의 연속성 논증이 인간존엄이나 배아의 처분 불가능성을 근거지을 수는 없고, 실천적으로도 규범주의는 윤리주의와 차별화되기 어렵다. 날로 발전하는 과학기술 속에서 생명의 자연성과 인위성을 구분할 명확한 기준을 찾는 것이 어렵기 때문이다. 넷째, 공리주의는 과학주의를 수정한 입장으로, 인류복지의 증진과 국민경제에의 기여를 목적으로 유용한 결과를 가져오는 생명공학을 허용한다. 이때, 적극적 우생학과 같은 과학주의의 입장은 거부한다. 하지만, 공리적으로 유용한 결과가 올 것이라는 판단 역시 실증적인 것이 아니라 이론적 가설이기에 이 관점도 한계를 지닌다. 뿐만 아니라, 가치결정에서 중요한 핵심요소인 도덕적 정당성의 문제를 공리적 유용성으로 치환하는 것은 더 큰 문제다.

2. 법적 정당성의 기초: 대화적 생명공학법

이렇듯 위의 네 가지 입장은 민주적 법치국가에서 생명공학을 규제하는 법의 기초로 삼기에는 적절치 않다. 이상돈 교수는 하버마스의 대화이론을 기반으로 법적 정당성의 기초를 "생명공학적 대화"에서 도출한다. 법은 상이한 네 관점 속에서 타협의 균형점을 고정시켜 실체적 정의를 확정하는 것이 아니라 이를 시간에 따라 변화할 수 있게 하고, 어떤 입장을 취하더라도 자유롭고 공평하게 논증함으로써 자신의 주장을 펼칠 수 있는 기회를 주어야 한다. 즉, 법은 시민들 간에 변화하는 공론을 그때그때 가능한 합의로 조직화하는 절차를 제도화함으로써 정당성의 기초를 확보한다. 이상돈 교수는 이를 "대화적 생명공학법"이라

명명한다.

대화적 생명공학법은 주체, 규범, 문화의 측면에서 다음과 같이 구성된다. 우선, 생명공학적 대화는 주체를 전제로 한다. 이때 모든 생명의 주체가 생명공학적 결정에 자유롭고 기회균등하게 참여할 수 있어야 한다. 배아나 태아도 인간적 생명체로서 대화의 잠재적 주체가 될 수 있고, 기존에 결함 있는 생명체로 간주되던 대상도 인간종의 유전적 다양성을 구현하는 주체로 인정되어야 한다. 그러나 이러한 대화적 주체성이 생명체의 절대적 불가침성이나 처분 불가능성을 뜻하지는 않는다. 치료목적의 배아복제나 연구, 치료중단, 소극적 안락사, 낙태 등은 "법으로부터 자유로운 영역", 더 엄밀히 말하면 "합법화된 도덕으로부터 자유로운 영역"으로 설득력 있는 근거에 의할 경우 허용할 수 있다. 다음으로, 규범적 측면에서 생명공학적 대화는 체계적 지평과 생활세계적 지평으로 구분된다. 체계적 지평에서는 시민사회와 공론영역, 정치체계 간의 의사소통적 흐름을 연결하는 생명윤리위원회가 중요한 역할을 한다. 이 기구는 국가와 사회의 중간 위치에서 구체적 위임을 받아 권력이나 자본에 좌우되지 않는 결정을 할 수 있어야 한다. 생활세계적 지평에서는 생명공학적 결정을 하는 모든 개인이 충실한 정보를 제공받고, 관련 전문가들과 의사소통하며 상호이해를 통해 생명공학기술의 사용여부를 결정할 수 있도록 절차적 정당화의 틀을 법규범으로 제도화할 수 있어야 한다. 마지막으로, 대화적 생명공학법은 기존의 생명문화를 성찰하며 재구성하는 기획을 가지며, 생명문화의 변화를 감지하여 법이 이데올로기적 걸림돌이 되지 않도록 반성적 구조를 갖추어야 한다. 일례로, 현재의 생명공학적 대화는 치료를 중심으로 전개되지만, 생명문화의 변화에 비례하여 장차 치료를 개선에 접근시킬 수 있다. 이상 돈의 대화적 생명공학법은 이와 같은 기본틀을 토대로 사안별로 더 구체적으로 제안된다.

Ⅱ. 적용 1: 생명형성적 공학과 법

1. 인공적 생명형성의 현실

우선, 이상돈 교수는 인공수정, 체외수정, 대리모, 생명복제기술과 같이 인간생명의 탄생과 연장에 관계하는 모든 생명공학기술을 "인공적 생명형성" 기술로 정의한다. 이러한 기술을 다루는 생명형성적 공학은 다음과 같은 특성을 보인다. 첫째, 불가역적이나 미래를 예측할 수 없는 속성으로 인해 위험사회의 요소가 된다. 둘째, 유전정보를 주체적으로 결정할 가능성과 반대로 이에 지배당할 가능성을 동시에 가진다. 셋째, 이 기술을 통해 통일되고 규격화된 기준은 하나의 이데올로기로 작용할 수 있다. 넷째, 이 기술의 양면성으로 인해 허용과 금지의 입장이 첨예하게 대립하면서 이를 합리적으로 규율하는 법적 공백 상태를 낳기 쉽다.

2. 신성적·자연적 생명과 공리주의적 생명

다음으로, 이상돈 교수는 출발점으로 삼은 네 개의 생명문화, 특히 윤리주의(혹은 규범주의)와 공리주의가 이 기술을 어떻게 바라보고 규율하고자 하는지를 보여주면서 각 관점의 문제와 한계를 치밀하게 분석한다. 첫째, 생명형성적 공학을 강력하게 억제하고자 하는 윤리주의는 생명을 신성시하는 종교적 윤리에서 비롯된다. 이 관점은 생명은 연속된다는 과학적 해명을 토대로 생명의 시작시점을 수정란과 배아에 확장시키면서 생명체도 인간과 동일하게 존엄을 갖기 때문에 있는 그대로 두어야 한다고 본다. 하지만 종교적 윤리주의가 주장하는 신성화 논증은 종교 내부에서도 합치되지 않을 뿐만 아니라, 국가의 세속화와 다원주의라는 시대적 흐름에도 역행한다. 무엇보다도 윤리주의가 강력한 논거로 내세우는 인간존엄은 생명공학의 발달에 따라 그 내용을 새롭게 조명하고 형성할 것을 요구하고 있다.

둘째, 윤리주의가 주장하는 생명의 신성성 논증은 규범주의에서 종교적 색채를 덜어내며 생명의 자연성 논증으로 대체된다. 하지만 규범주의가 주장하는 자연성도 불확실한 개념이다. 왜냐하면, 우리가 흔히 말하는 일상적 자연성도 과학이론에 의존하고 있는데, 이 과학도 이론과 그 해석에 따라 다의적이고 불확정적이기 때문이다. 무엇보다도 자연과 인위의 경계가 모호하다는 점에서 자연성 논증은 설득력을 잃는다. 그래서 규범주의는 재차 불확실한 자연성 개념을 철학적 자연성, 즉 자연법적 확실성으로 대체하여 인간존재의 도구화를 막고자 한다. 그러나 인간이 생명공학기술을 자유롭고 평등하게 사용할 수 있다면, 이것은 오히려 인간존재의 주체화를 가능케 한다는 점에서 이 논증도 설득력을 잃는다.

셋째, 공리주의는 공리적 유용성을 기초로 생명형성적 공학을 정당화하고자 한다. 과학은 진보하며 경제적 부를 가져올 거라는 믿음 아래, 공리적 유용성은 과학과 윤리를 타협하게 한다. 즉, 공리주의에서는 치료라는 긍정적 목적 하에 생명공학이라는 부정적 수단이 어느 범위까지 정당화될 수 있는지를 목적과 수단 간의 이익형량을 통하여 도출한다. 그러나 과학기술이 발달할수록 치료와 개선을 점점 명확하게 구분할 수 없고, 질병 개념 또한 세분화된다는 점, 그리고 이 경향이 자본의 논리와 맞물려 더 가속화된다는 점을 고려할 때 공리적 유용성도 정당성을 잃을 수 있다.

3. 생명형성적 공학의 법제화

이상돈 교수는 이와 같은 분석을 기초로 법이 생명공학을 규율할 때, 생명의 신성성이나 자연성 혹은 공리적 유용성을 일방적으로 좇는 것은 정당화되기 어렵다고 본다. 그러면서 마지막으로 대화적 생명공학법의 틀 안에서 생명형성적 공학의 개별문제에 대한 잠정적인 법제화 방안을 다음과 같이 제안한다. 첫째, 유전정보적 자기결정권의 보장과 의사, 희망부모, 사회상담사, 관련 종교인 간의 대화를 전제로 인공수정과 체외수정은 합법화될 수 있다. 둘째, 생식세포 제공의 몇 가지 책임윤리적 조건을 충족하면, 제3자의 정자·난자 제공은 가능하다. 셋째, 더 넓은 대화의무를 전제로 비상업적이고, 비신분적이며, 비권력적 관계에 있는 사람들 간의 대리모도 허용할 수 있다. 넷째, 복제인간이 도구화되지 않고 복제기술의 위험을 극복할 수 있다면, 인간복제도 가능하다. 다섯째, 배아연구와 실험은 불필요한 인간생명체의 처분을 막기 위한 관리체계를 구축하여 합법화하는 것이 바람직하다. 여섯째, 유전자조작의 법적 허용여부는 유전자치료가 생산하는 이데올로기의 양과 질에 달려 있다. 유전자치료의 대상이 되는 질병 개념을 대화적 방식으로 관리하면서 유전자치료를 합법화할 수 있다.

Ⅲ. 적용 2: 죽음 관련한 공학과 법

1. 기능적 죽음 개념의 현실

이상돈 교수의 대화적 생명공학법은 생명 이면의 죽음과 관련한 공학으로 확장되어 적용된다.[1] 그동안 죽음은 심폐사를 기준으로 결정되었는데, 생명의료기술의 발전으로 뇌사를 죽음의 시점으로 규정할 필요성이 제기되었다. 그러나 의학적으로 명확한 뇌사개념이라도 이를 법적인 죽음으로 인정하는 것은 또 다른 문제에 속한다. 의학적으로 뇌사는 "뇌간기능의 완전소실을 임상에서 진단한 것"을 의미한다. 이 과정에서 의사의 실체적 진단 이외에 뇌사검사 절차에는 별다른 의미가 부여되지 않는다. 그러나 뇌사판정의 절차는 뇌사를 진단한 의사의 인식이 죽

1 죽음 관련한 공학에서 논하는 뇌사와 장기이식, 안락사, 치료중단은 의료형법(법문사, 1998)에서 시작되었다.

음에 대한 사회적 인식, 즉 환자 가족의 인식으로 수용되는 중요한 의사소통적 과정이다. 이 점을 고려하면, 검사절차가 생략되거나 간소화될 수 없다. 또한 이렇게 상호간의 의사소통에 의해 사회화된 죽음을 법적인 죽음으로 인정하려면 뇌사를 일반적인 법적 개념으로 제도화해서는 안 된다. 뇌사 판단은 전문 의료인 사이에도 견해차가 있을 수 있는데, 이를 특정 전문인 집단이 독점하게 되면 장기이식 등의 공리적 목적에 의해 죽음 개념이 기능화될 수 있기 때문이다.

2. 실체적 정의와 이익형량적 정당화의 한계

죽음 개념의 확정 문제는 안락사에도 이어진다. 그동안 안락사는 적극적 안락사, 간접적 안락사, 소극적 안락사로 구분되어 왔다. 일반적으로 적극적 안락사는 금지되어 촉탁·승낙살인죄(형법 제252조 제1항)가 적용되고, 간접적 안락사는 몇 가지 요건을 충족하면 정당행위(형법 제20조)로 위법하지 않게 된다. 소극적 안락사는 앞의 두 경우와 달리, 환자의 자기결정권이나 환자보호자의 이익(A)이 환자의 생명이나 의사의 생명의지의무(B)보다 더 중요하게 취급된다. 즉, 적극적 안락사, 간접적 안락사, 소극적 안락사 순으로 B보다는 A가 점차 중요해진다. 이렇듯 안락사는 이익형량적 사고를 기초로 하고 있으며, 동시에 이익형량의 결과를 누구든 구속력 있는 법으로 수용해야 한다는 실체적 정의를 따른다. 그러나 이러한 정당화 구조는 불안정하다. 한편으로는 의학적 생존확률이 법적용에 적합한 개념이 되기 어렵기 때문이고, 다른 한편으로는 다양한 입장과 가치들 사이에서 어떤 이익이나 권리가 우월한 것인지를 판가름할 수 없기 때문이다.

무엇보다도 위 판단의 주체가 법원이 된다면, 법은 시민의 자율적 결정권을 과도하게 침해하게 될 것이다. 이에 대한 대표적인 판결이 보라매병원 사건이다. 이 사안에서 법원은 환자 보호자의 강력한 퇴원요구에 따라 치료중단 결정을 내린 의사에게 살인방조죄를 적용하였다.[2]

여기서 생존가능성이 있는 환자에 대한 치료중단은 죽음이 거의 확실한 환자에 대한 소극적 안락사와는 다르다. 그럼에도 치료중단의 법적 판단도 안락사와 유사한 정당화 구조를 보여줄 수 있다. 이에 따라 우리 법원은 치료중단의 경우, 적극적 안락사보다 환자의 생명이나 의사의 생명유지의무를 더 강하게 중시하여 판단하였다. 하지만 이에 대한 판단은 법원보다는 담당 의사와 환자보호자가 하는 것이 더 적합하다. 법관은 담당 의사만큼 전문지식과 경험이 없기 때문이며, 치료를 계속할 경우 책임을 지는 대상은 환자보호자이기 때문이다.

3. 죽음 관련한 공학의 절차적 정당화

뇌사를 법적 죽음으로 규정하고, 안락사와 치료중단을 이익형량적 사고를 통하여 정당화하고자 하는 접근방식은 오히려 죽음의 도구화를 초래하고 관련인의 올바른 규범 준수력을 이끌어 내지도 못한다. 이상돈 교수는 뇌사, 안락사, 치료중단도 대화적 생명공학법의 토대 위에서 다음과 같은 절차적 정당화의 과정을 거쳐야 한다고 본다.

우선, 뇌사는 장기이식을 위한 목적으로만 예외적으로 인정되어야 한다. 이때 뇌사자 장기이식의 합법화는 의사소통적 교류의 통로를 만드는 법을 통하여 가능하다. 즉, 뇌사판정은 협의체 형태의 기구가 수행하여 환자가족에게 죽음에 대한 이해를 구해야 한다. 물론, 뇌사자는 생전에 장기기증의 의사를 표시했어야 한다. 그럼에도 가족은 사후에 거부권을 가지며, 뇌사자가 생전에 장기기증을 거부했던 것으로 추정되지 않는 때에만 장기적출에 대한 동의권을 가진다. 또한 일체의 장기매매는 금지되어야 하며, 장기분배 업무는 특정의료기구나 국가가 아니라 의료체계의 다원적 주체들로 구성되는 기구가 수행해야 한다. 다음으

2 대법원 2004. 6. 24. 선고 2002도995 판결 참조. 생명공학과 법(아카넷, 2003)이 출판될 당시 항소심까지 진행되었고, 이후 대법원이 항소심 판결을 확정하였다. 보라매병원 사건과 치료중단의 형사책임에 대하여는 치료중단과 형사책임(법문사, 2002)에서 상세하게 논의된다.

로, 안락사에서 법은 안락사 진행의 절차만을 마련하여 절차준수 과정에서 관련인 상호간에 관점을 교환하고 자신의 의사결정을 반성적으로 성찰하여 합리적 결정을 내리도록 유도해야 한다. 이 절차가 준수된다면, 환자의 결정을 통한 의사의 안락사 행위는 법원의 심사대상이 되지 않는다. 법원은 절차의 준수 여부만을 심사한다. 물론, 이 의사결정과정에는 가족, 관련 종교인, 다른 의사, 생명윤리위원회 위원 등이 참여한다. 다만, 적극적 안락사의 경우에는 도태사 등을 막기 위해 추가적 절차로서 법원이 의사에게 안락사의 결정권한을 부여하는 절차가 가능하다. 마지막으로, 치료중단에서는 이를 살인죄로 통제하고자 하는 법정책을 포기해야 한다. 대신, 환자보호자는 담당의사, 관련 종교인, 사회상담원 등과의 대화적 과정을 통하여 자신의 치료중단 결정에 대해 반성적 성찰을 할 수 있어야 한다. 이러한 대화적 통로를 거친 이후의 치료중단은 법적으로 정당화된다.

Ⅳ. 대화적 생명공학법의 의의

1. 과학기술 규제의 기초 토대

『생명공학과 법』에서 이상돈 교수는 생명공학기술을 중심으로 전개되는 네 개의 상이한 입장을 규정하여 구분한다. 그리고 각 입장별로 생명공학기술을 어느 범위까지 허용하고자 하는지, 어떻게 법으로 규제하고자 하는지에 대하여 상이한 기준과 결론을 도출하고 있음을 보여준다. 물론, 현실에서 경쟁하고 충돌하는 다양한 가치관을 단순히 네 가지로 도식화시키기는 어렵다. 실제 개별쟁점에서는 각 입장이 중첩되거나 엇갈리면서 복합적 양상을 보일 수 있기 때문이다. 그러나 네 개로 구분되는 각 입장은 일관적 논리를 따르는 하나의 이념형으로서 생명공학기술뿐만 아니라, 날로 발전하고 있는 새로운 과학기술을 둘러싼

상이한 입장 간의 긴장 관계를 면밀하게 분석할 수 있는 틀을 제공한다. 더 나아가, 각 입장의 한계를 딛고 생명공학기술의 법적 규제를 위한 대안으로 제시되는 대화적 생명공학법은 이 논의가 시작된 2000년대 초반 전후를 넘어서 지금까지, 그리고 다양한 과학기술이 끊임없이 등장하게 될 이후의 시간까지 유의미한 규제의 틀로서 기초토대를 제공하리라 본다.

2. 대화이론의 한계

물론, 하버마스의 대화이론을 기초로 하는 대화적 생명공학법은 대화이론이 지니고 있는 한계를 드러낼 수 있다. 대화이론이 상정하고 있는 "자유롭고 평등한 대화의 장"은 현실과 다소 거리가 먼 이상적 상황이기 때문이다. 실제로 모든 대화주체가 힘의 불균형 상태를 극복하고 대등하게 참여할 수 있을지 의문을 제기할 수 있다. 또한, 이것이 어느 정도 가능하다고 하더라도 첨예하게 대립하는 각 입장으로부터 상호간의 이해와 의사소통을 통한 잠정적인 합의도출이 가능할지에 대하여도 회의적일 수 있다. 잠정적 합의도 결국은 정치적 타협을 통한 정책적 결단의 시점을 필연적으로 맞게 되기 때문이다. 이렇게 되면, 어느 한쪽의 입장을 더 반영하고, 다른 한쪽의 입장을 덜 반영할 수밖에 없게 되고, 다른 한쪽의 규범 준수력을 어떻게 끌어낼지에 대한 문제는 지속적으로 고민할 과제로 남게 될 것이다.

3. 구체적 적용의 준거점

위와 같은 대화이론의 한계는 입법과정에서 제기되는 일반적인 법의 한계이기도 하다. 그렇기 때문에 대화적 생명공학법은 특정 윤리나 과학에 지배되거나 고착화되지 않고, 여러 다양한 의견을 수용할 수 있는 기제를 마련하면서 갈등과 대립 속에서도 이를 지속적으로 조정할 수 있는 절차적 규범을 만들고자 한다. 이것은 문제에 문제로 대응하는 순환론적 대안의 제시로 보일 수 있다. 그러나 우리의 문화, 사회구조, 법과 제도가 동시에 선순환하면서 보다 더 나은 방향으로 발전할 수 있는 구심점으로서의 역할을 한다.

무엇보다도 이상돈 교수의 대화적 생명공학법은 생명공학기술의 각 사안별로 적용 가능한 구체적인 착안점을 제시하고 있다. 그리고 이 과정에서 현실의 다양한 관점이 주장하는 논거의 허와 실을 수많은 경우의 수로 분류하여 적확하게 분석한다. 예를 들면, 인공적 생명형성기술을 논하면서 인공적 생식을 18개 경우의 수로 유형화하여 윤리주의·규범주의가 주장하는 자연성과 인위성의 경계가 불확실하다는 것을 보여준다. 또한 생명형성적 공학기술을 12개의 행위로 유형화하고, 목적·수단가치의 계량적 형량을 그래프를 통하여 보여주면서 공리주의가 주장하는 이익형량적 사고가 윤리주의·규범주의보다는 일응 더 합리적일 수 있다고 판단한다. 그러나 동시에 이익형량적 사고가 결국 마주하게 되는 현실적 한계를 논한다. 이 같은 탁월한 현실 분석력은 대안으로 제시되는 대화적 생명공학법의 설득력을 배가시킨다. 지금도 발전하고 있는 생명공학기술에서, 그리고 앞으로 발전할 과학기술에서 법적 규율의 구체적 준거점을 발견하고, 이를 법의 제·개정과 적용에 반영하게 하는 것은 후학들의 과제이다.

26 생명공학과 기독교 생명윤리

신 효 성*

비평하는 저작
이상돈, 생명공학과 법, 아카넷, 2003.
이상돈, "생명공학과 법: 민주적 법치국가에서 생명공학법의 미래", 생명과학과 인류의 미래(호남신학대 해석학연구소), 한들출판사, 2001.
이상돈, "생명공학법: 윤리와 공학 사이에", 현상과 인식, 2004.

Ⅰ. 헌 사

이상돈 교수는 1990년대 10년간 발전시켜온 대화이론적 법이론의 언어 속에 생명공학에 관해 직·간접으로 참여한 다양한 논의를 통해 형성된 그만의 고유한 생각들을 담고 있다. 생명공학과 법에 관한 그의 첫 발표는 2001년 호남신학대학교 학술발표회에서 "생명공학과 법: 민주적 법치국가에서 생명공학법의 미래"라는 제목으로 한 강연[1]이었다. 이후 대우학술재단의 지원을 받아 『생명공학과 법』(아카넷, 2003)이라는 단행본으로 발전하였다. 단행본 출판 이후 한국사회이론학회/한국인문사회과학회 2003년 후기학술대회에서 "생명공학법: 윤리와 공학 사이에"(현상과 인식, 2004, 13~31쪽)라는 주제로 발표한 바 있다. 그 후 생명공학과 법에 관한 그의 사상은 『기초법학』 [16] 단락(법문사, 2010)에 담

* 가톨릭대학교 법학과 강사, 법학박사.

1 호남신학대학교 해석학연구소 엮음, 생명과학과 인류의 미래, 한들출판사, 2001, 157~201쪽.

겨있다.

20세기 후반 독일의 사회철학과 사회학을 대표하는 프랑크푸르트학파 2세대 학자로 분류되는 위르겐 하버마스(Jürgen Habermas)의 현대사회는 생활세계(Lebenswelt)와 사회체계(Sozialsystem)로 구성되어 있다는 착상(이원적 사회이론)을 이상돈 교수는 이론적 분석틀 속에 수용한 후 생명공학 영역에 적용하여 대화이론적 법이론으로 풀어냈다.

필자는 생명공학과 법의 내용을 서울여자간호대학교 간호학과에서 생명윤리 과목을 시작으로 현재 가톨릭대학교 법학과에서 '생명윤리와 법' 수업을 강의하면서 이상돈 교수님께 항상 감사한 마음을 갖게 된다. 처음 뵈었을 때가 지금의 나보다 더 젊으셔서 교수님의 화갑이 실감 나진 않지만, 이상돈 교수님의 화갑을 축하드리며 앞으로의 교수님 인생에 사랑이 많으신 하나님이 동행하시며 하나님의 사랑과 은혜가 넘치시는 인생이시기를 늘 기도드립니다.

Ⅱ. 생명공학과 생명문화의 흐름

기독교적 관점에서 태초에 하나님이 천지를 창조[2]하시고, 하나님이 "땅의 흙으로 사람을 빚으시고, 그 코에 생명의 숨(the breath of life)을 불어넣으셨다. 그러자 사람이 살아나 생명체(a living soul)가 되었다."[3] 그리고 하나님이 죽음에 관하여는 "내가 사람들에게 영원히 생명을 불어 넣지는 않을 것이다. 결국 그들은 죽게 될 것이다. 이제부터 그들은 120년밖에 살지 못할 것이다."[4] 이처럼 인간 생명은 태어나서 살아나가고 죽기까지이다(2001, 157). 태어나서 죽는 사이에 늙어감과 병듦(生老病死)이라는 생명현상을 어떻게 사람들이 인지하고, 반응하며 어떻게 처

2 창세기 1장 1절 내용은 대한성서공회, 성경전서 개역개정판, 2005, 1쪽.
3 창세기 2장 7절로 유진 피터슨(김순현 외 2인 옮김), 메시지, 복 있는 사람, 2011, 53쪽 참조.
4 창세기 6장 3절로 유진 피터슨(김순현 외 2인 옮김), 메시지, 복 있는 사람, 2011, 61쪽 참조.

리하는지는 생명문화이다(2001, 158).

인간은 누구나 부유하고 건강하게 오래도록 영생하며 살고 싶은 욕망을 가지고 있다. 하지만 생로병사라는 생명현상 앞에서 인간은 누구도 피할 수도 없고, 조작할 수도 없는 것이 인간의 숙명이다. 하지만 오늘날 생명공학은 생명의 자연적 진행궤도를 이탈시켜 생활세계에 전승되어온 생명문화를 깨뜨리고 변형시킨다. 이런 문화의 파괴나 변형 속에서 인간존재가 생명공학에 의해 도구화될 위험성과 이데올로기(Ideologie)[5]로 자리잡을 수 있음을 우려한다(2001, 160). 요컨대 생명현상에 대한 사람들의 의사소통적 교류를 변화시키는 것을 넘어 생활세계를 거세하고, 공리적인 목적으로 대체될 수 있다는 점과 생명공학이 이데올로기화될 가능성을 이상돈 교수는 '생명문화의 식민지화'(2001, 161)라고 부른다.

Ⅲ. 생명문화의 네 가지 재생산 기획

이상돈 교수는 이 글을 통해서 생명공학의 발전에 직면한 현대사회에서 그것을 수용하면서도 '생명문화의 식민지화'를 막고, 인간다운 '생명문화를 재생산'하기 위한 가능성을 모색하고자 한다. 우선 우리 사회에서 생명공학을 어디까지 허용할 것인가? 하는 가치문제에 대해 잘못 수행되었던 ① 윤리주의, ② 과학주의, ③ 규범주의, ④ 공리주의의 네 가지 흐름을 유형화하여 이해하고 비판적으로 조명한다.

5 외수정으로 생성된 배아의 착상 전 유전자 진단에서 중합연쇄반응(PCR, polymerase chain reaction)과 같이 염색체의 우성, 열성 및 성염색체 유전질환을 증폭한 유전자를 이용하여 특정한 유전자자리(locus)를 확인하여 유전자구조의 특성에 따라서 사회적으로 차별을 받고, 나치의 경험에서와 같이 도태사의 정당성을 갖게 되는 생명공학기술이 이데올로기로 자리잡을 수도 있다(2003, 18).

1. 윤리주의

생명공학의 위험성을 강력하게 통제하려는 흐름으로 초창기 생명공학에 대한 비판적 흐름은 종교단체는 물론이고 시민단체들까지도 윤리주의적 성향을 띠고 있었다. 실제 의학발달로 윤리적 도전에 가장 빠르게 반응한 분야가 바로 종교적 관점이다.[6] 이상돈 교수가 말하는 윤리주의란 인간의 몸을 '형이상학적으로 또는 종교적으로 윤리화'하는 모든 관점을 가리킨다(2003, 22). 기독교 관점에서 생명공학적 개입은 '원죄'[7]에서 유래하며, 하나님이 금기시한 생명 나무 열매를 따려는 행위로 터부시된다.[8] 이런 흐름은 오늘날과 같은 다원주의 사회에서 종교들 사이의 차별성뿐만 아니라 같은 종교 안에서도 생명공학에 대한 윤리적 판단이 다원적일 수 있어서 생명공학에 대한 법적 규율이 가능할 정도로 '정합적'이지 않다(2003, 26).

2. 규범주의

사실적인 것이 중요한 것이 아니라 규범 자체의 의미가 중요하다는 법철학에서 독자적 의미를 가지고 있는 규범주의(Normativism)의 이해를 이상돈 교수는 생명공학의 규범적 한계를 헌법상 인간의 존엄[9]과 그 유지가능성에서 발견해 내려는 관점으로 바라본다(2003, 30). 기독교적 관점에서 인간이 존엄한 이유는 하나님이 자기 형상 곧 하나님의 형상대로 사람을 창조하셨기 때문이다.[10]

---

6 스콧 래/폴 콕스(김상득 옮김), 생명윤리학, 살림, 2004, 22쪽.
7 창세기 2장 17절 내용은 대한성서공회, 성경전서 개역개정판, 2005, 3쪽.
8 김천수, 인간복제기술의 발전과 법적 허용의 한계, 사회과학연구 제7집 제2호, 1999, 393쪽; 창세기 3장 22절 내용은 성경전서 개역개정판, 2005, 4쪽.
9 대한민국헌법 제10조 모든 국민은 인간으로서의 존엄과 가치를 가지며, 행복을 추구할 권리를 가진다. 국가는 개인이 가지는 불가침의 기본적 인권을 확인하고 이를 보장할 의무를 진다. [시행 1988. 2. 25., 헌법 제10호, 1987. 10. 29., 전부개정]
10 창세기 1장 26절, 27절 내용은 대한성서공회, 성경전서 개역개정판, 2005, 1쪽.

규범주의는 첫째, 생명의 연속성은 인간의 존엄을 누려야 할 주체로서 배아·태아·인간 사이에는 연속성이 있고, 생명의 연속성이 끝나지 않은 뇌사자의 생명도 원칙적으로 현행법질서에서 처분 불가능한 지위를 누려야 한다는 것이다. 둘째, 생명의 자연성은 배아나 태아는 생명체가 자연적으로 생성될 때 가지고 있는 유전자 상태를 생성된 모습 그대로의 존재성을 유지해야 한다는 것이다. 그러나 규범주의는 '원칙-예외'의 규범 효력의 구조를 취한다(2003, 31). 즉, 생명의 연속성과 자연성을 해치는 생명공학은 원칙적으로 그 적용이 금지되지만, 예외적으로 제한된 범위에서 허용된다는 것이다. 그러나 배아의 처분 불가능성에 대한 연속성 논증은 규범적으로 근거지을 수 없고, 현대사회에서 자연성과 인위성은 거의 구분할 수 없다는 실천적인 문제가 있다.

3. 과학주의

생명공학에 가장 많은 자유를 부여하는 흐름으로서 과학의 발전은 인류의 역사에서 자유를 확대하는데 기여해왔고, 과학의 발전과 자유의 증진이 여전히 함께할 것이라는 이러한 믿음이 생명공학에도 타당할 것으로 보는 관점이 과학주의이다(2004, 18). 과학주의는 자유주의적 전통에서 과학과 학문의 자유는 헌법상 보호[11]를 받고, 생명공학의 폐해가 역사적으로 반증 되지 않는 한 생명공학은 법적으로 통제되어서는 안된다는 입장이다.

여기서 말하는 과학에는 기독교에서 말하는 인간이 온 땅과 세상의 모든 것을 다스리라[12]는 말씀이 근대사회 이후에 인간 이성에 의한 자연지배 이념으로 전제되어 있다. 오늘날 시민사회에는 과학의 발전이

11 대한민국헌법 제22조 ① 모든 국민은 학문과 예술의 자유를 가진다. ② 저작자·발명가·과학기술자와 예술가의 권리는 법률로써 보호한다. 헌법 제127조 ① 국가는 과학기술의 혁신과 정보 및 인력의 개발을 통하여 국민경제의 발전에 노력하여야 한다[시행 1988. 2. 25., 헌법 제10호, 1987. 10. 29., 전부개정].

12 창세기 1장 26절, 28절~30절 내용은 대한성서공회, 성경전서 개역개정판, 2005, 1쪽.

자유의 확장이라는 역사적 믿음이 점차 해체되고 있고 생명공학의 위험성에 대한 인식은 점점 더 커져가고 있다(2003, 29).

4. 공리주의

이상돈 교수는 공리주의를 과학주의에 대한 비판을 피하기 위해 공리적 유용성과 국민경제성의 차원에서 수정된 과학주의로 보고 있다(2003, 35). 생명공학기술의 자유를 목적으로 하는 과학주의와 달리 그를 통한 인류복지의 증진을 목적으로 내세운다는 점과 생명공학을 통한 부의 창출을 중시한다는 점에서 그러하다고 보고 있다. 따라서 공리주의 하에서는 생명공학의 허용 여부도 그를 통한 이익과 불이익 간 이익형량을 통해서 판단된다고 본다. 그렇지만 공리주의 관점의 문제점은 공리적 유용성 판단이 경험적이고 실증적인 것이 아닌 가치론적 성격을 띤다는 점(2003, 36)과 황우석박사 연구논문 조작사건에서 보았듯이 가치결정의 핵심인 도덕적 정당성이 인식 지평에서 사라져 버릴 위험성이 높다는 점이다(2003, 37).

Ⅳ. 생명공학법의 정당성 기초

법을 왜 지키는지에 대한 물음에 사람들은 흔히 법은 구속력과 강제력을 가지고 있기 때문이라고 답한다. 이때 법의 구속력은 규범의 윤리적 정당성에 근거하는 반면에 강제력은 형벌권의 실질적 집행력이라는 현실적 집행력에 있고, 그에 따른 심리적 공포감 때문에 법을 지킨다. 위의 네 가지 관점들은 생명공학에 대한 각 진영의 차이가 첨예하게 대립 되는 현실에서 생명공학의 법적 규율이라는 실천적인 문제를 해결하는데 모두 실패했다. 이상돈 교수는 민주적 법치국가에서 생명공학법이 정당성을 확보하기 위한 논거를 제시한다.

1. 절차적 정당화

경제적 효율성과 정치적 합리성, 도덕적 정당성을 가져야 법이 정당성의 구성요소를 갖추었다 할 것이지만 앞에서 살펴본 네 가지 진영 모두 어느 주장이 우월하다고 할 수 없다. 법이 정의를 실현하는 논리는 규범은 고정적인 것이 아니라 시간이 흐름에 따라 언제든지 변화할 수 있게하기 위하여 누구나 자신의 주장을 제시하고, 공평하게 주장을 펼칠 수 있는 기회가 주어져야 하며, 여러 주장 중에서 가장 설득력 있는 주장에 잠정적으로나마 합의하도록 하며, 보다 더 나은 합의가 이루어질 때까지는 합의된 내용을 강제적으로 관철하는 절차적 정당화의 메커니즘이 작동되는 것이 법이 정의를 실현하는 논리이다. 즉, 법은 실체적 정의 기준을 법규범이라는 텍스트로 제시함으로써 정당화되는 것이 아니라 시민들의 공론을 조직화하는 절차를 제도화함으로써 정당화되는 것이라고 보고, 이같이 법이 정당성을 절차적으로 창출 해내는 논리를 이상돈 교수는 하버마스의 대화이론을 법의 영역에 응용하여 '법적 대화'(2004, 20)라고 부른다. 생명공학기술의 적용에 대한 생명윤리적 찬성과 비난도 고정된 것이 아니라 시대에 따라 시민들의 의식변화에 따라서 비난받았던 것도 지지를 받기도 하는 것처럼 생명공학법은 변화하는 공론의 흐름을 절차적으로 제도화함으로써 정당성을 확보할 수 있을 것이다.

2. 생명공학적 대화

하버마스가 현대사회를 구성하는 것은 체계와 생활세계로 구성되어 있다는 착상을 이상돈 교수가 이론적 분석틀 속에 수용한 후 생명공학 영역에 적용하여 생명공학적 대화를 소개하고 있다. 생활세계는 세 가지 구성요소로 인격·규범·문화의 차원이 있으며, 체계는 경제체제·정치체계·의료체계·사법체계 등으로 계속 세분화 되어 간다. 생활세계의 메커니즘에 대응해 있는 또 다른 공동체구성 메커니즘으로 체계가 있다(2010, 642). 현대사회에서 자본이라는 매체에 기초한 경제체계, 권력을 매체로 한 정치체계의 명령이 상호의사소통행위를 통해 운영되어야 할 생활세계의 영역을 지배하는 현상, 그로 인해 생활세계가 위축되어 가는 현상을 하버마스는 "생활세계의 식민지화"라고 말한다. 이상돈 교수가 말하는 법적 대화란 식민지화된 상황을 정상적인 생활세계로 복원하고자 하는 것이다. 여기서 말하는 복원은 행위영역에서 생활세계적 요소와 체계적 요소가 적절한 비율로 자리잡게 하는 것을 말한다. 생명공학법은 생명공학기술의 사용에 대한 도덕적·실천적 문제를 생활세계의 대화적 흐름에 맡기고, 의사소통적 교류에 의해 생명공학체계의 형성과 운영이 이루어지도록 하자는 것을 '생명공학적 대화'라고 부른다(2010, 644).

3. 치료적 대화와 의료적 대화

치료적 대화는 의사와 환자 사이에 질병의 치료를 위해 상호이해지향적인 대화적 의사소통과 상호작용을 의미한다.[13] 치료적 대화를 생명공학영역의 생활세계적 지평으로 의료적 대화는 생명공학의 체계적 지평으로 적용하여 생명공학법의 구성을 생활세계의 치료적 대화에 따라 생명공학기술의 사용 여부를 결정하도록 한다는 것이다. 또한 의료적 대화의 논리는 생명공학 체계의 대화적 구조화를 요구하며 의료적 대화의 논리를 생명공학 체계에 확장해보면 실천적인 결론을 얻어 낼 수 있다(2010, 645). 생명공학영역의 생활세계에서 치료적 대화를 통해서 생명공학 체계에서는 의료적 대화를 통하여 생명공학 사용 여부를 결정한 생명공학법은 정당성을 확보할 수 있다.

---

13 이상돈·김나경, 의료법강의 제4판, 법문사, 2020, 7쪽; 이상돈, 의료체계와 법, 고려대학교 출판부, 2000, 6쪽.

V. 생명공학법의 대화이론적 기획

생명공학 대화의 주체는 생명공학기술의 적용범위와 허용여부에 관한 결정에 자유롭고 기회균등하게 참여할 수 있어야 한다. 또한 권리와 의무가 대칭적으로 분배되어 있는 의사소통공동체여야 한다. 국가나 특정 집단이 독단적으로 결정권을 장악해서는 안되고 생명공학기술을 통해 인간의 몸을 어느 범위까지 조작할 것인지는 그에 관해 대화하는 개인들 스스로가 대화적 방식으로 결정해야 한다. 이러한 방식에 의한 생명공학적 결정과 의사소통적 교류의 통합에 의한 대화의 주체들은 생명공학기술을 자신의 실존에 개입시켜야만 여전히 자신의 인격성을 재생산 할 수 있다.

생명공학기술의 법적 규범의 범위와 허용에 대한 적용은 공동체구성원 사이에서 자생적으로 흘러나와 의사소통의 흐름에 의해 결정되어야 한다. 생명공학 발전이 가져오는 생명문화의 변화에 대한 문제를 더 많은 개인이나 집단으로부터 반향을 얻고, 공적인 영역에서 다양한 논거를 가지고 공론으로 조직화 된다. 공론은 공론장을 통해서 더 많은 시민으로부터 더 많은 상호이해를 얻기 위한 공론경쟁이 펼쳐지고 이는 법규범으로 변화하는 의사소통적 흐름의 모습을 띤다. 그리하여 생명공학적 대화는 생명공학기술의 일반적 허용 여부와 범위에 관한 행위규범이 재생산되는 논리로 순환된다.

생명공학법은 대화적인 생명문화를 일구는 기획을 가져야 하고, 그런 생명문화를 배후로 해야만 현실을 규율하는 힘을 가지고 정당성을 가질 수 있다. 생명문화는 대화적인 방식으로 재생산되어야 하고, 법은 그런 문화적 재생산에 기여하는 다원화된 의사소통적 교류를 제도화하는 기능을 수행해야 한다. 시민들은 생명문화를 재생산하는 경험과 반성을 통해 더 나은 문화를 만들어 나아가고, 그런 배움의 과정과 함께 성숙한 존재로 변모해 나아갈 수 있어야 한다. 생명공학법은 이같이 역사적으로 성취되어 가는 시민들의 수준에 따라 상호반응을 주고받고 유연하게 개방된 제도로 남아 있어야 한다.

결론적으로 생명공학법은 생활세계의 세 가지 구성요소인 인격, 규범, 문화 차원에서 기본 구상이 제시되어야 한다. 요컨대, 생명공학기술의 허용과 범위를 결정하는 주체는 생명공학체계에 관계된 모든 사람들이 자유롭고 평등하게 참여가능하게 보장받는 의사소통적공동체이어야 하며, 생명공학 허용 여부와 범위의 산정이 대화적 방식으로 끊임없이 재생산하는 규범이 되어야 한다. 마지막으로 생명공학 적용이 생명공학자나 피시술자뿐만 아니라 모든구성원들이 대화적 방식으로 끊임없이 재해석되는 생명문화가 형성되어야 한다.

27 치료중단의 법리

주 현 경*

비평하는 저작	이상돈, 치료중단과 형사책임: 의료와 법의 합리적 소통과 책임 귀속, 법문사, 2002. Sang-Don Yi, “Zur Strafbarkeit des Arztes bei Abbruch der medizinischen Behandlung auf Wunsch des Patienten: Eine Betrachtung nach südkoreanischem Recht”, Jahrbuch für Recht und Ethik, 15, 2007.

Ⅰ. 들어가며

이른바 ‘보라매병원 사건’, 그리고 이에 대한 형사판결[1]은 여러 측면에서 법학계에 큰 영향을 미쳤다. 1997년에 발생하여 이미 25년이 지난 지금까지도 이 사건에 대한 판결은 ‘리딩케이스’로서 법학 교육 현장에서 중요하게 다루어지고 있다. 이 사건은 한편으로는 치료중단이라는 쟁점에 대한 법학계와 의료계의 논쟁을 촉발했고, 제한적이나마 연명치료중단을 합법화하는 계기를 마련하는 토대가 되었다. 또 다른 한편으로 이 사건에 대한 판결은 형법해석학(Strafrechtsdogmatik)의 측면에서 볼 때 치료중단이라는 행위가 환자의 사망에 미친 결과에 대한 귀속의 문제에서 치료중단이라는 행위의 법적 성격(작위 · 부작위), 그리고 이에 연관되는 의사의 보증인지위, 사망이라는 결과에 이르기까지의

* 충남대학교 법학전문대학원 교수, Dr. jur.

1 제1심 서울남부지방법원 1998. 5. 15. 선고 98고합9 판결; 항소심 서울고등법원 2002. 2. 7. 선고 98노1310 판결; 대법원 2004. 6. 24. 선고 2002도995 판결.

기능적 역할 분담(정범·교사범·방조범), 부작위에 의한 공범 성립 가능성 등 수많은 쟁점을 내포하고 있다.

이러한 까닭에 보라매병원 사건 발생 후 대법원의 최종 판결 후에는 이와 관련된 수많은 학술논문 등이 발표되었다. 그 가운데 이상돈 교수의 『치료중단과 형사책임』(2002)은 1998년 선고된 제1심 판결과 그 결론을 극명하게 달리하는 2002년의 항소심 판결이 내려진 직후인 2002년 4월에 단행본으로 출간된 도서이다.[2] 이 시점은 아직 대법원의 판결이 있기 전이어서 치료중단의 의미에 대한 형법학계의 논의가 희소한 상황이었다. 이 시기에 저자는 치료중단이라는 논제를 가지고 형법해석학과 법정책적 측면을 함께 아우르는 170페이지 가량의 학술서를 선도적으로 발표하였다.[3] 또한 그가 다룬 치료중단 문제의 주요 쟁점은 5년 후인 2007년 "Zur Strafbarkeit des Arztes bei Abbruch der medizinischen Behandlung auf Wunsch des Patienten: Eine Betrachtung nach südkoreanischem Recht"라는 논문으로 독일 학술지에 게재되어, 이 사건을 통해 펼쳐진 법이론적, 법해석학적 논의가 국제적 시각에서 공유될 수 있었다. 아래에서는 『치료중단과 형사책임』이 다루는 주요 내용을 정리하고 그 의미를 살펴보고자 한다.

Ⅱ. 치료중단의 법리

1. 개 요

『치료중단과 형사책임』은 <제1장 현상(사건) → 제2장 법이론적 분

2 『치료중단과 형사책임』은 대한민국학술원 우수학술도서로 총 14회 선정된 이상돈 교수의 저서 중 첫 선정 단행본이기도 하다.

3 그 이전의 이 사건에 관한 저자의 논문으로 이상돈, "환자측의 진료거부와 의사의 의무", 대한법의학회지, 22권 2호, 1998, 95~99쪽. 또한 이상돈 교수는 진료거부 등에 대하여 다룬 "진료거부와 응급의료거부-이론, 정책, 도그마틱", 고려대 법학논집, 33권, 1997, 467~502쪽을 발표하였다. 이 두 논문은 의료형법(법문사, 1998)으로 엮어 출판되었다.

석→제3장 형법도그마틱 접근→제4장 법정책>으로 이어지는 구조의 서술방식으로 치료중단 문제에 접근하고 있다. 제1장은 보라매병원 사건을 소개하고 의권醫權적 관점과 기존 법학적 관점, 나아가 시민권의 관점이 충돌하는 상황을 서술한다. 제2장에서는 치료중단의 정당화 논증을 위해 사용되는 이익형량 구조에서 자연법적 처분불가능성 이론이 적용될 때의 문제점을 지적하고 이를 절차적 정당화 구조로 재편하여야 하는 당위성을 주장한다. 제3장에서는 보라매병원 사건에 관련된 형법도그마틱의 다양한 쟁점에 대한 판단이 유기적으로 결합하여 법관의 선이해 및 판결결과에 영향을 미침을 분석하고, 이 사건 치료중단 행위가 현행법상 형사책임을 귀속시키기 어려운 지점임을 논증한다. 마지막으로 제4장에서는 제2장과 제3장의 논의를 연결시켜 치료중단에 대한 법해석정책의 방향을 제시하면서 내용을 마무리 짓는다.

2. 현상: 의료윤리와 법적 의무 사이의 간극

대상사건은 1997년 12월 3일 술에 취하여 중심을 잃고 바닥에 넘어져 경막외출혈상을 입고 보라매병원 응급실로 온 환자 A에 대하여 신경외과 전담의사 甲이 경막외출혈로 인한 혈종제거수술을 집도하고, 레지던트 乙이 이를 보조하였으며, 성공적 수술 후 중환자실에 A의 병세가 호전될 가능성이 있었으나, 환자보호자의 강한 요구에 따라 치료중단시 사망이 예견되는 상황에서 치료를 중단하고 퇴원지시를 내린 사건이다. 제1심에서는 퇴원 지시 의사에게 살인죄, 항소심에서는 살인방조죄로 유죄판결이 내려졌다. 의료사회는 "형용모순"인 "의료살인"이라는 판결에 충격을 받았으나, 이에 반하여 법학계는 법적 의무를 다하지 않은 행위는 당연히 형법상 처벌 대상이 된다는 인식을 드러내어, 양자간의 극명한 인식의 차이를 확인하게 되었다. 이상돈 교수는 이 현상을 바라보며 직업권으로서의 의권醫權과 환자의 권리, 보호자의 권리와 의무 사이의 갈등이 발생하는 치료중단의 영역에서 판결문이 집중하고 있는 형법도그마틱의 법리가 단순히 형법 내부의 관점에 따라서만 해석된다면 여전히 이 간극이 메꾸어지지 못할 것이며 치료중단을 처벌하여야 하는 법적 정당성을 도출하기 어려울 것이라고 한다(2002, 9).

3. 분석: 치료중단 행위에 대한 법이론적 정당화

치료중단 행위를 살인 또는 살인방조로 판단하기 위해 법원은 이익형량의 틀을 이용한다. 이상돈 교수는 현대에 이익형량이라는 틀을 사용하는 것은 근대의 이익형량, 즉 "실제적 정의의 규준을 만드는 논증도구"를 사용하는 것과 다른 방법이라고 한다. 현대의 이익형량은 피고인의 이익, 즉 개인의 주관적 권리를 형사사법의 기능과 비교형량하여 형사사법 기능의 우위를 논증하는 방식으로 이용된다는 것이다. 그러한 의미에서 현대의 이익형량은 '탈근대적'이다(2002, 17).

한편 자연법적 사고 개념인 '처분불가능성'(Unverfügbarkeit) 개념을 이용하면, 이익형량구조 속에서 형량의 대상이 되지 않는 개념이 존재하게 된다. 치료중단에서 그것은 바로 인간의 생명이다. 그러나 이상돈 교수는 현대사회에서 자연법적 확실성은 존재하지 않으며,[4] 따라서 자연법적 개념을 넘어선 절차 패러다임으로의 변화가 필요하다고 본다. 실제 항소심법원도 판결문에서 절차주의에 입각한 논증의 단초를 보였으나, 이를 구조의 관점으로 접근하지 못한 한계를 보였다(2002, 21).

소극적 안락사를 넘어선 치료중단 문제는 환자의 자기결정권과 상관관계를 지닌다(2002, 28). 그중 보라매병원 사건의 치료에서는 의사의 생명유지의무가 적극적 안락사에서의 생명유지의무보다 높게 평가된다. 그러나 보라매병원 사건의 생존가능성은 소극적 안락사보다 높은 확률이라는 것을 제외하면 이 사건의 이익형량구조가 소극적 안락사의 그것과 차이가 없다는 점에 주목하여, 결국 환자의 자기결정권보다는 생

---

4 자연법의 현대사회에서의 정치화 기능에 대하여 이상돈, 기초법학, 법문사, 2008, 13~14쪽.

명유지의무의 강화가 치료중단의 불법성을 결정짓고 있음을 분석한다(2002, 28). 이익형량적 정당화 방법은 그 자체로 한계를 가지고 있다. 형량을 위해서는 생존가능성의 정도를 가늠하여야 하는데, 생존가능성이란 말 그대로 확률일 뿐, 실제 환자가 생존하였는가 아닌가에서 확률은 중요하지 않게 되기 때문이다. 즉, 이는 법관이 해결할 수 없는 영역이 되고, 이러한 이익형량적 결정은 '반생산적 결과'(Kontraproduktivität)를 초래한다.

이상돈 교수는 이를 극복하기 위한 방법으로 치료중단의 절차적 정당화를 구상한다. 이 절차주의 구상은 환자보호자와 의사의 관점 교류라는 대화적 과정, 의사 간의 대화를 통한 의학 및 윤리관점의 교환, 절차의 제도화를 거친 후 이루어지는 결정은 법적으로 정당화된다는 절차적 정당화제도 등으로 구체화된다(2002, 36).

4. 치료중단의 형법도그마틱

(1) 작위와 부작위, 그리고 보증인지위 이 사건에서 치료중단의 퇴원조치는 검사의 기소 시에는 살인죄의 고의·작위범으로, 제1심 판결에서는 살인죄의 고의·부작위범으로, 항소심 판결에서는 살인방조죄의 고의·작위범으로 평가되었다. 물리적 퇴원조치라는 작위행위는 의미상으로는 환자에 대한 치료중단이라는 부작위이다. 심지어 항소심은 퇴원요구는 부작위로, 퇴원 지시는 작위로 평가하여 작위와 부작위의 경계짓기가 어려움을 보여주었다.

이상돈 교수는 '논증의무'를 기준으로 삼아 작위·부작위를 분석적으로 구별하고 이를 정책적 구별방식에도 이용하는 독창성을 보이고 있다. 작위범에게는 작위에 대한 별다른 논증의무가 부과되지 않음에 비하여, 부진정부작위범에게는 결과방지의무라는 논증의무가 추가되는데, 첫째, 이 논증의무 부과는 현실적으로 검사와 법관의 판단에 영향을 미치고 있다고 한다. 작위와 부작위의 판단에 따라 논증의무의 부담 정도가 달라지기 때문에, 법관은 자신의 선이해와 형사정책적 결정과 논증의무부담 사이의 관계 속에서 "형사정책적 결정"에 따른 "논증도구를 선택"하게 된다는 것이다. 즉, (제1심 판결처럼) 범죄화정책이 강력할수록 논증의무 부담이 적은 작위범으로 구성되고, (항소심 판결처럼) 범죄화정책이 약할수록 부작위범을 선택하게 될 수 있다는 것이다(2002, 59). 둘째, 이 논증의무로부터 '의심스러울 때는 부작위범으로'(in dubio pro omissio) 원칙을 도출해낸다. 작위와 부작위의 구별이 모호한 영역에서 논증부담을 증가시키는 부작위범을 선택하게 되면, 검사와 법관은 부작위범 논증의 성공을 위하여 형법 적용 시 보다 성찰적 행위를 할 수 있게 되기 때문이다. 이것이 바로 작위와 부작위의 경계영역에서는 범죄를 부작위범으로 구성해야 하는 이유가 된다(2002, 69; 2007, 442). 이렇게 도그마틱의 논의 속에서도 법원의 논증의무 등을 추가하여 강조하고, 나아가 부작위범의 논증의무를 형사소송법상 항소이유의 이유불비에 연관시킨다(2007, 442). 더 나아가 부작위범에서의 보증인지위를 구성요건요소로 두고 보증인의무를 위법성의 요소로 보는 현재 학계의 다수설인 이원설을 비판한다. 부작위범에서 법익침해 방지를 보증하여야 하는 의무는 작위범과 동가치성을 인정받기 위한 근거로서 불법을 구성하는 요소로 보아야 한다는 것이다(2002, 75).

(2) 결과방지의무 이상돈 교수는 현행 부작위범의 보증인의무를 법조문이 표현하는 '위험발생방지의무'에서 '결과방지의무'로 수정하고, 치료중단에서 결과방지의무의 발생근거를 검토한다. 그러나 이 사건 치료중단에서 법령, 계약, 사회상규상의 결과방지의무는 존재하지 않는다고 본다. 특히 윤리적 생명유지의무와 관련하여 "의사의 생명유지의무는 환자의 자기결정(Selbstbestimmung)이 시작되는 곳에서 끝난다"고 말한다(2002, 76). 또한 의사의 생명유지의무를 책임윤리(Verantwortungsethik)라는 관점에서 바라볼 때, 의식이 없는 환자의 보호자 요청에 따른 퇴원 지시는 형법적 결과방지의무의 대상이 되지 않는다고 한

다. 환자의 보호자가 의사보다 오히려 환자와 아픔과 고통, 기쁨과 행복을 함께 느끼고, 치료비에 대한 경제적 고려를 함께 할 수 있는 존재이기 때문에 윤리적으로 평가되어야 할 대상은 의사가 아닌 환자보호자라는 것이다(2002, 99; 2007, 444).

(3) 인과관계와 객관적 귀속 이상돈 교수는 형법의 인과관계·객관적 귀속 이론에서 대화적 요소를 이용한다. 객관적 귀속에서 '의심스러울 때 피고인에게 유리하게'(in dubio pro reo) 원칙은 그동안 형법해석학의 단면적 입장에서 의심의 개연성 수준을 증명하여야 하는 문제였다. 그러나 어떤 사안에 대한 개연성의 정도는 바라보는 사람에 따라 다를 수 있을 뿐만 아니라, 인과관계·객관적 귀속이론이 어느 정도의 개연성 수준을 요구하는지조차 학자마다 다르게 평가하고 있다(2007, 451). 따라서 이 원칙은 더 이상 개연성의 높낮음이라는 수치상의 분석에 머무르는 원칙일 수 없으며, 증명하여야 하는 개연성에 대한 법관의 확신이 없을 때 피고인에게 유리한 사실인정을 하라는 요구가 된다(2002, 114). 또한 '의심스러울 때에는 자유의 이익으로' 원칙을 통해, 형법적 통제의 순기능에 대한 의심이 있을 때 형법적 통제를 하지 말 것을 주문한다(2002, 117).

(4) 고의 귀속 이상돈 교수는 고의 귀속은 의미 있는 여러 판단인자를 종합적으로 고려한 결과물이며, 어떤 인자를 중요하게 바라보는지에 따라 그 결과가 뒤집힐 수 있다고 본다. 이것이 바로 보라매병원 사건에서 1심과 항소심의 고의귀속이 달라지는 이유가 된다. 그는 기존의 고의 귀속의 메커니즘을 자신의 분석틀(2002, 132)을 이용하여 평가하고 있는데, 여기서 고의의 인식적 요소는 결과발생의 가능성에 따라, 의지적 요소는 수용-용인-체념의 정도에 따라 귀속의 정도가 분화된다. 또한 그는 정범의 고의와 방조범의 고의를 분화시키고, 동일한 분석틀 내에서 정범과 방조범의 고의 귀속 수준을 판단하고 있다. 이 분석틀을 이용하면 보라매병원 사건 항소심에서의 방조고의는 '용인' 없

는 상태, 즉 '체념'적 태도를 의사에게 인정하여 더 이상 살인 고의가 아닌 살인방조의 고의로 귀속됨을 알 수 있다. 즉 정범과 방조범 사이에서의 고의는, 귀속되어야 할 결과발생의 개연성에 대한 인식 및 그 의지적 요소로서의 의욕-체념의 수준에서 동일한 것이 아닌 것이다(2002, 123). 또한 방조고의에서는 정범과의 '연대성'(Solidarität)이 최소한의 의지적 요소로 필요하다는 독창적 견해가 제시된다(2007, 447). 보라매병원 사건에서 치료중단을 지시한 의사에게는 방조 고의에서 필요한 정범과의 '연대의식'을 발견할 수 없다는 점은 의사에게 방조 고의를 인정할 수 없는 근거가 된다.

(5) 형법도그마틱의 결합 언급된 쟁점 외에도 과실의 귀속, 정당화사유 등 많은 형법해석학 이론이 이 사건의 범죄명을 특정하기 위해 이용되었다. 종합적으로 이상돈 교수는 이 방대한 도그마틱 속에서 보라매병원 사건의 치료중단 행위에 대해 유죄의 형법적 평가가 가능한 4가지 경우의 수를 제시하고(작위 살인, 부작위 살인, 작위의 살인방조, 부작위의 업무상과실치상), 정범의 고의·과실, 방조범의 고의·과실, 인과관계의 인정 여부, 객관적 귀속가능성, 부작위범의 결과방지의무 인정 여부, 의무의 존재와 그 근거가 되는 사실에 대한 행위자의 인식·불인식, 위법성 측면에서 사회상규·긴급피난의 인정 여부 및 불인정시 이에 대한 행위자의 인식·불인식 및 이의 기초가 되는 사실에 대한 행위자의 인식·불인식이라는 13개의 지표를 활용해 가능한 결론을 도출해 낸다(2002, 154).

그러나 이상돈 교수는 이 사건의 치료중단행위는 궁극적으로 비범죄화될 수 있으며, 비범죄화되어야 한다고 본다. 앞에서 살펴본 바와 같이 생존가능성의 수준은 부작위범의 결과방지의무를 넘어 인과관계 인정, 고의의 인식요소 구성에 영향을 미친다. 이때 생존가능성에 대한 판단이 명확하지 않을 때에는 사실인정에서 '의심스러울 때 피고인에게 유리하게' 원칙이 적용되어 생존확률이 낮은 것으로 인정되어야 하며,

이로써 치료중단을 결정한 의사에게 구성요건 고의가 부정되어 고의범이 성립할 수 없다(2007, 449). 의사는 결과발생을 과실행위에 귀속하지 못하므로 과실범으로도 처벌되지 않는 무죄의 논증이 가능해진다(2002, 157).

5. 치료중단에 대한 법해석정책의 지평

마지막으로 이상돈 교수는 앞에서 다룬 치료중단에 대한 법이론적 이해와 이에 관련된 형법해석학적 접근방식의 관계가 분리되어 있지 않음을 강조하면서, 이들의 관련성 속에서 문제해결 방법을 제시한다. 그는 치료중단의 상황이 마주하고 있는 문제는 단순히 병원 안의 의사와 환자의 대립구조 속에서만 발생하는 것이 아니며, 진료비라는 사회경제적 문제, 국가의 사회보장적 수단의 문제 등 다층적 차원에서 발생하는 것임을 확인한다. 이러한 상황 속에서 법원에서 내려지는 판결, 즉 형사책임이라는 것은 결국 윤리, 정책, 정서에 영향을 받는 법관의 선이해와 관련될 수밖에 없으며, 법관은 이를 법적인 측면에서 이익형량 이론을 통해 논증하게 된다(2002, 166).

다시 문제는 법이론으로 돌아간다. 이익형량이론 하에서는 처분불가능성의 영역을 이유로 가벌성이 강화되는 방향, 즉 방조에서 정범으로, 고의·과실 없음에서 과실로, 과실에서 고의로 가는 경향성이 나타날 수 있다. 그러나 더 이상 자연법적 확실성에 대한 확답을 내릴 수 없는 현대사회에서 이익형량의 결과가 유죄의 방향으로 쏠리는 것은 법체계의 내부적으로는 논증이 완료되었다고 판단할 수도 있겠지만, 보다 더 넓은 시각에서 법체계와 의료체계를 함께 바라본다면 체계 상호간의 간극과 문제적 상황은 해결되지 않고 오히려 분열과 갈등이 지속되는 결과를 낳게 할 수 있다(2002, 166). 그는 이 간극을 메우는 방법으로 대화지향적 의사소통을 통한 법적 책임 결정과정, 의료체계와 법체계의 체계통합의 촉진 등이 가능한 법패러다임의 변화를 지향하면서 글을 맺는다(2002, 453).

Ⅲ. 절차주의 법모델과 형법도그마틱의 새로운 지평

1. 치료중단의 법제화와 미래로서의 절차주의 법모델

이상돈 교수가 다루는 치료중단의 법리가 갖는 특징적인 부분은 그가 책의 머리말에서 밝힌 것처럼 절차주의 법모델을 적극적으로 이용하고 있다는 점이다. 이상돈 교수는 자연법적 정당성을 주장하는 견해와 법실증주의의 기능주의적 이론을 극복하는 대안으로 절차주의 법모델을 제시해 왔다.[5] 2000년 출판된 『법사회학』(2000)에서 그는 당시 한국의 형법학 논의에서 새로운 시도였던 절차주의 법모델이 아직은 시작단계로서 불확실한 미완의 단계라고 서술한 바 있었다.[6] 하지만 그는 그 직후 이 치료중단 법리에서 절차주의 법모델이 나아가야 할 구체적 방향을 제시해 내었다. 그리고 치료중단에 대한 이러한 학계의 성찰이 기반이 되어, 2009년의 '김할머니 사건'에 대한 대법원 판결[7]을 거치면서 연명치료중단에 대한 합법화 근거가 되는 「호스피스·완화의료 및 임종과정에 있는 환자의 연명의료결정에 관한 법률」('연명의료결정법') 제정에 이르게 된다. 연명의료결정법은 무의미한 연명치료중단이라는 제한적 부분에만 적용되는 법률이기는 하지만, 그가 치료중단 법리에서 제시한 대안과 관련되어 있다. 연명의료결정법상의 의료인의 설명의무와 환자 결정의 존중의무(제3조 제3항), 연명의료계획서의 작성·등록 시의 설명(제10조), 담당의사와 전문의의 임종과정 공동 판단(제16조 제1항) 등은 절차주의 법모델의 현실적 구현으로 평가될 수 있다.

---

5 절차주의 법모델을 소개하는 글로 이상돈·홍성수, 법사회학, 박영사, 2000, 39쪽 이하; 이상돈, 법철학, 법문사, 2003, 191쪽 이하 등.
6 이상돈·홍성수, 법사회학, 박영사, 2000, 41쪽 이하
7 대법원 2009. 5. 21. 선고 2009다17417 판결.

치료중단의 논의는 계속 발전해 가고 있다. 보라매병원 사건의 초기 논의는 '의료살인'이라는 단어와 맞닿아 있었으나, 김할머니 사건을 거치면서 무의미한 연명치료중단의 논의가 성숙되어 연명의료결정법의 법제화에까지 이르렀다. 더 나아가 최근 스위스 디그니타스를 이용한 한국인의 의사조력자살[8] 사건 이후, 현재 한국에서는 소극적 안락사를 넘어서는 의사조력자살의 합법화 논의가 진행 중이다. 이 논의에서도 이익형량이론은 계속하여 논증의 도구로 사용될 것이 예상되는 가운데,[9] 절차주의 법모델이 어떠한 방식으로 이 논의에 기여할 수 있을지에 대한 숙고가 요청된다.

2. 법이론과 형법해석학의 융합으로서의 법정책

그동안 형법학에서 형법해석학과 정책학은 크게 융합되지 못하여 왔다. 형법해석학만으로는 사회적 상황에 대한 고려가 차단되고, 정책학만으로는 도그마틱의 이론적 정교함을 넘어설 수 없다. 그러나 이상돈 교수의 형법학은 도그마틱과 정책학이 대립하는 그 중간지점에서 이들을 연결시켜 논증방법을 구상하고 대안을 제시하는 시각을 보여준다. 바로 치료중단의 법정책 구상을 위해서도 이러한 과정이 나타났다. 치료중단의 법정책 구상에서 법이론과 형법해석학을 서로 교차시켜, 법이론의 측면에서 이 사건 판결이 가지는 의의를 성찰함과 동시에 형법해석학의 지평에서 다룬 내용을 서로 연결하여 법정책적 대안을 마련한다. 그는 법이론적 지평과 형법도그마틱이 서로 연결되지 않는다

8 용어에 대하여 '자살' 또는 '사망'이라는 단어를 사용하지 않는 논의도 있으나 현재 가장 일반적으로 사용되는 용어인 '의사조력자살'로 칭하기로 한다.

9 유사한 논의로 독일에서는 2015년 형법 제217조에 자살방조 규정을 신설하였다가 불과 4년 만인 2020년에 해당 법조문을 위헌으로 판단한 바 있으며, 이 때 독일헌법재판소는 역시 균형성 원칙에서 자기결정권의 제한과 공익 사이의 합리적 수준의 균형에 이르지 못하였음을 지적한 바 있다. BVerfG Urteil des Zweiten Senats vom 26. Februar 2020-2 BvR 2347/15, 2 BvR 2527/16, 2 BvR 2354/16, 2 BvR 1593/16, 2 BvR 1261/16, 2 BvR 651/16 Rn. 223 ff.

면 치료중단에 대한 형법적 정당화는 성공할 수 없을 것이라고 강조하였다.

이때 이상돈 교수가 다루는 형법해석학은 단순한 주장으로서의 단면적 논증구조로 구성되어 있지 않다. 그의 형법해석학은 이른바 Meta-Dogmatik이라 할 수 있다. 기존의 형법해석학이 작동하는 과정에서의 여러 요소들의 상관관계를 객관적으로 분석하며, 이 과정에서 (법관 및 법학자의) 판단 및 선이해에 영향을 미치는 요소들까지 포괄하고, 이렇게 수집된 각 요소의 가중치에 따른 판단의 차이점을 평가하는 해석학이기 때문이다. 이러한 형법해석학 방법은 치료중단 법리의 다양한 도그마틱 쟁점에서 찾아볼 수 있는데, 고의 귀속의 영역에서 X축과 Y축의 요소들을 추출하고 귀속 정도에 따라 해당 판결이 어느 지점에 위치하는지를 분석하는 방법(2002, 132)이 대표적이라 할 수 있다.

또한 그는 '의심스러울 때에는 피고인의 이익으로' 원칙, '의심스러울 때에는 자유의 이익으로' 원칙 등을 논증에서 이용하는데, 이러한 형법의 보충성을 강조하는 입장은 마이호퍼(W. Maihofer),[10] 그리고 박사과정 지도교수인 하쎄머(W. Hassemer)가 강조해 왔던 바를 전승하는 것으로 볼 수 있다.[11] 한편 그는 이러한 법치국가 형법 이념의 전승 속에서도 그의 형법해석학, 그리고 그의 법이론을 적용시켰다. 그가 부작위범의 결과발생의무에 대하여 '의심스러울 때에는 피고인에게 유리하게'(in dubio pro reo) 원칙을 법관의 개연성에 대한 입증요구로 해석하는 측면 역시 이러한 모습을 보여주는 예가 된다(2002, 114). 같은 의미에서 '처분불가능성' 논의에서도 그가 전승한 법치국가 형법의 이념은 결론적으로 처분불가능한 것으로 평가되지만, 그 논증과정은 자신의 법이론과 연결된다. 그의 스승 하쎄머가 '형사소송에서 처분불가능한

10 Maihofer 저/심재우·윤재왕 역, 법치국가와 인간의 존엄, 세창출판사, 2019 참조.

11 in dubio pro libertate 원칙을 하쎄머의 주요 이론적 공헌이라고 평가하는 Scheerer, Exorbitante Zunahme heimlicher Ermittlungen-Nachruf auf Winfried Hassemer(1940~2014), in: Neue Kriminalpolitik, 2014, S. 3 f.

것'인 법치국가원칙들을 일종의 가변적 자연법이라 할 수 있는 '법문화'(Rechtskultur)로 논증한 것과 달리,[12] 그에게 있어 '처분불가능한 것'이란 자연법적으로 처분할 수 있는 어떠한 것이 아니며, 그것을 논의하는 의사소통적 자유 보장을 위해 형법이 물러서 있어야 함을 규율하고 있는 것들이다. 이상돈 교수는 이를 "규범적 거리"를 두는 것으로 표현하는데, 법익보호원칙, 보충성원칙, 비례성원칙, 의심스러울 때에는 자유의 이익으로 원칙 등이 바로 그것이다.[13]

Ⅳ. 덧붙이는 말-시간의 흐름, 그리고 빛과 색

『치료중단과 형사책임』은 그 내용뿐만 아니라 디자인의 파격성으로도 유명하였다. 법학 서적에서는 그 유례를 찾을 수 없던 색을 전면적으로 이용하였던 덕분에 지금까지도 이 책을 아는 이들에게 '분홍책'으로 기억되고 있다. 이 서평을 쓰기 위해, 태어난 지 20년이 된 '분홍책'을 오랜만에 책장에서 꺼냈을 때, 볕을 받은 부분의 색이 옅어져 있었다. 20년 전 이 책을 처음 손에 받아들었을 때 그 강렬한 색감과는 사뭇 다른 느낌이었다. 시간의 흐름에 따른 색의 변화는 빛을 받음으로써 비로소 이루어지는 일이다. 20여 년간 세상의 빛과 함께 시간을 보내온 이 책은 어느덧 저자가 걸어온 학문의 길만큼 긴 여정을 그 안에 품게 되었다. 저자가 꿈꾸어 온 학문공동체도 이 책처럼 긴 여정을 함께 하며 계속되기를 바라본다.

---

12 Hassemer, Unverfügbares im Strafprozeß, in: Strafen im Rechtsstaat, Baden-Baden 2000, S. 104 ff. 이에 대한 국문번역으로 배종대·이상돈 편역, "형사소송에서 처분불가능한 것", 형법정책, 세창출판사, 1998 참조.

13 이상돈, 형법학, 법문사, 1999, 247쪽.

28 형사의료과실이론: 중국법학자가 바라본 이상돈의 의료과실이론

이 영 봉*

비평하는 저작 이상돈, 의료형법: 의료행위의 법제화와 대화이론, 법문사, 1998.
이상돈·김나경, 의료법강의, 법문사, 2013.

Ⅰ. 의료사고에 관한 형사입법과 그 실무 현황

의사(의료기관)와 환자 사이의 의료분쟁은 어느 나라에서도 가장 해결하기 어려운 사회문제의 하나이고, 의료체제의 변혁 그리고 의사와 환자 사이의 관계의 실질적인 변화 등 원인으로 말미암아 의료분쟁은 한국에서 급증해왔고 중국에서도 마찬가지이다. 중국의 경우, 의료분쟁의 원인은 여러 가지이지만 그 주된 원인은 의료사고이고, 의료사고 중 의료기관 또는 의료인의 과실로 인한 의료사고가 비교적 큰 비중을 차지하고 있다. 때문에 의료과실의 효과적인 예방은 의료분쟁의 감소에 크게 기여할 수 있다고 생각된다.

의료법 또는 의료형법은 여러 나라에서 이미 독자적인 연구분야로

* 중국 우한대학교 법학원 교수, 법학박사.

발전되어 왔고 의료형법의 경우, 다양한 연구주제를 내포하고 있는데 이상돈 교수는 의료'사고'에 대한 의료인의 형사책임을 다루는 법, 즉 의료사고책임법의 하나로서의 의료형사책임법을 가장 좁은 의미의 의료형법으로 지칭한다(2013, 154). 중국 학계에서 이런 견해는 비교적 적지만 의료형법영역에서의 의료사고의 비중과 그 중요성을 감안할 때 이런 개념 정의는 타당하다고 생각된다. 생각건대 의료사고가 의료인의 고의행위에 기인한 것일 수도 있지만 의료영역의 직업윤리를 고려할 때, 전단적 의료행위가 고의의 상해죄를 구성할 가능성을 제외하면 고의범 성립의 가능성과 비중은 상대적으로 작다고 사료되며 형법적 문제가 될 수 있는 것은 대부분 의료인의 과실로 인한 경우일 것이다. 그렇다면 형법적 차원에서 의료과실에 관한 문제들은 가장 좁은 의미의 '의료형법'의 주된 연구대상이 될 것이다.

한국에서는 1980년대 이후 의료책임소송과 의료형사소송이 양적으로 급격히 증가하고 있다고 하고(1998, 3), 형사소송의 경우 주로 적용되는 죄명은 '업무상 과실치사상죄'인 것 같다. 중국의 경우, 1997년 형법전 전면 개정(현행 형법전)시, 형법 각칙에 과실치사죄[1]와 과실치중상죄[2]가 있음에도 불구하고[3] 과실로 의료사고를 초래한 의료인을 처벌하는 독자적인 죄명 '의료사고죄'[4]를 신설하였다. 이런 비교적 독특한 입법례

1 중국 형법 第233조(과실치사죄): 과실로 사람을 사망케 한 경우, 3년 이상 7년 이하의 유기징역에 처한다; 정상이 비교적 가벼운 경우, 3년 이하의 유기징역에 처한다. 본법에 별도의 규정이 있을 경우, 그 규정에 따른다.

2 중국 형법 第235조(과실치중상죄): 과실로 타인을 상해하여 중상에 이르게 한 경우, 3년 이하의 유기징역 또는 구역(拘役)에 처한다. 본법에 별도의 규정이 있을 경우, 그 규정에 따른다. 즉 중국 형법에 의하면 과실로 타인을 상해한 경우, 중상의 결과가 발생하여야 형사처벌 할 수 있고 경상과 경미상은 형사처벌의 대상이 아니다.

3 중국 형법에는 업무상의 과실행위를 처벌하는 일반적인 죄명 즉 업무상 과실치사상죄가 없고 일반적인 과실치사죄와 과실치중상죄 외에 업무영역별로 구체적인 업무상의 과실범죄를 규정하고 있다, 예를 들어 중대비행사고죄, 철도운행안전사고죄, 교통사고죄, 위험물품사고죄, 소방책임사고죄, 의료사고죄 등 많은 죄명이 있다.

4 중국 형법 第335조(의료사고죄): 의료인이 중대한 무책임으로 인하여 진료를 받는 자를 사망케 하거나 그의 신체건강를 심각히 침해한 경우, 3년 이하의 유기징역 또는 구역(拘役)에 처한다.

는 형법적 수단으로 환자의 신체와 생명을 보호함과 동시에 의료영역의 특성도 고려하여 의료인에 대한 형사처벌을 제한하려는 취지로 해석할 수 있다.[5] 하지만 입법자의 이런 이상적인 염원은 사법실무에서 전혀 실현되지 못하고 있다. 그것은 의료사고죄가 신설되어서 지금까지의 적용 횟수가 너무 적어서 이 죄명을 '죽은 죄명'이라고 해도 과언이 아닐 정도이기 때문이다. 그 배후의 원인은 중국에서 의료사고분쟁 중 압도적 다수는 환자(그 가족)와 의료기관 사이의 화해 그리고 손해배상 소송으로 종결짓는 현실에 있다. 다시 말하면 의료사고분쟁의 해결과 의료사고의 예방이 민사적 손해배상에 지나치게 의지하고 민사법, 행정법, 형사법의 협력과 조화가 부족하며 특히 형사법이 그 역할을 수행하지 못하고 있는 것이 중국의 현황과 가장 큰 문제점이다.

생각건대 형법은 보충성원칙으로 인하여 의료영역에 개입할 경우 절제되어야 한다. 이상돈 교수는 의료형법은 일반형법보다 더 극도로 절제되어야 한다고 주장하시고 있고 그 이유로는 그러지 않을 경우 의사의 '방어진료'의 경향을 확산시키고 의료사회를 병리화시킬 수 있다는 점을 든다. 구체적으로 말하면 형사처벌은 의료인이 자신의 직업생활을 거의 할 수 없게 하며, 양성하는 데 오랜 세월이 걸리는 의료전문인력을 사실상 폐기처분하는 결과를 가져올 수 있기에 형사처벌의 경향이 확대되면 의료인들은 형사처벌의 빌미를 주지 않기 위한 방어적 조치를 스스로 강구하게 되고 이로써 질병의 치료라는 목적에 몰입할 수 없게 되는데 이런 병리적 현상의 종국적인 피해자는 일반시민들이라고 보는 것이다(2013, 156). 이런 견해의 타당성은 이론적 차원에서 의심할 바 없고 의료사고방지를 위한 다원적인 조치가 마련되어 있고 또

5 의료인이 과실(중대한 무책임)로 환자를 사망케 한 경우, 법정형은 3년 이하의 유기징역 또는 구역(拘役)이고 일반인(과실치사죄)은 3년 이상 7년 이하의 유기징역이다. 양죄의 법정형의 차이는 입법자가 의료영역의 특성을 고려하여 의료인에 대한 형법처벌을 자제하려는 의도로 해석할 수 있지만 의료과실이라는 전형적인 업무과실을 보통과실보다 더 가볍게 처벌하는 것은 부당한 입법이라고 비판하는 목소리는 학계에서 끊기지 않는다.

실제 각자가 그 기능을 발휘하고 있을 경우, 실무적 관점에서도 형사법의 역할에 대한 정당한 자리매김이다. 하지만 중국과 같이 형사법이 그 역할을 제대로 심지어 전혀 수행하지 못하고 있는 상황에서는 의료영역에의 형사법의 개입을 강화시키는 진로를 모색해야 하지 않을까 생각된다.

형벌이라는 제재수단의 기능 또는 목적으로부터 생각할 때, 1) 형벌의 기능 또는 목적을 순수하게 범죄의 예방으로만 이해하는 견해도 있지만 '예방'이라는 기능 외에 응보자체를 형벌의 기능 또는 목적으로 이해하는 것은 이론적으로든 실무적으로든 충분히 가능하고 응보기능을 가장 충실히 수행할 수 있는 제재수단은 바로 형벌이라고 생각된다. 의료인의 과실로 인하여 의료사고를 당한 환자 또는 그 가족들의 아픔과 분노는 결코 손해배상 등과 같은 금전적 보상으로 완전히 메울 수 있는 것은 아니고 소중한 가족을 잃은 사람들의 입장에서는 금전적 보상보다 응보감정이 앞설 수도 있다. 이때 의료인에 대한 형사처벌은 그 응보감정을 만족시키는 기능을 발휘하게 된다. 이런 견해에 대하여서는 형벌의 기능을 야만적이고 원시적으로 이해한다는 비판도 예상할 수 있지만 '인간'인 이상, 응보감정이란 반드시 있을 것이고 또 어떤 방식으로든 만족되어야 한다. 2) 의료사고의 예방기능면에서 형벌이 다른 제재수단보다 뛰어나다는 것, 또는 의료형법의 도구적 유용성은 장기간에 걸친 경험적 연구를 통해서 입증될 일(1998, 35)[6]이지만 (과실)범죄에 대한 형벌자체의 예방기능을 염두에 두고 생각할 때, 다른 제재수단이 대체할 수 없는 예방기능을 형벌에 기대하는 것 또한 불가능한 것은 아니라고 생각된다. 가족들의 입장에서 하나하나의 환자의 생명, 신체는 더없이 소중한 존재이지만 많은 의료인의 입장에서는 하나하나의 '업무'의 내용일 뿐이다. 물론 의료 업무에 오랫동안 종사하면 그렇게 느껴질 수밖에 없을지도 모르지만 의료의 특성상, 형법은 의사와 환자

6 물론 이상돈 교수도 의료형법의 예방기능을 회의하지는 않는다.

사이에서 환자 보호에 좀 더 치우치는 입장을 취해도 좋을 듯싶다. 구체적으로 말하면 형벌은 의료인의 머리위에 매달린 칼로서 언제 떨어질지도 모른다는 긴장감을 의료사회에 조성하여 의료인들로 하여금 항상 그 주의의무를 충실히 이행하도록 하는 것은 바로 그 일반예방기능의 구현이다. 하지만 이는 결코 의료영역에의 형법의 과도개입을 주장하는 것이 아니라 '필요한 경우'에 형법은 '반드시' 개입하여야 하고 이는 '의료전문인력을 사실상 폐기처분하는 결과'를 가져오더라도, 다시 말하면 형벌의 특별예방기능을 극단적으로 실현하더라도 필요한 것이라고 생각된다. 그것은 첫째, '방어진료'의 방지도 물론 중요하지만 '눈앞의' 하나하나의 환자의 생명과 신체도 중요하고, 형법의 개입을 처음부터 아예 배제하지 않는 이상, '방어진료'의 가능성은 늘 존재하는 것이고, 정도는 다르겠지만 다른 제재수단도 '방어진료'를 초래할 수 있기 때문이다. 둘째, '형사처벌은 의료인이 자신의 직업생활을 거의 할 수 없게 하'는 점에 관하여, 형사처벌이 절대적으로 필요한 경우, 특정 '의료전문인력의 폐기처분'과 '환자의 생명과 신체'를 비교형량 할 때 후자가 우선되어야 한다고 생각되기 때문이다. 이상의 생각은 형법의 과도개입을 주장하는 것이 아니고 중국의 현황에 입각한 사견일 뿐,[7] 형법의 '적정한 개입'을 전제로 할 때 전술한 이상돈 교수의 견해에 완전히 찬성한다는 점을 다시 강조하고 싶다.

7 사실 중국에서도 '의료사고죄'에 대한 의료인들의 반대의견이 동죄 신설시부터 지속되어 왔고 그들은 형법은 의료영역에 아예 개입하지 말아야 한다고 주장하고 있는데 이는 전형적인 자기중심적인 사고로서 적어도 법률인들의 입장에서는 받아들이기 어렵다.

Ⅱ. 형사의료과실의 관련 문제

1. 민사의료과실과 형사의료과실

민사의료과실과 형사의료과실을 구분해야 하는지, 구분해야 한다면 그 기준은 무엇인지에 대하여 논쟁이 지속되어 왔다. 이에 대하여 이상돈 교수는 구분해야 한다는 입장을 취하시고 있고 나도 이에 찬성한다. 그 기준으로는 '의료형법은 법률가의 책임판단과 의사의 관점에서 내려지는 책임판단이 일치할 수 있는 의료사고에 대해서만 적용되는 것이 바람직하다'(1998, 36)라고 제시하시는데, 환자보호의 정책적 관점 그리고 민사책임귀속과 형사책임귀속의 구조적 차이 때문에 민사소송에서 의사에 대한 책임귀속이 '의사의 관점' 또는 '의학적 판단'에서 내려지는 책임판단과 일치하지 않는 경우가 종종 나타나는 실무 현실을 고려할 때, 이런 구분기준은 중요한 시사를 던져 주고 있다고 느껴진다.

이런 법적 판단과 의학적 판단이 일치할 가능성이 높은 과실유형으로 교수님께서는 중과실을 주장하시는데 이는 중국에서도 많은 학자들의 지지를 받고 있고 중국 형법 중 '의료사고죄'의 핵심적 성립요건인 '중대한 무책임'과도 논리적으로 맞물리고 있다. 중과실의 구체적 판단기준에 관하여 교수님은 '과실의 중대성여부는 과실로 발생한 결과의 중대성여부가 아니라 주의의무위반의 정도를 기준으로 판단되어야 한다(1998, 37)'라는 점을 지적하시는데 이는 반드시 지켜야 할 원칙이라고 생각된다. 형법의 존재목적 또는 임무는 인간의 행위의 통제를 통한 법익보호이기 때문에 행위규범의 위반 및 그 정도는 불법판단의 전제 조건이 되어야 한다. 또한 교수님이 지적하시듯이 '의료행위의 특성상 경미한 과실만으로도 중상해 등과 같은 결과가 발생할 수 있기 때문에 발생결과를 기준으로 해서는 의사의 행위가 형법적 통제의 문턱을 넘어섰는지 여부를 알 수 없기(1998, 37) 때문'이다.

그럼 주의의무위반의 정도는 어떻게 판단해야 할 것인가가 문제된다. 이에 관하여 의료과실을, 의학지식과 경험의 운용필요성 여부에 따라 단순한 기술적 과실과 의학판단과실로 분류할 수 있다고 생각된다. 단순한 기술적 과실은 의학지식과 경험의 운용과 관계없으므로(상대적 의미에서), 혈액형을 확인하지 않고 수혈한 경우, 수술할 환자를 혼동한 경우, 수술 후 가위, 바늘, 지혈솜 등 이물질을 환자의 체내에 잔류한 경우, 진료시기를 지연한 경우 등은 특단의 이유가 없는 한, 직접 주의의무위반의 중대성을 이유로 형사과실로 인정할 수 있고 이런 유형의 과실은 형사처벌의 주요대상이 되어야 한다고 생각된다.[8] 이에 대하여 의학판단과실은 의학지식과 경험의 운용 때문에 의료행위 재량성의 확보를 이유로 형사과실 판단 시 신중해야 한다. 즉 진단, 치료 등 의료행위에 대하여서는 의료수준으로부터 현저히 일탈한 경우에 한하여 형사처벌하여야 한다고 생각된다.

2. 의료과실의 일반적 판단기준

의료과실의 일반적 판단기준은 '거래상 요구되는 주의의무의 위반'(1998, 11)이고 그 구체적인 판단기준은 일반적으로 '같은 업무와 직종에 종사하는 일반적 보통인'이라 할 수 있는 '통상적으로 주의 깊고 숙련된 의사'가 '의료행위를 할 당시 의료기관 등 임상의학분야에서 실천되고 있는 의료행위의 수준'에 따라 의료행위를 하면서 기울이는 주의의 정도이다(2013, 130)라고 설명한다. 이런 판단기준과 더불어 의료기관의 유형별 주의의무의 차등화(2013, 162)도 충분히 고려하여야 한다.

---

8 단순한 기술적 과실은 누구도 완전히 피할 수 없는 과실이고 병원의 안전관리체제상의 결함 그리고 의료조직의 부적절한 운영 등에서 비롯된 과실이기 때문에 이런 과실에 대해 형사처벌을 가하는 것은 부당하므로 형사처벌의 범위에서 제외시켜야 한다는 견해도 있는데 이런 견해의 이유는 물론 과실인정시 충분히 고려하여야 하지만 모든 기술적 과실이 다 그런 것은 아니기 때문에 이런 견해에는 찬성하기 어렵다.

의료과실의 일반적 판단기준을 간략히 설명하면 의료행위 당시의 의료수준 즉 일반적 보통의료인의 주의의무를 다하였는지 이다. 문제는 특정 의료인이 그의 전공분야의 권위자로서 그 분야의 일반적 보통의료인들이 알고 있지 못한 의료지식을 구비함으로써 일반 의료인들보다 더 높은 결과예견능력(가능성)과 결과회피능력(가능성) 즉 더 높은 주의능력을 갖고 있음에도 불구하고, 그의 주의능력을 다하지 않은 탓으로 의료사고를 초래한 경우, 당해 의료인의 과실책임을 물을 수 있는가이다. 이론상 이에 관한 '최선의 주의의무설'에 의하면 환자의 생명과 신체 등 최고의 법익을 다루는 의사는 항상 그의 주의능력을 다하여 환자에게 '최선의 진료'를 제공할 의무가 있고 그러지 아니한 경우 과실책임을 면치 못한다는 것이다. 이는 환자의 이익을 최대한 고려한 기준이지만 형사과실의 판단기준으로는 부적절하다고 생각된다. 그것은 첫째, 형법도그마틱의 관점에서 볼 때, 행위자가 일반 의료인들보다 더 높은 주의능력을 구비하고 있을지라도 의료수준에 부합된 일반 의료인의 통상의 주의의무만 이행하면 과실범의 객관적 주의의무를 이행한 셈이므로 과실범의 행위규범 위반이 부정되므로 따라서 과실범의 불법을 부정할 수 있기에 과실범이 성립되지 않는다고 생각된다. 둘째, 형사정책적 관점에서 볼 때 이런 경우 과실범의 성립을 인정하면 의료인으로 하여금 항상 최선의 주의의무를 다하도록 요구하는 것이 되고 이는 의학지식이 풍부할수록 의료기술이 높을수록 과실범의 형사책임을 질 가능성이 높다는 것을 의미하는데 이런 귀결은 의료인의 업무연찬의 열정과 창발정신을 꺾을 수 있고 나아가서 의학의 진보를 저해할 수 있으므로 종국적으로는 국민의 건강증진에 불리하다고 할 수 있다.

하지만 환자의 이익을 최대한 확보하는 입장에서 생각할 때, '최선의 주의의무설'을 민사과실의 판단기준으로 설정할 수 있는지 아니면 그냥 의료인의 직업윤리와 양심에 맡길 것인지는 더 검토할 여지가 있다고 생각된다.

3. 의료행위의 재량성

주지하다시피, 의료행위, 더 정확히 말하자면 진료행위는 특성상 재량성을 갖고 있고 이런 재량성은 또한 인정받고 존중받아야 한다. 의료행위 재량성은 의료과실의 판단에 중대한 영향을 미치는데 그 내용은 보통 아래와 같이 설명한다. 즉 의료인이 의료행위를 함에 있어 준수해야 할 의무는 단 한 가지 방식의 의료적 조치에 지향되어 있는 것은 아니고 의료인은 현재의 의료적 법칙과 수준에 부합하는 다양한 합리적 조치들 가운데 하나를 선택할 재량이 있다. 따라서 의사가 재량의 범위 내에 있는 어떤 한 조치를 선택하여 취함으로써 다른 조치를 취하지 못한 것을 두고 주의의무의 위반이라고 볼 수는 없다(2013, 132). 이상돈 교수는 이를 기초로 '형사책임의 인정요건으로서의 의료과실을 판단함에 있어서는 민사책임의 경우보다 의사에게 인정되는 재량의 범위를 좀 더 넓게 인정할 필요가 있다(2013, 163)'라고 지적하셨다.

생각건대 의료는 고도로 전문화된 영역이기에 의학지식이 전무하거나 결핍한 환자와 그 가족들은 진료과정에서 충분한 설명을 받았다고 하여도 의사가 선택하고 제안한 진료방안을 믿고 따르는 경우가 많으므로 의료사고가 발생한 경우, 의료행위의 재량성은 어떤 의미에서 의료인이 법적 책임을 면하기 위한 '방편'이 될 소지가 다분하며 의료윤리위원회나 의료분쟁조정위원회의 구성원이 대부분 의료인인 점을 감안할 때 더욱 그러하다. 즉 의료사고분쟁에서 의료기관이나 의사가 당해 진료조치가 '현재의 의료적 법칙과 수준에 부합된다' 즉 의료행위의 재량범위 내에 있다고 주장하면 문외한인 환자 측에서는 뭐라고 반론하기 어려운 처지에 빠지게 될 가능성이 크다. 때문에 의료의 특성을 고려하여 '재량성'에 대하여 환자의 이익을 보호하는 방향으로 해석할 필요가 있다고 생각된다. 구체적으로 말하면 특정 환자의 질환에 대하여 현재의 의료적 법칙과 수준에 부합되는 복수의 진료조치(예를 들어

A, B, C 세 가지 진료조치)가 일정의 재량성 범위를 형성할 경우, 당해 의료분야의 대부분 전문의 또는 일반의가 어느 조치를 선택하는가를 더 구체적으로 살펴볼 필요가 있다고 생각된다. 예를 들어 대부분 의사가 A조치를 우선적으로 선택하고 C조치를 선택한 의사가 아주 적거나 없을 경우, C조치를 선택한 행위자에게는 이에 대한 설명의무가 생기게 되며 의학지식과 상식에 부합되는 설명을 하지 못할 경우, 적어도 민사과실의 성립 여지는 남겨 두어야 한다고 생각된다. 하지만 C조치가 재량범위 내에 있는 한, 혹은 재량범위에서 현저히 일탈하지 않는 한, 형사과실은 부정되어야 한다. 물론 세 가지 조치를 선택하는 의사의 인수가 비슷하거나 현저한 차이가 없을 경우에는 민사과실도 부정되어야 한다. 결론적으로 말하면 의료행위의 재량범위는 형사과실의 성립여부를 결정하는 데서 결정적인 역할을 하고 민사과실은 이를 기초로 그 재량범위를 더 좁게 인정할 수 있지 않을까 라는 생각이다.

4. 의료관행

의료과실의 성립여부를 판단할 때 당해 의료인이 소속된 의료기관의 업무상의 관행(임상현실)을 고려해야 하는지에 대하여, 특정 의료관행이 행위자가 소속된 의료기관에서 묵인되어 준수되고 있더라도 의료안전 확보의 차원에서 부적절하다고 판단되는 경우, 의료인은 이런 관행을 이유로 의료과실을 부정할 수 없다는 견해가 유력하다. 하지만 이런 견해는 의료과실 인정에서의 의료관행(임상현실)의 다양한 형태를 간과하고 있다고 할 수 있다.

이상돈 교수가 지적하듯이 의료형법이 설정하는 행위규범은 단지 환자보호를 위해 필요한 것이어야 할 뿐만 아니라 의료인 사회에서의 보편적인 행위규범으로 수용될 수 있는 것이어야 한다. 이를테면 법원이 의료과실의 전제로서 부과하는 의료인의 주의의무는 그 의료인이 속한 직업세계 안에서도 타당한 것으로 수용되어 있어야 한다. 이와 같은 타당성을 심사함에 있어서 당해 의료기관의 현실 속에서 부득이하게 행해지고 있는 관행은 매우 중요한 요소로 고려되어야 한다(2013, 157).

이에 기초하여 의료관행(임상현실)이 의료과실의 인정에 미치는 영향은 주로 의료기관의 운영자(의료기관), 의료인, 환자 이 3자의 책임을 통합적으로 고려하여 몇 가지 경우로 나누어 검토할 필요가 있다고 생각된다.

1) 특정의 부적절한 의료관행이 의료기관 운영자의 지시, 강요, 명령 등에 의하여 형성되었고 의료행위자가 이런 관행에 따라 진료행위를 행하는 과정에서 의료사고를 낸 경우, 의료행위자는 형법적 책임을 지지 않고 의료기관의 운영자가 과실범의 책임을 지게 된다. 그것은 한편으로 특정 의료기관에 몸을 담은 의료행위자가 운영자의 지시와 명령에 반발하여 직업을 잃을 위험을 무릅쓰면서까지 환자의 생명과 신체를 보호하는 것을 규범적으로 기대할 수 없으므로 과실범의 불법이 인정되더라도 책임이 조각되어 과실범이 성립되지 않기 때문이고, 다른 한편으로 운영자의 행위는 그의 의료사고방지에 관한 관리, 감독의무에 대한 중대한 위배이므로 과실범을 구성하는 것이 마땅하기 때문이다.

2) 의료기관의 운영자가 특정의 부적절한 의료관행의 존재를 알면서도 이를 시정하도록 관리, 감독하지 않고 그냥 묵인하고 방임하여 의료사고가 발생한 경우, 의료행위자와 운영자는 각자 과실범을 성립하지만(과실의 경합), 당해 의료관행의 존재가 의료행위자의 책임(비난가능성)에 미치는 영향은 고려할 필요가 있다고 생각된다. 즉 특정 의료기관에 몸을 담은 의료행위자가 당해 의료관행의 부적절함을 알면서 그에 따르지 않을 가능성은 존재하지만 조직의 구성원으로서 다들 따르는 관행에 따르지 않는다는 것은 그의 직업생활을 힘들게 할 가능성이 충분하므로 이 점은 책임의 정도를 감소시킬 수 있기에 양형단계에서 가볍게 처벌하는 것이 바람직하다.

3) 의료기관의 운영자가 특정의 부적절한 의료관행의 존재를 모르

고 또한 상응한 관리, 감독의무를 다하였으나 의료기관의 특정 부문에서 그 부문의 이익을 위하여 운영자를 기만하면서 부적절한 의료관행에 따라 진료행위를 행하다가 의료사고를 낸 경우, 의료행위자와 그 부문의 담당자는 과실범을 성립하지만 그 부문 담당자의 뜻을 떠받들 수밖에 없는 의료행위자는 그 책임이 감소되거나 조각될 가능성이 존재한다.

4) 특정 검사가 비용이 높거나 건강보험에 포함되어 있지 않거나 환자건강에 대한 영향이 비교적 큰 등 원인으로 당해 검사를 받는 환자가 별로 없고 이를 제안하지 않는 것이 의료관행이 된 상황에서 특정 환자가 당해 검사를 받지 못한 탓으로 의사가 정확한 진료를 실시하지 못하여 의료사고가 발생한 경우, '당해 검사를 제안하지 않는 것이 일반이다'라는 이유만으로는 의료과실을 부정할 수 없고 의사에게는 당해 검사의 존재와 그 기능, 비용 등을 설명할 의무가 있으며 이 설명의무의 위반이 의료과실로 인정될 가능성이 있다. 설명의무를 다하였을 경우, 당해 검사를 받을지 여부는 환자가 결정할 사항이고 환자가 이를 거부하여 의료사고가 발생한 경우, 이는 환자의 자기책임이라고 할 것이다.

다만 특정의 부적절한 의료관행이 의료기관의 과중한 업무량, 인력부족, 재정곤란, 그 지역의 의료체제와 제도 등 부득이한 사정에서 비롯된 경우에는 의료행위자와 의료기관 운영자의 과실책임이 부정될 가능성이 크다고 보는 것이 마땅하다.

Ⅲ. 의료사고분쟁 해결의 전망

이상돈 교수는 의료행위의 법제화를 '신분법', '형식법', '실질법', '조정법' 등 네 개의 발전단계로 구분하시고 각 단계의 한계와 문제점을 지적하신 후 그 발전방향은 외부에 대해 철저하게 폐쇄되고 내부에서는 권력과 자본의 영향으로 얼룩진 조정제도를 마련하는 것이 아니라 '개방'되고 민주적인 체계, 다시 말해 하버마스(Habermas)가 주장하는 바와 같이 '상호이해에 지향된 행동구조에 적합한 갈등해결의 절차'를 제도화 하는 방향으로 이루어져야 하며 의료행위의 법제화도 의사와 환자가 상호이해를 도모할 수 있는 의사소통의 절차를 마련하는 것이어야 한다고 주장하신다(1998, 3). 이런 주장은 이상돈 교수의 중요한 학술사상인 '대화이론'이 의료사고분쟁의 해결에 반영 그리고 운용 된 것으로 느껴지는데 이런 주장은 의료사고분쟁 해결의 '새로운 지평'을 개척하였고 바람직한 발전방향을 제시하였다고 생각된다.

현재 의료사고분쟁이 다발하는 원인은 다원적이라고 할 수 있는데 그중 중요한 원인의 하나가 바로 비교적 완벽한 '의료사고분쟁해결시스템'이 구축되지 못하고 있는 것이라고 생각된다. 현대 법치국가의 분쟁해결은 법률을 중심으로 한 다원적인 규칙 위에 구축되어야 하고 의료사고분쟁의 해결도 마찬가지이다. 구체적으로 말하면 첫째, 의료사고분쟁을 효과적으로 해결하기 위하여서는 우선 소송적 수단과 비소송적 수단이 동시에 존재하여야 한다고 생각된다. 그중 소송적 수단은 주로 민사소송과 형사소송을 포함하고 비소송적 수단은 의사와 환자사이의 상호 이해와 의사소통을 핵심으로 하는 조정법을 가리킨다. 조정절차에서 의사와 환자는 소송절차에서의 적대적인 대결관계와 심리를 완화시킬 수 있고 아픔과 이해 그리고 관점을 상호소통하면서 진정한 화해와 분쟁해결을 도모할 수 있는 점은 매우 중요한 의의가 있으며 회복적 사법과 이념상 비슷하다고 생각된다. 하지만 이상돈 교수도 지적하시듯이 이 두 가지 수단은 각자 문제점과 한계를 안고 있기 때문에 환자에게는 양자를 자유롭게 선택할 수 있는 가능성이 주어져야 한다(1998, 30). 다시 말하면 비소송적 수단을 소송적 수단의 전제절차로 설정하는 것은 부당하다고 생각된다. 둘째, 소송적 수단을 선택할 경우, 민사법, 행정법, 형사법의 협력과 조화를 중시하여야 하고 그중 한 가지 방식에만 지나치게 의지하여서는 안 된다. 그리고 이 3자는 성질상 차이가 현저하므로 각자는 분쟁해결시스템 내부에서 적정한 자리를 찾아야 하는데 특히 형사법의 경우, 보충성의 원칙을 견지하는 전제하에서 의료의 특성을 고려하여 일반형법과는 달리, 의사(행위자)와 환자(피해자) 사이에서 환자 쪽으로 좀 치우쳐도 좋지 않을까 라는 생각이 든다.

29 경영실패와 형사책임

이 정 민*

비평하는 저작 이상돈, “경영실패와 경영진의 형사책임”, 법조 통권 560호, 2003.
이상돈, 경영과 형법, 법문사, 2011.
이상돈, 법의 깊이, 법문사, 2018.

Ⅰ. 경영판단원칙의 형법적 도입

『경영과 형법』 중 경영실패와 형사책임은 2003년 5월 「법조」에 실린 “경영실패와 경영진의 형사책임”(2003, 61~99)을 발전시킨 부분이다. 이상돈 교수는 이 논문에서 경영진의 경영전략적 행위가 경영실패라는 결과에 따라 범죄화, 즉 업무상배임죄가 성립되는 것을 보고, 합리적인 법정책인지에 대한 의문을 갖는다. 이러한 문제의식으로, 법적 판단과 경영판단의 구조적 차이점을 논증하고, 경영의 합리성과 법적 합리성을 접근시키는 방법으로, 형법에서 경영판단원칙의 도입을 주장한다. 2003년도에 이상돈 교수의 이 논문이 나온 이후, 형법에서 경영판단원칙 도입의 리딩케이스라 불리는 대법원 2004년 7월 22일 선고 2002도4229 판결이 나온 것은 우연이 아닐 것이다.

1997년 IMF 외환위기 이후, 한국에서는 대표이사 등 경영실패에 대한 경영진의 형사책임을 묻는 판례가 많아졌다. 경영자의 도덕적 해

* 단국대학교 법과대학 교수, 법학박사.

이 때문에 회사가 망하고, 국가 경제의 총체적 위기가 발생했으며, 공적 자금이 투입되고, 전 국민의 재산상 손실이 발생하였으므로, 그 도덕적 해이의 주범인 경영진의 형사처벌은 당연한 것처럼 여겨졌다. 이상돈 교수는 배임죄가 개인적 법익인 재산을 보호하는 범죄였음에도 불구하고, 경영위험을 보호하는 범죄로 변질되어 가는 모습을 포착하였다. 이 논문은 형법이 경영을 통제하려는 모습을 분석하고, 형법이 사회문제의 최후수단(ultima ratio)이 아닌, 사회문제 해결의 유일한 수단(sola ratio)이 되고 있는 현상을 적나라하게 드러내었다. 이를 통해 현대사회의 형법이 겪는 변화, 즉 위험사회에서 현대 형법의 기능변화의 문제점을 지적하면서, 그에 대한 대안을 제시하고 있다. 그 대안이 바로 '경영판단원칙'(business judgement rule)이다. 원래 경영판단원칙이란, 미국에서는 민사판례 법리로서, 미국법률협회(American Law Institute: ALI) '회사경영원칙: 분석과 권고'에 따르면, "경영자가 선의(in good faith)로 상당한 주의(due care)를 다하고, 회사에 최대한 이익이 된다고 합리적으로 믿은 경우, 회사에 손해를 발생시켜도 그 책임을 경영자에게 귀속시킬 수 없다는 원칙이다"(2011, 34). 이상돈 교수는 경영판단과 법적 판단의 구조적 차이를 간파하고, 그 간극을 메우기 위해 경영에서 법적 리스크를 고려하듯이, 법에서 경영판단을 도입해야 한다고 주장하였다. 즉 업무상배임죄의 구성요건들이 포괄구성요건처럼 운영되는 상황에서 제한원리로서 경영판단원칙의 형사법적 도입을 주장하였고, 이는 헌법에서 보장하고 있는 형법의 무죄추정원칙과 보충성원칙을 실현할 수 있도록 도와준다.

Ⅱ. 형식적인 면에서 어프로치: 분석과 유형화 그리고 도식화

이상돈 교수 글의 특징은 분석과 유형화에 있다. 이 논문 역시 II.

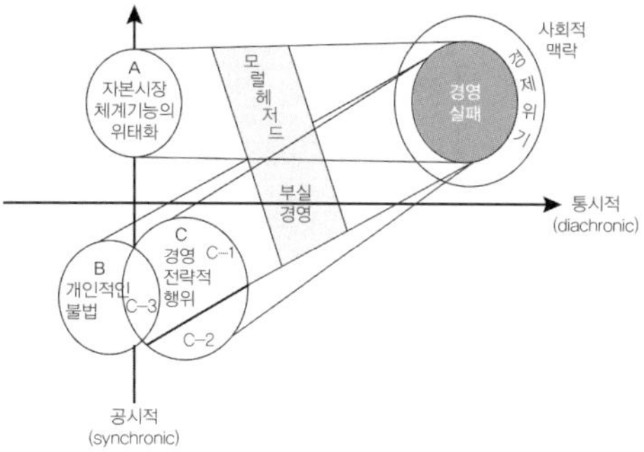

경영실패에 대한 형사책임의 귀속메커니즘

에서 현상(경영실패의 범죄화)을 분석한다. 1. 불법적 행위로서 경영실패와 2. 모럴헤저드(moral hazard 도덕적 해이)의 범죄화로 나누고, Ⅲ.에서는 법에서 경영실패를 어떻게 범죄화하고 있는지를 분석한다. 그는 언제나처럼 분석에 그치지 않고, 마지막에 정책인 경영형법의 합리화 방안을 제시한다. 그의 글에서 현실적이고 실용적인 대안이 나오는 이유는 그는 문제를 하나의 덩어리로 보지 않고, 쪼개고 유형화한다는 점에 있다. 하나의 덩어리로 보지 않는다고 해서 각각의 판례를 아무런 연결 없이 케이스 바이 케이스(case by case)로 보는 것도 아니다. 그 유형화는 공시적 관점과 통시적 관점에서 이루어지기 때문에 각 케이스의 특징이 시공을 초월하여 공통점으로 묶인다. 사실 회사나 기업에서 발생하는 행위들은 너무나 다양한 사례가 많기 때문에 업무상 배임죄를 하나의 카테고리로 보면, 현상을 분석하고 대책을 마련하기 힘들다. 그러나 그의 글은 판례를 유형화하여 그에 따른 대책을 제시한다. 우리가 흔히 어떤 사건을 일률적으로 바라보고 그에 따른 대책을 모색하려고 노력하는데 비해서, 그는 유형화와 도식화를 통해서 제3의 정책을 마련한다.

Ⅲ. 내용적인 면에서 어프로치: 이론과 정책의 균형

1. 경영실패의 범죄화 분석: 이론적 측면

원래 핵심형법은 삶의 세계에서 일어나는 모든 일탈행위를 빠짐없이 통제하는 것이 아니라, 중요한 부분(생활세계의 단편)에 대해서만 검침식으로 통제하는 것이다. 이를 통해 시민사회의 자유를 극대화한다. 그러나 현대 형법은 이러한 형법의 단편적 성격을 버리고, 부수형법(예를 들어 외부감사법, 자본시장법, 공정거래법 등)의 제정을 통해 체계의 위험을 예방하고 있다. 이를 위험형법이라 부를 수 있고, 경영상 도덕적 해이를 어느 정도 제거하는 기능을 수행한다. 그러나 경영실패로 인한 경제위기를 사전에 방지할 만큼 경영행위의 다양한 도덕적 해이를 통제하고, 경영실패를 효과적으로 제어할 수 없다. 그러므로 정책은 이 방법 외에도 경영진에게 경영실패의 책임을 지게하기 위해 기존 형법의 변화도 꾀하였다. 그것이 이상돈 교수가 표현하는 배임죄의 리모델링이며, 그 대표적인 수단이 손해요건의 확장이며, 고의의 귀속이다. 배임죄는 미수가 있는 결과범임에도 판례는 "실해발생의 위험을 초래"한 경우까지 손해개념으로 확장시키고 있으며, 경영자가 회사를 위한다는 의사로 경영행위를 하여도 경영자 자신을 위한 것인지 또는 제3자의 이익을 위하는 의사가 있었는지를 비교형량하여 불법이득의사를 인정한다.

이상돈 교수는 이렇게 형법이 단편성을 잃어버리고, 경제체계를 형법으로 조종하려고 할 때 나타나는 현상을 토이브너(Teubner)의 조종의 트릴레마(regulatorisches Trilemma)를 끌어들여 설명하였다. 즉 경영실패의 범죄화 정책은 경영자에게 사실상 경영실패에 대한 결과책임을 묻는 것이고, 이로써 책임원칙이 침륜된다고 보았다(정책의 법에 대한 무관심). 한편, 이러한 법적 조종이 모럴헤저드 부실경영을 예방하지 못한다면, 사회에서 무관심으로 반응하게 되고, 이렇게 되면 법은 정책적 실행으로부터 영향을 받지 않는 구조로 자신을 변화시키고, 사회와 무관한 상징적 법으로 만족하고 만다(법의 정책에 대한 무관심)고 분석하였다. 이러한 법과 정책의 상호 무관심으로 인해 경영영역은 그 효율성과 경쟁력을 잃어버리고(법에 의한 사회적 통합의 와해), 법 또한 그 고유한 규범적 구조를 스스로 파괴하게 된다(사회에 의한 법적 통합의 와해)는 점을 지적하였다.

실제 국내 M&A는 2005년 이후 증가하다가 2010년 이후 하락세로 전환하게 되었는데, 여러 이유가 있겠으나 2006년 차입매수(LBO, Leveraged Buy Out)방식에 의한 M&A의 배임죄 유죄판결의 영향도 한몫 했다고 분석된다. 이후 LBO방식에 의한 M&A의 합법성 논의가 증폭되었고, 이러한 불안정성 때문에 M&A가 대폭 줄어들어 인수·합병 시장이 위축되었다. 이 때문에 회사정리절차에 있는 기업들이 이러지도 못하고 저러지도 못하는 현상이 발생하게 되었다.[1]

이러한 현상을 합리적으로 분석하기 위해서 경제체계와 법체계의 구조적 차이를 인식해야 한다. 이상돈 교수의 글이 흥미로운 것은 차이를 명확히 드러내 주기 때문이다. "경영판단과 법적 판단의 구조적 차이" 부분(2011, 26)도 그렇다. 경영행위의 합리성을 목적합리성으로, 법적 합리성을 가치합리성으로 정의한다. 그리고 경영판단은 행위시점에 미래를 향해 판단하는 사전적(ex ante) 판단이며, 법적 판단은 사후적(ex post)임을 말한다.[2]

체계	판단	합리성	통시적 관점	성공관점
경제체계	경영판단	목적합리성	사전판단	위험감수원칙
법체계	법적판단	가치합리성	사후판단	위험회피원칙

다시 M&A 사례를 살펴보면, 이사는 기업의 자산과 수익증대를 위해 M&A 위험을 감수(taking risk)해야 한다는 경영합리성의 요청과 회사 재산에 손해를 끼칠 위험을 회피해야 한다는 위험회피(avoiding

1 LBO와 업무상 배임죄 논의에 대해서 자세히 이정민, LBO와 업무상배임죄, 아주법학, 2015, 307~334쪽 참조.

2 표로 정리한 것은 이정민, "업무상 배임죄에 있어서 경영상 판단 존중", 고려법학, 2015, 42쪽 참조.

risk)의 요청인 법적 합리성이 충돌하는 이율배반적인 상황에 놓일 수 있다. 이때 이사가 회사에 손해보다 이익이 발생할 것이라는 믿음, 즉 선의(good faith)와 성실한 주의(due care)로 경영행위를 수행하였고, 이러한 행위로 결과적으로 손해가 발생하였더라도 책임을 지지 않는 것이 경영판단원칙인데, 만일 경영판단원칙이 적용되지 않고, 이사가 법적 책임을 진다면 이사의 경영행위는 매우 소극적일 수밖에 없게 된다. 그러한 결과가 실제 인수·합병 시장의 위축으로 이어졌고, 회사정리절차에 있는 기업들이 M&A 기회를 잡지 못하여서 파산하는 등 경제 전체로 보면 큰 손실로 이어졌다고 볼 수 있다.

2. 체계간 원칙으로서 경영판단원칙의 도입

실제로 우리나라 판례에서 '경영판단원칙'이라고 적시하지는 않았지만, 리딩케이스에서 언급한 내용을 살펴보면, 1) 경영상의 판단에 이르게 된 경위와 동기, 2) 판단대상인 사업의 내용, 3) 기업이 처한 경제적 상황, 4) 손실발생의 개연성과 이익획득의 개연성 등 제반 사정에 비추어 자기 또는 제3자가 재산상 이익을 취득한다는 인식과 본인(회사)에게 손해를 가한다는 인식하의 의도적 행위임이 인정되는 경우에 한하여, 배임죄의 고의를 인정한다고 판시하고 있다. 그러한 인식이 없는데 단순히 본인에게 손해가 발생하였다는 결과만으로 책임을 묻거나 주의의무를 소홀히 한 과실이 있다는 이유로 책임을 물을 수는 없다. 이렇게 함으로써 법은 경영판단원칙의 적용요건을 충족하지 않은 이사의 경영행위에 대해서만 책임을 묻는다.

이러한 방식으로 법은 자신의 정의 실현 임무를 수행하면서도 경영의 합리성을 보호할 수 있다. 그렇기에 이상돈 교수는 경영판단원칙은 경영상의 원칙도 법원칙도 아니라 법체계와 경영체계 사이의 원칙(intersystemic principle), 즉 체계간의 원칙이라고 부른다. 이를 통해 현대사회의 법적 정의를 다시한번 생각해보게 하는데, 현대사회의 법적 정의란, 다른 사회체계의 합리성에 개방적이고 법이 다른 사회체계와 지속적으로 소통할 경우에만 실현될 수 있는 것이다. 그리고 다른 사회체계 간 원칙의 소통은 두 체계의 기능을 동시에 최대화하는 방향으로 조율해야 한다(2018, 72).

그렇다면 이러한 체계간의 원칙인 경영판단원칙이 미국에서는 민사책임원리인데, 왜 우리나라에서는 형법에서 고려되었는지에 관해 의문이 있을 수 있다. 사실 이 부분은 경영실패에 대한 법적용이 미국은 민사로 다루어지고, 한국에서는 민사와 형사로 다루어진다는 간단한 이유가 가장 크다고 할 수 있다. 우리나라에서도 경영실패에 대해 회사법상 손해배상 책임을 질 수 있다. 물론 이 경우도 경영판단원칙이 고려되어야 한다. 이 때 회사법상 손해배상책임요건인 임무해태는 배임죄 구성요건인 임무위배에 과실이 더 해진 것으로 볼 수 있다. 이를 다시 형사법적 관점에서 보자면, 형사상 불법은 사법상 불법보다 "중대한 불법"에 국한되어야 하기 때문에, 그러려면 고의에 대한 입증은 더 엄격해야 한다. 고의에 대한 입증, 배임의 의도적 행위를 평가하기 위해 경영판단에 대한 고려가 이루어져야 한다.

이러한 경영판단의 고려는 무죄추정원칙 또는 '의심스러울 때는 피고인의 이익으로(in dubio pro reo)'원칙을 더 잘 실현하게 해 준다. 현대 형법이 위험관리를 위해 형법이 '유일한 수단'으로 투입되면서 책임원칙이 붕괴되고 있는데, 경영판단의 고려는 책임원칙을 지키기 위해서도 필요하다.

Ⅳ. 나가며

2003년 이상돈 교수의 논문에서 처음으로 경영실패에 대한 경영진의 형사책임을 물을 때, 경영판단원칙이 형법에 도입되어야 한다고 주장하였고, 2004년 판례에서 배임죄에 대한 고의를 판단할 때 경영상

판단을 고려하였다. 지금까지 100여 편의 논문이 업무상배임죄와 경영판단이라는 주제로, 찬성과 반대의 입장을 나타내고 있다. 이는 사실 우리나라 배임죄 논의를 크게 활성화시킨 원동력이기도 하다. 현대 위험형법에서 나타나는 형법 고유 원칙인 무죄추정원칙이나 책임원칙의 붕괴 앞에서 이를 지켜내기 위한 방법으로 경영판단의 고려는 실천적이며, 생산적인 논의였다고 본다.

30 카르텔 범죄와 공정거래형법의 전망

이 상 현*

비평하는 저작 이상돈, 공정거래형법, 법문사, 2010.

Ⅰ. 들어가며

『공정거래형법』(2009)은 독점규제 및 공정거래에 관한 법률(공정거래법)상 형벌 규정을 비롯한 제재규정과 일부 절차규정을 다루고 있다. 공정거래법의 제재수단은 시장경제의 공정성을 유지하는 기능을 하며, 형법은 도덕성의 요구와 연관을 가지는 경우가 많기에, 공정거래형법은 경제적 효율이 지배하는 시장에서 공정성 실현을 위한 최소한의 도덕적 요청과 밀접한 연관을 가지고 있다. 공정거래형법은 공정거래형법의 현 상황, 분석 및 형법정책(제1장, 공정거래형법의 조망과 전망)에서 시작해, 구체적으로 두 가지 주요 범죄에 관한 형사법적 쟁점들을 다룬 후, 동의명령제와 같이 법위반 조사대상자의 시정조치의 수용을 통해 제재를 면제하는 새로운 절차법적 제도에 대한 논지를 전개하고 있다. 구체

* 숭실대학교 국제법무학과 교수, SJD. 미국변호사(New York).

적으로 카르텔 범죄, 보호법익, 구성요건 해석과 절차법적 쟁점(제2장, 카르텔과 형법), 시장지배적 지위남용 범죄, 구성요건 해석, 제재 및 절차법적 쟁점(제3장, 시장지배적 지위남용과 형법)을 다룬다. 이 책의 출간 당시 서술되었던 동의명령제(제4장)는 2011년 2월 공정거래법 개정을 통해 '동의의결제'라는 명칭으로 현재 시행되고 있다. 남용의 우려도 있었으나 저조한 활용 — 대략 매년 1건 정도 — 으로 공정한 활용을 높이라는 주문이 나오고 있는 것을 보면, 새로운 법제도의 도입을 검토함에 있어 법제도적 기반, 문화와 국민 정서에 대한 고려도 빼놓아서는 안될 한 요소인 것으로 보인다.

이 글은 『공정거래형법』의 1장과 2장, 즉 공정거래형법의 조망과 전망 부분(Ⅱ.)과 카르텔과 형법 부분의 핵심적인 부분(Ⅲ.)에서 추가로 논의할 부분에 대한 필자의 의견을 제시하는 것으로 이루어질 것이다.

Ⅱ. 공정거래형법의 현황과 미래

1. 소비자 편익과 소비자 후생의 구분

미국 경쟁법 집행시 법 위반 판단 기준으로 가격 상승 또는 생산량 감소로 인한 시장 내 'consumer welfare'(소비자 후생)의 증가·감소를 제시하여 이를 법 위반 여부의 판단 기준으로 삼아 오고 있다. 그런데, 이상돈 교수는 "기업의 생산효율성과 소비자의 편익을 균형있게 실현하는 경쟁적 시장구조의 확립과 국민경제의 균형발전은 '장기적으로' 모든 소비자의 총효용극대화, 즉 '소비자 후생'의 극대화를 지향하는 것"이라며 소비자 후생(consumer welfare)의 개념을 중·단기적 관점에서 파악되는 소비자의 편익(consumer benefit)의 개념과 구별하고 있다 (2010, 20). 소비자 후생의 중·단기적 관점과 장기적 관점에서의 개념을 구별하는 것은 의미가 있지만, 소비자 편익과 소비자 후생 개념 자체는 경제학계에서 구별 개념으로 일반적으로 인식되고 있지는 않고 있다.[1] 이는 경쟁법학계에서도 수용되고 있는 것으로 보인다.[2] 그런데, 중·단기적 소비자 편익(또는 후생)의 손실이 있는 공동행위(카르텔)도 공정거래법상 예외[3]로 적법성이 인정되고 있는 것을 보면, 중·단기적 소비자 편익(후생)뿐만 아니라 장기적 관점의 소비자 후생도 공동행위 인정 여부 판단에서 고려되는 것이 현재의 공정거래법 실무로 보인다.

미국 경쟁법 기구인 최근 연방거래위원회의 수장인 위원장이 플랫폼 기업의 불공정거래행위의 연방거래위원회법 위반 여부의 판단을 종전과 같이 소비자 후생에만 근거하지 말 것을 지시한 점[4]은 중·단기적 소비자 편익(후생)뿐만 아니라 장기적 관점의 소비자 후생도 고려할 수 있는 여지를 둔 것으로 주목할 만하다. 4차 산업혁명 시대에 플랫폼 기업의 형성·발전에 대한 경쟁법 집행이 본격화되면서, 이상돈 교수가 소비자 편익과 구별되는 소비자 후생을 공정거래법의 목적으로 제시한 것과 유사한 상황이 전개되면서 이에 따른 법 집행 여부를 판단해야 할 사건들이 향후 우리 공정거래법에서도 나타날 것이라 예측되어, 이에 대한 지속적 관심과 연구가 요청된다.

2. 공정거래형법의 집행 상황의 변화 조짐

(1) 공정거래위원회의 시정조치의 변화: 고발과 과징금 증가 이상돈 교수는 공정거래형법의 집행 흠결이라는 현대형법의 특징이 드러나는

1 한국기독교경제학회 회장을 역임한 조성봉 교수(숭실대 경제학과)와의 이메일 질의 응답.
2 김성훈, "독점규제법의 목적에 관한 고찰", 시장경제와 사회조화: 남천 권오승 교수 정년기념논문집, 법문사, 2015, 67쪽(김성훈 판사는 consumer welfare를 소비자 복지로 해석).
3 독점규제 및 공정거래에 관한 법률 제40조 제2항은 공동행위가 다음의 목적을 위하는 경우로 공정위 인가를 받은 경우는 공동행위로 허용됨을 인정한다. 1. 불황극복을 위한 산업구조조정, 2. 연구·기술개발, 3. 거래조건의 합리화, 4. 중소기업의 경쟁력향상.
4 이재연 기자, "빅테크 저승사자 리나 칸이 '소비자 후생 포기' 선언한 까닭," 한겨레신문, 2021년 7월 27일(https://www.hani.co.kr에서 검색 가능).

것이라고 지적(2010, 9)하면서 근거로 형사고발이 저조한 점—1.2%—과 형벌과 유사한 기능을 가진 과장금이 12.2% 수준임을 제시하고 있다. 공정거래법이 시행되었던 1981년부터 2009년까지의 통계에서는 이 점은 사실이었다. 그런데, 11년이 지난 지금, 1980년~2020년의 시정실적에서 고발은 133% 증가했으며, 과징금도 증가 추세에 있음을 보여주고 있다.

조치유형별 시정실적과 비율(1981~2009)

제재유형	사건수	비율
고발	161건	약 1.2%
과징금	1,543건	약 12.2%
시정명령	5,088건	약 40.3%
시정권고	891건	약 7%
경고	4,926건	약 39%
총계	12,609건	

이는 시정권고나 시정명령과 경고는 감소 내지 평균적인 증가율인 19.3%를 다소 밑도는 증가율을 보여주고 있는 점을 고려하면, 주목할 만한 변화의 조짐이라 할 수 있다. 이는 이상돈 교수가 수행했던 법이론적 연구 수행의 영향일 수도 있고, 공정거래법 위반행위에 대한 집행 실무 담당자들에게 일정한 위반행위가 생활세계적 성격을 가지고 있음을 인식한 결과라고도 볼 수도 있다. 형법정책의 관점에서는 바람직한 방향이다.

조치유형별 시정실적과 그 비율(1981~2020)

조치유형	시정실적	비율	11년전과의 비교
고발	426건	약 2.8%	133% 증가
과징금	2,457건	약 16.3%	34% 증가
시정명령	6,267건	약 41.7%	3.5% 증가
시정권고	892건	약 5.9%	16% 감소
경고	6,799건	약 45.2%	16% 증가
총계[5]	15,042건		19.3% 증가

5 『공정거래형법』, 9쪽의 도표 1에 나와 있지 않은 자진시정(voluntary correction)에

Ⅲ. 카르텔범죄에 대한 형사실체법과 절차법

1. 제2장 '카르텔과 형법': 소비자 후생과 강한 통제

이상돈 교수는 카르텔에 대한 규제 현황, 카르텔불법의 유형과 구조를 보호법익, 고유한 불법유형, 그리고 불법 구성요건을 통해 고유의 분석틀을 설명하고 있다. 이 중 카르텔범죄의 보호법익을 '소비자 후생'에만 국한하는 것은 경영(생산) 효율성과의 긴장관계와 경쟁적 시장구조를 통한 상호 조정을 막을 수 있다는 지적(2010, 61)이 흥미롭다. 카르텔 자체가 시장 실패라고 몰아가는 것은 부적절하고 시장의 조정기능을 유지, 강화하는 데 그 초점을 맞춰야 한다는 점에서는 공감한다. 그렇지만, 공정거래법은 목적 규정을 통해 '자유롭고 공정한 시장경제 질서와 이를 통한 소비자 후생의 증대' 그리고 국민경제의 균형있는 발전을 목적으로 하고 있는바, '소비자 후생 증대'는 일방적 증가만을 의미하는 것이 아니라 생산효율성과 맞물리는 파레토 최적의 후생 증대—소비자와 생산자 모두의 후생 증대를 가져오는 부분—를 고려한 것이라는 점은 경제학에서도 일반적으로 인정되고 있다. 그래서, 다양한 형태의 부당한 공동행위의 적용 예외—불황극복을 위한 산업구조조정, 연구·기술개발, 거래조건의 합리화, 중소기업의 경쟁력 향상(제40조 제2항)—를 공정거래법이 인정하고 있는 것이다.

카르텔 규제의 핵심적 기준이 가격 상승/생산량 감소 여부라는 소비자 후생 감소 여부의 판단임은 미국 경쟁법 판례[6]에서 인정되어 왔

해당하는 658건은 제외하였다.

6 미국 연방법원은 셔먼법 제1조(카르텔 규제)를 적용할 때, 경쟁사업자간 가격 획정 또는 생산량 감소 담합을 시장경쟁에 대한 영향 검토 없이, 즉 합리성의 법리(rule of reasons)를 채택하지 않고 당연 위법(per se illegal)으로 판단해 오고 있다. U.S. v. Trenton Potteries Co., 273 U.S. 392 (1927). ('오늘 획정된 합리적 가격은 경제상황의 변화에 의해 내일 불합리한 가격이 될 수 있다'고 논증).

다. 미국 연방법원은 시장의 가격 메커니즘에 대한 시장 참여자들의 간섭은 법률의 근거가 있는 경우가 아니라면 경쟁법 위반으로 판단해 오고 있다.[7] 따라서, 예외로 허용되는 부분들이 아니라면, 경쟁사업자들간의 소비자 후생 손실을 야기하는 합의는 공정거래법 위반으로 규제되어야 하며, 이때 장기간 담합과 같은 중대한 후생 손실과 같은 중한 불법이 있는 경우 고발권을 행사함이 전속고발권을 담당한 국가기관의 임무일 것이다.

2. 부당한 공동행위 적발 건수의 증가

공정위가 부당한 공동행위에 대한 규제를 늘려나가고 있는 것은 적절한 법집행 방향이다. 이러한 집행 강화에 포함될 수 있는 부당한 권력 행사에 대해서 법리적 공방을 통해 견제해 나갈 수 있어야 한다. [그림 1]에서 보듯, 공정거래위원회의 카르텔에 대한 고발권 행사 사건의 수는 2010년 이래 증가 추세에 있다.

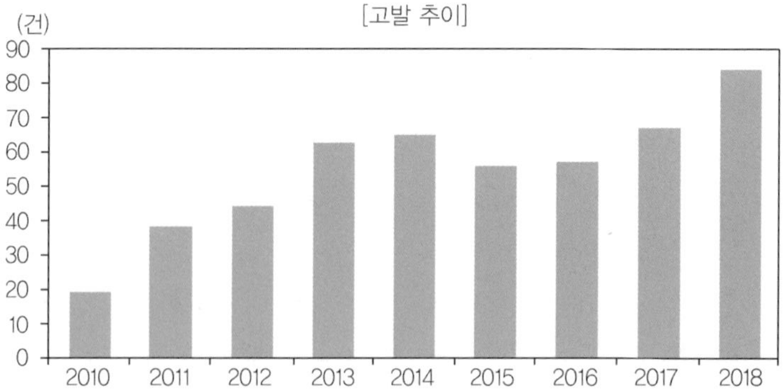

[그림 1] 2008년 이래 부당 공동행위에 대한 공정위 전속고발권 행사 통계[8]

7 Catalano, Inc. v. Target Sales, Inc., 446 U.S. 643 (1980) 등. 다만 1930년대 대공황 시절 137개 석탄업자들이 불황시 출혈 경쟁을 막기 위한 가격 합의를 적법하다고 인정한 예외가 있다. Appalachian Coals, Inc. v. U.S., 288 U.S. 344 (1933).

8 공정위, 2019년 공정거래백서, 307쪽의 표상 고발권 행사 건수 자료를 선형 그래프

또, 공정거래법 제19조(부당한 공동행위) 적발 건수의 추이도, 전반적으로 ― 2011년에 비해 주춤했던 2012년과 2015년에 비해 주춤했던 2016년

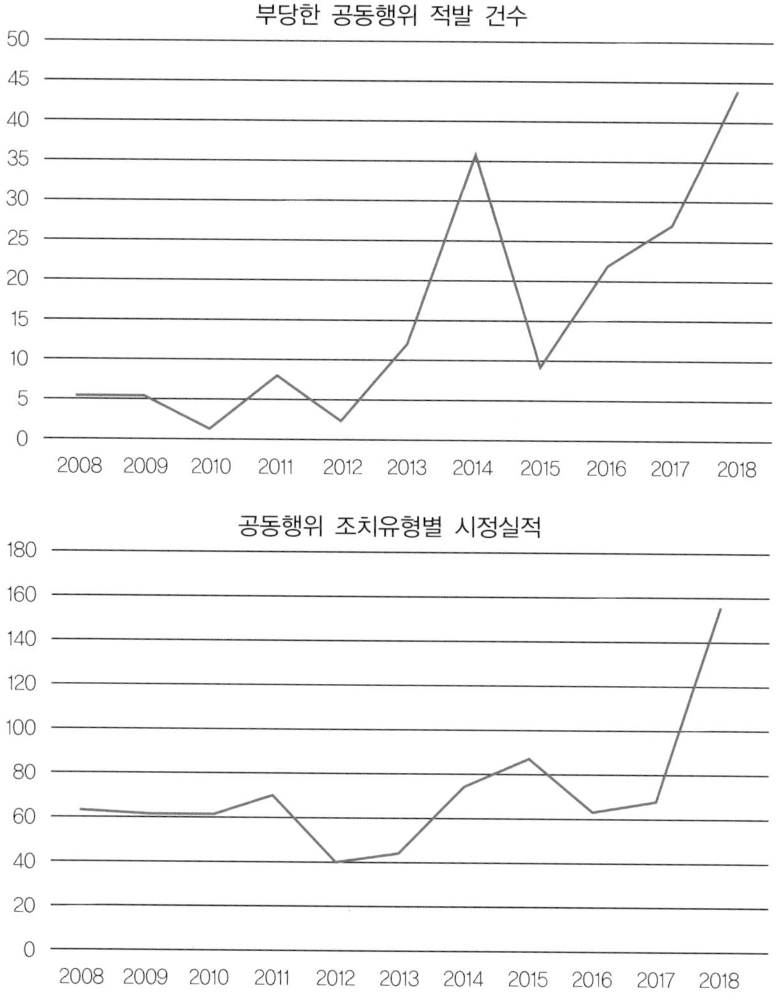

[그림 2] 2008년 이래 부당한 공동행위 적발 건수와 시정조치 대상 건수[9]

로 변환했다.

9 공정위, 2019년판 공정거래백서, 307~308쪽(2019)에 있는 데이터를 선형 그래프로

을 제외하면 — 증가세에 있음을 [그림 2] 위쪽 그래프가 나타내고 있다. 이러한 시정조치 실적도 2015년 이래 증가세에 있음도 [그림 2] 아래 그래프가 보여준다.

Ⅳ. 나가며

이상돈 교수의 공정거래형법에서 주목할 만한 많은 분석과 탁견 가운데 일부에 대한 필자의 의견을 제시하고, 2020년까지의 새로운 자료들을 추가해 보았다. 앞에서 소비자 편익과 소비자 후생의 구별, 공정거래위원회의 시정조치 유형의 변화, 카르텔 범죄의 보호법익, 고유한 불법 유형에 대해 검토하였다. 그리고, 부당한 공동행위에 대한 적발, 시정실적과 고발 건수를 2008년 이래 11년간의 통계를 추가하여 보았다. 향후 혁신기업으로 나타났거나 나타날 디지털 신기술을 이용한 기업들의 공정거래법 위반 여부의 판단에서 소비자 편익 — 중/단기 소비자 후생 — 에 기반한 공정거래법 위반 판단 보다는 전반적인 소비자 후생 — 장기 소비자 후생 포함 — 에 기반한 적절한 공정거래법 위반 여부의 판단 기준을 제시하는 것이 중요한 과제로 등장할 것이다. 공정거래형법은 이러한 시대적 상황 변화 속에서 법의 원칙을 지키며 중대한 불법을 야기할 수 있는 비난가능성 높은 행위에 대해 적절한 형벌을 효과적으로 부과하기 위해 과징금, 징벌적 손해배상과 같은 중간법적 제재수단과 동의의결과 같은 새로운 절차 속에서 지속적으로 유지, 발전되어야 할 것이다. 이상돈 교수가 닦은 공정거래형법의 영역에 뒤를 이어 합리적이고 지혜가 담긴 연구 성과를 이어나가겠다는 다짐을 해본다.

만든 것이다.

31 내부자거래와 형법

조 영 석*

비평하는 저작
이상돈, 형법의 근대성과 대화이론, 홍문사, 1994.
이상돈, 윤리경영과 형법, 신영사, 2005.
이상돈·지유미·박혜림, 기업윤리와 법, 법문사, 2008.
이상돈, 증권형법, 법문사, 2011.
이상돈·조영석, 자본시장형법, 박영사, 2021.

Ⅰ. 내부자거래죄의 핵심이론

자본시장법상 주가조작과 함께 가장 중대한 범죄행위의 하나인 내부자거래(Insider Trading, Insiderhandel)란 상장기업의 주주나 임·직원 등이 아직 일반인에게 공개되지는 않았지만, 만약 공개된다면 일반투자자의 투자판단에 중대한 영향을 미칠 수 있는 정보를 증권거래에 이용하거나 다른 사람에게 전달하는 행위를 말한다.[1] 내부자거래행위를 형사처벌하는 것이 과연 정당한 것인지에 대하여 올바르게 답하기 위해서는 무엇보다도 내부자거래 금지조항이 보호하는 법익이 무엇인지를 밝혀야 하며, 그런 법익이 있다면 그 법익이 형법에 의해 보호되기

* 헌법재판소 헌법연구관, 법학박사, 변호사.

1 예를 들면 A제지회사의 최대주주인 B금융회사의 대표이사 甲이 A제지회사의 회계장부상 나타나지 않은 누적된 적자와 자금난에도 불구하고 A제지회사가 상장된 직후 높은 주가가 형성되자 B금융회사 소유의 주식을 매도한 행위(대판 1994. 4. 26. 선고 93도695 판결)를 들 수 있다.

에 적절한 것인지를 검토하여야 한다. 이를 위해서는 먼저 내부자거래 행위영역의 특수성을 살펴보아야 할 것이다.

1. 내부자거래 행위영역의 특수성

자본시장에서 증권가격형성에 영향을 미치는 요소들은 셀 수 없을 정도로 매우 많고 다양할 뿐만 아니라, 어떤 요소들이 어떤 방식으로 결합하여 시장가격을 형성하는지를 과학적으로 남김없이 분석하기란 매우 어렵다. 이렇게 자본시장의 가격형성메커니즘이 복잡한 구조를 띠고 있기에 내부자는 자신의 행위가 어떤 부정적인 결과를 발생시킬 수 있다는 점을 예측하고, 자신의 행위를 규범합치적인 방향으로 조종하기가 매우 어렵다. 즉, 내부자거래를 할 것인지를 결정하는 행위주체에게 내면화되어 행위준칙으로 삼을 수 있는 행위규범(Handlungsnorm)은 존재하지 않는다.

형법은 자본시장에서 정보평등의 상징을 창출하여 자본시장의 존속을 도모하는 기능을 한다. 정보불평등을 통해 이익을 얻고자 하는 투자자들의 심리를 통해 자본시장이 구축되고 내부자거래를 규제하는 법의 공정성 상징창출을 통해 투자자의 시장이탈을 막음으로써 자본시장은 지속되는 것이다.

정보 불평등을 통한 시장의 공정성을 해한다는 일반 투자자들의 우려와 달리, 내부자거래 행위는 비공식적으로 시장에 흘리는 방법으로 정보가치가 절하되지 않게 함으로써 그런 정보를 활용하려는 투자자들을 유인하고 그로써 자본의 조달을 용이하게 만들며, 아울러 경쟁사들의 정보수집비용도 절감시키기도 한다. 그러나 시장참여자들은 이러한 내부자거래의 긍정적인 효과를 통찰하기 어렵고, 내부자거래에 대한 형사처벌로써 창출되는 공정성의 상징을 통해 심리적 안정감을 가지게 된다.

물론 내부자거래는 오로지 주관적·심리적 위험만은 아닐 수 있다.

왜냐하면 내부자거래행위는 누적적 위험성을 갖고 있기 때문이다(1994, 42).[2] 자본시장의 기능에 대한 일반 투자자의 신뢰를 내부자거래죄의 보호법익으로 보자. 내부자 한 사람의 거래행위만으로는 그런 보호법익이 침해된다고 말하기는 어렵지만, 점점 더 많은 시장참여자들이 내부자거래행위를 한다면, 자본시장의 기능이 위태로워질 가능성은 그만큼 더 높아진다. 그러나 복잡한 자본시장의 가격결정메커니즘 때문에 자본시장의 기능에 대한 신뢰상실과 개별 내부자거래행위 사이에는 여전히 경험과학적 의미의 구체적인 인과성을 확인·입증할 수 없다. 그렇기 때문에 책임원칙의 관점에서 보면 내부자에게 그 거래에 대한 형사책임을 귀속시키는 것은 적절하지 않다.

2. 정당화 이론

그럼에도 불구하고 내부자거래를 형사처벌하는 것은 정당하다는 견해가 우리사회를 지배한다. 내부자거래의 당벌성(Strafwürdigkeit)을 형법이론적으로 근거지우려는 시도들의 주된 근거 중 하나는 내부자거래행위가 '자본시장의 기능과 이에 대한 일반 투자자의 신뢰'라는 보호법익을 침해한다는 것이다. 그런데 자본시장의 기능과 이에 대한 일반 투자자의 신뢰라는 집단적 이익이 '형'법이라는 수단을 통해 보호되어야만 하고, 또한 현실적으로 보호될 수 있는 것인가?

내부자거래에서 신뢰보호의 초점은 내부자가 미공개정보를 이용하여 증권거래를 한다는 점이 아니라, 내부자가 미공개정보를 '불공정하게' 이용하는 것에 존재하는 것이다. 여기서 '불공정성'을 근거 짓는 행위기초로는 첫째, 다른 투자자들이 미공개정보의 내용을 인식할 수 있도록 공시하지 않았다는 점, 둘째, 미공개정보의 이용이 일정한 계약상의 의무를 위반한다는 점을 들 수 있다.

그러나 첫 번째 근거와 관련하여, 어떤 투자자가 증권거래에 들어가

2 위험형법에서 말하는 이 "사회적 위험성"이 있는 행위의 특징에 대해 참조.

기 전에 주식시세형성에 중대한 영향을 미칠 가능성이 있는 정보를 공시할 것이라는 점에 대한 신뢰를 '현실적으로' 갖는다고 보기는 어렵다. 시장참여자에게 자신이 획득한 우월한 정보를 공개한 후에 증권거래를 하라는 요구는 거래현실과는 너무 동떨어진 것, 또는 적어도 모든 증권거래 참여자에게 보편화할 가능성이 있는 행위규범으로 승인될 수 없는 요구로 보인다. 그러므로 자본시장에서 다른 투자자가 자신의 정보를 공개할 것이라는 점에 대한 일반 투자자의 신뢰가 존재한다고 보기는 어렵다.

두 번째 근거와 관련하여, 내부자와 거래상대방(거래대상회사의 주주) 사이에 일정한 신뢰관계에 따른 의무(예: 거래상대방에게 자신이 그 회사에 관한 미공개정보를 갖고 있다는 점을 고지해야 할 의무)가 존재한다고 보기는 어렵다. 왜냐하면 거래관계의 한 당사자인 내부자가 증권거래의 동기나 제반 상황에 관한 모든 정보를 다른 당사자에게 반드시 알려주어야 할 의무가 신의칙에 의해 인정될 수 있는지는 의문일 뿐만 아니라, 예를 들면 많은 경우 증권회사의 시장대리인을 통해 이루어지는 증권거래의 현실을 고려할 때 내부자가 다른 사람에게 미공개정보를 알려준다는 것은 애당초 불가능한 경우도 있기 때문이다. 그렇다면 결국 일반 투자자는 내부자가 일정한 신뢰관계를 위반하여 미공개정보를 이용하지 않을 것이라는 점에 대한 신뢰를 갖고 있다고 보기는 어려울 것이다.

자본시장의 기능에 대한 일반 투자자의 신뢰는 자본시장 참여자들 사이에 형성될 수 있는 현실적이며 구체적인 인격적 신뢰가 아니므로, 내부자거래처벌조항의 근거로서 신뢰는 규범적·추상적 신뢰만이 가능하게 된다. 그렇다면, 내부자거래처벌조항은 이와 같이 규범적이며 추상적인 기능 신뢰를 형법에 의해 보호하지 않고서는 자본시장체계가 기능할 수 없다는 전제에 서 있는 것이다.

그러나 형법에 의한 기능신뢰의 보호는 정당화되기 어렵다. 왜냐하면 내부자거래 행위영역의 경우 앞서 살핀 바와 같이 행위규범을 발견하기 어렵고, 행위규범이 발견되지 않는 곳에서 단지 기능적 일탈만을 이유로 형벌이라는 가혹한 제재를 가하는 것은 생활세계에서 사회적 통합을 달성하는 형법의 임무에 비추어 불필요한 권력 작용일 뿐만 아니라 형벌을 가한다고 해서 기능적 일탈의 행위들이 통제될 것이라고 기대할 수도 없기 때문이다.

그럼에도 불구하고 내부자거래를 형사처벌한다면 그것은 결국 자본시장의 참여자에게 일종의 '진실을 말할 의무'를 부과하는 것이 된다. 그러나 이런 진실을 말해야 할 법적 의무는 일반 투자자는 물론이고 거래를 통해 일정한 이익을 획득하려는 의사를 갖고 있는 내부자에게도 설정될 수 없으며, 내부자거래금지에서 전제된 에토스는 현실에서는 반시장적인 것이라고 말할 수 있다.

또한 자본시장의 기능 신뢰를 보호하는 형법의 정당화과정에는 잘못된 이익형량적 사고가 작용하고 있다. 즉, 이들은 자본시장의 기능에 대한 신뢰의 보호를 통해 유지될 수 있는 자본시장의 기능(신뢰)이라는 '보편적 이익'과 내부자의 증권거래의 자유와 같은 시민의 구체적인 자유이익을 서로 저울질하여 기능 신뢰의 이익을 우월적인 이익으로 평가하고 형법에 의해 보호하려 한다. 그러나 이런 관점은 내부자의 증권거래의 자유를 심각하게 제한하는 것일 수 있다('과잉금지원칙'의 위반). 한편으로 우월적 이익으로 평가된 자본시장의 기능신뢰는 '규범적'이긴 하지만 반사실적인 그래서 '허구적'일 수도 있는 신뢰이익인 반면, 내부자의 증권거래의 자유는 '현실적'인 이익일 뿐만 아니라 더 나아가 '정당한' 이익일 수도 있기 때문이다.

Ⅱ. 서 평

자본시장법상 범죄행위로서 내부자거래의 보호법익 내지 규제목적은 일반적으로 자본시장의 공정성과 일반 투자자의 신뢰보호라는 사회적 법익으로 볼 수 있다. 자본시장의 존속을 가능하게 하고, 지속적으로 유지시키는 '공정성'의 핵심은 자본시장에 참여하는 일반 투자자들이 향유할 수 있는 투자정보 이용의 평등성에 있다고 볼 수 있으므로(2008, 37), 자본시장의 공정한 거래질서를 저해하는 측면에서 내부자거래가 내부자와 일반적인 투자자 사이에 정보의 불평등을 초래하는 점을 고려하면 이는 경제법적 의미에서의 불공정거래행위로 인정될 수 있다(2005, 164). 다만, 자본시장의 기능에 대한 일반 투자자의 신뢰를 내부자거래의 보호법익으로 보는 경우에도 복잡한 자본시장의 가격결정메커니즘을 고려할 때 자본시장의 기능에 대한 신뢰상실과 개별 내부자거래행위 간의 구체적인 인과성을 확인하기는 매우 어려운 점(2011, 120), 내부자거래는 자본시장에 공급되는 기업정보의 양을 증가시킴으로써 증권의 가격발견 기능을 통해 자본시장의 효율성 제고에 기여하는 측면이 있는 점 등을 고려하면,[3] 내부자거래행위에 대한 형법적 통제가 언제나 정당성을 갖는 것인지 의문을 가질 필요가 있다.

이상돈 교수는 내부자거래행위를 형사처벌하는 것은 내부자의 거래자유를 과도하게 제한하는 것일 수 있으므로, 내부자거래를 비범죄화하거나 그 규율영역을 엄격하게 제한할 필요가 있다고 한다. 이런 구상으로 이상돈 교수는 내부자거래를 예방하는 의무구성요건, 즉 자본시장법상 내부자거래 통제와 관련을 맺고 있는 공매도, 주식소유변동보고의무, 주식대량보유보고의무 그리고 공시의무 위반은 비범죄화 되어야 한다고 하며(2021, 155),[4] 이러한 내부자거래의 예방적 제도가 활성화된다면 내부자거래죄의 비범죄화는 그만큼 더 설득력을 갖게 될 수 있을 것이다.

3 Dennis W. Carlton & Daniel R. Fischel, "The Regulation of Insider Trading", Stanford Law Review, Vol.35, 1982, 869~872쪽.

4 내부자거래를 예방하는 단지 자본시장의 기능에 대한 잠재적 위험(내부자거래의 위험)을 관리하는 전형적인 행정법적 의무에 속하므로 그런 의무구성요건을 위반하는 행위는 행정권력 작용에 대한 단순 불복종행위(echt ungehorsames Verhalten)에 해당한다.

이렇게 내부자거래를 예방하는 제도가 발전하고 활성화되어도 남는 내부자거래에 대한 통제는 형법의 몫으로 남는다. 그러나 이상돈 교수는 그런 보충적인 내부자거래형법도 여전히 형법이론적으로는 그 정당성에 의문이 남는다는 점을 지적한다. 특히 내부자거래행위가 일반 투자자의 재산상의 손해와 같은 부정적인 결과를 야기할 수 있다는 점이 경험(과학)적으로 충분히 입증하지 못한 상태이기 때문에, 그런 상황에서는 '의심스러울 때에는 시민자유의 이익으로'(in dubio pro libertate) 원칙에 따라 비범죄화하는 것이 비례성원칙에 부합할 것이다. 이에 이상돈 교수는 내부자거래행위를 범죄화한 것은 시민의 자유이익에 불리한 법률실험(Gesetzesexperiment)[5]을 한 셈이며(2011, 146),[6] 내부자거래를 차단하는 구조개혁은 아직 충분하지 않기에 내부자거래처벌조항을 폐지하는 입법을 기대하기 어렵다면 내부자거래의 범죄구성요건이 폐지될 때까지만이라도 현행법을 목적론적 축소해석의 방법으로 그 적용범위를 제한하는 법정책이 감행될 필요가 있다고 한다.

이상과 같이 내부자거래에 관한 형법적 통제가 과연 정당성을 갖는 것인지 의문을 가질 필요가 있음에도 자본시장법 제443조는 내부자거래행위로 얻은 이익이나 회피한 손실액에 따라 형사처벌의 법정형을 다르게 정하고 있다.[7] 이는 가중적 양형규정이라고 볼 수 있는데, 자본시장법은 이 규정의 표지인 "이익 또는 회피한 손실액"의 산정방식에 관해서는 아무런 규정을 하고 있지 않다. 자본시장법 시행령이나 시행규칙도 마찬가지이다. 이득의 산정방식은 조사업무를 담당하는 금융당

---

5 Marxen, Strafgesetzgebung als Experiment? Gesetzesexperimente in strafrechtlicher Sicht, GA, 1985, 547쪽 아래.

6 "현행 내부자형법의 입법과정에서 내부자거래의 당벌성은 거의 논증되지 않았던 것으로 보임에도, 형사입법자가 내부자거래행위를 범죄화한 것은 시민의 자유(이익)에 불리한 법률실험을 한 셈이라고 평가할 수 있다"는 저자 의견.

7 자본시장법은 불공정거래행위 금지규정을 위반한 자를 상대로 형사제재를 부과함에 있어 그 법정형을 "위반행위로 얻은 이익 또는 회피한 손실액"과 연동시키고 있다(제443조).

국이나 법원의 해석에 맡겨져 있는 셈인데, 이는 내부자거래에 관한 형사절차에서 사법기관의 자의적 판단이 개입될 위험성이 높다는 것을 의미한다. 내부자거래의 통제에 있어 형법이 적절한 수단인지, 즉 내부자거래형법에서 형법의 보충성이나 책임원칙 또는 비례성원칙이 지켜질 수 있는지에 대한 의문이 남아 있는 이상, 내부자거래의 형사처벌과 직접적인 연관성을 가지는 이득액의 산정은 책임원칙과 과형균형원칙 및 비례성원칙에 맞게 신중하고 엄격하게 산정되어야 할 것이다.

32 탈세의 이중도덕의식과 법치국가적 조세형법

박 혜 림*

비평하는 저작

이상돈, 조세형법론, 세창출판사, 2009.

이상돈, "조세범칙조사 불승인결정 사건에 대한 공소제기와 공소권남용", 고려법학 76호, 2015.

Ⅰ. 이상돈 교수의 조세형법론

기업뿐만 아니라 연예인, 정치인 등의 공인에 대한 조세포탈행위에 대한 기사가 뜨면 댓글에는 이에 대한 강한 비난과 강한 처벌을 기대하는 내용이 많다. 특히 기업의 경우 대기업 중심의 구조에서 국가권력과 결탁한 불법 혹은 탈법 경영이 만연함에도 불구하고 적정한 규제를 받지 않는다는 국민들의 불신이 조세영역에서도 이어지는 것이다. 반면 일반 개인들의 조세납부는 강한 형사처벌을 통해서라도 지켜야 할 법익이라기보다는 어떻게든 회피하고 싶은 부담으로 인식된다. 이러한 시민들의 이중도덕의식을 이상돈 교수는 『조세형법론』(2008)을 통해 정확하게 분석하고 조세형법의 정당성이 확보되기 위해서는 국가법으로서의 민주적 정당성과 시민법으로서의 생활세계적 정당성이 서로 보완해

* 국회입법조사처 입법조사관, 법학박사, 미국변호사(New York).

주는 방향으로 변증되어야 한다고 말한다.

탈세의 이중도덕의식을 기반으로 법치국가적 조세형법을 구현시키기 위해서는 국가법과 시민법의 정당성에 대한 논의가 필요하다. 민주적 법치국가에서 헌법과 그에 따른 공식적인 입법 절차를 통해 형성된 법은 그 자체로 국가법으로서의 (민주적) 정당성을 가지게 된다. 조세형법 역시 국민으로서 납세의무를 규정한 헌법과 그에 따른 공식적인 입법 절차를 통해 정당하게 제정된 결과물이다. 한편, 근대국가나 국가형법 생성 전후와 관계없이 옳고 그름이 일상에서 경험되고 논의되어 시민들 스스로 이를 수용하게 되는 규범이 생기는 데 이는 시민법으로서 생활세계의 정당성을 가지게 된다. 이를 조세형법에 대입시키면, 조세형법은 국가법으로서 민주적 정당성을 갖추고 있으나 시민법으로서 자생적으로 형성되는 정당성이 약한 법률이다.

국민들은 국가의 재정을 마련하는 데 중요한 조세에 대하여 납세준수의식을 가지고 있는데 이는 앞에서 설명한 기업, 공인 등의 조세포탈 사건을 바라볼 때 투영되기 쉽다. 이를 국가법으로서의 조세형법에 대한 국민들의 인식이라고 할 수 있다. 한편, 국가권력의 조세정책에 항거하는 시민적 연대의식 역시 이중적으로 존재한다. 이는 시민법으로서의 조세형법에 관한 의식이라고 할 수 있다. 그리고 이러한 국가법과 시민법의 논의는 기존의 조세형법에서 논의되어 왔던 국고주의와 책임주의에 각각 대응될 수 있다. 국고주의에 따르면 조세형법은 국가의 필요에 의한 조세징수라는 목표 달성을 위한다는 행정범적 요소를 가지고 있다. 따라서 이에 따르면 형법상 책임원칙 구현보다는 조세징수의 효율성과 조세재정의 충실한 확보라는 목표 달성에 집중을 하게 된다. 이로 인해 조세정책이 형사처벌의 법정성보다 우위에 있게 만들게 된다. 반면 책임주의는 조세포탈은 공동체 유지를 파기시키는 사회 유해적인 행위라고 보고 조세정책의 합리성보다는 형사처벌의 법정성을 강조하게 된다.

조세형법의 정당성이 확보되기 위해서는 앞에서 언급한 국고주의와 책임주의 결합을 넘어선 변증이 필요하다. 조세형법은 생활세계적 정당성과 민주적 정당성을 동시에 창출할 수 있도록 국고주의와 책임주의가 서로 보완해줄 수 있는 방향으로 설계될 필요가 있다. 이를 고려하지 않고 조세포탈죄에 대하여 엄벌주의를 진행하고 집행의 결함이 생길 경우, 조세형법의 정당성은 제대로 달성될 수 없다.

이상돈 교수는 조세형법으로서 책임원칙이 관철되고 조세체계의 합리성이 충돌되지 않고 통합되기 위해서는 이를 조정하는 기제인 전속고발권을 활용해야 한다고 역설한다. 조세당국의 고발권 행사가 시민사회의 조세저항을 관리하고 정책적으로 설정하여 경제영역에 경직된 법적 정의의 논리가 무차별적으로 침투하는 것을 막는 역할을 수행할 수 있다고 본다.

조세형법의 정당성 확보가 실무적으로 이루어지기 위해서는 조세범 형사처벌의 적법절차성이 확보되어야 한다. 조세범죄에 대한 처벌은 통상적으로 세무조사, 범칙조사, 수사라는 단계적 절차를 거치게 된다. 조세범처벌법 제21조는 이 법에 따른 범칙행위에 대해서는 국세청장, 지방국세청장 또는 세무서장의 고발이 없으면 검사는 공소를 제기할 수 없다고 규정하고 있다. 즉, 일반적으로 세무조사, 범칙조사 후 필요에 따라 과세당국의 고발이 있고 이후 수사 및 검사의 공소제기가 이루어지게 된다. 조세범 형사처벌에 있어서 조세당국과 사법당국의 권한을 분배하는 규범의 형성을 이끌 수 있는 법원칙으로써 이중위험금지원칙과 수사의 목적달성과 수사방법 사이의 균형성을 요구하는 수사비례원칙이 관철되어야 한다.

조세범처벌법 제21조에 따라 국세청장, 지방국세청장 또는 세무서장의 고발이 없으면 검사는 공소를 제기할 수 없다. 따라서 세무조사, 범칙조사 후 징역형에 해당하는 불법성이 있다고 판단한 후 과세당국의 고발이 선행된다. 고발 이후 검사의 공소제기가 이루어지게 된다. 그러나 실무에서 특정범죄가중법상의 조세포탈죄에 대해서는 조세당국의 고발 없이 소추가 가능하다고 보아, 수사기관들이 세무조사, 범칙조사와 별개로 동시에 수사가 진행될 수 있다고 해석한다. 그러나 이는 조세당국과 사법당국으로 이분화되어 있는 조세범 형사처벌의 절차에 대한 수범자들의 신뢰를 저버리는 동시에 이들을 이중위험에 노출시킨다. 조세범처벌절차법 제15조 제3항은 "통고처분을 받은 자가 통고대로 이행하였을 때에는 동일한 사건에 대하여 다시 조세범칙조사를 받거나 처벌받지 아니한다"고 규정하고 있다. 헌법 제13조 제1항 후문을 "시민들의 자유이익의 최대화"라는 목적에 따라 해석할 경우 이중위험금지원칙으로 볼 수 있다. 그리고 조세범처벌절차법 제15조 제3항 역시 헌법 제13조 제1항 후문을 구체적으로 규범화한 것으로 본다면 이 역시 이중위험금지원칙에 적용을 받는다. 따라서 특가법상의 조세포탈죄에 해당하는 사안도 조세당국의 세무조사, 범칙조사 중 동시에 수사를 한다면 이는 이중위험금지원칙에 반할 여지가 있다.

다음으로 수사비례원칙을 관철시킬 필요가 있다. 세무조사 및 범칙조사는 단순한 행정조사가 아니라 행정적 수사의 성격을 가지기 때문에 세무조사 또는 범칙조사 중 동시에 수사가 전개된다면 이는 이중수사로서 범죄인지권남용금지라는 수사비례원칙에 위반이 될 수 있다. 이와 관련하여 법원은 세무조사 혹은 범칙조사 중인 사건에 대하여 수사가 동시에 진행될 수 있는지에 대하여 "고발가능성이 없는 상태 하에서 행하였다는 등의 특단의 사정이 없는 한" 강제수사가 가능하다고 해석한다. 그러나 고발가능성을 배제하는 특단의 사정이 부존재하는 지가 불확실한 경우에는 "의심스러울 땐 시민의 자유이익으로" 원칙을 적용하여 수사가 개시되어서는 안된다. 또한 이때 수사가 허용된다고 해석하더라도 강제수사를 허용하는 것은 지나친 기본권 제한으로 수사비례원칙에 반한다.

Ⅱ. 비평: 조세형법의 정당성 확보

270억 원대의 세금을 환급받은 소송사기죄 및 「특정범죄 가중처벌 등에 관한 법률」위반(조세포탈)죄 혐의로 기소된 롯데그룹 사장에 대해 법원이 무죄를 선고한 사건이 사회적 이슈가 된 바 있고, 최근에는 삼성 전 임원이 전자 회장의 차명계좌를 만들어 수십억 원대의 조세를 포탈한 혐의로 기소된 대표에게 1심에서 집행유예가 선고된 바 있다. 이처럼 조세포탈의 액수가 거액이고 사회적으로 이름 있는 기업의 조세포탈 사건들은 항상 국민들의 관심이 되어 왔다. 이러한 관심 속에 이루어진 수사기관의 집중수사에도 무죄 혹은 낮은 형량이 선고되는 경우, 국민들은 법이 부과한 조세를 납부하지 않은 기업에 대한 강한 비난과 더불어 강한 처벌을 부과하지 않는 사법부에 대한 불신을 가지게 된다. 반면, 자영업 또는 개인 사업소득자들의 조세포탈의 경우 국가의 조세채권을 침해하는 중대한 형사범이라는 인식보다는 조세 부담을 감면하려다가 운이 없이 걸리게 되었다는 시선으로 바라보기 쉽다. 심지어 고위공직자들의 인사청문회에서도 부동산거래 이중계약, 종합소득의 과소신고 등의 크고 작은 조세범죄들은 당시 모든 이들이 했던 관행이라는 이유를 비난을 피하고자 한다. 이는 우리 사회를 구성하는 개인 차원에서는 조세 포탈이 비난의 대상이라기보다는 최대한 회피해야 하는 부담이라는 것을 보여준다. 이상돈 교수는 이러한 이중도덕의식을 정확하게 분석하고 이를 조세형법이 가지는 국가법과 시민법 측면과 국고주의와 책임주의로 각각 대응하여 설명한다.

조세형법의 정당성이 확보되기 위해서는 저자가 언급했듯이 이중도덕의식에 기반하여 조세범죄들을 행위의 불법성(행위반가치와 결과반가치 두 측면에서)에 따라 유형화시키고 생활세계적 정당성이 약한 조세질서범 및 조세포탈의 전단계 범죄들을 비범죄화시킬 것이 바람직하다고 본다. 또한 조세포탈 범죄에 속하더라도 단순히 포탈세액의 규모에 따라 가중처벌하여 최대 무기까지 가능하도록 하는 특정범죄가중법 제8조 제1항은 순수한 결과 불법성만을 기준으로 형사책임을 부과한 점에서 책임주의에 반한다고 보는 지적은 타당하다. 특히 포탈세액이라는 계량적 수치만으로 가중처벌을 규정하는 것은 법관의 양형(선고된 형량)에 이르게 되는 논증 자체를 방해하는 기제가 될 수 있다고 본다. 특정범죄가중법 제8조 제2항에서 규정한 벌금형의 필요적 병과 역시 책임원칙에 반할 여지가 있고 법관의 양형재량권을 침해하는 요소가 강하다고 생각한다. 그러나 이와 관련하여 헌법재판소는 저자가 분석한 특정범죄가중법 제8조 제1항의 합헌결정[1](2005년)에서 사용한 동일한 논리로 특정범죄가중법 제8조의2에 대해서 합헌결정을 내린 바 있다.[2] "일정액 이상의 무거래 세금계산서 수수행위에 대한 가중처벌과 조세포탈액의 2배 내지 5배에 달하는 벌금의 병과는 그 위법성과 비난가능성의 정도를 높게 평가하여 징벌의 강도를 높이고자 한 입법자의 결단으로서 조세 관련 범죄의 성격과 불법적 이익의 박탈 필요성, 구체적 사안에서 작량감경이나 선고유예가 가능한 점에 비추어 보았을 때, 입법재량을 벗어나거나 법관의 양형재량의 범위를 과도하게 제한한다고 할 수 없다"고 본 것이다. 그러나 위법성과 비난가능성을 순수한 결과불법(액수)에만 의존했다는 점, 법정형에 대한 입법자의 결단이라는 결론 아래 형법상 책임원칙과 헌법상 비례원칙(과잉금지원칙)에 대한 논증 자체가 제대로 이루어지지 않았다는 점에서 비판이 가능하다고 생각한다.

이상돈 교수는 국고주의와 책임주의의 장점들을 선별하는 변증과정에서 조세형법상의 책임원칙, 법률의 착오 등 형법총칙의 철저한 적용으로 책임주의를 관철해야 한다고 주장한 바 있다. 이는 2010년 조세범처벌법 전부개정에서 어느 정도 이루어졌다는 점에서 바람직하다고

1 헌법재판소 2005. 7. 21. 선고 2003헌바98 결정.
2 헌법재판소 2013. 12. 26. 선고 2012헌바217 결정.

보여진다. 이때 벌금형 경합가중 규정을 제외하고 책임능력, 법률의 착오, 종범의 형 감경 등이 포함된 총칙 적용배제는 삭제되었다. 또한 이상돈 교수는 조세당국이 체계적인 가이드라인을 마련하여 각 유형들마다 처벌의 수위를 납세자들의 납세동기를 유지하고 높이는 방향으로 조절하는 합리적 통제를 마련할 수 있다고 보았다. 이를 통해 조세당국의 전문성 구현 뿐만 아니라 국가법으로서의 정당성을 확보할 수 있다고 보았다. 전속고발권이 바로 이러한 합리적 통제이자 사법체계와 조세체계의 통합 기제로 역할을 수행하는 것이라고 생각된다. 그러나 현실에서는 국세청의 전속고발권과 유사한 형태의 공정거래위원회의 전속고발권 폐지를 담은 법안들이 국회에 지속적으로 발의되고 있고 대선 주자들의 정책 중 하나로 전속고발권 폐지가 항상 논의되고 있다. 이는 조세에 대한 강력하고 틈새 없는 형벌권 행사를 구현하겠다는 정치적 의지를 보여준다. 그러나 이는 형법적 정의를 조세정책의 합리성(전문성)의 우위에 놓아 조세형법의 정책적 합리성을 지나치게 훼손할 수 있다는 측면에서 우려가 된다.

이상돈은 이후 조세당국의 불승인 결정을 받은 사건에 대한 검사의 공소제기의 효력에 대한 연구(2015, 193)를 통해 다시 한번 조세형벌에 있어서 기능 분화 및 체계 통합을 정확하게 보여준다. 조세에 대한 규제는 과세당국과 사법당국에 의해 이루어진다. 과세당국은 조세 관련하여 전문성을 가지고 조사 후 범칙사건의 심사를 수행한다. 그리고 지방국세청장과 국세청은 징역형에 해당된다고 판단 시 고발권을 행사하여 형사사법기관으로 그 행위에 대한 규제가 이전되는 구조이다. 이는 기관 간의 기능 분화 및 조세체계와 사법체계의 통합을 의미하는 것이라고 볼 수 있다. 따라서 과세당국의 불승인 결정에 대한 검사의 무제한적 공소제기가 가능하다면, 이러한 기능간의 분화에 대한 신뢰 뿐만 아니라 조세체계의 합리성과 전문성 판단을 무시하는 것이 될 수 있다는 것이다.

이와 관련하여 수사 실무의 큰 변화인 검·경 수사권 조정을 담은 형사소송법과 검찰청법 개정안이 통과되면서 조세범 처벌 절차(특히 국세청과 검찰의 기능적 분화)에 영향을 줄지 여부가 논의될 필요가 있다고 본다. 물론 검찰청법상 검찰의 직접 수사권 대상에 경제범죄가 포함되어 있기 때문에 검찰 관련 사항을 경찰에게 이전 할 가능성은 낮다고 보여진다. 그러나 장기적으로 국세청에 주어진 전속고발권 폐지와 함께 국세청 내 탈세범 전담부서가 생길 수 있다는 예측도 조심스레 나오고 있다. 따라서 검·경 수사권 조정과 관련하여 조세체계와 사법체계의 통합이나 기능 간의 분화에 대한 신뢰가 유지되는 방향으로 실무적 개선이 다시 한번 필요할 것으로 보인다.

마지막으로 이상돈 교수님의 조세형법론에 대한 서평을 쓰게 되어 무한한 영광이자, 교수님의 이론에 누가 되지 않을까 조심스러운 마음이다.

이상돈 교수 저작목록*

Ⅰ. 단행본

0. 형법상 책임범주의 탈형이상학화, 합리화, 고려대 석사학위논문, 1986.
1. Wortlautgrenze, Intersubjektivität und Kontexteinbettung, Frankfurter kriminalwissenschaftliche Studien, Bd.35, Frankfurt/NewYork, 1992.
2. 형법의 근대성과 대화이론, 홍문사, 1994.
3. 형사소송법 사안풀이와 법치국가, 태진사, 1995.
4. 형사소송법(2인 공저), 홍문사 1996; 제2판, 1997; 제3판, 1999; 제4판, 2001; 제5판, 2003; 제6판, 2004; 신형사소송법(3인 공저), 2008; 제2판, 2009; 신형사소송법(4인 공저), 제2판, 2016.
5. 법이론. 법인식의 사회적 지평과 근대성, 박영사 1996; 제2판, 1997; 새로쓴 법이론, 세창출판사, 2005.
6. 법학입문, 제1판, 박영사, 1997; 로스쿨을 위한 법학입문, 법문사, 2009; 제5판, 법문사, 2017.
7. 형사소송원론. 형사소송의 근대성과 대화이론, 법문사, 1998.
8. 형법정책(2인 공동편역), 세창출판사, 1998.
9. 의료형법. 의료행위의 법제화와 대화이론, 법문사, 1998.
10. 형사소송법연습, 법문사, 1999; 제2판, 2001.
11. 형법학, 법문사, 1999.
12. 법률해석의 한계(5인 공저), 법문사, 2000.
13. 법사회학(이상돈·홍성수), 박영사, 2000.
14. 의료체계와 법. 의료보험, 의약분업, 의료분쟁해결의 법철학적 성찰, 고대출판부, 2000.
    (★ 2002년 대한민국학술원 우수학술도서 선정)
15. 사례연습 형사소송법, 법문사, 제2판, 2001; 제3판, 2004.
16. 치료중단과 형사책임. 의료와 법의 합리적 소통과 책임귀속, 법문사, 2002.
    (★ 2004년 대한민국학술원 우수학술도서 선정)
17. 대화이론과 법(이상돈 편역), 법문사, 2002.
    (★ 2005년 대한민국학술원 우수학술도서 선정)

* 저작목록은 2022.6.을 기준으로 작성된 것임.

18. 법철학. 법, 이성, 사회, 법문사, 2003.
19. 생명공학과 법. 생명의 공학화와 생명문화의 절차적 재생산, 아카넷, 2003.
(★ 2003년 문화관광부 우수학술도서 선정)
20. 욕망을 행복을 낯설게 한다. 모더니즘의 행복론, 연극과 인간, 2003.
21. 부실감사법, 법문사, 2004.
22. 헌법재판과 형법정책, 고려대출판부, 2005.
(★ 2005년 문화관광부 추천도서[학술부문] 선정)
23. 법문학(이상돈·이소영), 신영사, 2005.
24. 윤리경영과 형법, 신영사, 2005.
25. 인권법, 세창출판사, 2005.
(★ 2006년 대한민국학술원 우수학술도서 선정)
26. 정치와 형법(이상돈·주현경 공역), 세창출판사, 2005.
27. 부실감사판례연구, 법문사, 2006.
28. 문헌연구 포스트모더니즘과 법(이상돈·이소영·민윤영·정채연), 세창출판사, 2006.
29. 공익소송론, 세창출판사, 2006.
30. 시민운동론, 세창출판사, 2007.
31. 부실감사법, 법문사, 2007.
(★ 2008년 문화관광부 우수학술도서 선정)
32. 기초법학, 법문사, 2008; 제2판, 2010.
33. 법미학, 법문사, 2008.
(★ 2009년 대한민국학술원 우수학술도서 선정)
34. 기업윤리와 법(이상돈·지유미·박혜림), 법문사, 2008.
35. 조세형법론, 세창출판사, 2009.
36. 수가계약제의 이론과 현실, 세창출판사, 2009.
37. 의료법강의(이상돈·김나경), 법문사, 2009; 제4판, 2020.
38. 법정신분석학입문(이상돈·민윤영), 법문사, 2010.
39. 형법강의, 법문사, 2010.
40. 공정거래형법, 법문사, 2010.
(★ 2010년 대한민국학술원 우수학술도서 선정)
41. 증권형법, 법문사, 2011.
42. 경영과 형법, 법문사, 2011.
43. 법의 춤, 법문사, 2012.
(★ 2013년 대한민국학술원 우수학술도서 선정)

44. 미술비평과 법, 법문사, 2013.
(★ 2014년 문화관광부 우수학술도서 선정, 2014년 세종도서학술부문)
45. 의약품공급계약과 사적 자치. 의약품 대금결제기한을 강제하는 법률(안)의 위헌성과 대안의 설계, 세창출판사, 2014.
46. 예술형법, 박영사, 2014.
47. 경영판단원칙과 형법. 체계간 원칙(intersystemic principle)으로서 경영판단원칙의 기능과 형사법에서의 적용문제들, 박영사 2015.
48. 원내조제분업의 법리, 세창출판사 2015.
49. 형법강론, 박영사 2015; 제2판, 2017; 제3판, 2020.
50. 법의 깊이, 법문사, 2018.
51. 법의 예술, 법문사, 2020.
52. 자본시장형법(이상돈 · 조영석), 박영사, 2021.

Ⅱ. 전문학술논문

1. Gesetz und Lebenswirklichkeit (Rezension), ARSP 1991, Bd.2, S.279ff.
2. 고도산업사회에서 사적 데이타의 보호와 증거금지법칙, 판례연구, 제5집, 고려대 법학연구소, 1991, 259~293쪽.
3. 법관의 말행위와 올바른 법, 저스티스, 1992, 제25권 제2호, 155~175쪽.
4. 형법상 유추금지의 대화이론적 재구성, 형사법연구, 제5집, 1992, 1~21쪽.
5. 형사소송에서 항소심과 상고심의 공판형태, 안암법학, 창간호, 1993, 338~370쪽.
6. 고도산업사회와 고의귀속의 절차적 지평, 현대법학의 현대적 과제, 법문사, 1993, 81~96쪽.
7. “위험한 물건을 휴대하여”의 해석에서 법정책의 지평, 판례연구, 제6집, 고려대 법학연구원, 1994, 211~227쪽.
8. 법익보호원칙-근대형법의 신화인가 이성인가? 형사정책연구, 1994, 봄호, 173~214쪽.
9. 형사소송에서 논증의무조절과 이성적 법정책. 공판조서와 판결서작성의 편의주의적 간소화에 대한 비판, 법과 사회, 1994, 상반기, 162~183쪽.
10. 법인식의 사회적 지평과 근대성, 현대비평과 이론, 제8권, 1994, 127~140쪽.
11. 간이공판의 법정책-공판의 식민지화인가 합리화인가?, 안암법학, 제2호, 1994, 401~419쪽.

12. 법률해석-말놀이에의 구성적 참여, 저스티스, 제27권 제2호, 1994, 177~193쪽.
13. 법체계의 정합성과 법적 논증의 정합성원칙, 법 및 사회철학 한국학회 편, 법철학과 사회철학, 제4집, 1994, 29~53쪽.
14. 상소심에서 심판대상의 제한과 "의심스러울 때에는 자유의 이익으로"(in dubio pro libertate)-원칙, 형사법연구, 1995/1996, 163~177쪽.
15. 일사부재리의 효력범위와 적대적 범죄투쟁, 판례연구, 제7권, 고려대 법학연구원, 1995, 215~239쪽.
16. 법률적 삼단논법의 인식론적 오류, 안암법학, 제3집, 1995, 1~28쪽.
17. 법률해석의 해석학적 구조와 논증의무, 고려대 법학논집, 1995, 305~338쪽.
18. 법인식론의 실천적 과제, 현대법철학의 흐름, 법문사, 1996, 한국법철학회편, 183~212쪽.
19. 형사소송의 사실인정에서 인식, 이론, 현실 그리고 정책, 법실천의 제문제, 법문사, 1996, 431~476쪽.
20. 하버마스의 법이론, 하버마스의 사상, 나남출판사, 1996, 231~256쪽.
21. 의사의 과실과 객관적 귀속, 판례연구, 고대법학연구원, 1996, 123~147쪽.
22. 정보보호와 형사절차, 저스티스, 제29권 제1호, 1996, 68~94쪽.
23. 법치국가 형사소송의 침윤, 고려대 법학논집, 제32집, 1996, 53~89쪽.
24. 형법해석의 한계, 저스티스, 제29권 제2호, 1996, 7~37쪽.
25. 안락사와 의사의 생명유지의무, 대한법의학회지, 제20권 제2호, 1996, 105~108쪽.
26. 의료행위의 법제화와 형법. 의료분쟁조정법안의 기본구상에 대한 법사회학적 비판, 형사정책연구, 1997, 봄, 153~185쪽.
27. 의사의 진료거부와 응급의료거부, 법학논집, 제33집, 1997, 467~502쪽.
28. 여성주의와 형법, 인권과 정의, 1997년 11월호, 72~89쪽.
29. 죄형법정주의의 현대적 의의, 법치국가와 형법, 홍문사, 1998, 137~164쪽.
30. 의사와 간호사 사이의 분업과 책임의 분할, 판례연구, 제9집, 고려대 법학연구원, 1998, 253~284쪽.
31. 책임의 개인적 귀속과 형법의 관할영역, 형사정책연구, 1998, 여름호, 91~124쪽.
32. 응급의료의무, 대한의학협회지, 제41권 제7호, 1998, 702~706쪽.
33. 환자 측의 진료거부와 의사의 의무, 대한법의학회지, 제22권 제2호, 1998, 95~99쪽.
34. 뇌사-죽음 개념의 합리화인가 기능화인가?, 인권과 정의, 제267호, 1998, 70

~85쪽.

35. 인과성 개념의 비판적 기능, 고려대 법학논집, 제34집, 1998, 359~403쪽.
36. 뇌사와 인권, 법철학연구, 제2권, 1999, 251~270쪽.
37. 의사의 법적 책임과 윤리적 책임, 임상윤리학, 서울대학교출판부, 1999, 127~135쪽.
38. 환자 측의 수혈거부 문제의 법적 측면, 대한법의학회지, 제23권 제1호, 1999, 99~104쪽.
39. 단체협약위반죄의 위헌여부, 저스티스, 제32권 제3호, 1999, 176~193쪽.
40. 보라매병원사건에 대한 법이론적·법정책적 분석, 한국의료법학회지, 제6호, 1999, 91~102쪽.
41. 내부자거래의 시장유해성과 시장의 형법비친화성(이상돈·임철희), 형사정책연구, 1999년, 겨울호, 101~131쪽.
42. 안락사의 절차적 정당화, 한일법학, 제18집, 1999, 375~390쪽.
43. 의료의 자율성과 법의 정당성. 의료보험과 의약분업의 제도 개혁에 대한 법이론적 분석, 고려대 법학논집, 제35집, 1999, 231~277쪽.
44. 중지미수에서 자의성의 기호론적 재구성, 저스티스, 제33권 제1호, 2000, 111~136쪽.
45. 신용카드체계의 위험분배와 형법정책, 자기신용카드의 부정발급과 사용의 범죄화정책에 대한 비판, 형사정책연구, 2000년 여름호, 115~145쪽.
46. 부실감사의 형사책임, 안암법학, 2000년 상반기, 통권 제11호, 106~140쪽.
47. 해킹, 컴퓨터바이러스 등에 대한 형법정책의 방향, 정보와 통신, 통권 제501호, 2000, 19~21쪽.
48. 의약분업과 법정책, 인권과 정의, 제289호, 2000, 146~158쪽.
49. 의료시장체계의 법제화방향, 법제, 2000년 12월호, 3~18쪽.
50. 법을 통한 보건과 의료의 통합? 보건의료기본법의 체계기획에 대한 비판과 전망, 고려법학, 제36호, 2001, 119~154쪽.
51. 시민불복종운동-논쟁, 이론, 개념, 법제화, 법치국가와 시민불복종, 법문사, 2001, 91~146쪽.
52. 시민단체와 시민불복종운동, 인권과 정의, 2001년 7월호, 93~111쪽.
53. 혈액압수와 정보지배권, 저스티스, 제34권 제4호, 2001, 213~238쪽.
54. 의료파업의 법적 문제, 안암법학, 제13호, 2001, 179~206쪽.
55. 부실회계감사와 법, 고려법학, 제37호, 2001, 95~147쪽.
56. 생명공학과 법: 민주적 법치국가에서 생명공학법의 미래, 생명과학과 인류의 미래, 호남신학대학교출판부, 2001, 157~201쪽.

57. 정보화사회에 대비한 형사법적 대응(이상돈 외 3인), 비교형사법연구, 제3권 제2호, 2001, 31~60쪽.
58. 해킹의 형법적 규율방안, 법조, 2002년 3월호, 통권 546호, 86~121쪽.
59. 법이론-철학과 정책 사이에, 고려법학, 제38호, 2002, 129~160쪽.
60. 보건의료영역의 법정책, 법제연구, 통권 제22호, 2002, 153~176쪽.
61. 형사법분야의 법령용어 및 문장구조의 문제점과 개선방향, 형사입법과 언어, 한국법제연구원, 2002, 33~73쪽.
62. 형법학방법론, 연세대 법학연구, 제12권 제2호, 2002, 65~85쪽.
63. 전문법-이성의 지역화된 실천, 고려법학, 제39호, 2002, 113~151쪽.
64. 사형폐지-성숙한 법문화의 과제, emerge 새천년, 2002년 3월호, 60~69쪽.
65. 신용카드체계의 위험분배와 법정책, 여신금융, 제3호, 2002, 4~17쪽
66. 소송지휘권의 범위와 한계, 시민과 변호사, 2003년 7월호, 48~51쪽.
67. 경영실패와 경영진의 형사책임, 법조, 2003년 5월호, 통권 560호, 61~99쪽.
68. 법과 한국어, *之岸* 김기수 교수 정년기념 논문집, 법률출판사, 2003, 240~261쪽.
69. 무면허의료행위죄-현황, 구조, 한계, 대안, 고려법학, 제40호, 2003, 155~172쪽.
70. 합동범과 공동범의 해석정책, 저스티스, 통권 제73호, 2003, 95~116쪽.
71. 소송지휘권과 민주사법, 고려법학, 제41호, 2003, 119~130쪽.
72. 공정거래질서와 형법정책, 법제연구, 통권 제25호, 2003, 167~195쪽.
73. 법에서 언어란 무엇인가? 철학과 인접학문과의 대화, 2004, 426~452쪽.
74. 피부치료의 미용성과 피부미용의 치료성. 무면허의료행위죄의 이데올로기 해체와 합리적 재구성, 대한피부과학회지, Vol.42, No.2, 2004, 131~137쪽.
75. 생명공학법: 윤리와 공학 사이에, 현상과 인식, 통권 제92호, 2004, 13~29쪽.
76. 세계화에 따른 법문화의 변화와 법정책의 과제(이상돈·Klaus Günther·변종필), 법철학연구, 제7권 제1호, 2004, 7~38쪽.
77. 부실감사책임 — 과잉규제와 탈규제 사이에, 규제연구, 제13권 제1호, 2004, 73~99쪽.
78. 하버마스의 인권이론(이상돈·홍성수), 고려법학, 제42호, 2004, 71~95쪽.
79. 헌법재판과 형법정책, 형사정책연구, 제15권 제3호, 2004, 157~191쪽.
80. 부부강제추행과 법정책. 소유적 성형법에서 대화적 성형법으로의 변화 필요성, 시민과 변호사, 2004년 10월호, 23~27쪽.
81. 의료법의 패러다임변화, 고려법학, 2004, 145~164쪽.

82. 성매매의 범죄화와 인권침해, 시민과 변호사, 2004년 12월호, 18~22쪽.
83. 의학적 충고에 반한 퇴원에서 의사의 형사책임, 판례실무연구(Ⅶ), 2004, 133~163쪽.
84. 의료법의 구성원리-계약에서 대화로, 계간 醫文化, 2004 여름호, 22~26쪽.
85. 공익소송과 인권실현, 기업소송연구, 2004, 2005, 265~285쪽.
86. 부실감사죄의 형법정책과 헌법재판의 방향, 저스티스, 2005년 2월호, 통권 제83호, 198~221쪽.
87. 근대적 인권 개념의 한계, 고려법학, 제44호, 2005, 101~139쪽.
88. 수혈거부와 무수혈치료의 법적 책임, 환자의 권리와 무수혈 치료, 학영사, 인권총서 1, 2005, 121~149쪽.
89. 민주적 법치국가와 대법관 인사의 원칙, 고려법학, 제45호, 2005, 53~74쪽.
90. 주가조작의 형사책임, 저스티스, 통권 제89호, 2006, 87~109쪽.
91. 의료사고형사처벌특례, 어떻게 볼 것인가? 의료현장 법과 윤리, 2006.
92. 공론의 마비 속에서 배아복제의 합법화? 고려법학, 제46호, 2006, 83~106쪽.
93. Legalizing embryo cloning in the midst of a paralyzed public discourse, KIATS, Theological Journal, Vol. II, No. 1, 2006, 54~73쪽.
94. 사실인정의 이론과 실제, 공판절차에서 마당적 이해의 실현, 사실인정 방법론의 정립, 재판자료 제110집, 2006, 5~26쪽.
95. 정보이용동의-정보적 자기결정의 새로운 차원(이상돈·전현욱), 고려법학, 제47호, 2006, 87~122쪽.
96. 변화 속의 한국법학, 어디로 가고 있나? 지식의 지평, 창간호, 2006, 127~157쪽.
97. 노동형법과 헌법질서, 형사정책연구, 2006년 겨울호, 103~132쪽
98. 사형폐지론의 이론과 정책, 김일수 교수 화갑기념논문집, 2006, 692~718쪽.
99. 법문학이란 무엇인가?-법문학을 통한 법적 정의의 실현가능성에 대한 시론, 고려법학, 제48호, 2007, 59~82쪽.
100. 헌법재판의 법이론적 전망, 법철학연구, 제10권 제1호, 2007, 27~50쪽.
101. 현대적 형사사법에서 공판개혁의 방향, 사법, 창간호, 2007, 83~106쪽.
102. 법문학비평의 개념, 방법, 이론, 실천(이상돈·이소영), 안암법학, 통권 제25호, 2007, 391~428쪽.
103. "Zur Strafbarkeit des Arztes bei Abbruch der medizinischen Behandlung auf Wunsch des Patienten", Jahrbuch für Recht und Ethik, Band 15, 2007, 437~455쪽.

104. 간호진단, 직능재조정인가 간호전문화인가?, 의료정책포럼, 2007, 제5권 제2호, 107~115쪽.
105. 공정거래법상의 독점규제에 관한 동의명령과 입법정책상 쟁점(이상돈·지유미), 기업소송연구, 2007, 127~147쪽.
106. 의료법의 개혁방향, 고려법학, 제50호, 2008, 267~295쪽.
107. 차입에 의한 기업인수(LBO)와 배임죄, 경제법연구, 제7권 제1호, 2008, 171~194쪽.
108. 의료개념의 법사회학적 구성, 영남법학, 제27호, 2008, 101~128쪽.
109. 형사사법의 세 가지 지층과 피해자의 지위, 피해자학연구, 제17권 제1호, 2009, 33~55쪽.
110. 대학교육방법의 개선방향(이상돈·김나경), 고려법학, 제53호, 2009, 1~35쪽.
111. Der Einfluss von Winfried Hassemers Konzept des szenischen Verstehens auf die Strafprozessreform in Südkorea, Festschrift für Winfried Hassemer, Heidelberg, 2010, 1103~1117쪽.
112. 현행 분쟁해결제도의 문제점과 개선과제-언론중재를 예로 본 법철학적 분석(이상돈·양천수), 언론중재, 제30권 제1호, 2010, 8~20쪽.
113. 시장지배지위남용의 형법적 적정규제, 영남법학, 제31호, 2010. 27~61쪽.
114. 본인이 동의하여 직접 부담하는 진료행위(임의비급여)를 사회보험체계에서 적용하는 방법에 관한 연구(이상돈 외 3인), 대한의사협회지, 2011년 3월호, 332~341쪽.
115. 춤으로서 법의 기호론적 의미, 고려법학, 제62권, 2011, 93~130쪽.
116. 고대 법철학, 고대법학 100년과 한국법의 발전, 고려대학교 출판부, 2012, 제12장.
117. 배임죄 해석론의 지평-정책, 해석, 이론, 김일수 교수 정년퇴임기념 논문집, 2012.
118. 국제거래분쟁에서 강제집행면탈죄의 초국가적 확장, 고려법학, 제64권, 2012, 521~556쪽.
119. 전환사채의 저가발행을 통한 경영권 승계의 배임성, 형사정책연구, 통권 제90호, 2012, 5~40쪽.
120. 국민건강보험법상 상대가치점수 직권 조정의 합법성에 대한 법이론적 분석, 고려법학, 제65권, 2012, 31~67쪽.
121. 예술과 형법의 상호형성관계, 고려법학, 제68호, 2013, 357~384쪽.
122. The Legal development in Korea: juridification and proceduralization

(Sangdon Yi and Sung Soo Hong), Law and Society in Korea, Edward Elgar Publishing Limited, 2013, 108~128쪽.

123. 정의의 아포리아(aporia)와 형의 유예제도에 대한 법문학적 이해. 카뮈의 <손님>을 예로 하여(이상돈·박명화), 고려법학, 제72호, 2014, 209~252쪽.
124. 형법상 경영판단원칙의 지평확대, 고려법학, 제74호, 2014, 253~287쪽.
125. 건강보험제도의 민주화, 의료정책포럼, Vol.12, No.1, 2014, 18~23쪽.
126. 조세범칙조사 불승인결정 사건에 대한 공소제기와 공소권 남용, 고려법학, 76호, 2015, 193~226쪽.
127. 소통적 합리성과 법관상의 변화. 법해석의 합리성을 중심으로, 법철학연구, 제19권 제1호, 2016, 61~98쪽.
128. 네트워크 의료기관 경영의 법적 허용과 그 한계, 영남법학, 제42집, 2016, 255~284쪽.
129. 자율주행자동차의 윤리화의 과제와 전망(이상돈·정채연), IT와 法연구, 제15집, 2017, 281~325쪽.
130. 공감의 법. 공감법의 현상, 개념, 정당성, 미래, 법적 이슈 공감하기 2017, 세창출판사, 2017, 15~31쪽.
131. 영구전환사채의 발행과 차액정산계약의 형법적 한계, 고려법학, 제91호, 2018, 69~114쪽.
132. 법윤리와 집행유예의 양형, 법적 이슈 공감하기 2018, 세창출판사, 2018, 13~27쪽.
133. 나르시시즘의 법, 법철학연구, 제22권 제3호, 2019, 157~190쪽.
134. 회화제작의 예술적 자유와 회화거래의 형법적 한계, 형사정책연구, 제31권 제3호, 2020, 1~36쪽.
135. 화해와 평화의 법. 성찰적인 자유민주적 법치국가에 대한 소묘, 인간연구, 제43호, 2021, 83~124쪽.

Ⅲ. 전문잡지논문

1. 사건의 동일성에 대한 비판적 검증, 고시연구, 1985년 5월호, 6월호.
2. 간이공판절차, 성폭력범죄특별법 등에 의한 간이공판확대의 문제점, 고시연구, 1994년 10월호, 169~181쪽.
3. 신용카드의 절도와 사기, 고시연구, 1995년 1월호, 123~145쪽.

4. 공소장변경의 허용범위와 일사부재리의 효력범위, 고시연구, 1995년 9월호, 141~149쪽.
5. 위험한 물건을 휴대하여의 해석, 고시계, 1995년 3월호, 118~126쪽.
6. 경합범과 일부상소, 법정고시, 1996년 5월호, 128~136쪽.
7. 이혼소송과 간통고소의 효력, 고시연구, 1996년 6월호, 138~146쪽.
8. 축소사실과 법원의 직권심판, 고시계, 1996년 9월호, 185~194쪽
9. 개정형사소송법상의 공판절차의 반법치국가성, 법정고시, 1996년 11월호, 55~74쪽.
10. 협상에 의한 자백의 증거능력과 증명력, 고시연구, 1996년 12월호, 131~140쪽.
11. 의사의 과실과 규범의 보호목적, 법정고시, 1997년 3월호, 24~32쪽.
12. 죄형법정주의의 현대적 의의(I,II), 고시계, 1997년 7월호, 114~129쪽, 9월호, 113~122쪽.
13. 형사소송상 사건개념의 재해석, 고시계, 1997년 8월호, 31~45쪽.
14. 성명모용소송, 고시연구, 1997년 10월호, 211~218쪽.
15. 증거신청기각과 기피신청, 법정고시, 1997년 11월호, 115~126쪽
16. 강제집행에 직면한 재산의 은닉과 압류된 재산의 이용, 고시계, 1997년 11월호, 143~153쪽.
17. 분업과 신뢰의 원칙 및 형사책임의 제한, 고시계, 1998년 1월호, 172~189쪽.
18. 공동피고인의 증언거부와 피의자신문조서의 증거사용, 고시연구, 1998년 1월호, 192~203쪽.
19. 법원의 심판의무와 불고불리원칙, 법정고시, 1998년 2월호, 144~158쪽.
20. 일부상소와 공동피고인을 위한 파기, 고시연구, 1998년 3월호, 178~189쪽.
21. 위험증대이론, 고시계, 1998년 4월호, 185~195쪽.
22. 증거의 채택, 법정고시, 1998년 4월호, 47~59쪽.
23. 의료와 살인, 고시계, 1998년 6월호, 67~80쪽.
24. 재심사유로서 증거의 신규성과 명백성, 고시계, 1998년 7월호, 50~58쪽.
25. 누락기소와 공소권남용, 고시연구, 1998년 7월호, 55~66쪽.
26. 결과의 객관적 귀속, 고시연구, 1998년 10월호, 105~118쪽.
27. 자기신용카드의 부정발급사용, 고시계, 1998년 11월호, 110~123쪽.
28. 강간치상죄의 성립요건, 고시계, 1999년 8월호, 56~67쪽.
29. 항소심에서 공소장변경에 따른 관할의 변경과 재판받을 권리, 고시연구, 2000년 4월호, 136~148쪽.

30. 방화행위의 중지미수, 고시연구, 2000년 5월호, 160~172쪽.
31. 신용카드체계와 형법적 위험예방, 고시계, 2000년 8월호, 41~56쪽.
32. 환경범죄의 구조, 고시연구, 2000년 8월호, 92~108쪽.
33. 공동피의자진술의 증거사용, 고시계, 2000년 10월호, 152~165쪽.
34. 강제채혈과 혈액압수의 적법성과 증거배제, 고시연구, 2001년 2월호, 93~112쪽.
35. 형사소송법상 사건개념, 고시계, 2001년 3월호, 71~88쪽
36. 강제채액의 유형과 허용요건, 고시계, 2001년 5월호, 79~85쪽
37. 법학방법론, 고시계, 2002년 6월호, 6~23쪽.
38. 공소취소 후 재수사와 재기소의 적법성, 고시계, 2002년 9월호, 179~187쪽.
39. 주식공모사기, 고시연구, 2002년 10월호, 101~112쪽
40. 불요증사실, 고시계, 2002년 11월호, 17~26쪽.
41. 교사범, 고시계, 2003년 3월호, 48~61쪽
42. 죄형법정주의, 고시계, 2003년 8월호, 42~61쪽
43. 증인신문사항, 고시계, 2003년 9월호, 99~106쪽.
44. 제45회 사법시험 및 군법무관 채점평, 고시연구, 2004년 1월호, 208~208쪽.
45. 공범과 정범의 구별, 고시계, 2004년 2월호, 39~47쪽.
46. 간접정범, 고시계, 2004년 2월호.
47. 공판조서의 증거법적 의미, 고시연구, 2004년 6월호, 275~284쪽.
48. 공범과 신분, 고시계, 2005년 2월호, 49~62쪽.
49. 증인의 진술과 증거능력, 고시연구, 2005년 5월호, 107~116쪽.
50. 조서재판과 공판중심주의, 고시계, 2005년 6월호, 163~175쪽.
50. 형법공부방법론, 고시계, 2006년 3월호, 30~40쪽.
51. 재정신청제도(권순민 공저), 고시계, 2008년 2월호, 91~100쪽.

찾아보기

ㅅ

ㅇ

ㅈ

글쓴이 소개

주승희 덕성여자대학교 법학과 교수, Dr. jur. 미국변호사(District of Columbia)
양천수 영남대학교 법학전문대학원 교수, Dr. jur.
홍승희 원광대학교 법학전문대학원 교수, Dr. jur.
이상현 숭실대학교 국제법무학과 교수, SJD. 미국변호사(New York)
홍성수 숙명여자대학교 법과대학 교수, Ph.D.
안성조 제주대학교 법학전문대학원 교수, 법학박사
권순민 조선대학교 법과대학 교수, 법학박사
이정민 단국대학교 법과대학 교수, 법학박사
김대근 한국형사・법무정책연구원 법무정책연구실장, 법학박사
주현경 충남대학교 법학전문대학원 교수, Dr. jur.
최민영 한국형사・법무정책연구원 연구위원, Dr. jur.
정구태 조선대학교 법과대학 교수, 법학박사
이소영 제주대학교 사회교육학과 교수, 법학박사, Harvard 옌칭연구소 연구원
박미랑 한남대학교 경찰학과 교수, 범죄학 Ph.D. 법학박사
정채연 포항공대 인문사회학부 대우교수, 법학박사, 미국변호사(New York)
민윤영 단국대학교 법과대학 교수, 법학박사, Oxford LLM., Yale LLM.
박혜림 국회입법조사처 입법조사관, 법학박사, 미국변호사(New York)
하민경 가톨릭대학교 법학과 교수, 법학박사, 미국변호사(New York)
김지원 휴먼앤로(H&L) 대표, 법학박사, NYU LLM.
홍가혜 중앙대학교 심리서비스대학원 시간강사, 법학박사
오민용 고려대학교 법학연구원 연구원, 법학박사
김문정 법무법인 율촌 변호사, 법학박사
신효성 가톨릭대학교 법학과 강사, 법학박사
권지혜 수원여자대학교 법행정학부 교수, 법학박사
함현지 수원지방법원 판사
한민정 고려대학교 대학원 법학박사
박민정 대구대학교 전 시간강사, 법학박사
조영석 헌법재판소 헌법연구관, 법학박사, 변호사
손보미 법학박사, 미국변호사(New York)
최 샘 전북대학교 법학전문대학원 강사, 법학박사
이영봉 중국 우한대학교 법학원 교수, 법학박사
오가소 중국 절강이공대 법정학원 교수, 법학박사
이상돈 고려대학교 법학전문대학원 교수, Dr. jur.

법, 모더니즘과 포스트모더니즘 너머에

2022년 8월 15일 초판 인쇄
2022년 8월 20일 초판 1쇄발행

저 자 이 상 돈 외
발행인 배 효 선

발행처 도서출판 法 文 社

주 소 10881 경기도 파주시 회동길 37-29
등 록 1957년 12월 12일 / 제2-76호(윤)
전 화 031-955-6500~6, 팩 스 031-955-6525
e-mail(영업) : bms@bobmunsa.co.kr
(편집) : edit66@bobmunsa.co.kr
홈페이지 http://www.bobmunsa.co.kr

조 판 성 지 이 디 피

정가 27,000원 ISBN 978-89-18-91325-4

불법복사는 지적재산을 훔치는 범죄행위입니다.
이 책의 무단전재 또는 복제행위는 저작권법 제136조 제1항에 의거, 5년 이하의 징역 또는 5,000만원 이하의 벌금에 처하게 됩니다.